Benlik İdraki
BİLİMİ

Benlik İdraki
BİLİMİ

Śrī Śrīmad
A.C. Bhaktivedanta Svāmī Prabhupāda

Uluslararası Kṛṣṇa Bilinci Topluluğu Kurucu *Ācārya*'sı

THE BHAKTIVEDANTA BOOK TRUST

Vedik Kitaplar insan hayatının en önemli sorularını cevaplar:

Ben kimim? Neden buradayım? Hayatın amacı nedir?

Aynı zamanda psikoloji, politika, sevgi, sanat, kozmoloji, yoga gibi konuları araştırır...

© BBT Yayınevi

Tüm hakları saklıdır.

1. Basım – Eylül 2021

ISBN 978-605-80301-2-1

Bu konularla ilgileniyorsanız daha fazla bilgi ve A.C. Bhaktivedanta Svāmī Prabhupāda'nın diğer kitapları için lütfen www.bbtturkiye.com web sitemizi ziyaret ediniz. Ayrıca yorum ve fikirlerinizi info@bbtturkiye.com e-posta adresimize yazabilirsiniz.

Baskı:
Semih Ofset Matbaacılık Ltd.Şti.
Büyük Sanayi 1.cad. Yapıcı İş Hanı No:74 İskitler, Altındağ/Ankara
Sertifika No: 40581

İthaf

Sevgili spiritüel öğretmenimiz, yol göstericimiz ve dostumuz Śrī Śrīmad A.C. Bhaktivedanta Svāmī Prabhupāda, maddi görüşe göre 14 Kasım 1977'de bu dünyadan ayrıldı. Ancak o hala burada bizimle. Śrīla Prabhupāda'nın da sıkça belirttiği gibi, spiritüel öğretmenle birlikteliğin iki yolu bulunmaktadır; onun fiziksel varlığı yoluyla (*vapu*) ve onun talimatları yoluyla (*vānī*). Spiritüel öğretmenimizin fiziksel varlığı ile bazen ilişkide olabiliriz ama onun talimatları yoluyla her zaman ilişki içinde kalabiliriz.

Editörler

Çağdaş Vedik Kütüphane Serisi

Bhaktivedanta Book Trust Çağdaş Vedik Kütüphane serisi Hindistan'ın Vedik bilgeliğinin zamanı aşan bilgilerinin bakış açısıyla güncel ilgi alanlarını inceler. Uluslararası Kṛṣṇa Bilinci Topluluğu Kurucu Ācāryası (manevi öğretmen) Śrī Śrīmad A.C. Bhaktivedanta Svāmī Prabhupāda, yetkili *guru*lar zincirinden alınan Vedik literatürü modern çağın insanına sunmak üzere 1970 yılında Bhaktivedanta Book Trust'ı kurdu. Tarihte ilk kez Śrīla Prabhupāda'nın tercümeleri ve yorumları aracılığıyla dünyanın en derin felsefe geleneği kısa zamanda geniş Batı izleyici kitlesi üzerinde ciddi bir etki göstermeye başladı. Dünya üzerinde yüzlerce bilim insanı Śrīla Prabhupāda'nın kitaplarını incelediler; eksiksiz bilginliğini ve orijinal Sanskrit metinlere bağlılığını; en derin ve incelikli felsefi konuları son derece sade ve kolay anlaşılır bir şekilde iletme konusundaki eşsiz yeteneğiyle birlikte övgüyle kamuoyuna duyurdular. Britannica Ansiklopedisi orijinal Sanskrit dilinden ciltler dolusu tercüme ve net yorumun "dünya çapında edebi ve akademik çevreleri hayrete düşürdüğünü" bildirdi.

Vedik bilgi zamanın başlangıcından beri milyonlarca insan için içsel huzurun, derin bilgeliğin ve spiritüel ilhamın kaynağı olmuştur. Bizler yirmi birinci yüzyıla yaklaşırken, Çağdaş Vedik Kütüphane baskıları, bu transandantal bilginin, doğru uygulandığında, modern insanın yüz yüze olduğu sayısız problemi aşmasında, ona nasıl yardımcı olacağını pratik olarak ortaya koymak üzere tasarlanmıştır.

İçindekiler

Önsöz   9
Giriş   15
Değerlendirmeler   17

I. Ruh Bilimini Öğrenme
İnsan Hayatının Amacını Görmek   23
Sizin Orijinal Bilinciniz Kṛṣṇa Bilinci'dir   31
Gerçek İlerleme Tanrı'yı Tanımaktır   40
Reenkarnasyon ve Ötesi   48
Gerçek ve Güzel   60
İlgili araştırmalar   63
Ruh Araştırması   72

II. Manevi Öğretmen Seçmek
Guru nedir?   79
Azizleri Sahtekârlardan Ayırmak   88
Tüm Alçakgönüllülüğümle   98

III. Kültürel Geçmişe Bakış
Hindistan'ın En Büyük Gayri şahsiyetçisi Rab Kṛṣṇa'ya ve
Bhagavad-gītā'ya meditasyon yaptı   111
Kṛṣṇa Bilinci Hareketi Gerçek Vedik Yoldur   120
Hindu Tarikatı mı, yada İlahi Kültür mü?   136

IV. Kṛṣṇa'yı ve Hz. İsa'yı Anlama
Kṛṣṇa veya İsa (Christ) – İsim Aynı   145
İsa (Christ), Hıristiyanlar ve Kṛṣṇa   154
Öldürmemelisiniz   157

V. Çekişme Çağında Yoga Uygulaması

Üstün Bilinç	165
Tanrı Sevgisinin Enkarnasyonu	171
Hare Kṛṣṇa *Mahā-mantra*'yı Söylemek	186
Kṛṣṇa Bilinci – Modern Hayatın Yogası	189
Meditasyon ve İç Benlik	200

VI. Gününüzün Sosyal Hastalıklarına Tedaviler Bulmak

Suç: Neden ve Ne yapmalı?	210
Toplumu Köpeklerin Seviyesine	
İnmekten Koruyabilir miyiz?	220
Üstün Refah Çalışması	227
Tanrı'ya Bağımlılığımızı İfade Etmek	230
Barış Formülü	238
Spiritüel Komünizm	240
Modern Bilimin Küçük Dünyası	261

VII. Ebedi Dine Dönüş

Śrila Prabhupāda'nın Amerika'ya Varışı	283
Ulusunuzu Spiritüel Platforma Kurun	287
Bir Adanan Daima Merhamet Hisseder	297
Onlar Her Şeylerini Kṛṣṇa'ya Verdiler –	
Ve Bu Asla Bir Hata Değildir	310
En İyi ve En Güzel Olanın Farkındalığı	316

VIII. Hayatın Mükemmelliğine Ulaşmak

İnsan Yaşam Formu Tanrı Farkındalığı İçindir	329
En Yüce Aşk	339
Kṛṣṇa'ya Sevgiyle Yaklaşmak	354

Ekler

Yazar Hakkında	369
Sözlük	371
Sanskrit Telaffuz Rehberi	384

Önsöz

En başından beri Śrī Śrīmad A.C. Bhaktivedanta Svāmī Prabhupāda'nın tanışmış olduğum en olağandışı kişi olduğunu biliyordum. İlk tanışma 1966 yazında, New York şehrinde gerçekleşti. Bir arkadaşım beni aşağı Manhattan'daki Bowery'e "yaşlı Hintli bir svāmī'nin" konferansını dinlemeye davet etmişti. Kenar mahallede konuşma yapan bir svāmī hakkında merak hisleriyle oraya gittiğimde zifiri karanlık merdivenlerden çıkarken gideceğim yönü hislerimle bulabildim. Yukarıya çıktıkça, çana benzer ritmik bir ses giderek yükseliyor ve netleşmeye başlıyordu. Sonunda dördüncü kata ulaştım, kapıyı açtım ve işte oradaydı.

Bulunduğum yerden yaklaşık on beş metre uzakta, uzun, karanlık odanın öteki ucunda küçük bir platformda oturuyor, yüzü ve safran renkli giysisi küçük bir ışık altında parıldıyordu. Yaşlıydı, belki altmışlarında olabilir diye düşündüm ve dimdik haşmetli bir duruşta bağdaş kurarak oturmuştu. Başı tıraşlıydı, güçlü yüzü ve kırmızımsı kemik gözlükleri ona hayatının büyük kısmını okuyarak geçirmiş bir keşiş görünümü veriyordu. Gözleri kapalıydı ve bir el davulu çalarken usulca basit bir Sanskrit dilinde dua ediyordu. Küçük bir grup dinleyici çağrıya karşılık olarak aralıklarda katılıyordu. Birkaçı, duymuş olduğum çan benzeri seslerin sebebini açıklayan el zillerini çalıyordu. Büyülenmiş bir şekilde sessizce arkaya oturdum, şarkıya katılmaya çalıştım ve bekledim.

Birkaç dakika sonra svāmī görünüşe göre önünde açık duran kocaman bir Sanskrit ciltten İngilizce bir konuşma vermeye başladı. Ara sıra kitaptan ama daha sıklıkla hafızasından alıntılar yapıyordu. Her bir metni çok dikkatlice, detaylı açıklamalarla takip ediyordu ve lisanın sesi çok güzeldi.

9

Anlaşılması güç, felsefi terim ve deyimlerle süslenmiş söz dağarcığı onu bir bilgin gibi gösteriyordu. Zarif el hareketleri ve neşeli yüz ifadeleri konuşma tarzını oldukça etkiliyordu. Konu şimdiye dek karşı karşıya geldiğim en ağır konuydu: "Ben bu beden değilim. Ben Hintli değilim... Sizler Amerikalı değilsiniz... Hepimiz ruh canlarız..."

Konuşmadan sonra birisi bana Hindistan'da basılmış bir broşür verdi. Bir fotoğraf, *svāmī*yi üç kitabını Hint başbakanı Lal Bahadur Shastri'ye verirken gösteriyordu. Başlık alıntısı Bay Shastri'nin bütün Hint devlet kütüphanelerinin kitapları sipariş etmeleri gerektiğini söylüyordu. Bir başka küçük kitapta başbakan, "Śrī Śrīmad A.C. Bhaktivedanta Svāmī Prabhupāda çok müthiş bir iş yapıyor ve kitapları insanlığın kurtuluşu için kayda değer yardımdır." diyordu. *Svāmī*'nin Hindistan'dan getirdiğini öğrendiğim kitaplarından birer tane satın aldım. Kapaklarını, küçük broşürü ve diğer çeşitli yazınları okuduktan sonra Hindistan'ın en saygın spiritüel liderlerinden biri ile tanışmış olduğumu anladım.

Ama bu kadar üstün bir beyefendinin bunca yer içinden neden Bowery'de yaşayıp ders verdiğini anlayamadım. Kesinlikle iyi eğitimliydi ve görünüşe göre aristokrat bir Hint ailesinden geliyordu. Neden böyle bir yoksulluk içinde yaşıyordu? Dünyada onu buraya getirmiş olan ne olabilirdi ki? Birkaç gün sonra, bir öğleden sonra bu durumu anlayabilmek için onu ziyarete gittim.

Şaşırdım, Śrīla Prabhupāda (ileride ona hitap etmeye başlayacağım gibi) benimle konuşmak için çok meşgul değildi. Aslında, bütün gün konuşmaya hazır gibi görünüyordu. Sıcak ve arkadaşçaydı. 1959 yılında, Hindistan'da feragat yaşamını kabul etmiş olduğunu ve kişisel ihtiyaçları için para taşımasına ya da kazanmasına izin verilmediğini açıkladı. Uzun yıllar önce öğrenimini Calcutta Üniversitesi'nde tamamlamış, ailesine bakmış ve sonra da kadim Vedik kültürünün tavsiye ettiği şekilde, aile ve iş meselelerini en büyük oğullarına devretmişti. Feragat yaşamını kabul ettikten sonra, eski bir aile dostu aracılığıyla bir Hint yük gemisinde (Scindia Steamship Company şirketinin *Jaladuta* adlı gemisi) ücretsiz seyahat ayarlamıştı. 1965 yılının Eylül ayında, yanında sadece yedi dolar değerinde rupileri, bir sandık dolusu kitapları ve birkaç giysisiyle Bombay'dan Boston'a

Önsöz

deniz yolculuğuna çıktı. Spiritüel öğretmeni Śrī Śrīmad Bhaktisiddhānta Sarasvatī Ṭhākura ona İngilizce konuşan dünyaya Hindistan'ın Vedik öğretilerini vermeyi emanet etmişti. Bu nedenle altmış dokuz yaşında Amerika'ya gelmişti. Bana, Hint müziğini, yemeğini, dilini ve diğer çeşitli sanatlarını Amerikalılara öğretmek istediğini söyledi. Biraz hayrete düşmüştüm.

Śrīla Prabhupāda'nın küçük bir şilte üzerinde yattığını ve odanın arka tarafındaki iplere asılmış, yazın öğle sonrası sıcağında kuruyan giysilerini gördüm. Onları kendisi yıkamıştı ve Hindistan'da kendi elleriyle yaptığı hünerli bir aletle kendi yemeğini pişiriyordu. Bu dört katlı tertibatta içinde bir anda dört yemek pişiyordu. Yazılarını yazdığı neredeyse sonsuz sayıda kâğıt her yanına ve odanın diğer bölümündeki çok eski görünüşlü, taşınabilen daktilosu etrafına yığılmıştı. Nerdeyse uyanık olduğu her saatini – yaklaşık yirmi dört saatin yirmi saati – satın almış olduğum üç cildin devamını daktiloda yazarak geçirdiğini öğrendim. Bu, neredeyse spiritüel hayatın bir ansiklopedisi olan altmış ciltlik set olarak tasarlanmış *Śrīmad Bhāgavatam*'dı. Yayın için ona şans diledim, o da beni Pazartesi, Çarşamba ve Cuma günleri akşam konuşmalarına ve Cumartesileri verdiği Sanskrit dili derslerine davet etti. Kabul ederek teşekkür ettim ve akıl almaz kararlılığı karşısında şaşkınlığa düşerek oradan ayrıldım.

Bir iki hafta sonra – 1966'nın Temmuzuydu – Śrīla Prabhupāda'nın bir bakıma daha saygın bir çevre olan İkinci Cadde'ye taşınmasına yardım etme ayrıcalığına sahip oldum. Bazı arkadaşlarla beraber aynı binada bulunan bir zemin kat dükkânını ve küçük bir avlunun gerisinde, ikinci kattaki daireyi kiraladık. Konuşmalar ve şarkılar devam etti ve iki hafta içinde hızla büyüyen topluluk, dükkânın (bu zamana kadar bir tapınak olmuştu) ve dairenin giderlerini sağlıyordu. Şimdi, Śrīla Prabhupāda dinleyicilerine el ilanları basmaları ve dağıtmaları direktifini veriyordu, bir plak şirketi sahibi de onu Hare Kṛṣṇa şarkısının uzun çalar kaydı için davet etmişti. Yaptı ve muazzam başarı getirdi. Yeni yerinde şarkı söylemeyi, Vedik felsefeyi, müziği, *japa* meditasyonunu, güzel sanatları ve yemek pişirmeyi öğretiyordu. Önce kendisi pişiriyordu. Her zaman kendisi örnek olarak öğretiyordu. Sonuçlar o ana dek deneyimlemiş olduğum en harika vejetaryen yemeklerdi. (Hatta, Śrīla

11

Prabhupāda yemeklerin hepsini kendisi dağıtırdı!) Yemekler genellikle bir pilav çeşidi, bir sebze yemeği, *capātī* (buğday unundan yapılmış içi boş bir tür lavaş) ve *dahl*dan (baharatla tatlandırılmış maş fasulyesi ya da ayıklanmış bezelye çorbasından) oluşuyordu. Baharatlar, pişirilme ortamı – *ghī* ya da saflaştırılmış tereyağı – pişirme ısısında verilen yakın ilgi ve diğer detayların birleşiminin tümü benim tamamen bilmediğim tat biçimlerini üretiyordu. Diğerlerinin de *prasāda* ("Tanrı'nın lütfu") adlı yemekle ilgili görüşleri kesinlikle benimkiyle uyuşuyordu. Barış Teşkilatı'nda çalışan ve aynı zamanda da Çin dili bilgini olan birisi, Śrīla Prabhupāda'dan klasik Hint tarzında nasıl resim yapılacağını öğreniyordu. Onun ilk tablolarının yüksek kalitesine hayret etmiştim. Felsefi tartışmada ve mantıkta Śrīla Prabhupāda yenilmez ve yorulmazdı. Çeviri çalışmasını sekiz saat sürebilen tartışmalar için yarıda keserdi. Bazen yedi veya sekiz kişi, onun çalıştığı, yemek yediği ve üzerinde uyuduğu beş santim kalınlığındaki sünger minderin de bulunduğu tertemiz, küçük odaya sıkışırdı. Śrīla Prabhupāda sürekli "sade yaşamak ve yüksek düşünmek" olarak adlandırdığı şeyin üzerine daima vurgu yaptı ve kendisi örnek olarak uyguladı. Spiritüel yaşamın sadece duygusallık ve kör inanç olmadığını, akıl ve mantık yoluyla kanıtlanabilir bir bilim olduğunu vurguladı. Aylık bir dergi başlattı ve *The New York Times,* 1966 sonbaharında onun ve takipçilerinin iyi resmedildiği bir hikâye yayınladı. Kısa bir süre sonra televizyon ekipleri geldi ve bir ana haber çekimi yaptılar.

Śrīla Prabhupāda'yı tanımak heyecan vericiydi. İster *yoga* ve *mantra* yapmanın kişisel faydalarına olan arzumun dışında, ister sırf acemi merakımdan olsun, onun ilerleyişinin her adımını takip etmek istediğimi biliyordum. Büyüme planları her zaman fevkalade başarılı göründükleri gerçeği dışında hem cesaret istiyordu hem de tahmin edilemezdi. Yetmişlerindeydi ve Amerika'ya yabancıydı, neredeyse hiçbir şeyi olmadan gelmişti ama şimdi, birkaç ayda tek başına bir hareket başlatmıştı! Bu akıl almazdı.

Bir Ağustos sabahı, İkinci Cadde dükkân tapınağında Śrīla Prabhupāda bizlere şunu dedi: "Bugün Yüce Kṛṣṇa'nın beliriş günü." Yirmi dört saat oruç tutacak ve tapınakta kalacaktık. O akşam boyunca Hintli bazı ziyaretçiler geldi. İçlerinden biri "neredeyse ağlayarak"

Önsöz

dünyanın öbür yanında bu küçük, otantik Hindistan'ı bulmanın sonsuz sevincini anlattı. Böyle bir şeyi rüyasında dahi hayal edemezdi. Śrīla Prabhupāda'ya etkili, güzel övgüler ve derin teşekkürlerini sundu, bağış bıraktı ve ayaklarına eğildi. Herkes derinden etkilenmişti. Daha sonra, Śrīla Prabhupāda bu beyefendi ile Hintçe konuştu, söyledikleri benim için anlaşılmazdı fakat, her ifade ve hareketinin nasıl da insan ruhunun en içine kadar işlenir olduğunu gözlemleyebildim.

Sonra o yıl San Francisco'dayken, Śrīla Prabhupāda'ya ilk uçak biletini yolladım ve New York'tan uçakla yola çıktı. Oldukça büyük grubumuz onu terminalde Hare Kṛṣṇa *mantra*sını söyleyerek karşıladı. Ondan sonra onu arabayla Golden Gate Park'ın doğu yakasına, yeni kiralanmış bir apartman dairesi ve dükkân tapınağa götürdük. New York'takine çok benzer bir düzendi. Bir model kurmuştuk. Śrīla Prabhupāda çok mutluydu.

Bir iki hafta sonra Hindistan'dan San Francico'ya ilk *mṛdanga* (her iki taraftan çalınabilen, kille kaplı, uzun davul) ulaştı. Yukarıya, Śrīla Prabhupāda'nın dairesine haber vermek için çıktığımda gözleri genişçe açıldı ve heyecan dolu bir sesle bana hemen aşağı inip sandığı açmamı söyledi. Asansöre binip zemin kata indim, giriş kapısına doğru yürürken Śrīla Prabhupāda'yı gördüm. *Mṛdanga*yı görmeye o denli hevesliydi ki, merdiveni kullanıp asansörden önce inmişti. Sandığı açmamızı istedi, üstüne giydiği safran kumaştan bir parça yırttı ve sadece iki başı açık bırakarak, davulu kumaşla sardı. Sonra şunu dedi: "Bu hiç çıkmamalı" ve nasıl çalınacağı ile bakımı konusunda detaylı bilgi vermeye başladı.

Yine San Francisco'da, 1967'de, Śrīla Prabhupāda Ratha-yātrā, Arabalar Festivali'nin törenle açılışını yaptı ki bu onun sayesinde şimdi bütün dünyada kutlanan birkaç festivalden biridir. Ratha-yātrā iki bin yıldan beri Hindistan'da, Jagannātha Puri'de kutlanmaktaydı ve 1975'e gelindiğinde festival San Franciscolularla o kadar popüler hale geldi ki, belediye başkanı resmi bir bildiri ile "San Francisco'da Ratha-yātrā Günü" ilan etti.

1966 sonunda Śrīla Prabhupāda öğrenci kabul etmeye başlamıştı. Kendisini Tanrı olarak değil, Tanrı'nın hizmetkarı olarak düşünmeleri gerektiğine hemen dikkatleri çekerek, öğrencilerinin kendilerine Tanrı gibi ibadet etmelerine izin veren kendi kendini biçimlendirmiş *guru*ları

13

(manevi öğretmenleri) eleştirdi. "Bu 'tanrılar' çok ucuz," derdi. Bir gün, birisi "Siz Tanrı mısınız?" diye sormuştu. Śrīla Prabhupāda yanıtladı, "Hayır, ben Tanrı değilim. Tanrı'nın bir hizmetkarıyım." Sonra bir süre düşündü ve devam etti, "Gerçekte, Tanrı'nın hizmetkarı değilim. Tanrı'nın hizmetkarı olmaya çalışıyorum. Tanrı'nın hizmetkarı olmak kolay değildir."

Yetmişlerin ortalarında Śrīla Prabhupāda'nın çeviri ve yayınları heyecan verici bir şekilde yoğunlaştı. Bütün dünyadan bilim insanları kitaplarını olumlu eleştiri yağmuruna tuttu ve neredeyse tüm Amerikan lise ve üniversitelerinde standart ders kitabı olarak kabul edildiler. Takipçileri yirmi beş dile çevrilen ve elli beş milyon kopyası dağıtılan toplamda yaklaşık seksen kitap çıkarttı. Dünya çapında yüz sekiz tapınak kurdu, yaklaşık on bin *inisiyasyon* almış öğrenci ve milyonlarca takipçi topluluğu vardı. Śrīla Prabhupāda, dünyadaki seksen bir yıllık ikametinin son günlerine dek çeviri yapıyor ve yazıyordu.

Śrīla Prabhupāda diğerleri gibi sadece doğu bilgini, *guru*, mistik, yoga öğretmeni ya da meditasyon eğitmeni değildi. O bütün bir kültürün somut örneği ve bu kültürü Batı'ya aşılayan kişiydi. Ben ve pek çokları için o samimiyetle ilgi gösteren, başkalarının iyiliği için çalışmak üzere kendi rahatını tamamıyla feda eden, ilk ve en öndeki kişiydi. Onun özel hayatı yoktu, yalnızca diğerleri için yaşadı. Spiritüel bilim, felsefe, sağduyu, güzel sanatlar, diller, Vedik yaşam biçimi, hijyen, beslenme, tıp, görgü kuralları, aile yaşamı, çiftçilik, sosyal organizasyon, eğitim, öğretim, ekonomi ve daha pek çok şeyi öğretti. Benim için o bir baş öğretmendi, babaydı ve en yakın arkadaşımdı.

Śrīla Prabhupāda'ya derinden borçluyum ve bu borcumu hiçbir zaman ödeyemeyeceğim. Ama en azından onun içinde taşıdığı arzusunu "kitaplarının yayımlanması ve dağıtılması" yerine getirebilmek için diğer takipçilerine katılarak biraz minnetimi gösterebilirim.

Śrīla Prabhupāda bir defasında, "Ben hiçbir zaman ölmeyeceğim," demişti. "Kitaplarımda sonsuza dek yaşayacağım." 14 Kasım 1977'de bu dünyadan ayrıldı, ama hiç şüphesiz ki o sonsuza dek yaşayacak.

Michael Grant
(Mukunda dāsa)

Giriş

İnsanlar sık sık "Śrīla Prabhupāda kim?" diye sorar ve bu her zaman cevap verilmesi zor bir sorudur. Śrīla Prabhupāda için her zaman gölgede kalmış basmakalıp sıfatlar olmuştur. Değişik zamanlarda insanlar ona bir bilgin, bir filozof, bir kültür büyükelçisi, verimli bir yazar, dini bir lider, spiritüel bir öğretmen, bir toplum eleştirmeni ve kutsal bir adam olarak hitap etmişlerdir. Gerçekte o tüm bunların hepsi ve daha ötesiydi. Kesinlikle kimse onu, Doğu Spiritüalizmini ustaca paketlenmiş, sulandırılmış uyarlamalarıyla (acil refahımız için gereksinimlerimizi karşılayan ve iyi belgelenmiş spiritüel saflığımızı sömürmek için) Batı'ya gelen modern girişimci "gurular" ile karıştırmamıştı. Śrīla Prabhupāda daha çok, derin bir aklın ve spiritüel duyarlılığın, tam bir kutsal adamı (sādhu) idi ki, öylesine büyük derecede gerçek bir spiritüel boyutun yokluğunu çeken bir toplum için derin kaygı ve merhamete sahipti.

Śrīla Prabhupāda, toplumunun aydınlanması için Hindistan'ın en büyük spiritüel klasiklerinin yaklaşık seksen ciltlik çevirilerini ve özet çalışmalarını yaptı, çalışmaları hem İngilizcede hem de birçok yabancı dilde basıldı. Ayrıca, Śrīla Prabhupāda 1944'te tek başına bugün İngilizce baskısı yarım milyondan fazla aylık tirajı olan *Back to Godhead* adındaki bir dergiyi kendi başına başlattı. *"Benlik İdraki Bilimi"* için seçilen neredeyse tüm röportajlar, konferanslar, denemeler ve mektuplar daha önce *Back to Godhead*'de yayınlandı.

Śrīla Prabhupāda bu sayfalarda, büyük bilgin Vyāsadeva'nın binlerce yıl önce kaydettiği kadim Hint Vedik edebiyatının mesajının aynısını sunar. Göreceğimiz gibi, rahat bir şekilde ve sıkça *Bhagavad-gītā*'dan, *Śrīmad-Bhāgavatam*'dan ve diğer klasik Vedik metinlerden alıntılar

15

yapar. Diğer benlik idrakine ermiş büyük öğretmenlerin binlerce yıldır söylediği aynı değişmez bilgiyi – içimizdeki benliğin sırlarının, doğanın ve evrenin, içimizdeki ve dışımızdaki Yüce Benlik'in açığa çıkarıldığı bilgiyi çağdaş İngilizce'ye aktarıyor. Śrīla Prabhupāda şaşırtan bir açıklıkla, ikna edici tarzda, sade ve etkili söz sanatıyla konuşur ve benlik-idraki biliminin çağdaş dünyamızla ve kendi yaşamlarımızla ne kadar ilgili olduğunu kanıtlar.

Bu özel kitap için uygun görülen otuz altı seçme arasında, Śrīla Prabhupāda'nın Amerika'ya gelişi üzerine olan dokunaklı şiirini, "ruh araştırması" hakkında ünlü bir kardiyologla arasındaki mektuplaşmayı, Londra Yayın Şirketi'ne reenkarnasyon hakkında yaptığı açıklamaları, Londra Times'a gerçek ve sahte *gurular* üzerine görüşlerini, Alman Benediktin bir keşişle Kṛṣṇa ve İsa üzerine diyaloğunu, Süper bilinç ve *karma* yasaları hakkındaki anlayışını, ileri gelen Rus bir bilgin ile ruhsal komünizm üzerine olan konuşmalarını ve modern bilimin yalanları üzerine öğrencileri ile yaptığı özel sohbetleri duyuyoruz.

Seçmeleri dilerseniz sırasıyla okuyun yada öncelikle ilginizi çekenlerden başlayın. (Arkada bulunan sözlük yabancı olduğunuz kelimeler ve isimleri açıklayacaktır.) *Benlik İdraki Bilimi* sizi sorgulamaya davet edecek ve size ilham ve aydınlanma getirecektir.

Yayıncılar

Śrīla Prabhupāda'nın Çalışmalarına Takdirler

Yıllar boyunca, birçok insan Śrīla Prabhupāda'nın çalışmaları ile ilgili olarak, Hindistan'ın ebedi benlik farkındalığı bilimini Batı'ya getirdiği için takdirlerini belirttiler.

* * *

"Śrī Śrīmad A.C. Bhaktivedanta Svāmī Prabhupāda kıymetli bir iş yapmakta ve onun kitapları insanlığın kurtuluşu için kayda değer katkı sağlamaktadır."

Śrī Lal Bahadur Shastri
Hindistan eski Başbakanı

"Svāmī Bhaktivedanta Batı'ya son derece eylemci ve tek taraflı olan kültürümüzün kendi kendine yıkımıyla sonuçlanabilecek bir krize karşı, faydalı bir hatırlatıcı getirdi. Çünkü bu gerçek, metafiziksel bir bilincin iç derinliğinden yoksundur. Böyle bir derinlik olmadan, ahlaki ve politik itirazlarımız sadece bir sürü laf kalabalığıdır."

Thomas Merton
Katolik Teolog, Keşiş, Yazar

"Hindistan'ın *yogī*leri tarafından sunulan dini yaklaşımların farklılığında, Mutlak'a en kayda değeri, Mahāprabhu Caitanya'nın geleneğinde onuncu öğretmen olan, Śrīla Prabhupāda Bhaktivedanta Svāmī tarafından gösterilen Kṛṣṇa bilinci yoludur. Śrī Bhaktivedanta

17

Svāmī'nin on yıldan az bir süre içerisinde Uluslararası Kṛṣṇa Bilinci Topluluğunu organize etmede kendi kişisel adanması, hayret verici ve göreve adanmış tek bir amaç güden randımanlı yönetimi, yorulmak bilmez enerjisi, binlerce adanana sahip olarak dünyanın başlıca şehirlerinde Rādhā-Kṛṣṇa tapınakları açması, Śrī Kṛṣṇa ve Śrī Caitanya tarafından öğretilen *bhakti-yoga* üzerine çeşitli çalışmalar yazması ve bunu başarmasını görmek hayret vericidir."

Profesör Mahesh Mehta
Profesör Emiritus, Asya Çalışmaları
Windsor Üniversitesi, Ontario, Kanada

"A. C. Bhaktivedanta Svāmī Prabhupāda itibarlı bir öğretmen ve büyük bir geleneğin mirasçısıdır."

Joseph Jean Lanzo del Vasto
İtalyan Felsefeci ve Yazar

"Śrīla Prabhupāda'nın engin yazılarında görülen adanma ve ilmin yüksekliğini tanımlamada kelimeler yetersiz kalıyor. Gelecek nesillerimiz Śrīla Prabhupāda'nın çabalarıyla, yaşamak için kesinlikle daha iyi bir dünya bulacaklar. O uluslararası bir kardeşlik ve tüm insanlığın spiritüel bütünleşmesi için duruyor. Hindistan dışındaki özellikle Batı edebi dünyası, onları bilimsel olarak Hindistan'daki Kṛṣṇa bilincinde en iyisinin ne olduğunu bildiren Śrīla Prabhupāda'ya minnettardır."

Śrī Viswanath Shukla
Hint Dili Profesörü
Aligarh Müslüman Üniversitesi, U.P., Hindistan

"Şu anda batıda yaşayan bir Hintli olarak, birçok yurttaşımın Batı'ya *guru* ve spiritüel liderler konumunda geldiğini görmek beni çok üzdü. Tıpkı Batı'daki sıradan bir adamın doğuştan Hristiyan kültürünün bilincini alması gibi, Hindistan'da sıradan herhangi bir adam da doğuştan yoga ve meditasyon ilkelerine aşina olur. Maalesef, Hindistan'dan gelen birçok vicdansız kişiler, yoga hakkındaki noksan ve sıradan bilgilerini sergiliyorlar, insanları satılık *mantra*ları ile kandırıyor ve kendilerini Tanrı'nın bir enkarnasyonu olarak sunuyorlar. Bu sahtekarların birçoğu, aptal takipçilerinin kendilerini Tanrı olduğuna ikna ettiler. Hint kültürü hakkında iyi eğitimli ve bilgili kişiler bundan çok endişe duymakta ve rahatsız olmaktalar. Bu nedenle, Śrī A. C. Bhaktivedanta Svāmī Prabhupāda'nın yayınlarını görmek beni çok heyecanlandırdı. Bu yayınlar bu sahte ve onaylanmamış *guru* ve *yogī*lerin korkunç aldatmasını durdurmaya yardım edecek ve tüm insanlara Doğu'ya özgü kültürün gerçek manasını anlamaları için bir şans verecektir."

Dr. Kailash Yajpeye
Hint Çalışmaları Direktörü
Doğu'ya Özgü Çalışmalar Merkezi, Meksika Üniversitesi

"A.C. Bhaktivedanta Svāmī Prabhupāda'nın kitapları sadece güzel değil, aynı zamanda zamanımızla ilgilidir, çünkü biz bir ulus olarak kendi yaşamımız için yeni kültürel modeller araştırırız."

Dr. C. L. Spreadbury
Sosyoloji Profesörü,
Stephen F. Austin State Üniversitesi, Nacogdoches, Teksas

"Svāmī Bhaktivedanta İngilizce çevirileri ve yorumlarıyla, Tanrı'nın adananlarına kutsanmış bir hizmet sunmuştur. Bu gerçeklerin evrensel talebi, ışığın karanlığı aydınlattığı meydan okuma zamanında, vaat edilmiş bir lütfun göstergesidir. Hayatın niçin, nereden ve nereye olduğunu araştıran tüm ruhlar için ilham veren bu yazılar gerçekten kutsaldır!"

Dr. Judith M. Tyberg
Eski Kurucu ve Direktör
Doğu-Batı Kültürel Merkezi, Los Angeles, California

"Caitanya'dan gelen direk zincirin bir varisi olarak, Hint geleneğine göre, Śrī Śrīmad A.C. Bhaktivedanta Svāmī Prabhupāda muhteşem unvanına hak kazanmıştır. Svāmī Prabhupāda Sanskrit diline tümüyle hakimdir. Onun *Bhagavad-gītā*'yı okumasında en ilgi çekici şey, Caitanya geleneklerinin ilkelerine dayanarak bizlere yetkin bir tefsir sunmasıdır... Hristiyan bir felsefeci ve Indolog'dan gelen bu takdir, samimi bir dost jestidir."

Oliver Lacombe
Onur Profesörü
Paris Üniversitesi, Sorbonne
Hint Medeniyeti Enstitüsü, Paris, Eski Direktörü

"Śrī Bhaktivedanta Svāmī'nin kitaplarını büyük dikkat, istek ve derin ilgiyle okudum ve onları Hindistan'ın spiritüel ve kültürel mirasını merak eden bir kimse için hesaplanamaz değerde buldum. *Vaiṣṇava* felsefe okullarında çok gayretlerle yetişmek ve bu bilgiyi tamamen özümsemek bir insana verilen nadir bir hediyedir. Bu kitapların yazarı her sayfada hayret verici derin bilgiyi anlayış ve karmaşık fikirlerin kolay açıklaması olarak sergilemiştir. Onun, sadece birkaç kutsal ruhun erişebileceği en yüksek spiritüel aydınlığa ulaşmış olduğu görülmektedir."

Dr. H. B. Kulkarni
Ingilizce ve Felsefe Profesörü
Utah Devlet Üniversitesi

"Şüphesiz, Svāmīji'nin çalışması günümüz dünyasında sıkıntı içerisindeki insan toplumuna büyük bir katkıdır."

Dr. Sooda L. Bhatt
Hint Dilleri Profesörü
Boston Üniversitesi

(Not: Bu bölüm kitabın Nisan 2015'te yayınlanan orijinal İngilizce baskısına göre yeniden düzenlenmiştir.)

1. Bölüm

Ruh Bilimini Öğrenmek

İnsan Hayatının Amacını Görmek

"Vedik uygarlığa göre bir yaşamın mükemmeliyeti kişinin Kṛṣṇa veya Tanrı ile ilişkisini anlamasıdır... Bütün canlı varlıklar Tanrı'nın parçası ve bölümüdür. Bacakların, ellerin, parmakların ve kulakların bütün bedene hizmet etmesi gibi, parçalar bütüne hizmet etmek için vardır. Tanrı'nın parçası ve bölümü olan biz yaşayan canlılar bu yüzden ona hizmet etmekle yükümlüyüz."

Bu çok önemli Kṛṣṇa Bilinci Hareketi insan toplumunun maneviyatının yok olmasını engellemek içindir. Günümüzde insan toplumu, hayatın amacının benlik idraki ve Tanrı'nın Yüce Şahsiyeti ile olan kayıp ilişkisini yeniden kurmak olduğunu bilmediği için kör liderler tarafından yanlış yönlendirilmektedir. Eksik olan nokta budur. Kṛṣṇa Bilinci Hareketi bu önemli konuda insan toplumunu aydınlatmaya çalışır.

Vedik medeniyetine göre, hayatın mükemmeliyeti kişinin Kṛṣṇa veya Tanrı ile olan ilişkisini idrak etmesidir. Transandantal bilimin tüm otoritelerince bütün Vedik bilginin temeli olarak kabul edilen *Bhagavad-gītā*'dan anlıyoruz ki yalnızca insanlar değil, tüm canlı varlıklar Tanrı'nın parçası ve bölümüdür. Bu parçalar tıpkı bacakların, ellerin, parmakların ve kulakların tüm bedene hizmet etmesi gibi bir bütüne hizmet etmek için vardır. Biz canlı varlıklar da Tanrı'nın parçası ve bölümü olarak, O'na hizmet etmekle yükümlüyüz.

Aslında bizim durumumuz daima birilerine hizmet etmektir; ya ailemize, ya ülkemize, ya da topluma hizmet ederiz. Eğer hizmet edecek kimsemiz yoksa, bazen evcil bir kedi ya da köpek edinir ve ona hizmet ederiz. Tüm bu faktörler bizim yapısal olarak hizmet etmek için var olduğumuzu kanıtlamaktadır, bununla beraber elimizden gelen en iyi şekilde hizmet etmemize rağmen bu bizi tatmin etmez.

Maddi platformda herkes yılmış durumdadır. Bunun nedeni verilen hizmetin düzgün bir şekilde yönlendirilmemiş olmasıdır. Örneğin, bir ağaca hizmet etmek istersek onun kökünü sulamamız gerekir. Eğer yaprakları, dalları ve ince dalları sularsak, bunun çok az bir yararı olur. Eğer Tanrı'nın Yüce Şahsiyeti'ne hizmet edilirse, tüm diğer parçalar ve bölümler otomatik olarak tatmin olacaktır. Sonuç olarak topluma, aileye ve ulusa hizmet gibi tüm hayırsever faaliyetler, Tanrı'nın Yüce Şahsiyeti'ne hizmet ederek gerçekleşmiş olur.

Tanrı ile arasındaki gerçek durumunu anlamak ve buna göre davranmak her insanın görevidir. Eğer bu mümkün olursa, o zaman hayatımız başarılı olur. Oysa bazen meydan okuma hissine sahip olarak, "Tanrı yok," ya da "Ben Tanrı'yım," hatta "Tanrı umurumda bile değil" deriz. Ancak gerçekte bu meydan okuyucu tutum bizi kurtarmayacaktır. Tanrı oradadır ve O'nu her an görebiliriz. Tanrı'yı hayatımızda görmeyi reddettiğimiz takdirde, O acımasız ölüm olarak karşımıza çıkacaktır. Eğer biz belirli bir niteliğiyle görmemeyi seçersek, O'nu farklı bir özelliği ile görürüz. Tanrı'nın Yüce Şahsiyeti'nin değişik nitelikleri vardır çünkü O tüm kozmik tezahürün asıl kaynağıdır. Bir anlamda bizim için Ondan kaçmak mümkün değildir.

Krşna bilinci Hareketi ne kör bir dinsel bağnazlık ne de son zamanlarda türemiş bir başkaldırıdır; daha çok bizim ebedi ihtiyacımız olan Tanrı'nın Mutlak Şahsiyeti, Yüce Keyif Alan ile olan ilişkimiz konusunda onaylanmış, bilimsel bir yaklaşımdır. Krşna bilinci basitçe, O'nunla olan ebedi ilişkimizle ve O'na karşı görevlerimizi yerine getirme süreciyle ilgilenir. Böylece Krşna bilinci, şu an ki mevcut insan formunda erişebileceğimiz hayatın en yüksek mükemmeliyetini kazanmamızı sağlar.

Şunu her zaman hatırlamalıyız ki, bu özel insan yaşam formu ruhun göç döngüsündeki milyonlarca yıllık bir evriminden sonra elde edilir. Bu özel yaşam formunda, ekonomik sıkıntı daha aşağıdaki hayvan formlarına göre daha kolay çözülür. Domuzların, köpeklerin, develerin, eşeklerin ve diğer canlıların ekonomik gereksinimleri en az bizimkiler kadar önemlidir fakat rahat bir yaşam sürmesi için doğa yasaları tarafından insana her türlü olanak verilirken bu hayvanların ve diğerlerinin ekonomik sıkıntıları ilkel şartlarda çözülür.

Neden insana domuzdan veya diğer hayvanlardan daha iyi yaşama şansı bahşedilmiştir? Neden yüksek mertebede bir devlet çalışanına sıradan bir memurdan daha rahat bir hayata sahip olması için olanaklar verilir? Cevap çok basittir: Yüksek mertebedeki devlet memuru, sıradan bir memurdan daha fazla görev ve sorumluluğa sahiptir. Benzer şekilde insan da devamlı aç karınlarını doyurmakla meşgul olan hayvanlardan daha yüksek görevleri yerine getirmekle yükümlüdür. Fakat doğa kanunları sebebiyle, modern toplumun hayvansal standartları sadece mideyi doldurma problemlerini arttırmıştır. Bu iyi parlatılmış hayvanlardan bazılarına spiritüel yaşam için yaklaşacak olursak, sadece kendi midelerinin tatmini için çalışmak istediklerini ve Tanrı'yı merak etmenin gereksiz olduğunu söylerler. Yine de çok çalışmaya olan arzularına rağmen, her zaman işsiz kalmayla ve doğa kanunları tarafından ortaya çıkan başka birçok engelleyici sorunlarla karşılaşırlar. Buna rağmen, yine de Tanrı'yı tanımanın gerekliliğini reddederler.

Bize bu insan yaşamı formu sadece bir köpek veya domuz gibi çok çalışmak için değil, hayatın en yüksek mükemmeliyetini elde etmemiz için verilmiştir. Eğer o mükemmeliyeti istemiyorsak, o zaman doğa yasaları tarafından zorlanacağımızdan dolayı çok çalışmaya mecbur kalırız. *Kali-yuga*'nın (günümüz çağı) son günlerinde insanlar bir lokma ekmek için eşekler gibi çalışmaya mecbur kalacaklardır. Bu süreç uzun zaman önce başladı ve seneler ilerledikçe daha az maaş için daha çok çalışma zorunluluğu artacaktır. Oysa insanlar hayvanlar gibi çok çalışmak için yaratılmamışlardır ve eğer kişi insan olarak görevlerini yerine getirmekte başarısız olursa, doğa yasaları tarafından daha aşağı yaşam türlerine göçe zorlanır. *Bhagavad-gītā* bir ru h canın doğa yasaları altında nasıl doğduğunu, nasıl uygun bir beden aldığını ve maddi dünyada maddeden zevk almak için nasıl uygun organlar edindiğini gayet açık bir şekilde tasvir eder.

Aynı zamanda *Bhagavad-gītā*'da, Tanrı'ya yaklaşma yoluna kalkışmış ancak tamamlayamamış kişilere; diğer bir deyişle, Kṛṣṇa bilincinde tam başarı elde edememiş olanlara spiritüel olarak ilerlemiş ya da ekonomik olarak iyi durumda ailelerde doğma şansı verildiği açıklanır. Önceki hayatında başarısız olmuş spiritüel adaylara soylu ebeveynlere sahip olma şansı sunuluyorsa, gerçekten gereken başarıyı elde edenlere acaba ne sunulmaktadır? Bu yüzden, Tanrı'ya geri dönme girişimi yarım kalmış olsa bile, bir sonraki hayatta iyi bir doğum garantidir. Hem manevi olarak hem de ekonomik olarak iyi durumda olan aileler spiritüel ilerleme için faydalıdır, çünkü her iki ailede de kişi bir önceki doğumunda kaldığı noktadan başlayarak daha çok ilerleme kaydetmek için iyi bir şans kazanır. Spiritüel idrakte iyi bir aile tarafından yaratılan atmosfer spiritüel bilginin gelişimi için elverişlidir. *Bhagavad-gītā*, söz konusu doğuştan talihli kişilere, iyi talihlerinin geçmişte yaptıkları adanma hizmetlerinden ötürü olduğunu hatırlatır. Ne yazık ki, bu ailelerin çocukları *māyā* (yanılgı) tarafından yanlış yönlendirildiklerinden *Bhagavad-gītā*'ya başvurmazlar.

Hali vakti yerinde bir ailede doğmak kişinin yeterli yiyecek bulma sorununu hayatının başında çözer ve sonraları nispeten daha kolay ve rahat bir hayat sürdürebilir. Böyle bir mevkide olmak, kişinin spiritüel idrakte ilerleme kaydetmesi için iyi bir şanstır fakat kötü şans olarak da günümüz demir çağının etkisiyle (makine ve mekanik insanlarla dolu olan), varlıklıların oğulları duyusal haz uğruna yanlış yönlendirilir ve ruhsal aydınlanma için ellerine verilmiş şansı unuturlar. Bu yüzden doğa, kanunlarıyla bu altından evleri ateşe verir. Şeytani Rāvaṇa'nın yönetimi altındaki altın şehir Lanka küller dönmüştü. Bu doğanın kanunudur.

Bhagavad-gītā, Kṛṣṇa bilincinin transandantal biliminin başlangıç öğretisidir ve tüm sorumlu devlet büyüklerinin ekonomik ve diğer programları *Bhagavad-gītā*'ya danışarak yapmaları bir vazifedir. Biz hayatın ekonomik sorunlarını sallantılı bir platformda dengelemekten çok, hayatın doğa yasalarından ötürü ortaya çıkan esas problemlerini çözmeliyiz. Spiritüel hareket olmadıkça medeniyet durağandır. Ruh, bedeni hareket ettirir ve canlı beden dünyayı hareket ettirir. Biz bedenle ilgileniyoruz ama bu bedeni harekete geçiren ruha dair hiçbir bilgimiz yok. Ruh olmadan beden ya hareketsizdir ya da ölüdür.

İnsan bedeni ölümsüz hayata erişilebilecek mükemmel bir araçtır. Bu beden, kendisi bir bilgisizlik okyanusu olan maddi varoluşu aşmak için nadir bulunan ve çok önemli bir kayıktır. Bu kayıkta uzman bir kayıkçı olan spiritüel öğretmenin hizmeti vardır. İlahi lütufla, kayık elverişli bir rüzgârda okyanusu kat eder. Kim bu bilgisizlik okyanusunu tüm bu hayırlı etkenlerle geçme fırsatını yakalamayı istemez ki? Eğer kişi bu iyi talihe aldırmıyorsa, bilmek gerekir ki düpedüz intihar ediyordur.

Kesinlikle trenin birinci sınıf kompartımanında mükemmel bir rahatlık vardır fakat varış noktasına doğru hareket etmiyorsa klimalı bir kompartımanın ne faydası olur ki? Günümüz modern toplumu bedenini rahat ettirmekle çok meşgul. Kimsenin hayatın gerçek hedefi olan Tanrı'ya geri dönmek hakkında bir bilgisi yok. Biz sadece rahat kompartımanda oturup kalmamalıyız, aracımızın doğru yöne hareket edip etmediğine de bakmalıyız. Hayatın en önemli ilk gerekliliği olan kaybolmuş spiritüel kimliğimizi tekrar kazanmak pahasına bedeni rahata erdirmenin mutlak bir yararı olmayacaktır. Bir kayık olan insan hayatı, spiritüel yöne doğru hareket etmek amacıyla inşa edilmiştir. Ne yazık ki bu beden, beş güçlü zincirle dünyevi bilince bağlanmıştır: (1) spiritüel gerçeklerle ilgili bilgisizlikten ötürü maddi bedene olan bağımlılık, (2) bedensel ilişkilerden ötürü akrabalara olan bağımlılık, (3) doğulan yere ve ev, eşya, toprak, mal, evrak, vs. gibi maddi eşyalara olan bağımlılık, (4) spiritüel ışığın eksikliği yüzünden her zaman gizem olarak kalan maddi bilime olan bağımlılık ve (5) dinsel formları ve ritüelleri kutsal yapan Tanrı'nın Şahsiyeti'ni ve adananlarını bilmeden bu dinsel formlara ve kutsal ritüellere olan bağımlılık. Bir kayık olan insan bedenini esir alan bu bağımlılıklar *Bhagavad-gītā*'nın on beşinci bölümünde detaylı olarak anlatılmıştır. Orada, bunlar derin kökleri olan ve toprağa gittikçe daha güçlü tutunan banyan ağacına benzetilmiştir. Böyle güçlü bir banyan ağacını sökmek çok zordur ama Rab şu uygulamayı tavsiye eder: "Bu ağacın gerçek formu bu dünyada kavranamaz. Hiç kimse ne neyin nerede başladığını ne nerede İ ittiğini, ne de temelinin nerede olduğunu anlayamaz. Ancak azim ve kararlılıkla, kişi bu ağacı bağımsızlık silahıyla kesmelidir. Böylece kişi gidenin bir daha asla geri dönmediği o yeri aramalı ve orada hatırlanamayacak kadar uzun bir zaman önce her şeyi başlatmış ve yaymış olan Tanrı'nın Yüce Şahsiyeti'ne teslim olmalıdır." [*Bhagavad-gītā* 15.3–4]

Ne bilim insanları ne de kuramsal filozoflar kozmik durumla ilgili henüz herhangi bir sonuca varmamışlardır. Yaptıkları tek şey bu konuyla ilgili değişik teoriler ortaya atmaktır. Kimisi maddi dünyanın gerçek olduğunu, kimi bir hayal olduğunu, kimi ise her zaman var olduğunu ileri sürmektedir. Bu şekilde, sıradan uzmanlar tarafından değişik görüşler ortaya konulmaktadır ama gerçek olan şu ki hiçbir sıradan bilim insanı ya da kuramsal filozof evrenin başlangıcını ve de limitlerini şu ana kadar keşfetmemiştir. Hiç kimse ne zaman başladığını veya dünyanın boşlukta nasıl yüzdüğünü söyleyemiyor. Onlar yerçekimi yasası gibi teorik bazı yasalar sunmaktadırlar, fakat esasında bu yasayı pratik olarak işleme koyamazlar. Mutlak Hakikat bilgisinin arzusuyla, herkes belli bir ün kazanmak için kendi teorisini öne çıkarma konusunda çok telaşlı fakat esas gerçek, bu maddi dünyanın acılarla dolu olduğu ve hiç kimsenin teoriler ortaya koymakla bunların üstesinden gelemeyeceğidir. Kendi yaratılışındaki her şeyin bütünüyle bilincinde olan Tanrı'nın Yüce Şahsiyeti, bu acılarla dolu varoluştan çıkma arzusunun bize çok faydalı olduğunu bildirir. Maddi olan her şeyden kendimizi özgürleştirmeliyiz. En kötü pazarlıkla en iyiyi elde etmek için, maddi oluşumumuzu yüzde yüz spiritüel şekilde yaşamalıyız. Demir ateş değildir ancak ateşle olan sürekli beraberliğiyle ateşe dönüşebilir. Bunun gibi, maddi faaliyetlerden özgürleşmek kayıtsızlıkla değil, spiritüel faaliyetlerle sağlanabilir. Maddi kayıtsızlık, maddi faaliyetlerin olumsuz tarafıdır fakat spiritüel faaliyetler maddi faaliyetlerin inkârı olmasının yanı sıra gerçek hayatımızın da harekete geçmesidir. Biz ebedi hayatımızı veya Brahman'daki spiritüel varoluşu, Mutlak'ı aramak konusunda hevesli olmalıyız. Brahman'ın ebedi krallığı *Bhagavad-gītā*'da hiç kimsenin geri dönmediği ebedi ülke olarak tasvir edilir. Bu Tanrı'nın krallığıdır.

Şu anki maddi hayatımızın başlangıcının izi bulunamaz ve bu maddi varoluşta nasıl koşullandığımızı bilmemizin bize bir yararı yoktur. Şu ya da bu şekilde bu maddi hayatın hatırlanmayacak kadar çok eski tarihlerden beri devam ettiğini ve şimdiki görevimizin tüm sebeplerin sebebi olan Yüce Tanrı'ya teslim olmak olduğunu bilerek tatmin olmalıyız. *Bhagavad-gītā*'da Tanrı'ya geri dönmek için öncelikli nitelikler şöyle açıklanır [15.5]: "Yanılgıdan, sahte saygınlıktan ve sahte beraberlikten özgür olan; ebediyeti anlayan, maddi hırslardan, mutluluk ve üzüntü ikileminden kurtulmuş, Yüce Kişi'ye kendini nasıl teslim edeceğini bilen kişi ebedi krallığa erişir."

Spiritüel kimliğini benimseyen, varoluşun maddi kavramından, yanılgıdan kurtulmuş ve maddi doğanın bağlayıcı güçlerini aşmış, kendini manevi bilginin anlayışına adamış ve duyu zevklerinden tamamen arındırmış kişi Tanrı'ya geri dönebilir. Bu kişiye *amūḍha* denir. *Mūḍha*'dan yani budala ve cahilden farkı, mutluluk ve üzüntü ikileminden kurtulmuş olmasıdır. Peki Tanrı'nın Krallığı'nın doğası nedir? *Bhagavad-gītā*'da [15.6] bu şöyle tanımlanmıştır: "Benim bu mekânım ne güneş, ne ay, ne de elektrikle aydınlatılmıştır. Oraya ulaşan kişi bu maddi dünyaya bir daha asla geri dönmez."

Tanrı, tüm gezegenlerin Yüce sahibi olduğu için yaratılışta her yer Tanrı'nın krallığının içinde yer alsa bile, Tanrı'nın bizim şu anda içinde yaşadığımız evrenden tamamen farklı kişisel bir mekânı vardır. Ve bu mekâna *paramam* veya en yüce mekân denir. Bizim gezegenimizde bile yaşama standardının daha yüksek ve daha düşük olduğu ülkeler vardır. Bu dünyanın da ötesinde evrenin her yanına dağılmış sayısız gezegen vardır ve bunların bazıları daha üstün, bazıları ise aşağı derecede olan gezegenlerdir. Her halükârda dış enerjinin etkisinde olan tüm gezegenler, yaşayabilmek için güneş ışınlarına veya ateş ışığına ihtiyaç duyarlar çünkü maddi evren, karanlık bir alandır. Bu alanın ötesinde ise, Tanrı'nın üstün doğası altında işleyen olarak tarif edilen spiritüel krallık bulunmaktadır. *Upaniṣadlar*da bu krallık şöyle açıklanmıştır: "Orada ne güneşe, ne aya, ne yıldızlara ihtiyaç duyulur, ne de orası elektrik veya herhangi bir ateş kaynağı ile aydınlatılır. Tüm maddi evrenler o spiritüel ışığın yansımasıyla aydınlanmaktadır ve manevi doğa her zaman kendinden aydınlık olduğu için, biz en karanlık gecede bile ışığın pırıltısını hissedebiliriz." *Hari-vaṃśa*'da spiritüel doğa Yüce Tanrı'nın kendisi tarafından şöyle açıklanmıştır: "Gayri şahsi Brahman'ın (gayri şahsi Mutlak) göz kamaştırıcı ışığı hem maddi hem de spiritüel tüm varoluşu aydınlatır. Ey Bhārata, fakat şunu iyi anlamalısın ki Brahman'ın bu ışığı Benim Bedenimin ışıltısıdır." *Brahma-saṃhitā*'da da bu onaylanmıştır. Bu mekâna uzay gemileri ve benzeri herhangi bir maddi araçla gidebileceğimizi düşünmemeliyiz ancak şundan emin olmalıyız ki kişi Kṛṣṇa'nın bu spiritüel mekanına erişebilir ve ebedi spiritüel neşe ve keyfi kesintisiz yaşayabilir. Hata yapabilen canlılar olarak, varoluşumuzun iki fazı vardır. Bunlardan biri, doğum, ölüm, yaşlılık ve hastalığın acılarıyla dolu olan maddi varoluş, diğeri ise sınırsız manevi yaşamın sonsuzluğunu, saadetini ve bilgisini barındıran spiritüel varoluştur. Maddi varoluşta maddesel bir kavram olan beden ve zihin tarafından yönetiliriz ancak spiritüel varoluşta her zaman Tanrı'nın Yüce Şahsı ile mutlu ve transandantal bağın tadını çıkarabiliriz. Spiritüel varoluşta, Rab her zaman bizimle beraberdir. Kṛṣṇa bilinci hareketi bu spiritüel varoluşu tüm insanlığa getirmeye çalışmaktadır. Şu andaki maddi bilinçte, hayatın duyusal maddi kavramlarına bağımlıyız ancak bu anlayış Kṛṣṇa'ya veya Kṛṣṇa bilincine adanma hizmetiyle bir hamlede temizlenebilir. Eğer adanma hizmetinin ilkelerini benimsersek, maddi hayat kavramına transandantal hale gelebilir ve hatta çeşitli maddi meşguliyetlerimiz arasında bile erdem, ihtiras ve cehaletin bağlayıcı güçlerinden özgürleşebiliriz. Maddi işlerle meşgul olan herkes, *Back to Godhead* ve diğer Kṛṣṇa bilinci hareketi literatüründen en fazla yararı elde edebilir. Bu edebi eserler herkese maddi dünyanın yorulmak bilmeyen banyan ağacının köklerini kesmelerinde yardımcı olacaktır. Bu edebi eserler hayatın maddi kavramıyla ilişkili her şeyden feragat etmek ve her objenin manevi nektarının keyfini çıkarmak için bizi eğitmek konusunda onaylanmıştır. Bu aşama ancak adanma hizmetiyle elde edilebilir, başka hiçbir şeyle değil. Bu şekilde hizmet ederek kişi şu andaki hayatında bile özgürleşebilir (*mukti*). Birçok spiritüel aktivite, materyalizme boyanmıştır ama saf özverili hizmet tüm maddi kirliliği aşar. Tanrı'ya geri dönmeyi arzulayan herkes Kṛṣṇa bilincinin ilkelerini benimsemeli ve bilinçlerini sadece Yüce Rab, Tanrı'nın Şahsiyeti olan Kṛṣṇa'nın lotus ayağına yöneltmelidir.

Sizin Orijinal Bilinciniz Kṛṣṇa Bilinci'dir

"Sizin Orijinal Bilinciniz Kṛṣṇa Bilinci'dir," Śrīla Prabhupāda serbest muhabir Sandy Nixon'a anlatıyor. "Şu anda bilincin birçok saçmalıkla örtülmüştür. Onu temizlemeniz gerekir ve sonrasında; Kṛṣṇa bilinci. Bilincimiz su gibidir. Su doğal haliyle temiz ve şeffaftır fakat bazen çamura bulanır. Eğer suyu filtre ederseniz, çamuru sudan çıkarırsınız ve tekrar orijinal temiz ve şeffaf halini alır."

Bayan Nixon: İlk sorum çok temel bir soru. Kṛṣṇa bilinci nedir?

Śrīla Prabhupāda: Kṛṣṇa, Tanrı demektir. Biz hepimiz yakından O'na bağlıyız, çünkü O asıl babamızdır. Fakat biz bu bağı unuttuk. "Tanrı ile olan bağlantım nedir? Hayatın amacı nedir?" gibi sorularla ilgilenmeye başlayınca o zaman bize Kṛṣṇa bilinçli derler.

Bayan Nixon: Kṛṣṇa bilinci bunu uygulayan kişide nasıl gelişiyor?

Śrīla Prabhupāda: Kṛṣṇa bilinci zaten herkesin kalbinin özünde vardır. Fakat maddi olarak koşullanmış yaşamımız yüzünden onu unuttuk. Hare Kṛṣṇa *mahā-mantra*sını; Hare Kṛṣṇa, Hare Kṛṣṇa, Kṛṣṇa Kṛṣṇa, Hare Hare / Hare Rāma, Hare Rāma, Rāma Rāma, Hare Hare söyleme yöntemi hali hazırda sahip olduğumuz Kṛṣṇa bilincini canlandırmaktadır. Örneğin, bu Amerikalı ve Avrupalı gençler birkaç ay önce Kṛṣṇa ile ilgili hiçbir şey bilmiyorlardı, fakat dün *Ratha-yātrā* (her yıl dünya çapında birçok farklı şehirde Kṛṣṇa bilinci hareketi tarafından düzenlenen festival) geçiş töreni boyunca nasıl Hare Kṛṣṇa'yı söylediklerini ve kendilerinden geçmiş olarak dans ettiklerini gördük. Sizce bu yapmacık mıydı? Hayır. Yapmacık olarak hiç kimse saatlerce hep birlikte dans edip şarkı söyleyemez. Hakiki bir yöntemi takip ederek gerçekten Kṛṣṇa bilinçlerini uyandırdılar. Bu *Caitanya-caritāmṛta*'da [*Madhya* 22. 107] açıklanmıştır:

nitya-siddha kṛṣṇa-prema 'sadhya' kabhu naya
śravaṇādi-śuddha-citte karaye udaya

Kṛṣṇa bilinci herkesin kalbinde uykudadır ve kişi adananlarla bağlantı kurduğu zaman uyanır. Kṛṣṇa bilinci yapay değildir. Tıpkı genç bir erkeğin genç bir kızla beraberliğinde ona karşı doğal cazibesinin uyanması gibi, bir kimsenin adananlarla beraberliğinde Kṛṣṇa hakkında duymasıyla uyuyan Kṛṣṇa bilinci uyanır.

Bayan Nixon: Kṛṣṇa bilinci ile İsa bilinci arasındaki fark nedir?

Śrīla Prabhupāda: İsa bilinci de Kṛṣṇa bilincidir, ancak bu zamanda insanlar Hristiyanlığın kural ve talimatlarına; İsa Mesih'in on emrine uymadıklarından Tanrı bilinci standardına ulaşmamaktadır.

Bayan Nixon: Kṛṣṇa bilincini diğer tüm dinlerden ayıran özellik nedir?

Śrīla Prabhupāda: Öncelikle, din demek Tanrı'yı bilmek ve O'nu sevmek anlamına gelir. Din budur. Bu günlerde, eğitim eksikliği nedeniyle kimse Tanrı'yı, O'nu sevmenin ne demek olduğunu bilmiyor. İnsanlar sadece kiliseye gidip "Ey Tanrım, bize günlük ekmeğimizi ver," diye dua etmekle yetiniyor. *Śrīmad Bhāgavatam*'da buna aldatmaca din denir çünkü amaç Tanrı'yı bilmek ve sevmek değil bazı kişisel faydalar sağlamaktır. Diğer anlamda, herhangi bir dini takip ettiğimi açıkça söyleyip Tanrı'nın kim olduğunu ya da O'nun nasıl sevileceğini bilmezsem aldatmaca bir dini uygularım. Hristiyanlık söz konusu olunca, orada Tanrı'yı anlamak için yeterli fırsat verilmiştir ancak kimse O'nu almamaktadır. Mesela, İncil "Öldürmemelisin!" emrini içerir ama Hristiyanlar dünyanın en iyi mezbahalarını inşa etmişlerdir. İsa Mesih'in on emrine uymazlarsa nasıl Tanrı bilincinde olabilirler? Ve bu sadece Hristiyan dininde değil her dinde olup bitendir. "Hindu", "Müslüman" ya da "Hristiyan" unvanı sadece bir mühürdür. Hiçbiri Tanrı'nın kim olduğunu ve O'nu nasıl seveceğini bilmiyor.

Bayan Nixon: Bir kimse hakiki bir spiritüel öğretmeni sahtesinden nasıl ayırt edebilir?

Ruh Bilimini Öğrenmek

Śrīla Prabhupāda: Tanrı'yı nasıl tanıyacağınız ve O'nu nasıl seveceğinizi kim öğretirse; o spiritüel öğretmendir. Bazen sahte alçaklar insanları yanlış yola sevk ediyorlar. "Ben Tanrı'yım" diye iddia ediyorlar ve Tanrı'nın ne olduğunu bilmeyenler onlara inanıyorlar. Tanrı'nın kim olduğunu ve O'nu nasıl seveceğinizi anlamak için ciddi bir öğrenci olmalısınız. Aksi takdirde, sadece zamanınızı boşa harcarsınız. Yani diğerleriyle (diğer dinler) bizim aramızdaki fark biz kişiye gerçekten Tanrı'yı nasıl tanıyacağını ve O'nu nasıl seveceğini öğreten tek hareketiz. Biz *Bhagavad-gītā* ve *Śrīmad Bhāgavatam*'ın öğretilerini uygulayarak bir kimsenin Kṛṣṇa, Tanrının Yüce Şahsiyeti'ni nasıl tanıyabileceğinin bilimini sunuyoruz. Bu kitaplar bize tek işimizin Tanrı'yı sevmek olduğunu öğretiyor. Bizim işimiz ihtiyaçlarımız için Tanrı'yı çağırmak değil. Tanrı herkese, dini olmayana bile ihtiyaçlarını verir. Örneğin, kedi ve köpeklerin dini yoktur, Kṛṣṇa onlara bile yaşamın ihtiyaçlarını verir. Öyleyse neden günlük ekmeğimiz için Kṛṣṇa'yı rahatsız edelim ki? Zaten onu veriyor. Gerçek din O'nu nasıl seveceğimizi öğrenmektir. *Śrīmad Bhāgavatam* (1.2.6) der ki,

> *sa vai puṁsām paro dharmo*
> *yato bhaktir adhokṣaje*
> *ahaituky apratihatā*
> *yayātmā suprasīdati*

Birinci sınıf din bir kimseye hiçbir neden olmaksızın Tanrı'yı nasıl seveceğini öğretir. Eğer Tanrı'ya bir kazanç uğruna hizmet ediyorsam, bu ticarettir; aşk değildir. Gerçek Tanrı aşkı *ahaituky apratihatā*dır: Hiçbir maddi sebeple yönlendirilemez. Koşulsuzdur. Bir kimse Tanrı'yı sevmek isterse hiçbir engel yoktur. Bir kimse ister fakir ister zengin, genç ya da yaşlı, siyah ya da beyaz olsun O'nu sevebilir.

Bayan Nixon: Tüm yolların rehberliği aynı sona mı gider?

Śrīla Prabhupāda: Hayır. Dört sınıf insan mevcuttur: *karmī*ler, *jñānī*ler, *yogī*ler ve *bhakta*lar; her biri farklı bir hedefe ulaşır. *Karmī*ler maddi kazanç için çalışırlar. Örneğin, şehirde insanlar gece gündüz çok sıkı bir şekilde çalışırlar ve amaçları para kazanmaktır. Böylece, bunlar meyvesel işçiler, *karmī*lerdir. Bir *jñānī* şöyle düşünür; "Niçin bu kadar

33

çok çalışıyorum? Kuşların, arıların, fillerin ve diğer canlıların bir mesleği yok, lakin onlar da yiyorlar. Yani niçin gereksizce çok çalışmalıyım ki? Bunun yerine, hayatın sorunlarını çözmeliyim; doğum, ölüm, yaşlılık ve hastalık." *Jñānī*ler ölümsüz olmaya çalışırlar. Tanrı'nın varlığına karışarak doğum, ölüm, yaşlılık ve hastalıktan muaf olacaklardır. *Yogī*ler, harikulade bir şov sergilemek için mistik güçler elde etmeye çalışır. Örnek olarak da bir *yogī* kendini çok küçültebilir: eğer onu kilitli bir odaya koyarsanız çok küçücük bir aralıktan dışarı çıkabilir. Bu tür sihirler göstererek, bir *yogī* hemen harikulade bir insan olarak kabul edilir. Tabi ki, çağın *yogī*leri sadece bazı jimnastik hareketler göstermektedirler; gerçek güce sahip değillerdir. Fakat gerçek bir *yogī*nin spiritüel olmayan, maddi bazı güçleri vardır. Böylece *yogī*ler mistik güçler isteyenlerdir, *jñānī*ler hayatın dertlerinden kurtulmayı arzularlar ve *karmī*ler maddi kazanç isterler. Fakat bir *bhakta,* adanan kendisi için hiçbir şey istemez. Bir annenin çocuğuna hizmet ettiği gibi, sadece aşk içinde Tanrı'ya hizmet etmeyi arzular. Bir anne saf bir şefkat ve sevgi ile oğluna bakar.

Tanrı sevgisinin bu seviyesine geldiğinde bu mükemmelliktir. Ne *karmī*ler ne *jñānī*ler ne de *yogī*ler Tanrı'yı bilebilirler; sadece *bhakta*lar bilebilir. Kṛṣṇa'nın *Bhagavad-gītā*'da [18.55] söylediği gibi *bhaktayā mām abhijānātī*: "Sadece *bhakti* uygulamaları yolu ile kişi Tanrı'yı anlayabilir." Kṛṣṇa bir kimsenin diğer uygulamalar ile O'nu anlayabileceğini asla söylemez. Hayır. Sadece *bhakti* ile. Tanrı'yı bilme ve O'nu sevme ile ilgileniyorsanız o zaman adanma uygulamalarını kabul etmelisiniz. Diğer uygulamalar size yardımcı olmayacaktır.

Bayan Nixon: Bu yolda kişinin dönüşümü nasıl gerçekleşiyor?

Śrīla Prabhupāda: Bir dönüşüm yok; senin asıl bilincin Kṛṣṇa bilincidir. Şu an da bilincin birçok saçmalıklarla örtülmüştür. Onu temizlemen gerekir ve sonrasında; Kṛṣṇa bilinci ortaya çıkar. Bilincimiz su gibidir. Su doğal haliyle temiz ve şeffaftır fakat bazen çamura bulanır. Eğer suyu filtre ederseniz, çamuru sudan arındırırsınız ve tekrar asıl temiz ve şeffaf halini alır.

Bayan Nixon: Kṛṣṇa bilincinde olan kişi toplum içinde daha iyi bir fonksiyona mı sahip olur?

Śrīla Prabhupāda: Evet, benim öğrencilerime bakabilirsiniz. Ayyaş değiller, et tüketmiyorlar ve fiziksel olarak bakarsak çok temizler; asla ciddi hastalıklara yakalanmazlar. Aslında et yemeyi bırakmak Kṛṣṇa bilincinin değil medeni insan hayatının bir sorusudur. Tanrı insan toplumuna yemek için birçok şey vermiştir; güzel meyveler, sebzeler, tahıl ve birinci sınıf süt. Sütten yüzlerce çeşit yiyecek hazırlanabilir fakat kimse bu sanatı bilmiyor. Bunun yerine insanlar büyük mezbahalar işletiyorlar ve et yiyorlar. Bu kişiler medeni bile değiller. İnsanlar medeni olmadığında zavallı hayvanları öldürür ve onları yerler. Medeni insanlar süt ürünlerinden yiyecek hazırlama sanatını bilir. Örnek olarak, bizim Batı Virginia'daki New Vṛndāvana çiftliğimizde sütten yüzlerce birinci sınıf yiyecekler pişiriyoruz. Ziyaretçiler ne zaman gelseler, sütten böyle güzel yiyecekler hazırlanabilmesine şaşırıp kalıyorlar. İneğin kanı çok besinlidir fakat medeni insan bundan süt biçiminde faydalanır. Süt ineğin kanının dönüşmüş halidir. Sütten birçok şey yapabilirsiniz; yoğurt, lor, ghī (arıtılmış tereyağı) ve birçoğu ve bunları da tahıllarla, meyvelerle, sebzelerle birleştirerek yüzlerce çeşit yemek oluşturabilirsiniz. Bu medeni yaşamdır; hayvanı direk olarak öldürmek ve etini yemek medeni bir yaşam değildir. Masum inekler sadece Tanrı tarafından verilmiş otu yiyerek, üzerinden yaşamınızı sürdürebileceğiniz sütü verirler. İneklerin boğazını kesip etini yemenin medeni olduğunu mu düşünüyorsunuz?

Bayan Nixon: Hayır, size yüzde yüz katılıyorum... Çok merak ettiğim bir şey var: *Vedalar* hem harfi harfine hem de sembolik olarak alınabilir mi?

Śrīla Prabhupāda: Hayır, onlar sembolik olarak değil olduğu gibi alınmalıdır. Bu sebepten *Özgün Bhagavad-gītā*'yı tanıtıyoruz.

Bayan Nixon: Eski Hint kast sistemini Batı'da canlandırmaya mı çalışıyorsunuz? *Gītā* kast sisteminden bahsediyor...

Śrīla Prabhupāda: *Bhagavad-gītā* nerede bundan bahsediyor? Kṛṣṇa şöyle der: *cātur-varṇyaṁ mayā sṛṣṭaṁ guṇa-karma-vibhāgaśaḥ:* "Nitelik ve işine göre dört tip insan yarattım." [*Bhagavad-gītā* 4.13] Örneğin, toplumda tıp doktorları olduğu gibi, mühendisler olduğunu da anlayabilirsiniz. Onların farklı kastlara ait olduğunu mu söylüyorsunuz; biri mühendis kastında, diğeri tıp kastında? Hayır. Bir kişi tıp okulunda kendini yetiştirmişse, onu bir doktor olarak kabul edersiniz; bir diğeri

Benlik İdraki Bilimi

mühendislik dalında bir dereceye sahipse onu mühendis olarak kabul edersiniz. Benzer şekilde, *Bhagavad-gītā* toplumda dört sınıf insan tanımlıyor: bir sınıf yüksek zekalı insanlar, bir sınıf yöneticiler, bir sınıf üretken insanlar ve sıradan işçiler. Bu sınıflandırma doğaldır. Örnek olarak, bir sınıf insan çok zekidir. Fakat gerçekte birinci sınıf insan nitelikleriyle *Bhagavad-gītā*'nın tanımlamasıyla tanışıyoruz. Zeki bir çocuğun, bir doktor olması için üniversitede eğitim alması gerektiği gibi, onların da eğitilmeye ihtiyacı vardır. Bu sebepten Kṛṣṇa bilinci hareketi zeki insanları, zihinlerini nasıl kontrol edecekleri, duyularını nasıl kontrol edecekleri, nasıl doğru sözlü olacakları, içsel ve dışsal nasıl temiz olacakları, nasıl bilge olacakları, pratik hayatta bilgilerini nasıl uygulayacakları ve nasıl Tanrı bilincinde olacakları hakkında eğitir. Tüm bu gençler [oturan öğrencilerini işaret ederek] birinci sınıf zekaya sahiptirler ve şimdi onu uygun bir şekilde kullanmak üzere eğitiliyorlar.

Biz, *brāhmaṇa* ailesinde doğmuş ahmakların da otomatik olarak *brāhmaṇa* olduğu herhangi bir kast sistemi öğretmiyoruz. O ellinci sınıf alışkanlıklara sahip olabilir fakat *brāhmaṇa* ailesinde dünyaya geldiği için birinci sınıf bir insan olarak kabul edilir. Biz bunu kabul etmiyoruz. Biz bir *brāhmaṇa* olarak eğitilmiş bir kişiyi birinci sınıf olarak tanırız. Hintli, Avrupalı veya Amerikalı olması önemli değildir; alt tabaka veya üst tabaka fark etmez. Herhangi zeki bir insan eğitebilir ve birinci sınıf alışkanlıkları edinebilir. Biz öğrencilerimize Hint kast sistemini dayatmaktayız gibi saçma sapan fikirleri yok etmek istiyoruz. Biz sadece birinci sınıf zekaya sahip birini seçiyor, onu eğitiyor ve ona her yönden nasıl birinci sınıf olunur bunu öğretiyoruz.

Bayan Nixon: Kadınların özgürlüğü hakkında neler düşünüyorsunuz?

Śrīla Prabhupāda: Kadınlar için eşit haklar kavramı aslında erkeklerin kadınları aldattığı anlamına geliyor. Farz edin ki, bir erkek ve bir kadın tanışıyorlar, sevgili oluyorlar ve cinsel ilişkiye giriyorlar, kadın hamile kalıyor ve erkek ortadan kayboluyor. Kadın çocuğuna bakmak zorunda kalıyor ve bunun için devletten sadaka dileniyor veya kürtaj yaparak çocuğu öldürüyor. Kadınların bağımsızlığı budur. Hindistan'da bir kadın yoksulluk içinde olsa bile kocasının himayesi altında kalır ve kocası onun tüm sorumluluğunu alır. Hamile kaldığında da çocuğunu öldürmek veya bakmak için dilenmeye zorlanmaz. Böylece hangisi gerçek bağımsızlıktır; kocasının himayesi altında kalmak mı ya da herkes tarafından zevk nesnesi olarak kullanılmak mı?

Bayan Nixon: Spiritüel yaşam hakkında ne düşünüyorsunuz; bir kadın Kṛṣṇa bilincinde başarılı olabilir mi?

Śrīla Prabhupāda: Biz cinsiyet ayrımı yapmayız. Kṛṣṇa bilincini hem kadına hem erkeğe eşit şekilde veririz. Kadın, erkek, fakir, zengin; herkesi kabul ederiz. Kṛṣṇa *Bhagavad-gītā*'da [5.18] şöyle söyler:

vidyā-vinaya-sampanne
brāhmaṇe gavi hastini
śuni caiva śvapāke ca
paṇḍitāḥ sama-darśinaḥ

Alçakgönüllü bir bilge, doğru bilginin faziletiyle; bilgili ve nazik bir *brāhmaṇa*yı, bir ineği, bir fili, bir köpeği ve köpek yiyeni eşit görür."

Bayan Nixon: Hare Kṛṣṇa *mantra*sının anlamını açıklayabilir misiniz?

Śrīla Prabhupāda: Çok basit. Hare demek "Ey Tanrı'nın enerjisi" ve Kṛṣṇa "Ey Rab Kṛṣṇa" demektir. Maddi dünyada dişi ve erkeğin var olduğu gibi, Tanrı öz erkek (*puruṣa*) ve O'nun enerjisi (*prakṛti*) öz dişidir. Böylece, Hare Kṛṣṇa'yı söylediğimizde "Ey Rab Kṛṣṇa, Ey Kṛṣṇa'nın enerjisi, nazikçe beni Senin hizmetinle meşgul et".

Bayan Nixon: Bana biraz yaşamınızdan bahseder misiniz ve Kṛṣṇa bilinci hareketinin spiritüel öğretmeni olduğunuzu nasıl biliyordunuz?

Śrīla Prabhupāda: Benim yaşamım çok sade. Spiritüel öğretmenim bana Batı ülkelerine gitmemi ve Kṛṣṇa bilincini yaygınlaştırmamı emrettiğinde, karım ve çocuklarımla; şimdi torunlarım da var, bir aile reisiydim. Böylece, spiritüel öğretmenimin talimatıyla her şeyi bıraktım ve şimdi bu talimatı ve Kṛṣṇa'nın emrini yerine getirmeye çalışıyorum.

Bayan Nixon: Batı'ya gitmenizi söylediğinde kaç yaşındaydınız?

Śrīla Prabhupāda: Bana ilk buluşmamızda Batı'da Kṛṣṇa bilincini yayma talimatı verdi. Yirmi beş yaşında iki çocuklu, evli bir adamdım. Onun talimatını yerine getirmek için yapabileceğimin en iyisini yapmaya çalıştım ve 1944'te hala bir aile reisiyken *Back to Godhead* dergisini yönetmeye başladım. 1959'da aile hayatımdan emekli olduktan sonra kitaplar yazmaya başladım ve 1965'te Amerika'ya geldim.

Bayan Nixon: Tanrı olmadığınızı söylediniz ama bana ve dışarıdan bakan birine öyle gözüküyor, öğrenciler size Tanrıymışsınız gibi davranıyor.

Śrīla Prabhupāda: Evet bu onların görevi. Çünkü spiritüel öğretmen, Tanrı'nın talimatlarını yerine getirir ve Tanrı kadar saygı görmelidir. Bir devlet memurunun devlet kadar saygı görmesi gerektiği gibidir çünkü o devletin emirlerini yerine getirir. Sıradan bir polis memuru bile gelse ona saygı göstermek zorundasınız çünkü o bir devlet adamıdır. Fakat bu onun devlet olduğu anlamına gelmez. *Sākṣād-dharitvena samastaśastrair / uktas tathā bhāvyata eva sadbhiḥ:* "Manevi öğretmene Yüce Tanrı kadar saygı gösterilmelidir çünkü o Tanrı'nın en güvenilir hizmetkarıdır. Bu, tüm kutsal kitaplarda açıklanan ve tüm otoritelerce kabul gören bir şeydir."

Bayan Nixon: Bir de size adananlar tarafından getirilen birçok maddi şeyleri fark ettim. Örneğin, havaalanından çok güzel, süslü bir arabayla ayrıldınız. Bunu merak ediyorum çünkü bu…

Śrīla Prabhupāda: Bu, öğrencilere spiritüel öğretmenine nasıl Tanrı gibi saygı göstereceğini öğretir. Eğer devlet temsilcisine devlet gibi saygı duyuyorsanız, ona gösterişli bir şekilde ikramlarda bulunursunuz. Eğer spiritüel öğretmene Tanrı kadar saygılıysanız, ona Tanrı'ya sunacağınız tüm olanakların aynısını sunmalısınız. Tanrı altın bir arabada seyahat eder. Eğer öğrenciler spiritüel öğretmene sıradan bir araba sunuyorlarsa bu kâfi gelmeyecektir çünkü manevi öğretmen Tanrı gibi muamele görmelidir. Tanrı evinize gelse O'na sıradan bir araba mı getirirsiniz yoksa altından bir araba mı ayarlarsınız?

Bayan Nixon: Kṛṣṇa bilincinin dışarıdaki insanlar için kabul edilmesi en zor yönü tapınaklardaki *Mūrti;* o nasıl oluyor da Kṛṣṇa'yı temsil ediyor. Biraz bunu anlatır mısınız?

Śrīla Prabhupāda: Evet. Bu zamanda, Kṛṣṇa'yı görmek üzere eğitilmediğinizden dolayı, O nazikçe karşınıza O'nu görebileceğiniz şekilde beliriyor. Tahta ve taşı görebilirsiniz fakat spiritüel olanı göremezsiniz. Farz edin ki babanız hastanede ve ölüyor. Onun yatağının başucunda ağlıyorsunuz, "Şimdi babam gitti!" Fakat onun gittiğini niçin söylüyorsunuz? Giden şey nedir?

Bayan Nixon: Onun ruhu gider.

Śrīla Prabhupāda: Peki hiç ruh gördün mü?

Bayan Nixon: Hayır.

Śrīla Prabhupāda: Yani ruhu göremezsin ve Tanrı da Yüce Ruhtur. Aslında, O her şeydir; ruh ve madde, fakat onu spiritüel kimliği içinde göremezsiniz. Bu sebepten sana nezaketini göstermek için, Onun sınırsız merhametiyle tahta veya taş olarak *Mūrti* biçiminde ortaya çıkar, böylece O'nu görebilirsiniz.

Bayan Nixon: Çok teşekkür ederim.

Śrīla Prabhupāda: Hare Kṛṣṇa!

Gerçek İlerleme Tanrı'yı Tanımaktır

"Kṛṣṇa bilinci hareketinin amacı Tanrı'nın ismini, Tanrı'nın yüceliklerini, Tanrı'nın aktivitelerini, Tanrı'nın güzelliğini ve Tanrı aşkını yaymaktır... Kṛṣṇa bilinci hareketi insan toplumuna mükemmel bilgiyi vermek demektir."

Bayanlar ve baylar, Kṛṣṇa bilinci hareketine nazik katılımınız için çok teşekkür ederim. Bu topluluk 1966'da New York'ta tescil edildiğinde bir arkadaş Tanrı Bilinci Topluluğu olarak isimlendirilmesini önerdi. Kṛṣṇa adının tarikatla ilgili olduğunu düşünmüştü. Sözlükte Kṛṣṇa'nın Hintli bir Tanrı'nın adı olduğu yazmaktadır. Fakat gerçekte, Tanrı'ya herhangi bir isim atfedilecekse, bu "Kṛṣṇa"dır. Aslında Tanrı'nın belirli bir ismi yoktur. O'nun ismi yoktur demekle hiç kimsenin O'nun kaç ismi olduğunu bilmediğini kastediyoruz. Tanrı sınırsız olduğu için, O'nun isimleri de sınırsız olmalıdır. Bu yüzden tek bir isimde karar veremeyiz. Örneğin, Kṛṣṇa'ya bazen anne Yaśoda'nın oğlu anlamında, Yaśoda-nandana; ya da Devakī'nin oğlu, Devakī-nandana; veya Vasudeva'nın oğlu Vasudeva-nandana; ya da Nanda'nın oğlu Nanda-nandana diye hitap edilir. Bazen de O'na Pṛthā'nın oğlu, diğer ismi Pārtha olan Arjuna'nın araba sürücüsü rolünü oynadığı için Pārtha-sārathi denir.

Tanrı'nın adananlarıyla birçok ilişkisi vardır ve bu ilişkilere bağlı olarak, O'na belli isimlerle hitap edilir. O'nun sayısız adananı ve onlarla arasında sayısız ilişkisi olduğundan O'nun da sayısız ismi vardır. Tek bir ismi vurgulayamayız. Ancak Kṛṣṇa adı "tümüyle-cezbedici" anlamına gelir. Tanrı herkesi çeker; bu "Tanrı"nın tanımıdır. Kṛṣṇa'nın birçok resmini gördük, Vṛndāvana'da inekleri, buzağıları, kuşları, böcekleri, ağaçları, bitkileri ve hatta suyu bile cezbettiğini görüyoruz.

40

Ruh Bilimini Öğrenmek

O, çobanları, *gopīleri*, Nanda Mahārāja'yı, Pāṇḍavaları ve tüm insan toplumunu cezbeder. Bu nedenle Tanrı'ya tek bir isim verilebilecekse o isim "Kṛṣṇa"dır.

Bütün Vedik edebiyatını derleyen, Vyāsadeva'nın babası ve büyük bilge Parāśara Muni, Tanrı'nın şu tanımını vermiştir:

aiśvaryasya samagrasya
vīryasya yaśasaḥ śriyaḥ
jñāna-vairāgyayoś caiva
ṣaṇṇāṃ bhaga itīṅganā
[*Viṣṇu Purāṇa* 6.5.47]

Tanrı'nın Yüce Şahsiyeti, Bhagavān böylece Parāśara Muni tarafından altı eksiksiz özelliğe yani tüm zenginliğe; güce, şöhrete, servete, bilgiye, güzelliğe ve feragate sahip olan olarak tanımlanmıştır. Tanrı'nın Yüce Şahsiyeti, Bhagavān tüm servetin sahibidir. Dünyada birçok zengin insan vardır ama hiçbiri bütün servete sahip olduğunu iddia edemez. Ne de bir kimse O'ndan zengin olduğunu öne sürebilir. Bununla birlikte, *Śrīmad Bhāgavatam*'dan, Kṛṣṇa'nın bu dünyada bulunduğunda 16.108 karısı olduğunu ve her bir eşinin mücevherlerle süslenmiş mermerden saraylarda yaşadığını anlamaktayız. Odalar fildişi ve altından yapılmış mobilyalarla doluydu ve her yerde müthiş bir bolluk vardı. Bu tasvirler *Śrīmad Bhāgavatam*'da çok canlı bir şekilde verilir. İnsan toplumunun tarihinde on altı bin karısı ya da on altı bin sarayı olan bir kimseyi bulamayız. Ayrıca Kṛṣṇa bir gün bir karısına öbür gün bir diğerine gitmemiştir. Hayır, O bizzat kendisi aynı anda her sarayda bulunmuştur. Bu demektir ki O, kendisini 16.108 forma yaymıştır. Bu sıradan bir adam için olanaksızdır ancak Tanrı için çok zor değildir. Eğer Tanrı sınırsızsa, kendisini sınırsız sayıda şekle yayabilir, yoksa "sınırsız" sözcüğünün hiçbir anlamı olmazdı. Tanrı her şeye gücü yetendir; O sadece on altı bin değil on altı milyon karısına bakabilir ve hiçbir zorlukla karşılaşmaz, aksi takdirde "her şeye gücü yeten" lafı hiçbir şey ifade etmezdi.

Bunlar tümüyle cezbedici özelliklerdir. Biz bu maddi dünyada bir kimse çok zenginse çekici olduğunu görüyoruz. Örneğin, Amerika'da

41

Rockefeller ve Ford zenginliklerinden ötürü çok cezbedicidirler. Dünyanın tüm servetine sahip olmasalar da onlar başka insanlar için çekicidir. Öyleyse, tüm zenginliklerin sahibi olan Tanrı ne kadar çekicidir. Benzer şekilde Kṛṣṇa'nın sınırsız gücü vardır. O'nun gücü doğduğu andan itibaren vardı. Kṛṣṇa daha üç aylıkken, Pūtanā şeytanı O'nu öldürmeye kalkışmıştı, ancak O'nun yerine kendisi Kṛṣṇa tarafından öldürüldü. Tanrı budur. Tanrı en baştan itibaren Tanrı'dır. O, biraz meditasyon yaparak ya da mistik bir güçle Tanrı olmamıştır. Kṛṣṇa böyle bir Tanrı değildir. Kṛṣṇa belirişinin en başından itibaren Tanrı'dır.

Kṛṣṇa ayrıca sınırsız şöhrete sahiptir. Elbette biz Kṛṣṇa'nın adananlarıyız, O'nu biliyoruz, O'nu yüceltmeyi biliyoruz ancak bizden başka dünyada milyonlarca kişi de *Bhagavad-gītā*'nın ününden haberdarlar. Dünya çapında bütün ülkelerde *Bhagavad-gītā* filozoflar, psikologlar ve din bilimciler tarafından okunuyor. *"Özgün Bhagavad-gītā'*nın satışlarının çok iyi olduğunu görmekteyiz. Bunun nedeni ürünün saf altın olmasındandır. *Bhagavad-gītā'*nın birçok baskısı vardır ancak onlar saf değildir. Bizimki daha çok satıyor çünkü biz *Bhagavad-gītā'*yı *"Özgün Haliyle"* sunuyoruz. *Bhagavad-gītā'*nın şöhreti Kṛṣṇa'nın şöhretidir.

Güzellik, Kṛṣṇa tarafından sınırsız olarak sahip olunan diğer bir zenginliktir. Kṛṣṇa, aynı diğer tüm dostları gibi çok güzeldir. Bir önceki yaşamlarında Tanrı'ya saygılı olanlar bu maddi dünyada iyi ailelerde ve iyi uluslarda doğma fırsatına erişirler. Amerikalılar çok zengin ve güzeldir ve bu zenginlikler dindar aktivitelerinin sonuçlarıdır. Dünya çapında insanlar Amerikalıları çekici bulur çünkü bilimsel bilgide, zenginlikte, güzellikte vb. ileridirler. Bu gezegen evren içinde değersiz bir gezegendir, yine de bu gezegen içindeki tek bir ülke, Amerika çok cezbedici özelliklere sahiptir. Bu durumda, tüm kozmik tezahürün yaratıcısı olan Tanrı'nın ne kadar cezbedici özellikleri olduğunu sadece hayal edebiliriz. Bütün bu güzelliği yaratan O, aslında ne kadar güzel olmalıdır?

Bir kimse sadece güzelliğinden ötürü değil aynı zamanda bilgisinden ötürü de cezbedicidir. Bir bilim insanı ya da filozof bilgisinden ötürü cezbedici olabilir ama hangi bilgi *Bhagavad-gītā'*da Kṛṣṇa tarafından verilen bilgiden daha yücedir? Dünyada böyle bir bilginin karşılaştırması olamaz. Aynı zamanda, Kṛṣṇa tam feragate (*vairāgya*) sahiptir. Bu maddi dünyada birçok şey Kṛṣṇa'nın kontrolü altında çalışmaktadır fakat Kṛṣṇa aslında burada değildir. Sahibi yerinde olmasa bile, büyük bir fabrika çalışmaya devam edebilir. Benzer şekilde, Kṛṣṇa'nın iktidarı O'nun yardımcılarının, yarı tanrıların idaresinde işler. Böylece Kṛṣṇa'nın kendisi maddi dünyadan ayrıdır. Tüm bunlar kutsal metinlerde anlatılmaktadır.

Bu sebeple Tanrı'nın, aktivitelerine göre birçok adı vardır ancak O birçok zenginliğe sahip olduğundan ve bu zenginliklerle herkesi cezbettiğinden dolayı Kṛṣṇa adını alır. Vedik edebiyatı Tanrı'nın birçok adı olduğunu bildirir ancak ''Kṛṣṇa'' temel ismidir.

Kṛṣṇa bilinci hareketinin amacı Tanrı'nın ismini, Tanrı'nın görkemini, Tanrı'nın aktivitelerini, Tanrı'nın güzelliğini ve Tanrı aşkını yaymaktır. Maddi dünya içinde çok şey vardır ve hepsi Kṛṣṇa'nın içindedir. Maddi dünyanın en göze çarpan özelliği cinselliktir ve o da Kṛṣṇa'nın içinde mevcuttur. Biz Rādhā ve Kṛṣṇa'ya ibadet etmekteyiz. Çekim onların arasında vardır ancak maddi çekim ve manevi çekim aynı şey değildir. Kṛṣṇa'da cinsellik gerçektir fakat maddi dünyada gerçek değildir. Burada paylaştığımız her şey spiritüel dünyada da mevcuttur ama burada hiçbir gerçek değeri yoktur. Buradaki sadece bir yansımadır. Dükkân vitrinlerinde birçok manken görürüz ama kimse onlarla ilgilenmez çünkü herkes onların sahte olduğunu bilir. Bir manken çok güzel olabilir ancak yine de sahtedir. İnsanlar bununla birlikte, güzel bir kadın gördüklerinde çekici bulurlar çünkü gerçek olduğunu düşünürler. Gerçekte, canlı denilenler de ölüdür çünkü bu beden madde yığınından başka bir şey değildir; ruh bedeni terk eder etmez kimsenin sözde güzel bir kadın bedeni ile ilgilendiği görülmez. Gerçek etmen, gerçek çekici güç spiritüel ruhtur.

Maddi dünyada her şey cansız maddeden yapılmıştır; bu sebepten sadece taklittir. *Bhagavad-gītā*'yı okuyanlar spiritüel dünyanın nasıl bir yer olduğunu anlayabilirler, orası şöyle tasvir edilir:

paras tasmāt tu bhavo 'nyo
'vyakto 'vyaktat sanātanaḥ
yaḥ sa sarveṣu bhūteṣu
naśyatsu na vinaśyati

"Bununla birlikte, bu bir görünüp bir kaybolan maddi dünyanın dışında; farklı, ebedi, tezahür etmemiş bir doğa vardır. O yücedir ve hiçbir zaman yok olmaz. Bu dünyadaki her şey yok olduğunda bile, o doğa olduğu gibi kalır." *Bhagavad-gītā* [8.20]

Bilim insanları bu maddi dünyanın boyunu ve genişliğini hesaplama girişimlerinde bulunmaktadır fakat buna henüz başlayamadılar bile. Sadece en yakın yıldıza yolculuk etmeleri binlerce yıllarını alır. Peki, (bu durumda) spiritüel dünya söz konusu olabilir mi? Biz maddi dünyayı bile bilemezken onun ötesini nasıl bilebiliriz? Burada konu, bunu güvenilir kaynaklardan öğrenmemiz gerektiğidir.

En yetkili kaynak Kṛṣṇa'dır, O, bütün bilgilerin deposudur. Hiç kimse Kṛṣṇa'dan daha akıllı veya bilgili değildir. Kṛṣṇa bize bu maddi dünyanın ötesinde sayısız gezegenlerle dolu olan spiritüel bir gökyüzü olduğunu haber vermektedir. Bu gökyüzü, tüm yaratılışın sadece dörtte birini oluşturan maddi uzaydan çok, çok daha büyüktür. Benzer şekilde, maddi dünyanın içerisindeki canlı varlıklar da yaratılışın başından sonuna kadarki canlı varlıkların küçük bir bölümüdür. Bu maddi dünya hapishaneye benzetilir ve tıpkı mahkumların toplam nüfusun sadece küçük bir kısmını oluşturması gibi maddi dünya içerisindeki canlı varlıklar da tüm canlı varlıkların bir bölümünü oluşturmaktadır.

Tanrı'ya başkaldıranlar, suçlular bu maddi dünyaya yerleştirilmiştir. Ara sıra suçlular devlete aldırmadıklarını söylerler ancak yine de tutuklanıp cezalandırılırlar. Benzer şekilde, Tanrı'ya itaatsizliklerini ilan eden canlılar maddi dünyaya yerleştirilirler.

Özde, bütün canlı varlıklar Tanrı'nın parçası ve bölümüdür ve tıpkı oğulların babalarıyla ilişkili olması gibi onlarda Tanrı'yla ilişkilidir. Hristiyanlar da Tanrı'yı yüce baba olarak benimserler. Hristiyanlar kiliseye gidip "Bizim cennetteki Babamız" diye dua ederler. Baba olarak Tanrı anlayışı *Bhagavad-gītā*'da [14.4] vardır:

sarva-yoniṣu kaunteya
mūrtayaḥ sambhavanti yāḥ
tāsāṃ brahma mahad yonir
ahaṃ bīja-pradaḥ pitā

Ruh Bilimini Öğrenmek

"Ey Kuntī'nin oğlu, tüm canlı varlıkların bu maddi doğadaki yaşamları doğumla mümkündür ve Benim de tohum veren baba olduğum bilinmelidir."

Suda yaşayan canlılar, bitkiler, kuşlar, dört ayaklı hayvanlar, böcekler ve insanları kapsayan 8.400.000 yaşam türü vardır. İnsan türlerinden çoğu uygarlaşmamıştır ve birkaç medeni insan türü arasından çok az kişi, dini bir yaşam sürerler. Birçok dindarlar arasından çoğu kendilerini "Ben Hindu'yum", "Ben Müslüman'ım", "Ben Hristiyan'ım" ve bunun gibi unvanlarla tanımlarlar. Bazıları hayır işleriyle meşgul olur, bazıları fakirlere yardım eder, bazıları okullar ve hastaneler açarlar. Bu özverili uygulamalar *karma-kāṇḍa* olarak adlandırılır. Bu milyonlarca *karma-kāṇḍī*lerden belki bir tane *jñānī* ("bilen") olabilir. Milyonlarca *jñānī*ler arasından biri özgür kalabilir, milyonlarca özgür ruh arasından sadece birisi Kṛṣṇa'yı anlayabilir. Öyleyse Kṛṣṇa'nın konumu budur. Kṛṣṇa'nın Kendisinin *Bhagavad-gītā*'da [7.3] söylediği gibi:

> *manuṣyāṇāṃ sahasreṣu*
> *kaścid yatati siddhaye*
> *yatatām api siddhānāṃ*
> *kaścin māṃ vetti tattvataḥ*

"Binlerce kişi arasından, biri mükemmellik için gayret gösterebilir ve bu mükemmelliğe erişenlerden ancak biri Beni gerçekten tanır."

Kṛṣṇa'yı anlamak bu durumda çok zordur. Ancak Tanrı'yı anlamak zor bir konu olduğu halde, Kṛṣṇa kendisini *Bhagavad-gītā*'da anlatır. "Ben böyleyim ve Ben buyum. Maddi doğa böyle ve spiritüel dünya şöyle. Canlı varlıklar böyle ve Yüce Ruh şöyle" der. Böylece her şey tam anlamıyla *Bhagavad-gītā*'da anlatılmıştır. Tanrı'yı anlamak çok zor olduğu halde, Tanrı kendi hakkındaki bilgiyi bize verdiği zaman bu kolaylaşır. Gerçekte Tanrı'yı anlayabilmemizin tek yolu budur. Tanrı sınırsız ve biz sınırlı olduğumuz için kendi tahminlerimizle Tanrı'yı anlamamız mümkün değildir. Sahip olduğumuz bilgi ve algımız sınırlıdır, bu şekilde sınırsız olanı nasıl anlayabiliriz ki? Sadece sınırsız yorumunu kabul edersek, O'nu anlamaya başlayabiliriz. Bu anlayış bizim mükemmelliğimizdir.

Spekülatif Tanrı bilgisi bizi hiçbir yere götürmez. Eğer bir çocuk babasının kim olduğunu bilmek istiyorsa, bunun en basit yolu annesine sormaktır. Anne bu durumda "Bu senin baban" diyecektir. Kusursuz bilginin yolu budur. Elbette, bazıları birinin babası hakkında bu senin baban veya şu senin baban diye tahmin yürütebilir ve bir kimse bütün şehri "Sen benim babam mısın? Babam sen misin?" diye sorarak dolaşabilir. Böyle bir yöntemden elde edilecek bilgi her zaman eksik kalacaktır. O kişi babasını asla bu şekilde bulamayacaktır. Basit olan yöntem, bilgiyi yetkin kişi olan anneden almaktır. Anne sadece "Sevgili oğlum senin baban bu kişi" der. Bu şekilde bilgimiz kusursuz olur. Transandantal bilgi de buna benzer. Biraz önce spiritüel dünyadan bahsediyordum. Bu spiritüel dünya bizim varsayımımız değildir. Tanrı "Spiritüel bir dünya var ve orası merkezimdir" der. Bu yolla biz bilgiyi Kṛṣṇa'dan, yani en iyi otoriteden alıyoruz. Biz mükemmel olmayabiliriz ancak bilgimiz mükemmeldir çünkü onu mükemmel olan kaynaktan alıyoruz.

Kṛṣṇa bilinci hareketi insan toplumuna mükemmel bilgiyi vermek içindir. Böyle bir bilgiye sahip olarak kişi kim olduğunu, Tanrı'nın kim olduğunu, maddi dünyanın ne olduğunu, neden buraya geldiğimizi, neden böylesi sıkıntı ve ıstırap çektiğimizi ve neden ölmek zorunda olduğumuzu anlayabilir. Elbette kimse ölmek istemez ancak ölüm gelecektir. Kimse yaşlı bir insan olmayı istemez ancak insanlar yine de yaşlanır. Kimse hastalık çekmek istemez fakat hastalanacağımız kesindir. Bunlar insan hayatının gerçek problemleridir ve hala çözülmemiştir. Modern toplum yemeyi, uyumayı, çiftleşmeyi ve savunmayı daha iyi bir seviyeye getirmeye çalışır ancak bunlar gerçek meseleler değildir. Bir insan uyur ve aynı şekilde bir köpekte uyur. İnsan sadece evi var diye köpekten daha ileri seviyede değildir. Her iki durumda da yaptıkları iş aynıdır; uyumak. İnsanlar kendilerini savunmak için atom bombası icat etmiştir ancak köpeğin de kendini savunmak için dişleri ve pençeleri vardır. Her iki durumda da savunma vardır. İnsanlar atom bombasına sahip olduklarından tüm dünyayı ve tüm evreni fethedeceğini söyleyemez. Bu mümkün değildir. İnsanlar kendilerini savunmak için incelikli sistemlere ya da yemek, uyumak veya çiftleşmek için çok güzel bir düzene sahip olabilir ancak bu onları daha gelişmiş varlıklar yapmaz. Bu ilerlemeye cilalanmış hayvanlık diyebiliriz, hepsi bu.

Gerçek ilerleme Tanrı'yı bilmektir. Eğer Tanrı'nın bilgisinden yoksunsak, gerçekten ilerlemiş değilizdir. Çoğu alçaklar Tanrı'nın varlığını inkâr eder çünkü eğer Tanrı yoksa günahkâr aktivitelerine devam edebilirler; onlar için Tanrı'nın olmadığını düşünmek çok hoş olabilir ama Tanrı sırf onlar O'nu inkâr ediyor diye yok olmaz. Tanrı vardır ve O'nun idaresi de vardır. O'nun talimatlarıyla güneş doğar, ay doğar, sular akar ve gel-gitlerle okyanus çekilir. Böylece her şey O'nun düzeniyle işlemektedir. Mademki her şey o kadar iyi bir biçimde işliyor, nasıl oluyor da bir kimse gerçekçi şekilde yaklaştığında Tanrı'nın ölü olduğunu düşünebiliyor? Eğer kötü bir yönetim olsaydı, hükümetin olmadığını söyleyebilirdik ama iyi bir idare sistemi varsa, hükümetin olmadığını nasıl söyleyebiliriz ki? İnsanlar Tanrı'yı tanımadıklarından Tanrı'nın ölü olduğunu, Tanrı olmadığını ya da Tanrı'nın sureti olmadığını düşünüyorlar. Ancak biz kesinlikle Tanrı olduğuna ve Kṛṣṇa'nın Tanrı olduğuna ikna olduk. Bu yüzden Ona ibadet ediyoruz. Bu yol Kṛṣṇa bilincidir. Bunu anlamaya çalışın. Çok teşekkürler.

Reenkarnasyon ve Ötesi

Londra Yayın Şirketi'nde (London Broadcasting Company) muhabir olan Mike Robinson, ruh bilimi ile ilgili araştırıyor: Daha önce burada bulunduk mu? Tekrar gelecek miyiz ya da...? Śrīla Prabhupāda çarpıcı bazı cevaplar için kadim Vedik Edebiyatına başvuruyor.

Mike Robinson: İnandığınız Hare Kṛṣṇa hareketinin ne olduğunu anlatabilir misiniz?

Śrīla Prabhupāda: Evet. Kṛṣṇa bilinci bir inanç meselesi değil, bir bilimdir. İlk adım da canlı bedenle cansız beden arasındaki farkı bilmektir. Fark nedir? Fark şudur: Bir kimse ölünce ruh ya da yaşam gücü bedeni terk eder. Ve bu sebepten bedene "ölü" denir. Demek ki iki şey vardır: birincisi bu beden; diğeri de bedenin içerisindeki yaşam gücü. Biz bedenin içerisindeki yaşam gücünden bahsediyoruz. Spiritüel olan Kṛṣṇa bilinci bilimiyle ile sıradan maddi bilim arasındaki fark budur. Böyle olunca, başlangıçta sıradan birinin hareketimizi takdir etmesi çok çok zordur. Bir kimse öncelikle, bu bedenden başka bir şey, bir ruh olduğunu anlamalıdır.

Mike Robinson: Ve biz bunu ne zaman anlayacağız?

Śrīla Prabhupāda: Her an anlayabilirsiniz fakat bu biraz zekâ gerektiriyor. Örneğin, bir çocuk büyüyor, delikanlı oluyor, delikanlı genç bir adam oluyor, genç adam yetişkin oluyor ve yetişkin yaşlı bir adam oluyor. Bu sürenin başından sonuna kadar, bedeni bir çocuktan yaşlı bir adama değişse bile yine de kendisinin aynı kimlikle aynı kişi olduğunu hisseder. Sadece şunu anlayın: beden değişir ancak bedenin sakini olan ruh aynı kalır. Bu sebeple mantık olarak mevcut bedenimiz öldüğü zaman başka bir beden aldığımız sonucuna varmalıyız. Buna ruhun göçü denir.

Ruh Bilimini Öğrenmek

Mike Robinson: Öyleyse insanlar öldüğü zaman sadece fiziksel beden ölüyor?

Śrīla Prabhupāda: Evet. Bu *Bhagavad-gītā*'da [2.20] çok detaylı olarak açıklanmıştır: *na jāyate mriyate vā kadācin... na hanyate hanyamāne śarīre.*

Mike Robinson: Sık sık referans alıntılar verir misiniz?

Śrīla Prabhupāda: Evet, pek çok bölümü referans veririz. Kṛṣṇa bilinci sıradan bir din değil ciddi bir eğitimdir. [Bir adanana:] *Bhagavad-gītā*'da bu kıtayı bulun.

Öğrenci:

na jāyate mriyate vā kadācin
nāyaṃ bhūtvā bhavitā vā na bhāyaḥ
ajo nityaḥ śāśvato 'yaṃ purāṇo
na hanyate hanyamāne śarīre

"Ruh için hiçbir zaman ne doğum ne de ölüm vardır. Ne bir defalığına var olmuştur ne de var oluşu sona erecektir. O doğmamıştır, sonsuzdur, daima var olandır, ölümsüzdür ve kadim olandır. Beden öldüğünde ruh ölmez."

Mike Robinson: Bunu okuduğunuz için çok teşekkür ederim. Öyleyse biraz daha açıklayabilir misiniz? Ruh ölümsüzse, öldüğünde herkesin ruhu Tanrı ile birlikte olmaya mı gider?

Śrīla Prabhupāda: Şart değil. Bir kimse nitelikliyse; kendini bu yaşamda eve, Tanrı'ya geri dönmek için nitelik kazanırsa, o zaman gidebilir. Eğer gerekli özelliklere sahip olmadıysa o zaman başka bir maddi beden alır. 8,400,000 farklı bedensel form vardır. Arzularına ve karmalarına göre, doğanın yasaları o kişiye uygun bir beden verir. Bu bir kişinin hastalığa yakalanması ve sonra onu geçirmesi gibidir. Bunu anlamak zor mu?

Mike Robinson: Bunların tümünü anlamak çok zor.

Śrīla Prabhupāda: Bir kimsenin çiçek hastalığına yakalandığını farz edin. Yedi gün sonra belirtiler görülmeye başlar. Bu sürece ne denir?

Mike Robinson: Kuluçka mı?

Śrīla Prabhupāda: Kuluçka. Öyleyse buna engel olmazsınız.

49

Bir hastalık kapmışsanız, doğa yasasıyla bu hastalık ortaya çıkacaktır. Benzer şekilde, bu hayat süresince maddi doğanın bağlayıcı güçleriyle ilişkili olursunuz, bu ilişki bir sonraki yaşamda hangi bedeni alacağınızı belirler. Bu değişmez bir şekilde doğa yasalarının idaresindedir. Herkes doğa yasaları tarafından kontrol edilir; herkes tamamıyla doğa yasalarına bağımlıdır fakat insanlar cehaletlerinden dolayı özgür olduklarını düşünürler. Özgür değillerdir; özgür olduklarını hayal ederler ancak tümüyle doğa yasalarının yönetimindedirler. Onun için, sonraki doğumunuz günahkâr hareketlerinize ya da dindar faaliyetlerinize göre kararlaştırılacaktır.

Mike Robinson: Müsaadenizle, sadece bir dakikalığına geri dönebilir miyiz? Kimsenin özgür olmadığını söylediniz. İyi bir hayat yaşarsak, bir şekilde kendimiz için iyi bir gelecek belirlediğimizi mi söylüyorsunuz?

Śrīla Prabhupāda: Evet.

Mike Robinson: Öyleyse önemli olduğuna inandığımızı seçmekte özgürüz? Din önemli çünkü Tanrı'ya inanıyorsak ve iyi bir yaşam sürüyorsak...

Śrīla Prabhupāda: Bu bir inanç meselesi değildir. Bunu inanç meselesi haline getirmeyin. Bu bir yasadır. Örneğin, devlet vardır. İnanırsınız ya da inanmazsınız, fakat kanunlara uymazsanız devlet tarafından cezalandırılırsınız. Benzer şekilde, inansanız da inanmasanız da Tanrı vardır. Eğer Tanrı'ya inanmıyorsanız ve özgürce istediğinizi yapıyorsanız o zaman doğa yasaları tarafından cezalandırılırsınız.

Mike Robinson: Anlıyorum. Hangi dine inandığınız önemli mi? Bir insanın Kṛṣṇa'nın bir adananı olması fark eder mi?

Śrīla Prabhupāda: Bu bir din meselesi değil, bir bilim meselesidir. Siz spiritüel bir varlıksınız, ancak maddi olarak koşullandığınız için maddi doğanın kanunları altındasınız. Hristiyan dinine inanıyor olabilirsiniz ve ben Hindu dinine inanıyor olabilirim ama bu sizin yaşlanacağınız ve benim yaşlanmayacağım anlamına gelmez. Biz yaşlanmanın biliminden bahsediyoruz. Bu doğal kanundur. Bu, siz Hristiyan olduğunuz için yaşlanıyorsunuz ya da ben Hindu olduğum için yaşlanıyorum demek değildir. Herkes yaşlanıyor. Bu nedenle, benzer şekilde doğanın tüm kanunları herkese uygulanabilir. İster bu dine, ister diğer bir dine inanın fark etmez.

Ruh Bilimini Öğrenmek

Mike Robinson: Öyleyse hepimizi kontrol eden sadece tek bir Tanrı olduğunu söylüyorsunuz?

Śrīla Prabhupāda: Tek Tanrı ve doğanın tek kanunu vardır. Hepimiz bu doğa yasasının yönetimindeyiz. Yüce olan tarafından kontrol ediliyoruz. Onun için özgür olduğumuzu düşünürsek ya da her istediğimizi yaparsak bu bizim budalalığımızdır.

Mike Robinson: Anlıyorum. Hare Kṛṣṇa hareketinin bir üyesi olmanın ne farklar getirdiğini anlatabilir misiniz?

Śrīla Prabhupāda: Hare Kṛṣṇa hareketi bu bilimi gerçekten anlamak isteyenler içindir. Tarikatçı bir grup olmadığımızla ilgili bir kuşku yoktur. Hayır. Herkes (Hare Kṛṣṇa hareketine) katılabilir. Üniversite öğrencileri kabul edilebilir. Hristiyan olabilirsiniz, Hindu olabilirsiniz, Müslüman olabilirsiniz; fark etmez. Kṛṣṇa bilinci hareketi Tanrı bilimini anlamak isteyen herkesi kabul eder.

Mike Robinson: Herhangi birine, nasıl bir Hare Kṛṣṇa adananı olacağının öğretilmesi ne gibi farklar getirir?

Śrīla Prabhupāda: Gerçek eğitimi başlayacaktır. Anlaşılması gereken ilk şey ruh olduğunuzu anlamaktır. Ve ruh olduğunuz için, bedeniniz değişir. Bu spiritüel anlayışın ABC'sidir. Bu nedenle, bedeniniz bittiği, yok olduğu zaman siz yok olmazsınız. Tıpkı ceketinizi ve gömleğinizi değiştirir gibi başka bir beden alırsınız. Yarın beni ziyarete farklı bir gömlek ve farklı bir ceket giyerek gelseniz bu farklı biri olduğunuz anlamına mı gelir? Hayır. Aynı şekilde, her öldüğünüzde beden değiştirirsiniz ancak siz, bedenin içerisindeki ruh aynı kalır. Anlaşılması gereken nokta budur; öyleyse bir kimse Kṛṣṇa bilinci biliminde daha ileri bir gelişme gösterebilir.

Mike Robinson: Anlamaya başlıyorum fakat zorlandığım şey Oxford Caddesinde Hare Kṛṣṇa broşürü dağıtan çok sayıdaki adananlarınızın bununla nasıl ilişkili olduğu.

Śrīla Prabhupāda: Bu broşürler insanları spiritüel yaşamın gereksinimi hakkında ikna etmek içindir.

Mike Robinson: Ve siz (broşürleri alan kişilerin) Hare Kṛṣṇa Hareketi'ne katılıp katılmamalarıyla gerçekten ilgilenmiyor musunuz?

Śrīla Prabhupāda: Önemli değil. Bizim görevimiz onları eğitmek. İnsanlar cahillik içinde; bir budalanın cennetinde yaşıyorlar, bedenleri sona erdiği zaman her şeyin bittiğini düşünüyorlar. Bu budalalıktır.

Mike Robinson: Ve siz esas olarak sadece onlara yaşamın spiritüel bir boyutu olduğunu anlatmakla mı ilgileniyorsunuz?

Śrīla Prabhupāda: Bizim birinci vazifemiz bu beden olmadığınızı, bedenin sizin üzerinizdeki bir örtü (gömleğiniz ya da ceketiniz) olduğunu ve sizin de bedenininiz içinde yaşadığınızı anlatmaktır.

Mike Robinson: Evet, sanırım şimdi anladım. Eğer buradan devam edebilirsek; hayatınızı nasıl yaşadığınızın ölümden sonra bir fark yarattığını, bir sonraki yaşamınızı belirleyen doğa yasaları olduğunu söylediniz. Göç süreci nasıl gerçekleşiyor?

Śrīla Prabhupāda: Süreç çok narindir. Ruhu maddi gözlerimizle göremeyiz. Atomik boyuttadır. Duyulardan, kandan, kemikten, yağdan, vb. oluşan kaba bedenin yok olmasından sonra zihin, zekâ ve egodan oluşan narin bedenimiz çalışmaya devam eder. Böylece ölüm anında, narin beden küçük ruh canı diğer kaba bir bedene taşır. İşlem sadece havanın bir kokuyu taşıması gibidir. Kimse gül kokusunun nereden geldiğini göremez ama hava tarafından taşındığını bilir. Nasıl olduğunu göremezsiniz ancak bu olur. Aynı şekilde, ruhun göç süreci çok narindir. Ölüm anında zihnin durumuna göre çok küçük olan ruh bir babanın spermi tarafından bir annenin rahmine girer ve daha sonra annenin verdiği belli bir bedende gelişir. Bu bir insan, bir kedi, bir köpek veya herhangi bir canlı olabilir.

Mike Robinson: Bu yaşamdan önce başka bir şey olduğumuzu mu söylüyorsunuz?

Śrīla Prabhupāda: Evet.

Mike Robinson: Ve bir sonraki sefer başka bir beden olarak gelmeye devam ediyoruz?

Śrīla Prabhupāda: Evet, çünkü siz ebedisiniz. Faaliyetlerinize göre, sadece bedenler değiştiriyorsunuz. Onun için bu olayı nasıl durduracağınızı; özgün, spiritüel bedeninizde nasıl kalabileceğinizi öğrenmeyi istemelisiniz. Bu Kṛṣṇa bilincidir.

Mike Robinson: Anlıyorum. Öyleyse, Kṛṣṇa bilincine gelirsem, bir köpek olarak geri dünyaya gelme riskim olmayacak?

Śrīla Prabhupāda: Hayır. [Bir adanana:] Bu kıtayı bulun: *janma karma ca me divyam...*

Öğrenci:

janma karma ca me divyam
evaṃ yo vetti tattvataḥ
tyaktvā dehaṃ punar janma
naiti mām eti so 'rjuna

"Ey Arjuna, Benim belirişimin ve faaliyetlerimin transandantal doğasını bilen biri, bedenini terk ettikten sonra, bu maddi dünyada doğmaz, Benim ebedi meskenime ulaşır." [Bg. 4.9]

Śrīla Prabhupāda: Tanrı, "Beni anlayan herkes doğumdan ve ölümden kurtulur" diyor. Fakat bir kimse maddi varsayımlarla Tanrı'yı anlayamaz. Bu mümkün değildir. Kişi önce spiritüel platforma ulaşmalıdır. O zaman Tanrı'yı anlamayı gerektiren zekâyı elde eder. Ve Tanrı'yı anladığında artık daha fazla maddi bedenler elde etmez. Evine, Tanrı'nın yanına geri döner. Sonsuza dek orada yaşar; daha fazla beden değişimi olmaz.

Mike Robinson: Anlıyorum. Şimdi, kutsal metinlerden iki kez okumuş oldunuz. Bu kutsal metinler nereden geliyor? Bunu kısaca açıklayabilir misiniz?

Śrīla Prabhupāda: Kutsal metinler yaradılışın başından beri var olan Vedik edebiyattan geliyor. Ne zaman maddi bir yaradılış olursa; örneğin, bu mikrofon gibi, onu nasıl kullanacağımızı açıklayan bir de kullanım kılavuzu da vardır. Öyle değil mi?

Mike Robinson: Evet, bu doğru, var.

Śrīla Prabhupāda: Ve bu kullanım kılavuzu, mikrofonun üretimiyle birlikte gelir.

Mike Robinson: Bu doğru, evet.

Śrīla Prabhupāda: Yani benzer şekilde, Vedik edebiyatı da kozmik yaradılışla nasıl uğraşacağımızı açıklamak üzere onunla beraber gelir.

Mike Robinson: Anlıyorum. Öyleyse bu kutsal metinler yaradılışın başlangıcından beri var. Şimdi, çok güçlü hissettiğinize inandığım bir konuyla devam edebiliriz. Kṛṣṇa bilinci ile Batı'da öğretilen diğer Doğu bilim dalları arasındaki temel fark nedir?

Śrīla Prabhupāda: Fark, bizim orijinal yazınları takip etmemiz ve onların kendi yazınlarını üretmesidir. Fark budur. Spiritüel konularla

Benlik İdraki Bilimi

ilgili bir sorunuz olduğu zaman, saçma bir adam tarafından yayımlanmış yazınlara değil, orijinal yazınlara başvurmalısınız.

Mike Robinson: Peki ya Hare Kṛṣṇa, Hare Kṛṣṇa'nın söylenmesi...

Śrīla Prabhupāda: Hare Kṛṣṇa'yı söylemek, özellikle bu çağda; insanların spiritüel bilgiyi kolay bir şekilde anlayamadığı bu çağda, arınmak için en kolay yöntemdir. Bir insan Hare Kṛṣṇa'yı söylerse, o zaman zihni arınır ve spiritüel olanı anlayabilir.

Mike Robinson: Yaptığınız şeye nasıl yönlendirildiğinizi söyleyebilir misiniz?

Śrīla Prabhupāda: Biz Vedik edebiyatından rehberlik alıyoruz.

Mike Robinson: Alıntı yaptığınız kutsal yazılardan mı?

Śrīla Prabhupāda: Evet, her şey yazınların içindedir. Biz onları İngilizce olarak açıklıyoruz. Fakat hiçbir şey üretmiyoruz. Eğer bilgi üretecek olsaydık, o zaman her şey mahvolurdu. Vedik edebiyatı bu mikrofonu nasıl kuracağınızı açıklayan kullanım kılavuzu gibidir. "Şöyle yapın: vidaların bazıları bu tarafta, metalin etrafında olmalı." diyor. Hiçbir değişiklik yapamazsınız; yaparsanız bozarsınız. Benzer şekilde, biz hiçbir şey üretmediğimiz için, insanlar sadece kitaplarımızdan birini okumalıdır. Böylece gerçek spiritüel bilgiyi alacaktır.

Mike Robinson: Kṛṣṇa bilinci felsefesi insanların yaşam şeklini nasıl etkileyebilir?

Śrīla Prabhupāda: İnsanların acılarını azaltabilir. İnsanlar kendilerini beden olarak yanlış bir anlayışla tanımladıklarından acı çekiyorlar. Eğer ceket ve gömlek olduğunuzu düşünür ve sadece ceket ile gömleğinizi dikkatlice yıkar ama yemek yemeyi unutursanız, mutlu olabilecek misiniz?

Mike Robinson: Hayır, olmam.

Śrīla Prabhupāda: Aynı şekilde, herkes sadece bedenini "gömlek ve ceket"ini yıkıyor ancak bedenin içindeki ruhu unutuyor. Bedenin "gömlek ve ceketinin" içerisinde ne olduğuna dair hiçbir bilgileri yok. Herhangi birine ne olduğunu sorun, "Evet, İngiliz'im" veya "Hindistanlıyım" diyecektir. Ve eğer "İngiliz ya da Hint bir bedeninin olduğunu görebiliyorum ama sen nesin?" derseniz cevap veremeyecektir.

Mike Robinson: Anlıyorum.

Śrīla Prabhupāda: Tüm modern toplum düzeni bedenin kendisi (*dehātma-buddhi*) olduğu yanlış anlayışı üzerine işliyor. Bu kedi ve köpeklerin zihniyetidir. İngiltere'ye girmeye çalıştığımı farz edin ve beni sınırda durduruyorsunuz: "Ben İngiliz'im ama siz Hintsiniz, neden buraya geldiniz?" diyorsunuz. Köpekler de "hav, hav neden buraya geliyorsun?" diye havlıyor. Öyleyse zihniyetteki fark nedir? Köpek, köpek olduğunu düşünüyor ve ben bir yabancıyım ve siz İngiliz olduğunuzu ve benim Hint olduğumu düşünüyorsunuz. Zihniyette hiçbir fark yoktur. Onun için, insanları bir köpeğin zihniyetinin karanlığında bırakırsanız ve böyleyken uygarlıkta ilerlediğinizi iddia ederseniz, son derece yanlış yönlendirilmişsinizdir.

Mike Robinson: Şimdi başka bir konuya geçiyorum, Hare Kṛṣṇa Hareketi'nin dünyada sıkıntıların olduğu alanlarla ilgili kaygılarının olduğu sonucuna varıyorum.

Śrīla Prabhupāda: Evet, tek bir endişemiz var. Diğerleri sadece temel problemlerden kaçıyorlar: doğum, yaşlılık, hastalık ve ölüm. Bu problemlere hiç çözümleri yok; onlar sadece her çeşit saçmalık hakkında konuşmaktadırlar. İnsanlar yanlış yönlendiriliyorlar. Karanlıkta tutuluyorlar. Onlara biraz aydınlatmaya başlamamıza izin verin.

Mike Robinson: Evet, ama spiritüel aydınlanma vermenin haricinde, insanların fiziksel refahıyla da ilgili misiniz?

Śrīla Prabhupāda: Fiziksel refah otomatik olarak spiritüel refahı takip eder.

Mike Robinson: Ve bu nasıl olur?

Śrīla Prabhupāda: Bir arabanız olduğunu varsayın. Doğal olarak kendinize baktığınız gibi arabanıza da bakarsınız. Ama kendinizi araba olarak tanımlamazsınız. "Ben bu arabayım" demezsiniz. Bu saçmalıktır. Ancak insanların yaptığı bu. Arabanın kendisi olduğunu düşünerek beden "arabasına" gereğinden fazla bakıyorlar. Ruh olduklarını ve farklı bir işleri olduğunu, arabadan farklı olduklarını unutuyorlar. Tıpkı kimsenin petrol içip tatmin olamayacağı gibi hiç kimse bedensel faaliyetlerle tatmin olamaz. Bir kişi ruh için uygun yiyeceği bulmalıdır. Bir adam "Ben arabayım ve bu petrolü içmeliyim" diye düşünürse ona deli gözüyle bakılır. Benzer şekilde, bu beden olduğunu düşünen ve bedensel zevklerle mutlu olmaya çalışan biri de delidir.

Mike Robinson: Burada üzerine yorum yapmanızı istediğim

bir alıntı var. Bu broşür buraya gelmeden önce bana sizin üyeleriniz tarafından verildi, burada söylediğiniz şeylerden biri de "Akılcı temeli olmayan bir din sadece duygusallıktır." Bunu açıklayabilir misiniz?

Śrīla Prabhupāda: Çoğu dindar insan "Biz inanıyoruz…" der. Ama bu inancın değeri nedir? Gerçekten doğru olmayan bir şeye inanıyor olabilirsiniz. Mesela, bazı Hristiyanlar "hayvanların ruhu olmadığına inanıyoruz" diyor. Bu doğru değil. Hayvanların ruhu olmadığına inanırlar çünkü hayvanları yemek isterler ama aslında hayvanların ruhu vardır.

Mike Robinson: Hayvanın ruhu olduğunu nerden biliyorsunuz?

Śrīla Prabhupāda: Sende bilebilirsin. Bilimsel kanıtı buradadır: bir hayvan yer, siz de yersiniz; hayvan uyur, siz de uyursunuz; hayvan ürer, siz de ürersiniz; hayvan kendini savunur, siz de savunursunuz. Madem öyle sizinle hayvan arasındaki fark nedir? Nasıl olur da sizin bir ruhunuz olduğunu ama hayvanın olmadığını söyleyebilirsiniz?

Mike Robinson: Tam anlamıyla anlayabiliyorum. Fakat Hristiyan kutsal kitapları der ki…

Śrīla Prabhupāda: Hiçbir kutsal kitabı getirmeyin; bu sağduyu ile ilgili bir konudur. Anlamaya çalışın. Hayvan yer, siz de yersiniz; hayvan uyur, siz de uyursunuz; hayvan korunur, siz de korunursunuz; hayvan ürer yapar, siz de ürersiniz; hayvanın çocukları olur, sizin de olur; onların yaşayacak bir yerleri vardır, sizin de vardır. Eğer bir hayvanın bedeni kesilirse, kan akar; sizin vücudunuz kesilirse de kan akar. Yani, tüm bu benzerlikler vardır. Şimdi, neden bu tek benzerliği, ruhun varlığını inkâr edesiniz? Bu mantıklı değildir. Mantık okudunuz mu? Mantıkta benzerlik-analoji denen bir şey vardır. Analoji benzerliğin çoğu noktalarını bularak bir yargıya varmaktır. İnsanlar ve hayvanlar arasında çok orta nokta varsa, tek benzerliği niye inkâr edelim? Bu mantık değildir. Bu bilim değildir.

Mike Robinson: Ama bu tartışmayı alır ve başka şekilde kullanırsanız…

Śrīla Prabhupāda: Başka yol yok. Mantık temeline dayanarak tartışmıyorsanız, o zaman gerçekçi değilsiniz.

Mike Robinson: Evet, tamam, ama başka bir varsayımdan başlayalım. İnsanın ruhu olmadığını farz edelim…

Śrīla Prabhupāda: O zaman canlı ile ölü bir beden arasındaki farkı açıklamalısınız. Bunu zaten başta açıkladım. Yaşam gücü, ruh bedenden gider gitmez, en güzel vücudun bile hiçbir değeri kalmaz. Kimse umursamaz, bir kenara atılır. Ama şimdi, saçınızın bir teline dokunsam kavga çıkar. Bu canlı bedenle ölü bir beden arasındaki farktır. Canlı bedende ruh vardır, ölü bir bedende yoktur. Ruh bedeni terk eder etmez, bedenin bir değeri kalmaz. İşe yaramazdır. Bunun anlaşılması çok kolaydır, ama bilinen en büyük bilim insanları ve filozoflar bile bunu anlamayacak kadar sabit fikirlidir. Modern toplum çok felaket bir durumdadır. Gerçek beyinli hiç kimse yoktur.

Mike Robinson: Yaşamdaki spiritüel boyutu anlamayan tüm bilim insanlarına mı gönderme yapıyorsunuz?

Śrīla Prabhupāda: Evet. Gerçek bilim maddi ve spiritüel, her şeyin bilgisinde tam olmaktır.

Mike Robinson: Ama siz dünyevi yaşamda bir kimyagerdiniz, değil mi?

Śrīla Prabhupāda: Evet, yaşamının başlarında kimyagerdim. Ama kimyager olmak müthiş bir zekâ gerektirmiyor. Herhangi sağduyu sahibi bir insan bunu yapabilir.

Mike Robinson: Ama herhalde günümüzün bilim insanları sabit fikirli olsa bile maddi bilimin de önemli olduğunu düşünüyorsunuzdur.

Śrīla Prabhupāda: Maddi bilim her zaman önemlidir. Bütünüyle önemli değildir.

Mike Robinson: Anlıyorum. Önceki bir soruma dönebilir miyim? Birkaç dakika önce uyuşamadık, siz "Kutsal kitapları getirmeyin; sadece sağduyunuzu kullanın" dediniz. Ama sizin dininizde kutsal kitapların rolü nedir? Ne kadar önemlidirler?

Śrīla Prabhupāda: Bizim dinimiz bilimdir. Bir çocuğun delikanlıya dönüştüğünü söylediğimizde, o bilimdir. Din değildir. Her çocuk bir delikanlıya dönüşür. Bununla dinin ne ilgisi vardır? Yine, her insan ölür ve bunun da dinle bir ilgisi yoktur. Ve biri ölürse, bedeni işe yaramaz hale gelir. Aynı şekilde din bunu neresindedir? Bu bilimdir. İster Hristiyan ister Hindu veya Müslüman olun, öldüğünüzde beden işe yaramaz hale gelir. Bu bilimdir. Akrabanız öldüğünde, "biz Hristiyan'ız; ölmediğine inanıyoruz" diyemezsiniz. Hayır, ölmüştür. İster Hristiyan, Hindu veya

Müslüman olun, ölmüştür. Öyleyse konuştuğumuz zaman, şu temele dayanarak konuşuyoruz: beden, ruhun beden içerisinde olduğu sürece önemlidir. Ruh orda olmadığı zaman, işe yaramazdır. Bu bilimdir herkese uygulanabilir ve biz insanları bu temel üzerinde eğitmek istiyoruz.

Mike Robinson: Doğru anlıyorsam, insanları tamamen bilimsel temel üzerinde eğitiyor gibi görünüyorsunuz. Tüm bunların içine din nasıl giriyor?

Śrīla Prabhupāda: Din de bilim demektir. İnsanlar dini yanlışlıkla inanç olarak algılıyorlar; "İnanıyorum..." [Bir adanana:] Sözlükte dinin anlamına bakın.

Öğrenci: Sözlükte din için şöyle yazar: "insan üstü kontrol ya da gücün ve itaat hakkı verilen özellikle kişisel bir Tanrı'nın tanınması ve böylesi bir tanınmanın kusursuz akli tutumla gerçekleştirilmesi."

Śrīla Prabhupāda Evet. Din yüce yönetmene nasıl itaat edileceğini öğrenmek demektir. Öyleyse, siz Hristiyan olabilirsiniz ben de Hindu olabilirim; fark etmez. İkimizde yüce yönetmenin olduğunu kabul etmeliyiz. Herkes bunu kabullenmelidir; bu gerçek dindir. "Hayvanların ruhu olmadığına inanıyoruz" değildir. Bu din değildir. Daha çok bilim dışıdır. Din yüce denetçinin bilimsel olarak anlaşılması: yüce yönetmeni anlamak ve O'na itaat etmek; hepsi bu. Devlet içerisinde, iyi vatandaş devleti anlayıp devletin kanunlarına uyandır ve kötü vatandaş ise hükümeti umursamayandır. Öyleyse, Tanrı'nın devletini görmezden gelir, kötü bir vatandaş olursanız, o zaman dindar değilsinizdir. Ve iyi bir vatandaşsanız o zaman dindarsınızdır.

Mike Robinson: Anlıyorum. Hayatın anlamının ne olduğuna inanıyorsunuz, söyleyebilir misiniz? Neden ilk olarak (en başta) var oluyoruz?

Śrīla Prabhupāda: Yaşamın anlamı zevk almaktır. Ancak şu an yanlış bir yaşam platformundasınız ve bu yüzden zevk almak yerine acı çekiyorsunuz. Her yerde var olmak için mücadele olduğunu görüyoruz. Herkes mücadele ediyor fakat sonunda duydukları zevke ne oluyor? Sadece acı çekip ölüyorlar. Bu nedenle, hayat zevk almak olduğu halde, şu an siz hayatınızda zevk alamıyorsunuz. Ama yaşamın gerçek, spiritüel platformuna erişirseniz o zaman zevk alırsınız.

Mike Robinson: Son olarak bana spiritüel yaşamda geçirdiğiniz bazı aşamaları açıklayabilir misiniz? Yeni bir Kṛṣṇa adananının geçtiği spiritüel aşamalar neler? **Śrīla Prabhupāda:** İlk aşama sorgulayıcı olmanızdır. "Öyleyse" dersiniz, "Bu Kṛṣṇa bilinci hareketi nedir? Bunu bir çalışmalıyım" Buna *śraddhā* veya inanç denir. Bu başlangıçtır. Sonra, ciddiyseniz bu bilgiyi öğretenlerle kaynaşırsınız. Nasıl hissettiklerini anlamaya çalışırsınız. Daha sonra "Neden onlardan biri olmayayım?" diye hissedersiniz. Onlardan biri olunca tüm kaygılarınız geçer. Daha inançlı olursunuz ve bu durumda Kṛṣṇa bilincinden gerçek bir tat alırsınız. Neden bunlar sinemaya gitmiyor? Neden et yemiyorlar ya da gece kulübüne gitmiyorlar? Çünkü aldıkları tat değişti. Şimdi tüm bunlardan tiksiniyorlar. Bu şekilde ilerlersiniz. Önce inanç, sonra adananlarla beraberlik, ardından tüm şüphelerin giderilmesi, sonra kesin ve sağlam inanç, ondan sonra tat, sonra Tanrı idraki ve sonra Tanrı sevgisi, mükemmellik. Bu birinci sınıf dindir. Bu ritüel bir "Ben inanıyorum, sen inanıyorsun" töreni değildir. Bu aldatmacadır. Gerçek din Tanrı sevginizi geliştirmektir. Bu dinin mükemmelliğidir.

Mike Robinson: Benimle konuştuğunuz için çok teşekkürler. Sizinle konuşmak bir zevkti.

Śrīla Prabhupāda: Hare Kṛṣṇa.

Gerçek ve Güzellik

Keats demiştir ki: "Güzellik gerçektir, gerçek güzelliktir." "Bu yeryüzünde bildiğimiz ve bilmemiz gereken her şeydir." Ya da değil mi? Bu tılsımlı cümle, ilk olarak Back to Godhead dergisinin eski sayısında (20 Kasım 1958) ortaya çıktı, Śrīla Prabhupāda unutulmaz "sıvı güzellik" hikâyesini anlatıyor.

Bazen "gerçeğin" ve "güzelliğin" bağdaştırılabilir terimler olup olmadığı hakkında tartışmalar olabilir. Bir kimse isteyerek gerçeği ifade etmeyi kabul edebilir, bir kimse de gerçeğin her zaman güzel olmayacağını söyleyebilir. Bu çoğunlukla korkutucu ve tatsızdır; bir insan gerçekliği ve güzelliği aynı anda nasıl ifade edebilir?

Yanıt olarak, tüm ilgilenenlere "gerçek" ve "güzelliğin" bir arada olabileceğini söyleyebiliriz. Gerçekte, mutlak olan asıl gerçeğin her zaman güzel olduğunu üstüne basa basa iddia edebiliriz. Gerçek öyle güzeldir ki gerçeğin kendisi de dahil olmak üzere herkesi çeker. Gerçek öyle güzeldir ki, birçok bilge, aziz ve adanan gerçek uğruna her şeyi terk etmiştir. Modern dünyanın idolü Mahātmā Gandhī, hayatını gerçeği bulmaya adamıştı ve tüm faaliyetleri sadece gerçeği hedeflenmişti.

Neden sadece Mahātmā Gandhī? Her birimiz, sadece güzel olduğu için değil aynı zamanda tümüyle güçlü, tümüyle zengin, tümüyle ünlü, tümüyle feragat eden ve tümüyle bilgili olduğu için sadece hakikati aramakta ısrarlı olmalıyız.

Ne yazık ki insanların asıl gerçeklik hakkında bilgileri yok. Aslında insanların %99,9'u sadece gerçek adı altında bir yalanın peşinden koşuyor. Gerçeğin güzelliğine kapılıyoruz ancak aslında çok eski zamanlardan beri gerçek gibi görünen yalanın aşkına alışmış durumdayız. Bu yüzden "güzellik" ve "gerçeklik" sıradan olanlar için

Ruh Bilimini Öğrenmek

bağdaştırılamaz terimlerdir. Sıradan gerçeklik ve güzellik şu şekilde açıklanabilir.

Bir zamanlar çok güçlü ve yapılı vücutlu, fakat karakteri güvenilmez olan bir adam güzel bir kıza âşık olmuştu. Kız sadece güzel değil aynı zamanda, erkeklerin sarkıntılıklarından hoşlanmayacak kadar azizlere yakışır bir karaktere sahipti. Ancak adam şehvetli arzularından dolayı ısrarlıydı. Bu sebepten, kız ondan sadece yedi gün beklemesini rica etmiş ve sonrasında onunla buluşabileceği bir zaman belirlemişti. Adam kabul etmiş ve büyük umutlarla kararlaştırılan gün için beklemeye başlamıştı.

Azize kız, Mutlak Gerçek'in asıl güzelliğini göstermek için çok öğretici bir yol benimsemişti. Kuvvetli dozda müshiller almış ve yedi gün boyunca devamlı ishal olmuş ve tüm yediğini kusmuştu. Üstelik tüm dışkıyı ve kusmuğu uygun kaplarda biriktirmişti. Müshillerin sonucu olarak, güzel denilen kız bir iskelet kadar sıska ve cılız hale gelmiş, ten rengi kararmış ve güzel gözleri kafatasının çukurlarına çökmüştü. Böylece kararlaştırılan saatte merakla arzulu adamın gelişini beklemişti.

Olay yerinde beliren iyi giyimli ve tıraşlı adam orda gördüğü bekleyen çirkin kıza, buluşacağı kızı sormuş. Adam gördüğü kızın sorduğu kızla aynı olduğunu fark etmemiş; kız defalarca kim olduğunu üzerine basarak belirttiyse de, acınası durumundan ötürü adam onu tanıyamamıştı.

Sonunda kız güçlü adama, güzelliğini oluşturan maddeleri ayırdığını ve onları kaplarda sakladığını söylemişti. Ayrıca adama bu güzellik sıvılarıyla da zevk alabileceğini söylemişti. Şairane adam bu güzellik salgılarını görmek istemiş, dayanılmaz kötü kokular çıkaran dışkı ve akışkan kusmuk birikintisine yönelmişti. Böylece sıvı güzellik hikayesinin tümü adama ifşa edilmişti. Sonunda bu çok iyi olan kızın lütfuyla, düşük karakterli olan bu adam gölge ile öz arasındaki farkı ayırt edebilmiş ve anlamaya başlamıştı.

Bu adamın durumu sahte, maddi güzelliğe kanan her birimizin durumuyla aynıdır. Yukarıda bahsedilen kızın zihninin arzularıyla uyumlu olarak güzellikle gelişmiş maddi bir bedeni vardı, ancak o kız aslında geçici olan maddi bedenden ve zihninden ayrıydı. Aynı kızın sahte

61

cildiyle cezbedilen aşığı gibi kız da gerçekte spiritüel bir kıvılcımdı.

Sıradan entelektüeller ve estetikçiler, her nasılsa dış güzellik ve göreceli gerçek tarafından kandırılmaktadır ve aynı zamanda hem gerçek hem de güzel olan spiritüel kıvılcımdan bihaberdirler. Spiritüel kıvılcım öyle güzeldir ki, güzel denilen ama aslında dışkı ve kusmuk dolu olan bu bedeni terk ettiği zaman, hiç kimse pahalı bir kostümle süslenmiş bile olsa o bedene dokunmak istemez. Hepimiz gerçek güzellikle bağdaşmayan sahte, göreceli gerçeğin peşinden koşmaktayız. Halbuki, asıl gerçek sayısız yıllarca aynı standart güzelliğe sahip olacak şekilde daima güzeldir. Bu spiritüel kıvılcım yok edilemez. Dış cildin güzelliği sadece bir miktar kuvvetli müshille yalnızca birkaç saatte mahvedilebilir, ancak gerçeğin güzelliği yok edilemez ve her zaman aynıdır. Ne yazık ki sıradan sanatçılar ve aydınlar bu güzel ruh kıvılcımından habersizdirler. Onlar ayrıca tüm bu spiritüel kıvılcımların kaynağı olan büyük ateşten habersizdirler ve transandantal oyunlar şeklindeki kıvılcım ile ateş arasındaki ilişkiden de habersizdirler. Bu oyunlar, Her Şeye Kadir Olan'ın lütfuyla burada gösterildiği zaman algılarının ötesini göremeyen budala insanlar gerçek ve güzelliğin bu uğraşlarını yukarıda anlatılan dışkı ve kusmuk tezahürüyle karıştırır. Böylece umutsuzluk içinde gerçek ve güzelliğin nasıl aynı anda barınabildiğini sorarlar.

Sıradan kişiler tüm spiritüel varlığın her şeyi çeken güzel bir kişi olduğunu bilmez. O'nun başlıca öz, olabilecek her şeyin ilk kaynağı ve kökeni olduğundan habersizdirler. Tüm bu özün parçası olan çok küçük spiritüel kıvılcımlar da güzellikte ve sonsuzlukta nitelik olarak aynıdır. Tek fark, bütünün sonsuza dek tek bütün olması ve parçaların da sonsuza dek parçalar olmasıdır. Bununla birlikte her ikisi de mükemmel gerçeklik, mükemmel güzellik, mükemmel bilgi, mükemmel enerji, mükemmel feragat ve mükemmel zenginliktir.

En büyük şair ve aydınlar tarafından yazılmış olsa bile, mükemmel gerçeklik ve güzelliği anlatmayan herhangi bir yazın göreceli gerçekliğin kusmuk ve dışkı birikintisinden başka bir şey değildir. Gerçek edebiyat Mutlak Olan'ın mükemmel gerçekliğini ve güzelliğini tanımlayandır.

İlgili Araştırmalar

*Yine Back to Godhead eski sayısından, bu kez tarih 20 Nisan 1960,
Śrīla Prabhupāda ruh biliminden bahsediyor: "İnsan akıl yürüten bir
hayvan olduğu için, sorgulama yapmak ve soru sormak için doğmuştur.
Soruların sayısı ne kadar fazlaysa, bilgi ve bilimde ilerleme de o kadar
çok olur... En zeki insan ise ölümden sonra ne olduğunu merak eder ve
sorgular..."*

Babasıyla yürüyen küçük bir çocuk sürekli sorular sorar. Babasına
bir sürü tuhaf sorular sorar ve baba da onu uygun cevaplarla tatmin
etmelidir. Ben aile yaşantımda genç bir babayken, daimî arkadaşım
olan ikinci oğlumun yüzlerce sorusuyla boğuluyordum. Bir gün,
bizim olduğumuz tramvayın yanından bir düğünün damat tarafından
insanlar geçiyordu ve dört yaşındaki bir erkek çocuğu her zamanki
gibi büyük tören alayının ne olduğunu sordu. Düğün partisiyle ilgili
bin bir sorusuna yönelik tüm olası cevaplar verilmişti ve sonunda
kendi babasının evli olup olmadığını sordu! Bu soru oradaki tüm yaşlı
beyefendilerden yüksek kahkahalar yükselmesine sebep olmuştu, yine
de çocuk niye güldüklerine şaşırmıştı. Neyse, çocuk bir şekilde evli
olan babası tarafından tatmin edilmişti.

Bu olaydan çıkarılacak ders şudur: insan akıl yürüten bir hayvan
olduğu için, sorgulama yapmak için doğmuştur. Soruların sayısı ne
kadar fazlaysa, bilgi ve bilimde ilerleme de o kadar çok olur. Tüm maddi
uygarlık, temelde gençlerin yaşlılara yönelttiği bu büyük soru hacmi
üzerine dayanır. Yaşını almış insanlar gençlerin sorularına düzgün
cevaplar verdikleri zaman, uygarlık adım adım ilerleme kaydeder. En
zeki insan ise, ölümden sonra ne olduğunu merak eder ve sorgular.

Daha az akıllı insanlar daha az sorgulama yapar, daha zeki olanların soruları ise yükseğe, daha yükseğe çıkar.

En zeki insanlardan biri olan, tüm dünyanın en büyük kralı Mahārāja Parīkşit, yanlışlıkla bir *brāhmaṇa* tarafından yedi gün içerisinde bir yılanın ısırmasıyla ölüme lanetlendi. Kendisini lanetleyen *brāhmaṇa* yalnızca bir çocuktu, yine de çok güçlüydü ve çocuk büyük kralın öneminden habersiz olduğundan ahmakça onu yedi gün içinde ölümle tanışmaya lanetlemişti. Kralın gücendirdiği çocuğun babası, sonradan bu duruma üzüntü duymuştu. Kral bu talihsiz laneti haber alır almaz, derhal görkemli yuvasını bırakıp, yaklaşan ölümüne hazırlanmak üzere başkentinin yakınındaki Ganj nehrinin kıyısına gitti. Büyük bir kral olmasından dolayı, neredeyse tüm büyük bilginler ve derin bilgili alimler kralın fani bedenini terk etmesinin öncesinde oruç tuttuğu yerde toplandı. Sonunda, en genç olan çağdaş bilge Śukadeva Gosvāmī de oraya vardı ve büyük babası da orada bulunduğu halde oy birliğiyle toplantıya başkanlık etmesi kabul edildi. Kral saygıyla Śukadeva Gosvāmī'ye en kıdemli koltuğunu sundu ve ona bundan yedi gün sonra gerçekleşecek olan ölümlü dünyadan göçüne dair sorular sordu. Hepsi büyük adananlar olan Pāṇḍavaların soyundan gelen, değerli bir torun olan büyük kral konuyla ilgili sorgularını büyük bilge Śukadeva'ya sundu: "Sevgili efendim, siz en büyük transandantalistlerin de en büyüğüsünüz ve bu sebepten şu anki görevlerimi sormak için size boyun eğerek yalvarıyorum. Ölümün eşiğindeyim. Onun için, bu kritik saatlerimde ne yapmalıyım? Lütfen bana anlatın, efendim, şimdi ne duymalıyım, neye ibadet etmeliyim ya da kimi hatırlamalıyım? Sizin gibi büyük bir bilge, ev sahibinin evinde gerektiğinden fazla kalmaz ve bu yüzden benim ölüm vaktimde nazikçe buraya gelmeniz benim iyi talihimdir. Bunun için, lütfen bu kritik vakitte bana talimatlarınızı verin."

Büyük bilge kralın bu hoş ricası üzerine, Bādarāyaṇa yani Vedik edebiyatının orijinal derleyicisi Vyāsadeva'nın değerli oğlu ve tanrısal niteliklerle sahip önemli bir transandantal alim olmanın verdiği otoriteyle cevap verdi.

Śukadeva Gosvāmī dedi ki, "Sevgili kralım, sorunuz çok uygun ve insanlara tüm zamanlar için çok faydalı. Her şeyin en yükseğinde olan böyle sorular uygundur çünkü onlar *vedānta-darśana* öğretileri tarafından teyit edilmiştir. Vedik bilginin vardığı sonuçtur ve *ātmavit-sammatāḥ*dır. Diğer bir deyişle spiritüel kimliklerinin tüm bilgisine sahip olan özgür ruhlar, maddi varoluşun ötesine dair daha ileri bilgiyi açıklığa kavuşturmak için bunun gibi uygun sorulamalar yapar."

Śrīmad-Bhāgavatam, Śrīla Vyāsadeva tarafından derlenen büyük *Vedānta* (veya *Śārīraka*) üzerine olan kutsal bir metindir. *Vedānta-sūtralar*, Vedik edebiyatının en yücesidir ve spiritüel bilginin transandantal konusu hakkında temel sorguların özünü içerir. Śrīla Vyāsadeva bu önemli incelemeyi derlediği halde, zihni yine de tatmin olmamıştı. Sonrasında, Tanrı'nın Yüce Şahsiyeti'nin kimliğini anlatmasını öğütleyen spiritüel öğretmeni Śrī Nārada ile karşılaştı. Bu öğüdü almasının üzerine, Vyāsadeva kendisini Mutlak'ın ne olduğunu ve bunun karşıtı veya *māyānın* ne olduğunu açıkça gösteren *bhakti-yoga* ilkesi üzerine meditasyon yaptı. Bu gerçeklerin mükemmel idrakine ulaşmış olarak, Mahārāja Parīkṣit'in hayatını içeren asıl tarihi gerçeklerle başlayan *Śrīmad-Bhāgavatam* veya güzel *Bhagavatam*'ın yüce hikayesini derledi.

Vedānta-sūtra maddi varoluşun ötesiyle ilgili kilit söylem ile başlar, *athāto brahma-jijñāsā:* "Kişi artık Brahman'ı ya da maddi varoluşun ötesini araştırmalıdır."

İnsan yaşam enerjisi ile dolu olduğu sürece, ölümün çıplak gerçekliğiyle yüzleşmek zorunda olduğunu unutur. Bu sebeple ahmak birisi asla hayatın gerçek problemlerini sorgulamaz. Herkes hiçbir zaman ölmeyeceğini düşünür, yine de her an gözlerinin önünde ölümün kanıtını görür. Burada hayvan ile insan arasında bir fark vardır. Keçi gibi bir hayvanın yaklaşan ölümünü anlama gücü yoktur. Keçi kardeşi kesildiği halde, kendisine sunulan yeşil otların cazibesine kapılmış olarak huzurlu bir şekilde bir sonraki sefer kesilmeyi bekler. Diğer yandan bir insan arkadaşının düşmanlar tarafından öldürüldüğünü görürse ya onu kurtarmak için savaşır ya da mümkünse kendi hayatını kurtarmak için oradan kaçar. Bir insan ile keçi arasındaki fark budur.

Akıllı bir adam ölümün kendi doğumuyla birlikte var olduğunu bilir. Her an ölüyor olduğunu ve son dokunuşun yaşam vadesi tükenir tükenmez verileceğini bilir. Bu yüzden kendisini bir sonraki yaşama ya da tekrarlanan doğum ve ölüm hastalığından kurtarmak için hazırlar.

Bununla birlikte, ahmak bir adam yaşamın bu insan formunun geçmişte doğanın kanunları tarafından dayatılmış bir dizi doğum ve ölümün arkasından kazanıldığını bilmez. Canlı varlığın doğum ve ölüme sahip olmayan ebedi bir varlık olduğunu bilmez. Doğum, ölüm, yaşlılık ve hastalık canlı varlığa dışarıdan gelen dayatmalardır ve ebedi, ilahi doğasını Mutlak Bütünle olan nitel birliğini unutmasından ve maddi doğa ile olan bağlantısından ortaya çıkar. İnsan yaşamı, bu ebedi gerçeği ya da hakikati öğrenme fırsatı sağlar. Nitekim *Vedānta-sūtra* en başında, bu değerli insan yaşam formuna sahip olduğumuzdan görevimizin "şimdi" sorgulamak olduğunu öğütler, Brahman nedir? Mutlak Gerçek nedir?

Yeteri kadar akıllı olmayan bir insan bu transandantal yaşam hakkında sorgulamadığı gibi, ebedi varlığını ilgilendirmeyen bir sürü alakasız konuyu sorgular. Yaşamının başlangıcından beri annesinden, babasından, öğretmenlerinden, profesörlerinden, kitaplarından ve daha bir sürü diğer kaynaklardan araştırır ama kendi gerçek yaşamına dair doğru bir bilgiye sahip olamaz.

Önceden de bahsedildiği gibi, Parīkşit Mahārāja'ya yedi gün içerisinde ölümle tanışacağı uyarısı verilmişti ve o da kendisini sonraki aşamaya hazırlamak için derhal sarayını terk etmişti. Ancak söz konusu biz olunca en azından ölümümüzün kesin olduğunu bildiğimiz halde olayın gerçekleşeceği tarih ile ilgili hiçbir bilgimiz yoktur. Bir saniye sonra ölüp ölmeyeceğimi bilmiyorum. Mahātmā Gandhī gibi büyük biri bile sonraki beş dakika içinde ölümüyle karşılaşacağını hesaplayamadı. Ne de büyük arkadaşları yakındaki ölümünü hesaplayabildi. Her şeye rağmen, bütün bu beyefendiler kendilerini insanların önemli liderleri olarak tanıtıyorlar.

Bir hayvanı insandan ayıran ölüm ve doğumun cehaletidir. Bir insan kelimenin gerçek anlamıyla kendisi ve ne olduğu hakkında soruşturur. Bu yaşama nereden geldi ve ölümden sonra nereye gider? İstemediği halde neden üçlü ıstırap yükü altına girdi? Kişi çocukluğundan başlayarak, hayatındaki bir sürü şey hakkında sorgulamaya devam eder ama asla hayatın gerçek anlamı hakkında sorgulamaz. Bu hayvanlıktır. Her canlı varlık yemek yiyerek, uyuyarak, korkarak ve çiftleşerek var olduğundan, hayvan yaşamının dört ilkesi söz konusu olduğunda bir insanla hayvan arasında fark yoktur. Ancak yalnızca insan yaşamı ebedi hayata ve maddi varoluşun ötesine dair gerçeklerle ilgili sorgulamalar içindir. Bundan dolayı insan yaşamının anlamı, ebedi yaşamı araştırmaktır ve *Vedānta-sūtra* bu araştırmayı ya şimdi yürütmemizi ya da asla yürütmememizi öğütler. Eğer kişi hayatla ilgili şimdi sorgulamayı yapamazsa, doğanın kanunlarına göre tekrar hayvanlar alemine geri gideceği kesindir. Bu sebepten, budala bir insan maddi bilimde; yemek, içmek, korkmak, çiftleşmek ve diğerlerinde ileri görünse de doğanın kanununa göre ölümün zalim ellerinden kurtulamaz. Doğa kanunu üç bağlayıcı gücün etkisi altında işler; erdem, ihtiras ve cehalet. Erdem koşulları altında yaşayanlar hayatın daha yüksek, spiritüel platformuna terfi eder, ihtiras koşulları altında yaşayanlar şu an oldukları maddi dünya içinde aynı yerde yerleşmiş olarak kalır. Fakat cehalet koşulları altında yaşayanların daha aşağı türlere alçalacağı kesindir.

İnsan medeniyetinin modern düzeni risklidir çünkü hayatın esas ilkeleri ile ilgili sorgulamalar hakkında bir eğitim sunmaz. İnsanlar da hayvanlar gibi doğanın kanunları tarafından katledileceklerini bilmemektedirler. Tıpkı mezbahada bekleyen keçi gibi bir demet otla veya sözde mutlu bir yaşamla tatmin olmaktadırlar. İnsan yaşamının bu durumunu göz önünde bulundurarak, biz sadece *Back to Godhead* (Tanrı'ya Dönüş) mesajıyla insanları kurtarmaya yönelik mütevazı bir girişimde bulunmaya çalışıyoruz. Bu metot hayali değildir. Eğer gerçeklik çağı diye bir şey olacaksa, *Back to Godhead*'in mesajı bu dönemin başlangıcıdır.

Śrī Śukadeva Gosvāmī'ye göre asıl gerçek, bir *gṛhamedhī,* ya da kesimini bekleyen bir keçi gibi, kendisini aile, toplum, topluluk, ulus işlerine ya da hayvan yaşamının ihtiyaçlarına; yani yemek, uyumak, korkmak ve çiftleşmeye bağlayan maddi varoluşun ötesine dair hiçbir bilgisi olmayan kişi bir hayvandan daha üstün değildir. Fizik, politika, ekonomi, kültür, eğitim ya da diğer benzer geçici, maddi sorunlar hakkında araştırma yapmış olabilir ama eğer transandantal yaşamın ilkeleri hakkında araştırmadıysa kontrolsüz duyularca güdülenen ve çukura düşmek üzere olan kör bir adam sayılmalıdır. *Gṛhamedhī*'nin tanımı budur.

Benlik İdraki Bilimi

Buna karşın *Gṛha-medhī*nin tersi *gṛha-stha*dır. *Gṛhastha-āśrama* veya manevi aile yaşam sığınağı, feragat düzeninin bir üyesi olan *sannyāsi*nin yaşamı kadar iyidir. Kişi ister aile reisi ister feragat etmiş olsun, önemli olan nokta doğru sorgulamaları yapmış olmasıdır. Bir *sannyāsi* eğer doğru sorgulama ile ilgilenmiyorsa o zaman sahtedir ve bir *gṛhastha* ya da aile reisi böyle sorgulamalar yapıyorsa o gerçektir. Buna karşın bir *gṛhamedhī* yalnızca yaşamın hayvansal ihtiyaçları ile ilgilenir. Doğanın kanunlarına göre, *gṛhamedhī*nin yaşamı belalarla doluyken, *gṛhastha*nın yaşamı mutluluk doludur. Ancak modern insan toplumunda *gṛhamedhī*ler, *gṛhasthalar* gibi görünmektedirler. Bu yüzden kimin ne olduğunu bilmeliyiz. Bir *gṛhamedhī*nin yaşamı ahlaksızlıkla doludur çünkü bir aile hayatının nasıl yaşandığını bilmez. Kontrolünün ötesinde hareketlerini gözeten ve idare eden bir güç olduğunu bilmez ve gelecek hayatına dair bir görüşü yoktur. Bir *gṛhamedhī* gelecek hakkında kördür ve ilgili sorgulamaları yapma kabiliyeti de yoktur. Onun tek niteliği geçici mevcudiyetinde temas kurduğu sahte şeylere bağlılık prangalarına zorunlu olmasıdır.

Bu *gṛhamedhī*ler geceleri değerli vakitlerini uyuyarak veya seks yaparak ya da sinema şovlarına, kadınlara, alkollü içki sunulan kulüplere ve kumarhanelere giderek kendilerini tatmin etmeye çalışırlar. Gündüzleri ise değerli yaşamlarını para biriktirmek, harcamak için yeterli paraları varsa da aile üyelerinin rahatını ayarlamakla harcarlar. Onların yaşam standardı ve kişisel ihtiyaçları maddi gelirlerindeki artışla birlikte yükselir. Bunun için harcamalarının limiti yoktur ve asla doymak bilmezler. Sonuç olarak ekonomik gelişim sahasında sınırsız bir rekabet vardır ve bu yüzden insan toplumunda huzur yoktur.

Herkes kazanmaya ve harcamaya ilişkin aynı sorularla allak bullak olmuş haldedir, ama sonunda kişi doğa anananın merhametine sığınmalıdır. Üretimde kıtlık olduğunda ya da ilahi takdir tarafından rahatsızlık verildiği zaman, zavallı politikacı zalim doğayı suçlar ama doğanın kanunlarının nasıl ve kim tarafından idare edildiğini araştırmaktan özenle kaçınır. Bununla birlikte, *Bhagavad-gītā* doğanın kanunlarının Tanrı'nın Mutlak Şahsiyeti tarafından idare edildiğini açıklar. Tanrı tek başına doğanın ve doğa kanunların denetleyicisidir. Hırslı materyalistler bazen doğa kanununun bir kısmını inceler ama bu kanunları koyanı bilmekle asla ilgilenmezler. Bu kimselerin çoğu, mutlak şahsiyetin veya doğa kanunlarını kontrol eden Tanrı'nın varlığına inanmazlar. Bilakis kendilerini yalnızca farklı elementlerin birbirini etkilediği ilkelerle meşgul ederler ama bu etkileşimleri mümkün kılan nihai idareye atıfta bulunmazlar. Bu anlamda da hiçbir uygun sorguları veya cevapları yoktur. Halbuki *Vedānta-sūtraların* ikincisi, Brahman hakkındaki esas soruyu Yüce Brahman ve Yüce Gerçek'in her şeyin O'ndan oluştuğunu söyleyerek cevaplar. Sonuçta, O Yüce Şahsiyet'tir.

Sadece budala bir *gṛhamedhī* elde ettiği belli bir tip bedenin geçici doğasından değil, aynı zamanda yaşamın günlük işlerinde önünde olup bitenin esas doğasından da habersizdir. Annesinin, babasının veya bir akraba ya da komşusunun öldüğünü görebilir yine de diğer aile üyelerinin ölüp ölmeyeceğine ilişkin sorgulamaları yapmaz. Bazen ailesinin tüm üyelerinin ve kendisinin bugün ya da yarın öleceğini düşünür ve bilir. Tüm aile gösterisinin veya bundan dolayı, tüm halk, toplum, ulus ve böyle şeylerin gösterisinin havada uçan geçici bir baloncuk olduğunu, hiçbir daimî değeri olmadığını bilebilir. Yine de böyle geçici düzenlemeler için çılgına döner ve ilgili sorgulamalar ile ilgilenmez. Ölümünden sonra nereye gitmek zorunda olduğu gibi bir bilgiye sahip değildir. Ailesinin, toplum ya da ulusun geçici düzenlemelerini yapmak için çok çalışır ama asla yaşamı bu mevcut safhasından göçüp gidecek olan kendisi ve diğerleri için geleceğe ait hiçbir ayarlama yapmaz.

Tren gibi bir toplu taşıma aracında, bilmediğimiz bazı arkadaşlarla tanışıp birlikte otururuz ve kısa bir süre için aynı taşıma aracının üyeleri oluruz ama zamanı gelince bir daha asla buluşmamak üzere ayrılırız. Benzer şekilde, yaşamın uzun misafirliğinde sözde aile, ülke veya toplumda geçici olan kalacak bir yer ediniriz ama vakit dolduğunda bir daha asla karşılaşmamak üzere istemeyerek ayrı düşeriz. Yaşamdaki geçici düzenlemelerimize ve bu geçici düzenlemeler içindeki arkadaşlarımıza ilişkin birçok soru vardır ama *gṛhamedhī* olan bir adam asla kalıcı doğa ile ilgili şeyleri araştırmaz. Hepimiz, bu şeylerin oldukları şekliyle sürekli doğasını bilmeden çeşitli liderlik mertebelerinde kalıcı planlar yapmakla meşgulüz. Özellikle toplumdaki bu cehaleti ortadan kaldırmaya çabalamış ve tümüyle her yere yayılmış gayri şahsi Brahman'a gelince ruhsal bilgi kültünü savunmuş olan

Benlik İdraki Bilimi

Śrīpāda Śaṅkarācārya umutsuzlukla şöyle demiştir: "Çocuklar oyun oynamakla meşgul, genç delikanlılar genç kızlar ile sözde aşk ilişkilerinde meşgul ve yaşlılar cidden şaşırtıcı hayat mücadelesini düzeltmekle ilgili düşüncelere dalmış. Ama, yazık! Kimse Brahman'ın, Mutlak Gerçek'in biliminin sorgulamasına hazır değil."

Yönlendirilmek isteyen Mahārāja Parīkṣit'in ilgili sorularına, Śrī Śukadeva Gosvāmī, aşağıdaki öğütle karşılık verdi:

> *tasmād bhārata sarvātmā*
> *bhagavān iśvaro hariḥ*
> *śrotavyaḥ kīrtitavyaś ca*
> *smartavyaś cecchatābhayam*

"Ey Bhārata'nın torunu, zenginlikte doygun olduğu için en çekici kişi olan Tanrı'nın Yüce Şahsiyeti'ne ilişkin sorular sormak, duymak, O'nu yüceltmek ve O'na meditasyon yapmak ölümlü insanların vazifesidir. O'na Hari denir çünkü O tek başına canlı varlığın koşullanmış varlığını yok edebilir. Koşullanmış varoluştan tamamen kurtulmak istiyorsak, Mutlak Gerçek hakkında uygun sorgulamalar yapmalıyız. Böylece O, hayattaki mükemmel özgürlüğü bize bağışlaması için memnun edilebilir." [*Śrīmad-Bhāgavatam 2.1.5*]

Śrī Śukadeva Gosvāmī Tanrı'nın Şahsiyeti'ne istinaden özellikle şu dört kelimeyi kullanmıştır. Bu kelimeler Mutlak Kişi ya da Parabrahman'ı niteliksel olarak O'nunla bir olan diğer kişilerden ayırt eder. Tanrı'nın Mutlak Şahsiyeti'ne *sarvātmā* ya da her yere nüfuz eden olarak hitap edilir çünkü, herkes bu farkındalığa sahip olmasa bile, kimse O'ndan ayrı değildir. Tanrı'nın Yüce Şahsiyeti, Kendi tam suretiyle her bir bireysel ruh ile birlikte herkesin kalbinde *Paramātmā*, Üstün Ruh olarak ikamet eder. Bunun için her bireysel ruhun O'nunla yakın bir ilişkisi vardır. O'nunla ebediyen var olan bu yakın ilişkinin unutulması zamanın başlangıcından beri koşullanmış yaşamın sebebidir. Ama O Bhagavān ya da Yüce Şahsiyet olduğu için, adananının çağrısına derhal karşılık verebilir. Üstelik O mükemmel kişi olduğundan dolayı, O'nun güzelliğinin, varlığının, şöhretinin, gücünün, bilgisinin ve feragatinin tümü bireysel ruh için transandantal mutluluğun sınırsız kaynağıdır.

Ruh Bilimini Öğrenmek

Bireysel ruh, diğer koşullanmış ruhlar tarafından eksik bir şekilde gösterilen bu farklı zenginlikler tarafından cezp olur fakat tatmin olmaz ve bu nedenle sonsuza kadar mükemmel olanı bulmaya çabalar. Tanrı'nın Şahsiyeti'nin güzelliğinin, bilgisinin ve feragatinin benzeri yoktur. Fakat tüm bunların üzerinde, O Īśvara ya da Yüce Yönetmendir. Biz hali hazırda bu büyük kral tarafından kontrol ediliyoruz. Kanunlara uymadığımız için zorla bu kontrole maruz kalıyoruz. Fakat Rabb'in kendisi Hari olduğu için, bize spiritüel mevcudiyet içerisinde tam özgürlük vererek koşullanmış yaşamımızın sona ermesini sağlayabilir. Bunun için O'nunla ilgili sorgulamalar yapmak ve böylece Tanrı'ya (Spiritüel Dünyaya) geri dönmek her insanın vazifesidir.

71

Ruh Araştırması

Śrīla Prabhupāda ünlü kardiyolog Dr. Wilfred G. Bigelow'a bir mektup yazar: "sorduğunuz temel soru, 'Ruh nerededir ve nereden gelir?' Bunu anlamak zor değil..."

1968'de, Massachusetts Teknoloji Enstitüsü'ndeki (Massachusetts Instititue of Technology) öğrencilerle buluşmasından önceki konuşmada, Śrīla Prabhupāda teknolojik araştırmalar hakkında önemli bir noktaya dikkat çekti. "Birçok bilim dalına sahip olmanıza rağmen" ve devam etti, "canlı bir beden ile cansız bir beden arasındaki farkı bulmayı hedefleyen bir bilim dalı yok."

Modern Bilim, her ne kadar fiziksel bedenin mekanik işleyişini anlamada ilerlemiş olsa da bedene hayat veren spiritüel kıvılcım çalışmalarına çok az ilgi göstermektedir. Aşağıda, Montreal Gazetesi'nin (Montreal Gazette) bir makalesinde, Dünyaca ünlü kardiyolog Wilfred G.Bigelow'un ruhun ne olduğunu ve nereden geldiğini saptamak için sistematik bir araştırmayı vurguladığını görüyoruz. Sonraki yazı, Śrīla Prabhupāda'nın Dr.Bigelow'un savunmasına cevap mektubudur. Śrīla Prabhupāda ruh bilimi üzerine sağlam Vedik argümanını sunuyor ve spiritüel kıvılcımı bilimsel açıdan anlamak için pratik bir metot öneriyor.

Montreal Gazette Başlığı:
"Kalp Cerrahı Ruhun Ne Olduğunu Bilmek İstiyor"
WINDSOR – Dünyaca ünlü Kanadalı kalp cerrahı bedenin ölüm anında ayrılan bir ruha sahip olduğuna inandığını ve ilahiyatçıların bunu daha iyi anlamaya çalışmaları gerektiğini söylüyor.

Toronto General Hospital'daki kardiyovasküler cerrahisinin başı, Dr. Wilfred G. Bigelow "Ruhun var olduğuna inanan bir insan olarak" "artık bunun gizemini çözmenin ve ne olduğunu öğrenmenin" zamanının geldiğini düşündüğünü söyledi.

Bigelow, kesin ölüm anını tanımlama girişimleri ile ilişkili sorunları tartışan Essex County Medical-Legal Society'den önce kurulan bir oturumun üyesiydi.

Kalp ve diğer organların nakilleri yapıldığı çağımızda, vericilerin kaçınılmaz olarak öldüğü vakalarda bu soru çok hayati bir önem aldı.

Kanada Tıp Birliği (The Canadian Medical Association), hastanın komada olduğu, hiçbir çeşit uyarıya yanıt vermediği ve beyin dalgalarının bir makinede düz olarak kaydedildiği an olarak geniş çapta kabul gören bir ölüm tanımı ortaya koydu.

Oturumun diğer üyeleri Ontario Yüce Mahkemesi yargıçlarından Sayın Edson L. Haines ve Windsor Üniversitesi rektörü J. Francis Leddy idi.

Bigelow, sonradan röportajlarından birinde tartışma süresince biraya getirdiği noktaları ayrıntılandırarak bir cerrah olarak otuz iki yılının, ruhun var olduğuna dair kendisinde hiçbir şüphe bırakmadığını söyledi.

"Bedende bulunduğunuzda bazı belirli haller mevcuttur, insanların canlılık halinden ölüme geçtikleri anda ise bazı gizemli değişikler olur."

"En göze çarpanlarından biri ani yaşam belirtisi eksikliği veya gözlerdeki matlıktır. Donuk ve tam olarak cansız hale gelirler."

"Ne gözlemlediğinizi belgelemek zordur. Aslında, çok iyi belgelenebileceğini de sanmıyorum."

Hipoderm olarak bilinen "derin dondurma" cerrahi tekniğindeki öncü çalışması ve kalp kapakçığı ameliyatı ile ünlenen Bigelow, üniversitede teoloji ve buna bağlı bilim dalları tarafından "ruh araştırması"nın üstlenilmesi gerektiğini söyledi.

Bu tartışma süresince Leddy "eğer bir ruh varsa onu görmeyeceksiniz ve onu bulmayacaksınız." dedi.

"Eğer canlılığın ya da yaşamın bir özü varsa, nedir o?" Problem şuydu "ruh hiçbir yerde açık olarak veya coğrafi olarak bulunmaz. O her yerdedir ve yine de bedenin hiçbir yerindedir."

Leddy "Deney yapmaya başlamak hoş olurdu ama bunların herhangi birini nasıl idare edeceğinizi bilmiyorum." dedi. Bu tartışmanın ona, Tanrı'yı uzayda görmediği için Tanrı olmadığını rapor eden Sovyet kozmonotu anımsattığını söyledi.

Bigelow ise modern tıpta açıklanamayan bir şeyle karşılaşıldığı zaman, "parola cevabı bulmak, onu laboratuvara, gerçeği bulabileceğiniz bir yere götürmek" cevabını verdi.

Bigelow, temel sorunun "ruhun nerede bulunduğu ve nereden geldiği?" olduğunu söyledi.

Śrīla Prabhupāda Vedik Kanıtlar Veriyor

Sevgili Dr. Bigelow:

Lütfen iyi dileklerimi kabul edin. *Gazette*'de, Rae Corelli'nin "Kalp Cerrahı Ruhun Ne olduğunu Bilmek İstiyor" başlıklı bir makalesini okudum ve çok ilginç buldum. Yorumlarınız büyük bir kavrayış sergiliyor ve bu nedenle konu hakkında size yazmayı düşündüm. Uluslararası Kṛṣṇa Bilinci Topluluğu'nun kurucu *ācārya*sı olduğumu belki biliyorsunuzdur. Kanada'da başlıca Montreal, Toronto, Vancouver ve Hamilton'da olmak üzere birkaç tapınağımız var. Kṛṣṇa bilinci hareketi her bir ruha özellikle özgün, spiritüel konumunu öğretmeyi ifade eder.

Hiç şüphesiz ruh her canlı varlığın kalbinde mevcut olan ve bedeni devam ettiren tüm enerjinin kaynağıdır. Ruhun enerjisi tüm bedene yayılmıştır ve bu bilinç olarak bilinir. Bu bilinç, ruhun enerjisini bedenin her yerine yaydığı için, bir kişi bedenin her yerinde acı ve zevkleri hissedebilir. Ruh bireyseldir ve bir kişinin tıpkı bebeklikten çocukluğa, çocukluktan delikanlılığa, delikanlılıktan gençliğe ve sonra da ileri yaşa geçtiği gibi, ruh da bir bedenden diğerine göç eder. Öyleyse ölüm denen bu değişim tıpkı eski elbisemizi yenisiyle değiştirmek gibi yeni bir bedene geçtiğimiz zaman meydana gelir. Buna ruhun göçü denir.

Ruh spiritüel dünyadaki gerçek evini unutarak, bu maddi dünyadan zevk almak istediği zaman var olmak için bu hayatın zorlu mücadelesini üstlenir. Bu doğal olmayan tekrarlanan doğum, ölüm, hastalık ve yaşlılık hayatı, bilinç Tanrı'nın yüce bilinciyle birleştirildiğinde durdurulabilir. Bu Kṛṣṇa bilinci hareketimizin temel ilkesidir.

Kalp nakli söz konusu olunca, ruh kalbin içinde değilse başarısızlık söz konusu değildir. Öyleyse ruhun varlığı kabul edilmeli. Cinsel birleşmede ruh yoksa ana rahmine düşmez, hamilelik olmaz. Doğum kontrolü rahmi kötüleştirdiği için, rahim artık ruh için elverişli bir yer olmuyor. Bu Tanrı'nın talimatına aykırıdır. Tanrı'nın emriyle bir ruh belirli bir rahme gönderilir ama doğum kontrolü sebebiyle rahim tarafından tanınmaz ve başka birine yerleştirilmek zorunda kalır. Bu Yüce Olan'a itaatsizliktir. Örneğin, belli bir apartman dairesinde yaşamak zorunda olan bir adamı ele alın. Oradaki durum çok rahatsız edici ise adam daireye giremez, bu durumda büyük bir zarara girmiştir. Bu yasal bir engellemedir ve cezalandırılabilir.

"Ruh araştırması"na başlanılması kesinlikle bilim ilerlemesini işaret edecektir. Ancak bilimin ilerlemesi ruhu bulamayacaktır. Ruhun varlığı ancak ayrıntılı bir anlayışla kabul edilebilir. Vedik yazınlarda ruhun boyutunun bir noktanın on binde biri olduğunu bulacaksınız. Materyalist bilim adamları bir noktanın boyunu ve enini ölçemez. Bu yüzden maddi bilimcilerin ruha egemen olması mümkün değildir. Ruhun varlığını sadece bilirkişiden isteyerek kabullenebilirsiniz. En büyük bilim insanlarının buldukları bizim aslında çok önceleri açıkladığımız şeydir.

Bir kişi ruhun varlığını anlar anlamaz, Tanrı'nın varlığını anlayabilir. Tanrı ve ruh arasındaki fark Tanrı'nın çok büyük bir ruh olması ve canlı varlığın ise çok küçük bir ruh olmasıdır; ancak nitelik olarak aynıdırlar. Bu yüzden Tanrı her şeye nüfuz edendir ve canlı varlık da belli bir yerle konumlandırılmıştır. Ama doğası ve niteliği aynıdır.

Sizin esas sorunuz "Ruh nerededir ve nerden gelir?" Bunu anlamak zor değil. Zaten ruhun canlı varlığın kalbinde ikamet ettiğini ve ölümden sonra başka bir bedene sığındığını tartıştık. Orijinal olarak ruh Tanrı'dan gelir. Tıpkı bir kıvılcımın ateşten gelmesi gibi… Kıvılcım düştüğü zaman sönmüş gibi görünür, ruhun kıvılcımı spiritüel dünyadan maddi dünyaya gelir. Maddi dünyada doğanın bağlayıcı güçleri denilen üç farklı durumun içine düşer. Bir ateş kıvılcımı kuru otlar üzerine düştüğü zaman, ateş niteliğini devam ettirir; kıvılcım yere düştüğü zaman yer elverişli değilse ateş oluşumunu sergileyemez ve kıvılcım suya düştüğü zaman söner. Bizde bunun gibi üç tip yaşam koşulu buluyoruz. Bir canlı varlık tamamen spiritüel doğasını unutmuş; bir diğeri neredeyse unutan ancak hala spiritüel doğaya ait içgüdüye sahip ve bir diğeri tamamen spiritüel mükemmeliyetinin arayışındadır. Ruhun spiritüel kıvılcımı ile spiritüel mükemmelliğe erişmede gerçek bir yol vardır ve ruh düzgün bir şekilde yönlendirilirse kolaylıkla evine, Tanrı'ya, başlangıçta aşağı düştüğü yere geri gönderilebilir.

Vedik yazınların bu yetkin bilgisi modern bilimsel anlayış temeli üzerinde modern dünyaya sunulursa, bu insan toplumuna büyük bir katkı olacaktır. Gerçek zaten oradadır. Sadece modern anlayışa göre sergilenmesi gereklidir.

Saygılarımla,
A.C. Bhaktivedanta Svāmī

2. Bölüm

Spiritüel Öğretmen Seçmek

Guru Nedir?

"Tüm śāstralarda [kutsal kitaplar] guru, Tanrı kadar iyi olan olarak tarif edilir, fakat bir guru asla "Ben Tanrı'yım" demez. Öğrencinin görevi Tanrı'ya hürmetlerini sunduğu gibi, guruya da aynı şekilde hürmetlerini sunmaktır, lakin bir guru asla 'öğrencilerim bana Tanrı'ya gösterdikleri aynı saygıyı gösteriyorlar; bu sebepten ben Tanrı oldum' demez. Böyle düşündüğü anda bir köpek olur..."

oṃ ajñāna-timirāndhasya
jñānāñjana-śalākayā
cakṣur unmīlitaṃ yena
tasmai śrī-gurave namaḥ

"Ben karanlık cehaletin içinde doğmuştum ve spiritüel öğretmenim bilginin meşalesi ile gözlerimi açtı. Onun önünde saygı ile eğilerek hürmetlerimi sunarım..."

Ajñāna kelimesi "cehalet" veya "karanlık" demektir. Eğer bu odadaki bütün ışıklar kapansa ne kendimizin ne de yanımızdakinin nerede oturduğunu söyleyebilirdik. Her şey karmakarışık olurdu. Benzer şekilde, bu maddi dünyada hepimiz, *tamas* yani karanlık içinde yaşıyoruz. *Tamas* veya *timira* "karanlık" demektir. Bu maddi dünya karanlıktır, bu sebepten aydınlanmak için güneş ışığına veya ay ışığına ihtiyaç duyarız. Ancak, spiritüel dünya denilen bir başka dünya daha vardır ki, burası karanlığın ötesindedir. *Bhagavad-gītā*'da [15.6] spiritüel dünya Śrī Kṛṣṇa tarafından şöyle açıklanmıştır:

79

na tad bhāsayate sūryo
na śaśāiko na pāvakaḥ
yad gatvā na nivartante
tad dhāma paramaṃ mama

"Benim meskenim ne güneş veya ay tarafından ne de elektrikle aydınlanır. Oraya bir kere ulaşan bir daha bu maddi dünyaya geri dönmez." *Guru*nun işi, öğrencilerini karanlıktan aydınlığa götürmektir. Tıpkı kişinin, bilgi eksikliğinden dolayı hastalık kapması gibi, günümüzde herkes cehaletten acı çekmektedir. Eğer kişi temizlik kurallarını bilmezse, onu hasta edecek şeyin de ne olduğunu bilemez. Buna göre, hastalık cehalet yüzünden vardır ve hasta olunca acı çekeriz. Bir suçlu, "yasayı bilmiyordum" diyebilir fakat bu işlediği suça mazeret olmayacaktır. Cehalet de bir mazeret değildir. Bunun gibi, ateşin yaktığını bilmeyen bir çocuk, ateşe dokunduğunda yanacaktır. Ateş "bu daha bir çocuk ve benim yakacağımı bilmiyor" diye düşünmez. Hayır, mazeret yoktur. Tıpkı devlet yasaları olduğu gibi, katı doğa yasaları da vardır ve bu yasalar biz bilmesek de işlemektedir. Eğer cehaletten ötürü yanlış bir şey yaparsak, bunun bedelini ödemeliyiz. Yasa bunu gerektirir. Ülke yasası ya da doğa yasası olsun, yasaya aykırı davranırsak bunun acısını çekme riskini de göze almış oluruz.

*Guru*nun görevi bu maddi dünyada hiçbir insanın acı çekmemesini sağlamaktır. Hiç kimse acı çekmediğini iddia edemez. Bu mümkün değildir. Bu maddi dünyada üç çeşit ıstırap vardır: *adhyātmika, adhibhautika* ve *adhidaivika*. Bunlar, maddi beden ve zihinden ortaya çıkan ıstıraplar, diğer canlı varlıklardan oluşan ıstıraplar ve doğanın güçleri tarafından ortaya çıkan ıstıraplardır. Zihinsel acı içinde olabiliriz veya sivrisinek, karınca ya da çeşitli sinekler gibi diğer canlıların bize verdiği rahatsızlıktan dolayı acı çekebiliriz ya da daha üst güçlerin altında acı çekebiliriz. Yağmur yağmayabilir veya seller olabilir. Çok sıcak veya çok soğuk olabilir. Doğa tarafından birçok ıstıraba maruz kalınır. Böylece, maddi dünyada bu üç çeşit ıstırap mevcuttur ve herkes en az birinden, ikisinden ya da üçünden dolayı acı içindedir. Hiç kimse acıdan tamamen kurtulmuş olduğunu söyleyemez.

Öyleyse canlı varlık neden acı çekiyor diye sorabiliriz. Cevap şudur: cehaletten. "Yanlışlar yapıyorum ve günahkâr bir hayata yöneliyorum;

Spiritüel Öğretmen Seçmek

bunun için de acı çekiyorum" diye düşünmez. Bu sebepten, *guru*nun ilk görevi, öğrencilerini cehaletten kurtarmaktır. Çocuklarımızı okula acı çekmekten kurtulmaları için göndeririz. Eğer çocuklarımız eğitim almazlarsa, gelecekte acı çekmelerinden korkarız. *Guru,* bu ıstırabın karanlığa benzetilen cehaletten olduğunu görür. Karanlıktaki biri nasıl kurtarılabilir? Işıkla. *Guru,* bilginin meşalesini alır ve karanlıkta yaşayan canlı varlığın önüne tutar. Bu bilgi onu cehalet karanlığının acısından uzaklaştırır.

Kişi, bir *guru*su olmasının mutlaka gerekli olup olmadığını sorgulayabilir. *Vedalar,* bu konuda bizi şu şekilde bilgilendirir:

*tad-vijñānārthaṃ sa gurum evābhigacchet
samit-pāṇiḥ śrotriyaṃ brahma-niṣṭham*
[*Muṇḍaka Upaniṣad* 1.2.12]

"Bunları doğru anlamak için kişi alçakgönüllülükle, elinde adak ateşi için topladığı çırayla birlikte, *Vedaları* öğrenmiş ve Mutlak Hakikat'e kendini adamış bir spiritüel öğretmene yaklaşmalıdır."

Vedalar bize bir *guru* aramayı söyler. Aslında herhangi bir *guru* değil, *o guru*yu bulmamızı söylerler. *Guru,* bir tanedir çünkü *guru*lar zincirinden gelir. Vyāsadeva'nın ve Kṛṣṇa'nın beş bin yıl önce öğrettikleri, bugün de öğretilmektedir. Her iki öğreti arasında hiçbir fark yoktur. Yüzlerce, binlerce *ācārya*lar gelip gitmiş olsa bile mesaj tektir. Gerçek *guru* iki tane olamaz, çünkü gerçek *guru* kendinden önce gelenlerin söylediklerinden farklı bir şey söylemez. Bazı spiritüel öğretmenler "Benim fikrimce şunu yapmalısın" derler, ancak bu kişi *guru* değildir. Bu gibi sözde *guru*lar sadece birer sahtekardır. Esas *guru,* sadece bir fikre sahiptir ve o fikir de Kṛṣṇa, Vyāsadeva, Nārada, Arjuna, Śrī Caitanya Mahāprabhu ve de Gosvāmīler tarafından dile getirilmiş olandır. Beş bin yıl önce Rab Śrī Kṛṣṇa *Bhagavad-gītā*'yı konuştu ve Vyāsadeva onu kaydetti. Śrīla Vyāsadeva "bu benim fikrim" demedi. Bunun yerine, *śrī-bhagavān uvāca*'yı yani, "Tanrı'nın Yüce Şahsiyeti der ki" olarak yazdı. Vyāsadeva'nın yazdığı her şey orijinal olarak Tanrı'nın Yüce Şahsiyeti tarafından söylenmiştir. Śrīla Vyāsadeva kendi fikrini beyan etmemiştir.

81

Sonuç olarak, Śrīla Vyāsadeva bir *guru*dur. Kṛṣṇa'nın sözlerini yanlış bir şekilde kendine göre yorumlamaz, sadece anlatıldıkları gibi hiç değiştirmeden aktarır. Telgraf gönderdiğimizde onu gönderen kişi, onu düzeltmek, düzenlemek ya da ona eklemeler yapmak zorunda değildir. O sadece sunumu yapar. *Guru*nun işi de budur. *Guru,* o ya da bu kişi olabilir ama mesaj hep aynıdır; bu nedenle *guru* tektir denir. Gurular zincirinde sadece aynı konunun tekrarını buluruz. *Bhagavad-gītā*'da [9.34] Śrī Kṛṣṇa şöyle der:

man-manā bhava mad-bhakto
mad-yājī māṁ namaskuru
mām evaiṣyasi yuktvaivam
ātmanam mat-parāyaṇaḥ

"Zihnini her zaman Beni düşünmeyle meşgul et, Bana adan, itaatini sun ve Bana ibadet et. Tamamen Bana gark olursan, emin ol ki Bana geleceksin." Bu talimatlar tüm *ācārya*lar, Rāmānujācārya, Madhavācārya ve Caitanya Mahāprabhu tarafından tekrar edilmiştir. Altı Gosvāmīler de aynı mesajı iletmişlerdir ve biz sadece onların ayak izlerini takip ederiz. Hiçbir fark yoktur. Kṛṣṇa'nın sözlerini, "Benim fikrimce, Kurukṣetra Savaş alanı insan bedenini sembolize ediyor" diye yorumlayamayız. Bu gibi yorumlar alçak kimseler tarafından öne sürülür. Dünyada kendi fikrini belirten pek çok sahte *guru* vardır ancak biz bu alçaklara meydan okuyabiliriz. Bir alçak *guru,* "Ben Tanrıyım" ya da "Hepimiz Tanrıyız" diyebilir. Ama bu olabilir demeden önce sözlükten Tanrı'nın ne demek olduğunu bulmamız gerekir. Genellikle, sözlük bize Tanrı kelimesinin, En Yüce Varlık demek olduğunu söyleyecektir. Yani bu *guru*ya şöyle sorabiliriz: "Sen En Yüce Varlık mısın?" Bunu anlayamazsa, o zaman ona En Yüce'nin anlamını söylemeliyiz. Her sözlük bize "en yüce"nin "en yüksek otorite" olduğunu söyleyecektir. O zaman da "sen en yüksek otorite misin?" diye sorabiliriz. Böylesine alçak bir *guru,* kendisinin Tanrı olduğunu iddia etse bile, böyle bir soruya cevap veremez. Tanrı "En Yüce Varlık" ve en yüksek otoritedir. Kimse O'na eşit veya ondan yüksek değildir. Ancak "En Yüce" olduğunu iddia eden bir sürü *guru* tanrılar vardır. Bu gibi alçaklar, maddi varoluşun karanlığından çıkışımızda bize yardımcı olamazlar. Bizim karanlığımızı, spiritüel bilginin feneriyle aydınlatamazlar. Gerçek kutsal kitaplar, gerçek bir *guru*nun sadece yüce *guru*yu, Tanrı'yı temsil ettiğini söylemektedir. Bir *guru*, *guru*lar zincirinin mesajını değiştiremez.

Şunu anlamalıyız ki, Mutlak Gerçek'i bulmak için bir araştırma yürütemeyiz. Caitanya Mahāprabhu kendisi söylemiştir, "*Guru* Mahārāja'm, manevi öğretmenim beni gerçek bir ahmak olarak görürdü." *Guru*sunun gözünde gerçek bir budala olmasına rağmen, kendisi bir guruydu. Ancak, kişi, "Ben çok ilerledim, kendi *guru*mdan daha iyi konuşurum" derse, bir budaladan başka bir şey değildir. *Bhagavad-gītā*'da [4.2] Śrī Kṛṣṇa şöyle der:

evaṁ paramparā-prāptam
imaṁ rājarṣayo viduḥ
sa kāleneha mahatā
yogo naṣṭaḥ parantapa

"Bu yüce bilim böylece *guru*lar zinciri aracılığıyla alınır ve aziz krallar da bu bilimi bu şekilde anlamışlardır. Ancak zaman sürecinde zincir kırılmıştır ve böylece bilim kaybolmuş gibi görünmektedir."

Bir *guru* kabul etmek basitçe modaya uymak değildir. Spiritüel hayatı ciddiye alan bir kimse bir *guru*ya ihtiyaç duyacaktır. *Guru*, kişinin spiritüel hayatı, Tanrı'yı, doğru davranışı ve Tanrı'yla arasındaki ilişkiyi anlaması için bir gerekliliktir ve bu konuda çok ciddi olunmalıdır. Bunları anlamak konusunda ciddi olduğumuz zaman, *guru*ya ihtiyacımız vardır. *Guru*ya, sadece günün modası olduğu için gitmemeliyiz. Teslimiyetle gitmeliyiz, çünkü teslim olmadan hiçbir şey öğrenemeyiz. *Guru*ya yalnızca meydan okumak için gidersek, hiçbir şey öğrenemeyiz. *Guru*yu, Arjuna'nın, kendi *guru*su Śrī Kṛṣṇa'yı kabul ettiği gibi kabul etmeliyiz:

kārpaṇya-doṣopahata-svabhāvaḥ
pṛcchāmi tvāṁ dharma-saṁmūḍha-cetāḥ
yac chreyaḥ syān niścitaṁ brūhi tan me
śiṣyas te 'haṁ śādhi māṁ tvāṁ prapannam

Benlik İdraki Bilimi

"Şu an, zayıflığımdan dolayı görevim hakkında aklım karıştı ve tüm sükunetimi yitirdim. Bu koşulda benim için en iyi olanın ne olduğunu Sana soruyorum. Şimdi Senin öğrencinim ve Sana teslim olmuş bir ruhum. Lütfen bana rehberlik et." [*Bhagavad-gītā* 2.7] Bu, bir *guru*yu kabul etme sürecidir. *Guru*, Kṛṣṇa'nın ve geçmişteki *ācārya*ların temsilcisidir. Kṛṣṇa tüm *ācārya*ların Kendi temsilcileri olduğunu söyler; öyleyse *guru*ya da Tanrı'ya duyulan saygı duyulmalıdır. Viśvanātha Cakravartī Ṭhākura'nın, spiritüel öğretmenine olan dualarında söylediği gibi, *yasya prasādād bhagavat-prasādaḥ:* "Bir kimse, spiritüel öğretmenin lütfuyla Kṛṣṇa'nın takdisini kazanır." Böylece, eğer gerçek bir *guru*ya teslim olursak, Tanrı'ya teslim olmuş oluruz. Tanrı *guru*ya teslimiyetimizi kabul eder.

Kṛṣṇa *Bhagavad-gītā*'da [18.66] şöyle der:

sarva-dharmān parityajya
mām ekaṁ śaraṇaṁ vraja
ahaṁ tvāṁ sarva-pāpebhyo
mokṣayiṣyāmi mā śucaḥ

"Dinin tüm teferruatlarını bırak ve sadece Bana teslim ol. Seni bütün günahsal tepkilerden kurtaracağım. Sakın korkma." Kimileri buna şu şekilde karşı gelebilir: "Kṛṣṇa nerede ki O'na teslim olayım?" Fakat hayır, süreç önce Kṛṣṇa'nın temsilcisine teslim olmak; daha sonrasında da Kṛṣṇa'ya teslim olmaktır. Yani şöyle denir, *sākṣād-dharitvena samasta-śāstraiḥ:* *Guru* Tanrı kadar iyidir. *Guru*ya saygılarımızı sunduğumuz zaman, Tanrı'ya saygılarımızı sunarız. Tanrı bilincine varmaya çalıştığımız için, Tanrı'ya saygının nasıl sunulduğunu, Tanrı'nın temsilcisi yoluyla öğrenmemiz gerekir. Tüm *śāstra*larda, *guru,* Tanrı kadar iyi olan olarak tarif edilir, fakat bir *guru* asla "Ben Tanrı'yım" demez. Öğrencinin görevi Tanrı'ya hürmetlerini sunduğu gibi, *guru*ya da aynı şekilde hürmetlerini sunmaktır lakin bir *guru* asla 'öğrencilerim bana Tanrı'ya gösterdikleri aynı saygıyı gösteriyorlar; bu sebepten ben Tanrı oldum' demez. Böyle düşündüğü anda Tanrı yerine bir köpek olur. Böylece, Viśvanātha Cakravartī der ki; *kintu prabhor yaḥ priya eva tasya.* Tanrı'nın en güvenilir hizmetkarı olarak, *guru*ya

Spiritüel Öğretmen Seçmek

Tanrı'ya sunduğumuz saygı sunulur. Tanrı her zaman Tanrı'dır, *guru* her zaman *guru*dur. Bir davranış bilgisi olarak, Tanrı ibadet edilen Tanrı'dır, *guru* ise ibadet eden Tanrı'dır (*sevaka-bhagavān*). Böylece *guru*ya *Prabhupāda* diye hitap edilir. *Prabhu* "Efendi" demektir ve *pāda* "konum" demektir. Yani *Prabhupāda* "Rabbin konumunu almış olan" anlamına gelir. Bu *sākṣad-dharitvena samasta-śāstraiḥ* ile aynıdır. Sadece Tanrı bilimini anlamak konusunda ciddiysek *guru* şarttır. Bir *guru*yu moda meselesi olarak görmemeliyiz. Bir *guru*yu kabul etmiş kişi zekice konuşur. Hiçbir zaman anlamsız konuşmaz. Bu, onun gerçek bir *guru*ya sahip olduğunun göstergesidir. Manevi öğretmene kesinlikle saygılarımızı sunmalıyız ama aynı zamanda da onun emirlerini nasıl yerine getireceğimizi de hatırlamalıyız. *Bhagavad-gītā*'da [4.34] Śrī Kṛṣṇa Kendisi *guru*yu arama ve ona yaklaşma metodunu bizlere anlatır:

tad viddhi praṇipātena
paripraśnena sevayā
upadekṣyanti te jñānaṃ
jñāninas tattva-darśinaḥ

"Hakikati yalnızca bir manevi öğretmene yaklaşarak öğrenmeye çalış. Teslim olmuş bir şekilde ona sorular sor ve ona hizmet et. Benlik idrakine ulaşmış bir ruh size bilgiyi aktarabilir çünkü O Hakikati görmüştür." İlk süreç teslim olmaktır. Yüce bir kişi bulmalı ve kendi irademizle ona teslim olmalıyız. *Śāstra*lar, bir *guru* kabul etmeden önce, ona teslim olup olamayacağımızı anlamak için onu dikkatli bir şekilde tanımamızı tavsiye eder. Fanatik bir şekilde hemen bir *guru*yu kabul etmemeliyiz. Bu çok tehlikelidir. *Guru* da aynı şekilde öğrencisi olmak isteyen kişiyi, uygun olup olmadığını görmek için iyice tanımalıdır. *Guru* ile öğrenci arasında bir ilişki kurmanın yolu budur. Her şey bize sunulmuştur ancak bu süreci ciddiye almalıyız. Ancak o zaman nasıl gerçek bir öğrenci olunacağı bize öğretilebilir. Önce gerçek bir *guru* bulmalı, onunla ilişkimizi kurup ona göre davranmalıyız. O zaman, hayatımız başarılı olacaktır, çünkü *guru* karanlıktaki dürüst öğrencisini aydınlatabilir.

Benlik İdraki Bilimi

Herkes bir ahmak ve budala olarak doğar. Eğer bilgili olarak doğsaydık, okula gitmemiz gerekmezdi. Eğer bilgiyi arttıramazsak, hayvandan bir farkımız kalmaz. Bir hayvanın kitaplara ihtiyacı yoktur, ben *guru* oldum diyebilir, ancak bilim ve felsefe üzerine yetkin kitaplara çalışmadan bir kimse nasıl bilgi sahibi olur? Sahte *guru*lar bu gibi şeyleri geçiştirmektedirler. Hepimiz ahmak ve budala olarak doğduğumuzu ve aydınlanmamız gerektiğini anlamalıyız. Hayatımızı mükemmelleştirmek için bilgi edinmeliyiz. Eğer hayatımızı mükemmelleştirmezsek, yenilgiye uğramışız demektir. Nedir bu yenilgi? Yenilgi, var olmanın mücadelesidir. Daha iyi bir hayat elde etmek, daha üst bir konuma sahip olmak için çalışıyoruz ve bunun için çok mücadele veriyoruz. Ancak gerçek anlamda daha yüksek konumun ne demek olduğunu aslında bilmiyoruz.

Maddi dünyada hangi pozisyonda olursak olalım bundan vazgeçilmelidir. İyi ya da kötü bir konumumuz olabilir; her şekilde orada sürekli kalamayız. Milyonlarca dolar kazanıp, "Şimdi daha iyi bir konumdayım" diye düşünebiliriz. Ancak küçücük dizanteri veya kolera mikrobu sahip olduğumuz konumu sona erdirecektir. Banka batarsa, konumumuzu kaybederiz. Yani aslında maddi dünyadaki konumun hiçbir iyiliği yoktur. Bu bir oyundur. Maddi dünyada bir konuma sahip olmaya çalışanlar sonuç olarak yenilmiştir çünkü daha iyi bir konum yoktur. *Bhagavad-gītā* [14.26] daha iyi konumun ne demek olduğunu söylemektedir:

māṃca yo 'vyabhicāreṇa
bhakti-yogena sevate
sa guṇān samatītyaitān
brahma-bhūyāya kalpate

"Kendini saf adanma hizmetinin spiritüel faaliyetleriyle meşgul eden kişi, bir çırpıda maddi doğanın bağlayıcı güçlerini aşarak spiritüel platforma yükselebilir."

Bize ölümsüzlüğün bilgisini veren bir bilim dalı var mıdır? Evet, ölümsüz olabiliriz ama maddi anlamda değil. Bu bilgiyi, üniversitelerde öğrenemeyiz. Ancak, Vedik kutsal yazıtlarında ölümsüz olabileceğimizin bilgisi vardır. Daha iyi olan konumumuz ölümsüzlüktür. Artık doğum yok,

86

ölüm yok, yaşlılık yok, hastalık yok. Yani *guru* büyük bir sorumluluk alır. Öğrencisine rehberlik etmeli ve onun en mükemmel konuma, ölümsüzlüğe ulaşması için iyi bir aday olmasını sağlamalıdır. *Guru* öğrencisini evine, Tanrı'ya geri göndermek için yeterli niteliğe sahip olmalıdır.

Azizleri Sahtekarlardan Ayırmak

"Śrīla Prabhupāda London Times'da bir röportajında açıklıyor:
"Eğer kandırılmak istiyorsanız, birçok sahtekâr guru bulacaksınız.
Ancak samimiyseniz, samimi bir guru bulacaksınız... Gerçek guru
Tanrı'nın temsilcisidir ve sadece Tanrı hakkında konuşur, başka bir şey
değil... Gerçek bir guru, bir iş adamı değildir. O Tanrı'nın temsilcisidir.
Tanrı her ne söylerse, guru tekrar eder. Aksi takdirde konuşmaz."

Gazeteci: Efendim, eskiye nazaran daha fazla insan spiritüel yaşam arayışındalar. Bunun sebebini söyleyebilirseniz çok memnun olurum.

Śrīla Prabhupāda: Spiritüel yaşam için arzu tamamen doğal bir özlemdir. Çünkü bizler ruh canız, maddi atmosferde mutlu olamayız. Bir balığı sudan çıkarırsanız, karada mutlu olamaz. Benzer şekilde, bizlerde spiritüel bilinç olmadan asla mutlu olamayız. Bugün, birçok insan bilimsel ilerlemenin ve ekonomik gelişimin peşinde fakat mutlu değil, çünkü bunlar hayatın gerçek hedefleri değildir. Birçok genç bunun farkına vararak materyalist hayatı reddediyor ve spiritüel bir hayat araştırması içine giriyorlar. Aslında bu doğru bir araştırmadır. Kṛṣṇa bilinci hayatın hakiki amacıdır. Kṛṣṇa bilincine gelmedikçe, mutlu olamazsınız. Bu bir gerçektir. Bu sebepten herkesi bu büyük hareketi öğrenmeleri ve anlamaları için davet ediyoruz.

Gazeteci: Dürüst olmak gerekirse beni endişelendiren, birçok kişinin adını ilk defa duyduğu Hint bir *yogī*nin bir süre önce İngiltere'ye gelmesinden sonra bir anda ortalıkta bir sürü "*guru*"nun belirmesiydi. Bazen bunlardan hepsinin olmaları gerektiği kadar hakiki olmadıklarını hissediyorum. Spiritüel bir hayatı benimsemek isteyenleri, onlara öğretecek *guru*nun gerçek bir guru olup olmadığı konusunda emin olmaları gerektiği konusunda uyarmak sizce doğru olur mu?

Śrīla Prabhupāda: Evet. Tabi ki bir *guru* aramak çok iyidir, ancak ucuz bir *guru* istiyorsanız veya aldatılmak istiyorsanız, o zaman birçok sahtekâr *guru* bulursunuz. Ama eğer samimiyseniz, samimi bir guru bulursunuz. İnsanlar her şeye ucuza ulaşmak istedikleri için, kandırılırlar. Biz öğrencilerimize evlilik dışı cinsellikten, et yemekten, kumardan ve bağımlılık yapan maddelerden uzak durmalarını tembih ediyoruz. İnsanlar bunun çok zor, can sıkıcı olduğunu düşünüyorlar. Fakat başka biri, "Her ne istersen yapabilirsin, sadece benim *mantra*mı söyle," dediğinden insanların hoşuna gidiyor. Yani, insanlar kandırılmak istiyorlar ve böylece sahtekârlar ortaya çıkıyor. Hiç kimse keyfinden feragat etmek istemiyor. İnsan yaşamı feragat etmek içindir, ama kimse feragat etmeye hazır değil. Sonuç olarak, sahtekârlar geliyor ve "Feragate gerek yok, her ne yapmak istiyorsan yap. Sadece bana para öde ve ben sana bir *mantra* vereyim, altı ay içinde Tanrı ol" diyorlar. Tüm bunlar olup bitiyor. Eğer bu şekilde kandırılmak istiyorsanız, sahtekârlar gelecektir.

Gazeteci: Peki, ciddi bir şekilde spiritüel bir hayat isteyip de yanlış bir guru seçenler?

Śrīla Prabhupāda: Eğer normal bir eğitim almak istiyorsanız, çok zaman harcamalısınız, emek vermelisiniz ve öğrendiklerinizi anlamalısınız. Tıpkı bunun gibi, eğer spiritüel bir hayat yaşamak istiyorsanız, bu konuda ciddi olmalısınız. Nasıl olur da birkaç harika *mantra* ile kişi altı ayda hemen Tanrı olabilir ki? Neden insanlar böyle şeyler istiyorlar? Bu kandırılmak istedikleri anlamına gelir.

Gazeteci: Kişi, gerçek *guru*yu nasıl anlar?

Śrīla Prabhupāda: Öğrencilerimden bu soruyu yanıtlayacak olan var mı?

Öğrenci: Bir keresinde hatırlıyorum, John Lennon size, "Gerçek *guru*yu nasıl tanıyacağım?" diye sormuştu ve siz şöyle cevap verdiniz, "Sadece hangisi Kṛṣṇa'ya daha tutkun onu bul, o gerçek *guru*dur."

Śrīla Prabhupāda: Evet. Gerçek *guru* Tanrı'nın temsilcisidir ve sadece Tanrı hakkında konuşur, başka hiçbir şey hakkında değil. Gerçek bir *guru*nun maddi hayatta gözü yoktur. O, yalnızca Tanrı'nın peşindedir. Bu, gerçek *guru*yu sınama yöntemlerinden biridir: *brahma-niṣṭam*. O, Mutlak Gerçek'in içinde yoğrulmuştur. *Muṇḍaka Upaniṣad*'da şöyle belirtilir: *śrotriyaṃ brahma-niṣṭam*: "Gerçek *guru*, Vedik bilgi ve yazınlarında çok güzel dizelerle tarif edilmiştir ve o bütünüyle Brahman'a bağlıdır." Brahman'ın [ruh] ne olduğunu ve Brahman'ın içinde nasıl iyice yerleştiğini bilmelidir. Bu işaretler Vedik edebiyatında verilmiştir. Daha önce söylemiş olduğum gibi, gerçek *guru* Tanrı'nın temsilcisidir. Tıpkı bir valinin kralı temsil ettiği gibi, *guru* da Rabbi temsil eder. Gerçek *guru* hiçbir şey üretmeyecektir. Söylediği her şey kutsal kitaplar ve önceki *ācāryalar*la uyum içindedir. Sana bir *mantra* verip, altı ay içinde Tanrı olacağını vaat etmez. Bu, *guru*nun işi değildir. *Guru*nun vazifesi, herkesi Tanrı'nın bir adananı olmaya çağırmaktır. Bu, gerçek *guru*nun işinin bütünü ve esasıdır. Aslında, başka hiçbir görevi yoktur. O, her gördüğü kişiye, "Lütfen Tanrı bilincine ulaş" der. Eğer herhangi bir şekilde herkesle Tanrı adına konuşuyor ve herkesin Tanrı'nın bir adananı olması için çalışıyorsa, o gerçek bir *guru*dur.

Gazeteci: Peki Hristiyan bir peder hakkında ne düşünüyorsunuz?

Śrīla Prabhupāda: Hristiyan, Müslüman, Hindu fark etmez. Sadece Tanrı hakkında konuşuyorsa, o *guru*dur. Örneğin Yüce İsa, herkese "Sadece Tanrı'yı sevmeye çalışın" diyordu. Her kim olursa olsun, kim olduğu önemli değil, Hindu olsun, Müslüman olsun, Hristiyan olsun eğer insanları Tanrı'yı sevmeleri için ikna ediyorsa, o *guru*dur. Sınav budur. *Guru* hiçbir zaman "ben Tanrıyım" veya "seni Tanrı yapacağım" demez. Gerçek *guru* "Ben Tanrı'nın hizmetkârıyım ve seni de Tanrı'nın hizmetkârı yapacağım" der. *Guru*nun nasıl giyindiği önemli değildir. Caitanya Mahāprabhu'nun dediği gibi, "Her kim Kṛṣṇa hakkındaki bilgiyi anlatıyorsa, o manevi öğretmendir." Gerçek manevi öğretmen, sadece insanların Kṛṣṇa'nın veya Tanrı'nın adananları olmaları için çalışır. Onun başka bir işi yoktur.

Gazeteci: Ama kötü *guru*lar...

Śrīla Prabhupāda: "Kötü *guru* nedir?

Gazeteci: Kötü *guru*, sadece para veya şöhret isteyendir.

Śrīla Prabhupāda: Eğer kötüyse, nasıl *guru* olabilir ki? [Gülüşmeler...] Demir nasıl altın olabilir ki? Gerçekte, *guru* kötü olamaz, kötü bir kimse *guru* olamaz. "Kötü *guru*" diyemezsiniz. Bu bir çelişkidir. Yapmanız gereken sadece gerçek *guru*nun ne olduğunu anlamaya çalışmaktır. Gerçek *guru*, yalnızca Tanrı hakkında konuşandır, hepsi bu. Eğer başka saçmalıklardan bahsediyorsa, o zaman *guru* değildir. *Guru* kötü olamaz. Kötü *guru* diye bir şey yoktur; tıpkı kırmızı *guru*, beyaz *guru* olmadığı gibi. *Guru* demek "gerçek *guru*" demektir. Bilmemiz gereken sadece gerçek *guru*nun Tanrı hakkında konuştuğu ve insanları Tanrı'ya adamaya çalıştığıdır. Eğer bunu yapıyorsa, gerçektir.

Gazeteci: Eğer topluluğunuzda inisiyasyon almak istersem, ne yapmam gerekir?

Śrīla Prabhupāda: Her şeyden önce, evlilik dışı cinsel yaşama son vermelisin.

Gazeteci: Bu tümüyle cinselliğe son vermek mi demek? Evlilik dışı cinsellik ne demek?

Śrīla Prabhupāda: Evlilik dışı cinsellik, evlenmeden olandır. Hayvanlar hiçbir sınırlama olmaksızın seks yaparlar, ama insan toplumunda bazı sınırlamalar vardır. Her ülkede ve dinde cinsel yaşamı sınırlandıran belli bir sistem vardır. Aynı zamanda çay, sigara, alkol, marihuana gibi bağımlılık yaratan maddeleri bırakmalısın.

Gazeteci: Başka?

Śrīla Prabhupāda: Et, yumurta ve balık yemeyi de bırakmalısın. Ve kumarı da. Bu dört günahkâr aktiviteden vazgeçmeden inisiyasyon alamazsın.

Gazeteci: Dünya çapında kaç tane takipçiniz var?

Śrīla Prabhupāda: Gerçek olan bir şey için takipçiler az olabilir. Saçma sapan bir şey için takipçi çok fazla olabilir. Yine de bizim inisiyasyon alan beş bin adananımız var.

Gazeteci: Kṛṣṇa bilinci hareketi devamlı büyüyor mu?

Śrīla Prabhupāda: Evet, büyüyor, ancak yavaş yavaş. Çünkü pek çok kısıtlamamız var. İnsanlar kısıtlamaları sevmiyorlar.

Gazeteci: En fazla takipçiniz nerede?

Śrīla Prabhupāda: Amerika'da, Avrupa, Güney Amerika ve Avustralya'da ve tabi Hindistan'da Kṛṣṇa bilincini tatbik eden milyonlarca kişi var.

Gazeteci: Bana, hareketinizin amacının ne olduğunu söyler misiniz?

Śrīla Prabhupāda: Kṛṣṇa bilinci hareketinin amacı insanoğlunun asıl bilincini uyandırmaktır. Şu anda, bilincimiz kimliklenmiştir. Kimisi "ben bir İngilizim" diye düşünüyor, kimisi ise "Amerikalıyım" diye. Esasında biz bu gibi kimliklerin hiçbirine ait değiliz. Biz, Tanrı'nın bir parçası ve bölümüyüz, bizim esas kimliğimiz budur. Eğer herkes sadece bu bilince gelirse, dünyanın tüm problemleri çözülecektir. O zaman biz, aynı nitelikteki ruhlar olduğumuzu anlayacağız. Farklı kıyafette olsa bile, aynı nitelikteki ruh herkesin içindedir. Bu açıklama ise *Bhagavad-gītā*'da verilmektedir. Kṛṣṇa bilinci esasında bir arınma sürecidir (*sarvopādhivinirmuktam*). Amacı insanları bütün kimliklerden kurtarmaktır (*tatparatvena nirmalam*). Bilincimiz tüm kimliklerden arındığı zaman, duru duyularımızla yaptığımız aktiviteler bizi mükemmel kılar. Sonunda da insan hayatının ideal mükemmeliyetine kavuşuruz. Kṛṣṇa bilinci aynı zamanda çok basit bir uygulamadır. Büyük bir felsefeci, bilim insanı veya herhangi başka bir şey olmanıza gerek yoktur. Sadece Rabb'in kutsal ismini, O'nun Kişiliğini, İsmini ve Niteliklerini Mutlak olduğunu anlayarak söylememiz yeterlidir.

Kṛṣṇa bilinci çok büyük bir bilimdir. Ne yazık ki, üniversitelerde böylesine bir bilim için herhangi bir bölüm bulunmamaktadır. Bu sebepten, insan toplumunun refahıyla ilgilenen ciddi kişileri bu büyük hareketi anlamaya ve eğer mümkünse, bir parçası olmaya ve bizimle çalışmaya davet ediyoruz. Böylelikle, dünyanın problemleri çözülecektir. Aynı şey *Bhagavad-gītā*'da spiritüel bilginin en önemli ve en yetkili kitabında da belirtilmiştir. Çoğunuz *Bhagavad-gītā*'yı duydunuz. Bizim hareketimizin temeli bu kitaba dayanır. Bizim hareketimiz Hindistan'daki tüm *ācārya*lar tarafından onaylanmıştır. Rāmānujācārya, Madhvācārya, Rab Caitanya ve diğer birçokları. Hepiniz gazetelerin temsilcilerisiniz, sizden bu hareketi insan toplumunun iyiliği için olabildiğince anlamanızı rica ediyorum.

Gazeteci: Sizce hareketiniz Tanrı'yı bilmenin tek yolu mu?

Śrīla Prabhupāda: Evet.

Gazeteci: Bundan nasıl bu kadar eminsiniz?

Śrīla Prabhupāda: Kṛṣṇa'nın, yani Tanrı'nın yetkisinden. Kṛṣṇa der ki:

Spiritüel Öğretmen Seçmek

sarva-dharmān parityajya
mām ekaṃ śaraṇaṃ vraja
ahaṃ tvāṃ sarva-pāpebhyo
mokṣayiṣyāmi mā śucaḥ

"Dinin tüm teferruatlarını bırak ve sadece Bana teslim ol. Seni bütün günahsal tepkilerden kurtaracağım. Sakın korkma." [Bhagavad-gītā 18.66]

Gazeteci: "Teslim olmak" demek, kişinin ailesini terk etmesi anlamına mı geliyor?

Śrīla Prabhupāda: Hayır.

Gazeteci: Ama diyelim ki inisiyasyon alıyorum. Gelip tapınakta yaşamam gerekmiyor mu?

Śrīla Prabhupāda: Mecbur değilsiniz.

Gazeteci: Evde kalabilir miyim?

Śrīla Prabhupāda: Evet tabi.

Gazeteci: Peki ya iş? İşimi bırakmam gerekiyor mu?

Śrīla Prabhupāda: Hayır, sadece kötü alışkanlıklarını bırakıp, Hare Kṛṣṇa mantrasını bu boncuklarla söylemen gerekiyor; o kadar.

Gazeteci: Herhangi bir maddi destekte bulunmam gerekiyor mu?

Śrīla Prabhupāda: Hayır, o senin gönlüne bağlı, yapmak istersen. Verirsen olur. Vermezsen de olur. Biz kimsenin para desteğine bağlı değiliz. Biz Kṛṣṇa'ya bağlıyız.

Gazeteci: Hiç para vermeme gerek yok mu yani?

Śrīla Prabhupāda: Hayır.

Gazeteci: Bu gerçek guruyu, sahte gurudan ayıran en temel özelliklerden biri midir?

Śrīla Prabhupāda: Evet, gerçek guru bir iş adamı değildir. O, Tanrı'nın temsilcisidir. Tanrı ne derse, guru onu tekrar eder. Başka şekilde konuşmaz.

Gazeteci: Fakat gerçek bir gurunun Rolls Royce bir arabada gezip, en lüks otelde kalması olası mıdır?

Śrīla Prabhupāda: Bazen insanlar bize birinci sınıf otellerde yer ayarlıyorlar ama biz genellikle kendi tapınaklarımızda kalıyoruz. Dünya çapında birkaç yüz tane tapınağımız var, yani otele gitmek zorunda değiliz.

Gazeteci: Suçlama yapmaya çalışmıyordum. Sadece uyarınızın geçerli olduğunu göstermeye çalışıyordum. Spiritüel bir yaşamı bulmakla ilgilenen birçok kişi var ve aynı zamanda "*guru*luk işinden" para kazanmak isteyen pek çok kişi de var.

Śrīla Prabhupāda: Siz spiritüel hayatın gönüllü olarak yoksulluğu kabul etmek olduğu izleniminde misiniz?

Gazeteci: Bilmiyorum.

Śrīla Prabhupāda: Yoksul bir kişi bir materyalist olabilir ve zengin bir kişi de gayet spiritüel olabilir. Spiritüel yaşam yoksulluğa veya zenginliğe bağlı değildir. Spiritüel yaşam transandantaldır. Örneğin Arjuna'yı ele alalım. Arjuna kraliyet ailesinin bir üyesiydi ve Tanrı'nın saf bir adananıydı. Ve *Bhagavad-gītā*'da [4.2] Śrī Kṛṣṇa der ki, *evaṁ paramparā-prāptam imaṁ rājarṣayo viduḥ:* "Bu yüce bilim gurular zinciri yoluyla alınmıştır ve bilge krallar onu bu şekilde anlamışlardır." Geçmişteki tüm bilge ruhlu krallar spiritüel bilimi anlamışlardır. Bu sebepten, spiritüel yaşam kimsenin maddi koşullarına bağlı değildir. Kişinin maddi koşulları ne olursa olsun; kral olsa da yoksul bir kişi olsa da yine de spiritüel hayatı anlayabilir. Genellikle insanlar spiritüel hayatın ne olduğunu bilmiyor ve gereksizce bizi eleştiriyorlar. Size sorsam, spiritüel hayat nedir diye, cevaplayabilir misiniz?

Gazeteci: Emin değilim.

Śrīla Prabhupāda: Spiritüel hayatın ne olduğunu bilmeseniz de yine de "o budur", "şudur" dersiniz. Ama önce spiritüel hayatın ne olduğunu bilmelisiniz. Spiritüel hayat, senin bu beden olmadığını anlamanla başlar. Bu spiritüel hayatın gerçek başlangıcıdır. Kendinle bedenin arasındaki farkı görerek, kendinin ruh olduğunu anlarsın (*ahaṁ brahmāsmi*).

Gazeteci: Bu bilginin, herkesin eğitiminin bir parçası olması gerektiğini düşünüyor musunuz?

Śrīla Prabhupāda: Evet. İnsanlara önce ne oldukları öğretilmelidir. Onlar, bedenleri mi yoksa başka bir şeyler midir? Bu eğitimin başlangıcıdır. Günümüzde herkes bedenleri olduklarını düşünmeleri doğrultusunda eğitiliyor. Kişi kazara Amerikalı bir bedene sahip olmuşsa "Ben Amerikalıyım" diye düşünüyor. Bu, sadece kırmızı bir tişört giyiyorsun diye "ben kırmızı bir tişörtüm" diye düşünmeye benzer. Sen kırmızı bir tişört değilsin; sen insansın. Tıpkı bunun gibi bu beden de gerçek kişinin, ruhun üstüne giydiği bir tişört ya da bir kaban gibidir. Eğer kendimizi sadece bedensel tişörtümüzde veya kabanımızla tanımlıyorsak, spiritüel eğitimimiz yok demektir.

Gazeteci: Bunun gibi bir eğitimin okullarda verilmesi gerektiğini düşünüyor musunuz?

Śrīla Prabhupāda: Evet, okullarda, kolejlerde ve üniversitelerde. Bu konu hakkında devasa bir edebiyat vardır; devasa bir bilgi. Esasında gerekli olan toplumun liderlerinin bunu anlamak için öne çıkmalarıdır.

Gazeteci: Daha önceden sahte bir *guru*ya giderek sonrasında size gelen hiç kimse oldu mu?

Śrīla Prabhupāda: Evet, çok var.

Gazeteci: Sahte *guru*larla spiritüel hayatları bir şekilde bozulmuş muydu?

Śrīla Prabhupāda: Hayır, samimiyetle spiritüel bir şey arıyorlardı ve bu onların nitelikleriydi. Tanrı herkesin kalbindedir ve her kim onu samimiyetle ararsa O, bu kişiye gerçek bir *guru* bulmasında yardım eder.

Gazeteci: Sizin gibi gerçek *guru*lar, sahte *guru*ları durdurmak için bir şey yapmaya çalıştı mı? Mesela baskı kurmak veya işlerinden etmek veya onlarla konuşmak gibi?

Śrīla Prabhupāda: Hayır, benim amacım bu değil. Ben hareketimi sadece Hare Kṛṣṇa söyleyerek başlattım. New York'ta Tompkins Square Park adında bir yerde söylüyordum ve kısa süre sonra insanlar bana gelmeye başladılar. Bu şekilde, Kṛṣṇa bilinci hareketi yavaş yavaş gelişti. Bazıları kabul etti, bazıları etmediler. Talihli olanlar kabul ettiler.

Gazeteci: Sahte *guru*larla olan deneyimlerinden ötürü insanların size şüpheyle baktıklarını düşünmüyor musunuz? Eğer bir dişçiye gitseydiniz ve dişinizi kırsaydı, başka bir dişçiye giderken de şüphe duyardınız.

Śrīla Prabhupāda: Evet. Aldatılmışsanız, doğal olarak şüpheci olursunuz. Ama bu bir kere aldatıldıysanız hep aldatılacaksınız anlamına gelmez. Gerçek birini bulmalısınız. Ama Kṛṣṇa bilincine gelmek için ya çok talihli olmalısınız ya da bu bilimin farkında olmalısınız. *Bhagavad-gītā*'dan samimi arayıştakilerin çok az olduklarını anlamaktayız: *manuṣyāṇām sahasreṣu kaścid yatati siddhaye.* Milyonlarca insan içinden, belki bir tanesi spiritüel hayata ilgi duyuyordur. Genellikle insanlar yemek, uyumak, çiftleşmek ve kendilerini savunmakla ilgilenirler. Bu durumda, nasıl birçok takipçi olmasını bekleyebiliriz ki? İnsanların spiritüel ilgilerini yitirdiklerini fark etmek zor değil. Ve aslında nerdeyse hepsi sözde spiritüelistler tarafından kandırılmakla ilgileniyorlar. Bir hareketi takipçi sayısıyla değerlendiremezsiniz. Eğer bir kişi gerçekse, hareket başarılıdır. Bu sayı değil, nitelik meselesidir.

Gazeteci: Kaç kişinin sahte *guru* kabul ettiğini merak ediyordum.

Śrīla Prabhupāda: Pratik olarak herkes. [Gülüşmeler.] Saymaya gerek yok. Herkes.

Gazeteci: Bu binlerce kişi demek, değil mi?

Śrīla Prabhupāda: Milyonlarca. Milyonlar aldatıldı çünkü aldatılmak istediler. Tanrı her şeyi bilir. Sizin arzularınızı anlayabilir. O, kalbinizdedir ve eğer kandırılmak isterseniz size bir sahtekâr gönderir.

Gazeteci: Daha önce bahsettiğiniz o mükemmel aşamaya ulaşmak herkes için mümkün müdür?

Śrīla Prabhupāda: Bir saniye içinde. Herkes mükemmeliyeti bir saniye içinde yakalayabilir. Bu kişinin arzusuna bağlıdır. Zor olan bunu istemektir. Bunu kimse istemiyor. *Bhagavad-gītā*'da [18.66] Kṛṣṇa der ki, *sarva-dharmān parityajya mām ekaṃ śaraṇaṃ vraja*: "Sadece Bana teslim ol." Fakat kim Tanrı'ya teslim olacak? Herkes "Ah, neden Tanrı'ya teslim olmalıymışım ki, ben bağımsız olacağım" diyor. Eğer sadece teslim olursanız, bir anda olur. O kadar. Ama kimse istemiyor ve zor olan da budur.

Gazeteci: Birçok kişi aldatılmak istiyor derken, birçok kişinin dünyevi zevklerini sürdürerek aynı zamanda da *mantra* söyleyerek veya bir çiçek tutarak spiritüel hayata ulaşmak istediğini mi kastediyorsunuz? Aldatılmak istiyor derken bunu mu demek istiyorsunuz?

Śrīla Prabhupāda: Evet, tıpkı bir hastanın "hastalığım devam etsin ama ben sağlıklı olayım" demesi gibi bir şey. Bu bir çelişkidir. İlk zorunluluk, kişinin spiritüel hayatta eğitilmesidir. Spiritüel hayat birkaç dakikalık konuşmayla anlaşılacak bir şey değildir. Birçok felsefe ve teoloji kitabi vardır ama insanlar bunlarla ilgilenmiyor. Zorluk burada. Örneğin, *Śrīmad-Bhāgavatam* uzun bir çalışmadır ve bu kitabı okumaya çalışırsanız, bir satırını anlamak bile günlerinizi alabilir. *Bhāgavatam,* Tanrı'yı, Mutlak Gerçek'i tasvir eder ama insanlar bununla ilgilenmiyorlar. Bununla birlikte şans eseri kişi spiritüel hayata biraz ilgi göstermeye başladığında da çabuk ve kolay olanı istiyor. Böylece, aldatılıyor. Aslında insan yaşamı feragat etmek içindir. Bu Vedik medeniyetinin yoludur. Vedik zamanlarda erkek çocuklarını *brahmacārī* olarak eğitirlerdi; yirmi beş yaşına kadar cinsel hayata izin verilmezdi. Şimdi bu eğitim nerede? *Brahmacārī,* tümüyle bekar hayatı sürdüren ve *guru-kula'*da, (manevi öğretmenin okulunda) *guru*sunun emirlerine itaat eden öğrenci demektir. Şimdi okullarda ve kolejlerde en baştan itibaren cinselliği öğretiyorlar ve on iki, on üç yaşındaki kızlar ve erkekler seks yapıyorlar. Nasıl spiritüel hayatları olabilir ki? Spiritüel hayat, Tanrı farkındalığı adına bazı şeylerden gönüllü olarak feragat etmek demektir. Bunun için, inisiyasyon alan öğrencilerimizin evlilik dışı cinsellikten uzak durmaları, et yememeleri, kumar oynamamaları ve kendilerini zehirlememeleri konusunda ısrarlıyız. Bu kısıtlamalar olmadan hiçbir "*yoga,* meditasyon" veya sözde spiritüel disiplin sağlanamaz. Kandırılanlarla kandıranlar arasında sadece bir iş anlaşmasıdır.

Gazeteci: Çok teşekkür ederim.

Śrīla Prabhupāda: Hare Kṛṣṇa.

Tüm Alçakgönüllülüğümle

Tarih, Şubat 1936, Bombay. Otuz yıl sonra, dünya çapında tanınmış Kṛṣṇa bilinci hareketinin spiritüel öğretmeni olacak olan, saf bir adanan kendi manevi öğretmenini yüceltiyor. Burada *spiritüel* öğretmen, öğrenci ve aralarındaki ilişkinin saygıdeğer anlamını öğreniyoruz.

sākṣād-dharitvena samasta-śāstrair
uktas tathā bhāvyata eva sadbhiḥ
kintu prabhor yaḥ priya eva tasya
vande guroḥ śrī-caraṇāravindam

"*Spiritüel* öğretmen Yüce Rab kadar yüceltilir, çünkü Rabb'in en güvenilir hizmetkarıdır. Ortaya çıkmış tüm kutsal kitaplar hakkında bilgilidir ve tüm otoriteler tarafından takip edilir. Bu sebepten Śrī Hari'nin (Kṛṣṇa'nın) gerçek temsilcisi olan böyle bir manevi öğretmenin lotus ayaklarına eğilerek, hürmetlerimi sunarım."

Beyler, Gauḍīya Matha'nın Bombay şubesinin üyeleri adına bu gece, Gauḍīya Misyonunun kurucusu ve başkanı Śrī Śrī Viśva-vaiṣṇava Rāja-sabhā'nın *ācārya*'sı, yani benim ebedi kutsal öğretmenim Paramahaṁsa Parivrājakācārya Śrī Śrīmad Bhaktisiddhānta Sarasvatī Gosvāmī Mahārāja, dünya öğretmeni Ācāryadeva'nın lotus ayaklarına saygılarımızı sunduğumuz kutlamamıza nazik katılımlarınız için hepinize hoş geldiniz diyorum.

Atmış iki yıl önce, o uğurlu günde Ācāryadeva Thākura Bhaktivinoda isminde, Purī'deki Śrī-kṣetra Jagannātha-dhama'da belirdi.

Baylar, bu akşam Ācāryadeva'ya düzenlenen bu saygı sunumu bir mezhep meselesi değildir; çünkü *gurudeva* veya *ācāryadeva*'nın temel prensibinden bahsettiğimizde, evrensel bir uygulamadan bahsediyoruz.

Spiritüel Öğretmen Seçmek

Hiçbir şekilde benim *guru*mu sizinkinden veya herhangi birinin *guru*sundan ayırmak söz konusu değildir. Sana, bana ve diğerlerine öğretmek için sınırsız biçimde görünen sadece bir tane *guru* vardır.

Bir *guru* veya *ācāryadeva*, gerçek kutsal yazıtlardan öğrendiğimiz üzere bize Mutlak Şahsiyet'in transandantal mekânı, her şeyin ayrım olmaksızın Mutlak Gerçek'e hizmet ettiği yer olan mutlak dünyanın mesajını ulaştırmaktadır. Birçok kez duyduk: *mahājano yena gataḥ sa panthāḥ* ("Senden önceki *ācārya*nın gittiği yolu izle"), ancak bu *śloka*nın gerçek manasını anlamaya pek çalışmadık. Bu öneriyi analiz ederek işlersek, *mahajāna*nın ve transandantal dünyanın muazzam yolunun bir olduğunu anlarız. *Muṇḍaka Upaniṣad*'da [1.2.12] şöyle denir:

tad-vijñānārtham sa gurum evābhigacchet
samit-pāṇiḥ śrotriyaṃ Brahmā-niṣṭham

"Bir kimse transandantal bilimi öğrenmek için, *guru*lar zincirinde olan Mutlak Gerçek'te sabitlenmiş gerçek bir spiritüel öğretmene yaklaşmalıdır."

Yani burada, transandantal bilgiye sahip olmak için, kişinin *guru*ya yaklaşmasının gerekliliği talimatı verilmektedir. Böylece, eğer hakkında fikir farklılığı olmadığını düşündüğümüz Mutlak Hakikat bir taneyse, *guru* da iki tane olamaz. Bu gece kendisine alçakgönüllü itaatimizi sunmak için burada toplandığımız *ācāryadeva*, bir tarikat kurumunun *guru*su veya gerçeğin birçok farklı savunucularından olan biri değildir. Tam aksine, *Jagad-guru*, veya hepimizin *guru*sudur; tek farkı kimisinin ona bütün kalbiyle itaat ederken, diğerlerinin ona direk olarak itaat etmemesidir. *Śrīmad-Bhāgavatam*'da [11.17.27] şöyle denir:

ācāryaṃ māṃ vijānīyān
nāvamanyeta karhicit
na martya-buddhyāsūyeta
sarva-devamayo guruḥ

Yüce Rab, "Kişi, manevi öğretmeninin Ben kadar iyi olduğunu anlamalıdır" demektedir. "Hiç kimse ne manevi öğretmenini kıskanmalı

Benlik İdraki Bilimi

ne de onun herhangi biri olduğunu düşünmemelidir çünkü manevi öğretmen tüm yarı tanrıların toplamıdır." Bu, Tanrı'nın Kendisi ile kimliklendirilen *ācārya*dır. O'nun geçici dünyanın günlük işleriyle yapacağı hiçbir şey olmaz. O, buraya geçici ihtiyaçlara karışmak için değil, düşmüş koşullu ruhları yani bu maddi dünyaya zihninin keyif alma güdüsüyle ve beş duyu organının algısıyla gelen canlı varlıkları özgürlüğe kavuşturmak için inmiştir. O, *Vedaların* ışığını göstermek ve hayat yolculuğumuzun her adımında özlem duymamız gereken, tam olgunlaşmış özgürlüğün kutsamalarını vermek için karşımıza çıkar. *Vedaların* transandantal bilgisi ilk önce Rab tarafından bu evrenin yaratıcısı Brahmā'ya anlatılmıştır. Bilgi, Brahmā'dan Naradā'ya aktarılmış, Naradā'dan Vyāsadeva'ya, Vyāsadeva'dan Madhva'ya ve *guru*lar zinciri uygulamasıyla, transandantal bilgi, Śrī Īśvara Purī'nin varisi ve bir adanan kılığına girmiş olan Rab Gaurāṅga yani Śrī Kṛṣṇa Caitanya'ya kadar bir öğrenciden diğerine aktarılarak ulaşmıştır. Günümüzdeki Ācāryadeva, Śrī Rūpa Gosvāmī'den sonra onuncu zincirin halkası olan, bütünüyle bu transandantal geleneği yayan Rab Caitanya'nın orijinal temsilcisidir. *Gurudeva*mızdan aldığımız bilginin Tanrı'nın kendi öğretilerinden bir farkı yoktur ve *ācārya*ların zinciri Brahmā'nın öğreti zincirindedir. Bu hayırlı günü büyük mutlulukla Śrī Vyāsa-pūjā-tithi olarak anıyoruz, çünkü *Ācārya Vedaların, Purānaların, Bhagavad-gītā'nın, Mahābhārata* ve *Śrīmad-Bhāgavatam*'ın ilahi derleyicisi olan Vyāsadeva'nın yaşayan temsilcisidir.

İlahi sesi ya da *śabda-brahma*yı, mükemmel olmayan duyu algılarıyla yorumlayan kişi gerçek spiritüel *guru* olamaz, çünkü yorumcunun, yetkin bir *ācārya*nın gerekli disiplin eğitimi eksikliğinde, *Māyāvādīler*in yaptığı gibi Vyāsadeva'dan ayrılacağı şüphesizdir. Śrīla Vyāsadeva Vedik öğretinin ilk otoritesidir ve bu sebepten dolayı konu ile ilgisi olmayan yorumcu, maddi bilginin tüm hünerleriyle ne kadar donatılmış olursa olsun bir *guru* veya *ācārya* olarak kabul edilemez. *Padma Purāṇa*'da söylendiği üzere:

sampradāya-vihīnā ye
mantrās te niṣphalā matāḥ

100

"*Guru*lar zincirine ait, gerçek bir manevi öğretmen tarafından inisiye edilmeden, almış olduğunuz *mantra*nın hiçbir etkisi yoktur." Diğer taraftan, transandantal bilgiyi *guru*lar zincirindeki gerçek bir öğretmenden duyarak alan ve gerçek *ācārya*ya içten, samimi bir gözle bakan kişi *Vedaların* ifşa olan bilgisiyle aydınlatılmalıdır. Ancak bu bilgi deneysel çalışma yanlısı olanların kavrama yaklaşımlarına kalıcı olarak mühürlenmiştir. *Śvetāśvatara Upaniṣad* (6.23)'da söylendiği gibi:

> *yasya deve parā bhaktir*
> *yathā deve tathā gurau*
> *tasyaite kathitā hy arthāḥ*
> *prakāśante mahātmanaḥ*

"Vedik bilgi, sadece hem Tanrı'ya, hem de manevi öğretmene tam inancı olan yüce ruhlara, tüm anlamıyla kendini ifşa edecektir."

Beyler, bizim bilgimiz çok zayıf, duyularımız noksan ve kaynaklarımız o kadar kısıtlıdır ki, Vyāsadeva'nın lotus ayaklarına veya onun gerçek temsilcisine kendimizi teslim etmeden, mutlak diyarın önemsiz bilgisine bile sahip olmamız mümkün değildir. Her an kendi direk algı yetimizin bilgileriyle aldanmaktayız. Bunların tümü aldatıcı, değişken ve titrek olan zihnimizin yaratması ve uydurmasıdır. Kendi sınırlı, çarpıtılmış deney ve gözlem metotlarımızla transandantal diyar hakkında hiçbir şey bilemeyiz. Ancak hepimiz, Śrī Gurudeva veya Śrī Vyāsadeva'nın katışıksız aracılığı yoluyla bu yerden dinleme yoluyla aktarılan transandantal sese kulak verebiliriz. Beyler, böylece, bugün itaatsiz davranışlarımızla yetişmiş tüm farklılığımızı elemek için, kendimizi Śrī Vyāsadeva'nın temsilcisine teslim edelim. *Śrī Gītā* (4.34)'da söylendiğine göre:

> *tad viddhi praṇipātena*
> *paripraśnena sevayā*
> *upadekṣyanti te jñānaṁ*
> *jñāninas tattva-darśinaḥ*

"Sadece bilge ve yetkin bir manevi öğretmene yaklaş. İlk olarak ona teslim ol, sorgulayarak ve hizmet ederek onu anlamaya çalış. Böyle bilge bir manevi öğretmen zaten Mutlak Gerçek'i bildiği için, seni transandantal bilgi ile aydınlatacaktır."

Transandantal bilgiyi almak için hevesli sorgulama ve hizmet etme ruhuyla gerçek bir *ācārya*ya kendimizi teslim etmeliyiz. *Ācārya*nın rehberliği altında Mutlak Olan'a hizmetin gerçek göstergesi, transandantal bilgiyi özümseyebilmemiz için tek araçtır. Alçakgönüllü hizmetlerimizi ve saygılarımızı Ācāryadeva'nın ayaklarına sunmak için düzenlenen bugünkü toplantı, hiçbir ayrım yapmaksızın tüm insanlara merhametle aktarılan bu transandantal bilgiyi özümseyebilmemiz için ihtiyacımız olan kapasiteyi sağlayacaktır.

Beyler, bizler öyle ya da böyle geçmiş Hindistan medeniyeti ile gurur duymaktayız ancak aslında bu toplumun gerçek doğasını bilmiyoruz. Şu anda bin kat daha büyük olan maddi geçmiş medeniyetimizle gurur duyamayız. *Kali-yuga*, karanlık çağına geçtiğimiz söyleniyor. Karanlık nedir? Karanlık, maddi bilgide geri kalmışlıktan dolayı olamaz, çünkü ona eskiden olduğundan daha fazla sahibiz. Biz kendimiz olmasak bile, komşularımız buna herhangi bir oranda bolca sahipler. Bu sebepten, bu çağın karanlığının maddi ilerleme eksikliğinden dolayı değil de insan yaşamının başlıca ihtiyacı ve en yüksek insan toplumunun ölçü değeri olan spiritüel ilerleme hakkındaki fikirlerimizi kaybetmemize bağlı olduğu sonucuna varmalıyız. Uçaklardan aşağı bombalar atmak, ilkel toplumların tepelerden düşmanın başına büyük taşlar atmasından daha ileri bir uygarlık seviyesi değildir. Komşularımızı silahlarla ve zehirli gazlarla öldürme sanatında ilerleme, ok ve yaylarla öldürme sanatıyla gurur duyan ilkel barbarlıktan kesinlikle ileri değildir. Ne de pohpohlanmış bencilliğin sezgisini geliştirmek, zeki hayvanlıktan daha fazlasını ispat eder. Gerçek insan medeniyeti bu aşamalardan çok farklıdır ve bu sebepten *Kaṭha Upaniṣad* (1.3.14)'te çarpıcı bir çağrı vardır:

> *uttiṣṭhata jāgrata*
> *prāpya varān nibodhata*
> *kṣurasya dhārā niśitā duratyayā*
> *durgaṁ pathas tat kavayo vadanti*

Spiritüel Öğretmen Seçmek

"Lütfen uyan ve şimdi yaşamın bu insan formuna sahip olmanın nimeti anlamaya çalış. Spiritüel farkındalık yolu çok zordur; bir ustura kadar keskindir. Bilgili transandantal alimlerin düşüncesi budur."

Böylece diğerleri tarihsel dikkatsizliğin henüz rahmindeyken, Hindistan'ın bilgeleri kendilerini tanıyabilen farklı bir çeşit medeniyet geliştirmişlerdi. Bu maddi canlılar olmadığımızı, hepimizin spiritüel, ebedi ve Mutlak'ın yok edilemez hizmetkarları olduğumuzu keşfetmişlerdi.

Ancak, daha iyi olan yargımıza karşı gelerek, kendimizi tamamıyla şu anki maddi varlığımızla kimliklendirmeyi seçtiğimiz için, kaçınılmaz doğum ve ölüm ve bunların getirisi olan hastalık ve endişe ile beraber acılarımız çoğaldı. Bu acılar, maddi mutluluğun hiçbir getirisiyle hafifletilemez çünkü madde ve ruh birbirinden tamamen ayrı elementlerdir. Bu tıpkı suda yaşayan bir canlıyı sudan alarak karaya koyup, ona toprakta sağlanabilecek en mutlu ortamı hazırlamaya benzer. Hayvanın ölümcül acıları, o yabancı ortamdan çıkana kadar dindirilemez. Ruh ve madde birbirine tamamen zıt şeylerdir. Hepimiz spiritüel varlıklarız. Günlük işlerle ne kadar mücadele edersek edelim, doğuştan hakkımız olan mükemmel mutluluğu yakalayamayız. Mükemmel mutluluğa sadece, spiritüel oluşumumuzun doğal durumuna yeniden döndüğümüz zaman sahip olabiliriz. Bu antik Hindistan medeniyetimizin benzersiz mesajıdır, bu *Gītā*'nın mesajıdır, bu *Vedalar*ın ve *Purāṇalar*ın mesajıdır ve bu Rab Caitanya'nın zincirinden olan, şu an ki Ācāryadeva'mızı da dahil eden gerçek *ācāryalar*ın mesajıdır.

Beyler, Ācāryadeva'mızın, Oṃ Viṣṇupāda Paramahaṃsa Parivrājakācārya Śrī Śrīmad Bhaktisiddhānta Sarasvatī Gosvāmī Mahārāja'nın, ilham veren mesajlarını, yarım da olsa anlama imkânı onun lütfu tarafından bize sağlandığı için, kutsal dudaklarından dökülen ilahi mesajın insanlığın acısına merhem olduğunu kesin olarak fark ettiğimizi itiraf etmeliyiz. Hepimiz onu sabırla dinlemeliyiz. Eğer gereksizce direnmeden transandantal sesi dinlersek, bize karşı merhametli olacaktır. *Ācārya*nın mesajı bizi orijinal evimize yani Tanrı'ya geri götürür. Tekrar etmeme izin verin! Öyleyse, onu sabırla dinlemeliyiz, onu ikna olduğumuz ölçüde takip etmeliyiz ve bizi şu andaki Mutlak'a ve diğer ruhlara hizmetteki nedensiz isteksizliğimizden kurtarması için onun lotus ayaklarına sığınmalıyız.

Gītā'dan, bedenin yok olmasından sonra bile, *ātmā* veya ruhun yok olmadığını öğreniyoruz; o her zaman yeni ve taze olarak aynı kalır. Ateş onu yakamaz, su onu çözemez, hava onu kurutamaz ve kılıç onu öldüremez. O, ebedi ve ölümsüzdür ve *Śrīmad-Bhāgavatam* [10.84.13]'da onaylanmıştır:

> *yasyātma-buddhiḥ kuṇape tri-dhātuke*
> *sva-dhīḥ kalatrādiṣu bhauma ijya-dhīḥ*
> *yat-tīrtha-buddhiḥ salile na karhicij*
> *janeṣv abhijñeṣu sa eva go-kharaḥ*

"Üç elementten (safra, mukus ve hava) oluşan bu bedensel torbayı kendisi olarak kabul eden, karısı ve çocuklarıyla olan yakın ilişkiye sevgi duyan, toprağını tapılası gören, kutsal yerlerin sularında yıkanan ama gerçek bilgiye sahip olan kişilerden yararlanmayan kimse bir eşekten ya da bir inekten daha ileri değildir."

Ne yazık ki, bu günlerde hepimiz, gerçek konforumuzu reddederek ve kendimizi maddi kafesle tanımlayarak çılgına döndük., tüm enerjimizi maddi kafesin anlamsız korunmasına odaklayarak içindeki esir ruhu tamamen reddettik. Kafes kuşun serbest kalması niyetiyle yapıldı; kuş kafesin refahı için yapılmadı. Bunu derinlemesine göz önünde bulunduralım. Tüm aktivitelerimiz şu anda kafesin bakımına çevrildi ve zihni en fazla sanat ve biraz edebiyatla beslemeye çalışıyoruz. Ancak bu zihnin gözle görülmez bir yapının yine maddi bir biçimi olduğunu bilmiyoruz. Bu *Gītā* [7.4]'te şöyle yer alır:

> *bhūmir āpo 'nalo vāyuḥ*
> *kham mano buddhir eva ca*
> *ahaṅkāra itīyam me*
> *bhinnā prakṛtir aṣṭadhā*

"Toprak, ateş, su, hava, gökyüzü, zekâ, zihin ve ego, hepsi Benim ayrılmış enerjilerimdir."

Beden ve zihinden ayrılan ruhu kıt kanaat beslemekteyiz ve böylece kelimenin tam anlamıyla intihar etmekteyiz. Ācāryadeva'nın mesajı bizi, bu gibi yanlış faaliyetleri durdurmamız için uyarmaktadır. Öyleyse, bize bahşettiği katışıksız merhameti ve iyiliği için onun lotus ayaklarına eğilelim. Beyler, Gurudeva'nın modern medeniyeti tümüyle frenlemek istediğini bir an bile aklınızdan geçirmeyin, bu mümkün değildir. Ancak, ondan, bu işten en karlı nasıl çıkılır onu öğrenelim ve gerçek bilincin gelişimi için uygun olan bu insan formunun önemini anlayalım. Bu ender insan yaşamını en iyi şekilde kullanımı ihmal edilmemelidir. *Śrīmad-Bhāgavatam* (11.9.29)'da söylendiği gibi:

labdhvā sudurlabham idaṃ bahu-sambhavānte
mānuṣyam arthadam anityam apīha dhīraḥ
tūrṇaṃ yateta na pated anu mṛtyu yāvan
niḥśreyasāya viṣayaḥ khalu sarvataḥ syāt

"Bu insan formundaki yaşam birçok doğum ve ölümden sonra elde edildi ve kalıcı olmasa bile size en yüce faydaları sağlayabilir. Öyleyse aklı başında, zeki bir kişi görevini hemen tamamlamalı ve ölmeden önce hayatın en yüksek kazancına erişmelidir. Her durumda mümkün olan duyu tatmininden kaçınmalıdır."

Umutsuz bir kovalama içinde maddi keyif için, diğer bir deyişle sadece yemek, uyku, korku ve duyusal faaliyetlerin uğruna bu hayatı kötüye kullanmayalım. Ācāryadeva'nın mesajı Śrī Rūpa Gosvāmī (*Bhakti-rasāmṛta-sindhu* 1.2.255–256)'nin sözlerinden aktarılmıştır:

anāsaktasya viṣayān
yathārham upayuñjataḥ
nirbandhaḥ kṛṣṇa-sambandhe
yuktaṃ vairāgyam ucyate

prapañcikatayā buddhyā
hari-sambandhi-vastunaḥ
mumukṣubhiḥ parityāgo
vairāgyaṃ phalgu kathyate

"Eğer kişi Kṛṣṇa bilincine göre yaşıyorsa, hayatını bütünüyle feragat etme düzeni üstüne kurmuş olduğu söylenir. O, duyu memnuniyetine bağımlı olmamalı ve bedenin sadece bakımı için gerekli olanı kabul etmelidir. Diğer taraftan, maddi olması nedenini ileri sürerek Kṛṣṇa'nın hizmetinde kullanılabilen şeylerden feragat eden kişi, bütünüyle feragat prensibini uygulamıyor demektir.

Bu *ślokaların* anlamı hayatın hayvani kısmı geliştirildiğinde değil, sadece mantık ve akıl ile ilgili kısmı geliştirildiğinde anlaşılabilir.

Ācāryadeva'nın dizi dibinde oturarak, ne olduğumuzu, bu evrenin ne olduğunu, Tanrı'nın ne olduğunu ve O'nunla ilişkimizin ne olduğunu, bu bilginin transandantal kaynağını anlayalım. Rab Caitanya'nın mesajı yaşayan canlılar için ve yaşayan dünya için bir mesajdır. Rab Caitanya bu cansız dünyanın, daha uygun ismiyle Martualoka'nın, yani her şeyin ölmeye mahkûm olduğu bu dünyanın iyileşmesi için çaba sarf etmedi. Dört yüz elli yıl önce bize transandantal, her şeyin kalıcı olduğu ve Mutlak'ın hizmeti için var olduğu evrenle ilgili bir şey anlatmak için karşımıza çıktı. Ancak son zamanlarda Rab Caitanya bazı düzenbaz kişiler tarafından yanlış sunulmakta ve Rabb'in yüce felsefesi en aşağı şekilde yaşayan toplum kesiminin kültürü olarak lanse edilmektedir. Bu akşam anons etmekten mutluluk duyarız ki Ācāryadeva'mızın her zamanki merhametiyle, bizi bu korkunç küçük düşürülmeden kurtarmış olduğu için onun lotus ayaklarına bütün alçak gönüllüğümüzle eğiliyoruz.

Beyler, Tanrı'nın Yüce Şahsiyeti'ni basitçe gayri şahsi özelliklerle tanımak, O'nu duyuları, biçimi, aktiviteleri, başı, ayakları ve keyfi olmadığını öne sürerek değerini düşürmek günümüzün kültürlü (veya kültürsüz) toplumunun bir tutkusu haline gelmiştir. Bu da uygun rehberi ve spiritüel boyutla ilgili iç gözlemi eksik olduğu için modern akademisyenlerin eğlencesi olmuştur. Tüm deneysel çalışma yanlıları şöyle düşünür: tüm keyif alınan şeyler insanlık tarafından, ya da sadece belli bir sınıf tarafından tekelleştirilmeli ve gayri şahsi Tanrı onların tuhaf başarılarının karşısında bir sipariş ulaştırıcısı olmalıdır. Śrī Śrīmad Paramahaṃsa Parivrājakācārya Bhaktisiddhānta Sarasvatī Gosvāmī Mahārāja'nın sayesinde bu korkunç hastalıktan kurtulduğumuz için mutluyuz. O, bizim gözlerimizi açan ebedi babamız, ebedi öğretmenimiz ve ebedi rehberimizdir. Öyleyse, bu güzel günde onun lotus ayaklarına eğilelim.

Beyler, Yüce'nin bilgisine sahip cahil çocuklar gibi olsak bile, Kutsal Lütfu ile Gurudevam, yine de deneyci görüş bilgisinin yenilmez karanlığını dağıtmak için içimizde küçük bir ateş yaktı. Şimdi deneysel düşünce yanlısı düşünce okulları tarafından yapılan felsefi tartışmaların, bizi Kutsal Lütuf'un ayağına olan sonsuz bağlılık yolumuzdan bir santim bile çeviremeyeceği güvenli tarafta bulunuyoruz. Bunun da ötesinde Māyāvāda okullarının en bilgili alimlerine meydan okumak ve Tanrı'nın Yüce Şahsiyeti'ni ve sadece O'nun Goloka'daki transandantal oyunlarını içeren *Vedalar*ın ilham veren bilgisini ispat etmek için hazırız. *Chāndogya Upaniṣad* (8.13.1)'da bunun açık işaretleri vardır:

śyāmāc chavalaṃ prapadye
śavalāc chyāmaṃ prapadye

"Kṛṣṇa'nın merhametini almak için, O'nun enerjisine (Rādhā'ya) teslim olurum ve Kṛṣṇa'nın enerjisinin merhametini almak için de Kṛṣṇa'ya teslim olurum." Ayrıca, *Ṛg Veda*'da [1.22.20]:

tad viṣṇoḥ paramaṃ padaṃ
sadā paśyanti sūrayaḥ
divīva cakṣur ātataṃ
viṣṇor yat paramaṃ padam

"Rab Viṣṇu'nun lotus ayakları tüm yarı tanrıların en yüksek hedefidir. Rabb'in lotus ayakları, gökyüzündeki güneş kadar aydınlatıcıdır."

Deneysel düşünce okullarının en güçlü bilginleri tarafından anlaşılmayan veya kuşku duyulan, *Vedalar*ın ana dersi olan sade gerçek, *Gītā*'da çarpıcı bir şekilde açıklanmıştır. Burada Śrī Vyāsa-pūjā'nın sırrı yatar. Mutlak Tanrı'nın transandantal oyunları üzerine meditasyon yaptığımızda, O'nun ebedi hizmetkarları olduğumuzu hissetmekten gurur duyarız ve mutlulukla dolup neşeyle dans ederiz. Tüm yücelikler kutsal öğretmenime! İçimizdeki böyle bir ebedi varlığı, tükenmez merhamet seliyle harekete geçirdiği için… Lotus ayaklarına eğilelim.

Benlik İdraki Bilimi

Beyler, o bizi bu kaba dünyevi saplantıdan kurtarmak için karşımıza çıkmadan önce şüphesiz karanlıkta çaresiz esaret içinde ve asırlar boyunca kalmış olmalıyız. O karşımıza çıkmamış olsaydı Rab Caitanya'nın yüce öğretisinin sonsuz gerçeklerini anlayamayacaktık. Karşımıza çıkmamış olsaydı, *Brahmā-saṃhitā*'nın ilk *śloka*sının önemini bilemeyecektik:

> *īśvaraḥ paramaḥ kṛṣṇaḥ*
> *sac-cid-ānanda-vigrahaḥ*
> *anādir ādir govindaḥ*
> *sarva-kāraṇa-kāraṇam*

"Govinda olarak bilinen Kṛṣṇa, Yüce Tanrı'dır. O ebedi, saadet dolu, spiritüel bir bedene sahiptir. O her şeyin kaynağıdır. O'nun kaynağı yoktur. O tüm sebeplerin başlıca sebebidir."

Şahsen, bu hayatımdan sonra gelecek onmilyonlarca doğumum için direk hizmetimden hiç umudum yok, ancak şundan eminim ki bir gün bu içine batmış olduğum çamurlu aldatmacadan kurtulacağım. Tüm açık yürekliliğim ve samimiyetimle İlahi üstadımın lotus ayaklarına, geçmişteki yanlışlarım için kaderimde ne kadar yazılıysa o kadar acıyı çekmeme izin vermesi, aynı zamanda da bana şunu hatırlama gücünü vermesi için dua ediyorum. Ben, ilahi öğretmenimin bitmek bilmez merhameti sayesinde fark edilen, Her şeye kadir olan Mutlak Tanrı'nın küçük bir hizmetkarından başka bir şey değilim. Öyleyse bütün alçakgönüllülüğümle onun lotus ayaklarına eğilmeme izin verin.

3. Bölüm

Kültürel Geçmişe Bakmak

Hindistan'ın En Büyük Gayri Şahsiyetçisi Rab Kṛṣṇa'ya ve Bhagavad-gītā'ya Meditasyon Yaptı

Śrīla Prabhupāda, Bhagavad-gītā üzerine bu yorumunda gayri şahsiyetçi yogī ve svāmīleri, öğretmen Śaṅkara'nın dokuzuncu yüzyıldaki sözde takipçilerini azarlıyor: "Aptallar meleklerin yürümekten korktuğu yerde koşar. Halbuki en büyük gayri şahsiyetçi olan Śaṅkarācārya hak edilen saygıyı, Kṛṣṇa'ya ve Bhagavad-gītā'ya gösterir. Budalalar ise "şahıs Kṛṣṇa'ya teslim olmamıza gerek yok" der."

– 1 –

Ey Bhagavad-gītā,
On sekiz bölümünde baştanbaşa
Sen insanoğluna
Sonsuz nektarı
Mutlak'ın bilgeliğini
Yağdırdın.
Ey kutsal Gītā,
Seninle, Yüce Kṛṣṇa bizzat
Arjuna'yı aydınlattı.
Sonra, eski bilge Vyāsa
Seni Māhābhārata'ya ekledi.
Ey sevgili anne,
İnsanoğlunun bu fani dünyanın karanlığında
tekrar doğumunu yok edene,
Sana meditasyon yapıyorum.

111

– 2 –

Sana selamlar olsun, Ey Vyāsa.
Senin kudretli zekâ sanatın,
Ve tamamen açılmış
Lotus taç yaprakları
Kadar geniş gözlerin.
Mahābhārata yağıyla doldurarak,
Bu ilim fenerini aydınlatan
Sendin.

AÇIKLAMA

Śrīpāda Śaṅkarācārya materyalist bakış açısından bir gayri şahsiyetçiydi. Fakat asla maddi yaradılıştan önce oluşmuş *sac-cid-ānanda-vigraha* veya ebedi, bilginin tüm saadeti olarak bilinen spiritüel sureti reddetmemişti. Yüce Brahman hakkında gayri şahsi olarak konuştuğunda O'nun *sac-cid-ānanda* suretinin maddi anlamdaki bir şahsiyet kavramıyla karıştırılmadığını kastetti. *Gītā* ile ilgili yorumunun en başında Nārāyaṇa'nın, yani Yüce Rabb'in transandantal olduğu, maddi yaradılışa aşkın olduğunu söylemiştir. Tanrı yaradılıştan önce transandantal şahsiyet olarak vardı ve maddi şahsiyet ile bir alakası yoktu. Rab Kṛṣṇa, aynı Yüce Şahsiyet'tir ve maddi bedenle bir bağlantısı yoktu. O kendi spiritüel ebedi suretiyle iner, fakat budala kimseler O'nun bedeninin bizimki gibi olduğu hatasına düşerler. Śaṅkara'nın gayri şahsiyetçilik öğretisi özellikle Kṛṣṇa'yı sıradan bir insan gibi maddeden ibaret olduğunu düşünen aptallar içindi.

Gītā eğer maddi bir insan tarafından anlatılmış olsaydı, kimse onu okumakla ilgilenmezdi ve kesinlikle Vyāsadeva onu *Mahābhārata*'nın tarihine katmakla uğraşmazdı. Yukarıdaki dizelere göre, *Mahābhārata* eski dünyanın tarihi ve Vyāsadeva da bu büyük destanın yazarıdır. *Bhagavad-Gītā*, Kṛṣṇa'yla özdeştir ve Kṛṣṇa, Tanrı'nın Mutlak Yüce Şahsiyeti olduğu için Kṛṣṇa ile O'nun kelimeleri arasında fark yoktur. Bu yüzden her ikisi de mutlak olduğundan *Bhagavad-Gītā*, Rab Kṛṣṇa'nın Kendisi kadar ibadete değerdir. Özgün *Bhagavad-Gītā*'yı duyan biri, aslında direk olarak Rabb'in lotus dudaklarından çıkan sözleri duyar. Lakin talihsiz kişiler *Gītā*'nın spekülasyon ve meditasyonla Tanrı'yı bulmaya çalışan modern insan için fazla modası geçmiş olduğunu söyler.

– 3 –

Seni selamlıyorum, Ey Kṛṣṇa,
Okyanusta doğan Lakṣmi'nin
Ve senin lotus ayaklarına
Sığınan herkesin
Barınağısın.
Sen gerçekten
Adanan için
Bir dilek ağacısın.
İnekleri gütmek için
Bir el asa tutar
Ve diğer el havadadır –
Ve baş parmak
İlahi bilgiyi göstererek
İşaret parmağının ucuna değer.
Gītā'nın çok lezzetli sütünü
Sağdığın için
Ey Yüce Rab, Sana selamlar olsun.

AÇIKLAMA

Śrīpāda Śaṅkarācārya açıkça söyler, "Sizi budalalar, sadece Govinda'ya ibadet edin, *Bhagavad-gītā* Nārāyaṇa'nın kendisi tarafından anlatılmıştır" hala ahmak kimseler Nārāyaṇa'yı bulmak için kendi araştırma çalışmalarını sürdürmektedirler. Sonuç olarak onlar zavallı kimseler ve zamanlarını boşa harcıyorlar. Nārāyaṇa asla ne zavallıdır ne de *daridra*; daha ziyade O'na tüm canlılar gibi, talih tanrıçası Lakṣmi de ibadet eder. Śaṅkara kendisini "Brahman" olarak ilan etmişti fakat Nārāyaṇa'yı veya Kṛṣṇa'yı tüm maddi oluşumun üzerinde olan Yüce Şahsiyet olarak kabul etmişti. Hürmetlerini Kṛṣṇa'ya Yüce Brahman veya Parabrahman olarak sunmuştu, çünkü O,

113

Kṛṣṇa herkes tarafından ibadet edilendir. Sadece *Bhagavad-gītā*'nın ne olduğunu anlayamayan budalalar buna rağmen onun üzerine yorumlar yapmaktalar ama Kṛṣṇa'nın düşmanları *Bhagavad-gītā*'yı anlayamazlar ve şöyle söylerler *"Kendimizi tamamen teslim etmemiz gereken şahıs Kṛṣṇa değil, ancak, Kṛṣṇa aracılığı ile konuşan, doğmamış, başlangıcı olmayan, Ebedi olandır."* Aptallar meleklerin yürümekten korktuğu yerde koşar. Halbuki en büyük gayri şahsiyetçi olan Śaṅkarācārya, hak edilen saygıyı Kṛṣṇa'ya ve *Bhagavad-gītā*'ya gösterir. Budalalar ise "şahıs Kṛṣṇa'ya teslim olmamıza gerek yok" der. Böyle aydınlanmamış insanlar, Kṛṣṇa'nın mutlak olduğu ve O'nun içiyle dışı arasında bir fark olmadığını bilmezler. İçi ve dışı arasındaki fark, ikilikler içeren, maddi dünyada yaşanır. Mutlak dünyada ise böyle bir ayrım yoktur çünkü mutlağın içinde her şey spiritüeldir (*sac-cid-ānanda*) ve Nārāyaṇa ya da Kṛṣṇa mutlak dünyaya aittir. Mutlak dünyada sadece gerçek şahsiyet bulunmaktadır ve bedeni ile ruhu arasında hiçbir fark yoktur.

$$- 4 -$$

Upaniṣadlar
Bir inek sürüsü gibidir,
Rab Kṛṣṇa, bir çobanın oğlu ve
Onların sütünü sağan kişidir,,
Arjuna bir buzağı,
Gītā'nın yüce nektarı
ise süt
Ve arınmış zekaya sahip
Bilge kişi
Sütü içendir.

AÇIKLAMA
Kişi spiritüel çeşitliliği anlamadıkça, Rabb'in transandantal oyunlarını anlayamaz. *Brahma-saṃhitā*'da, Kṛṣṇa'nın isminin, suretinin, niteliğinin, oyunlarının, çevresinin ve eşyalarının hepsinin *ānanda-cinmaya-rasa* olduğu söylenir; kısaca O'nun transandantal beraberliğinin her şeyi spiritüel mutluluk, bilgi ve ebediyetle aynı

bileşimdedir. Her şeyin bir sonu olan maddi dünyanın aksine, O'nun isminin, suretinin, vs.nin, bir sonu yoktur. Vasudeva'nın oğlu ve Devakī'nin hazzı olan O'na, O'nun ineklerine ve O'nun oyunlarına ibadet eden en büyük gayri şahsiyetçi Śaṅkara iken, *Bhagavad-gītā*'da belirtildiği gibi sadece ahmaklar O'nunla alay ederler.

– 5 –

Sen Vasudeva'nın oğlu,
Kaṃsa ve Cāṇūra iblislerini yok eden,
Devakī Ana'nın yüce neşesi,
Ey Sen, Evrenin gurusu,
Tüm Dünyaların öğretmeni,
Ey Kṛṣṇa,
Sana Selamlar olsun

AÇIKLAMA
Śaṅkara, O'nu Vasudeva ve Devakī'nin oğlu olarak tarif eder. O sıradan maddi bir insana ibadet ettiğini ifade ediyor mu? O, Kṛṣṇa'nın doğumu ve faaliyetlerinin doğaüstü olduğunu bildiğinden dolayı O'na ibadet ediyor. *Bhagavad-gītā*'da [4.9] belirtildiğine göre, Kṛṣṇa'nın doğumu ve aktiviteleri akıl ermez ve transandantaldır ve bu sebepten sadece Kṛṣṇa'nın adananları onları kusursuzca bilebilir. Śaṅkara, Kṛṣṇa'yı Devakī ve Vasudeva'nın oğlu olan sıradan bir kişi olarak kabul edecek ve aynı zamanda O'na tüm adanma hizmetlerini sunacak kadar budala biri değildi. *Bhagavad-gītā*'ya göre bir kimse sadece Kṛṣṇa'nın doğumunu ve O'nun aktivitelerini bilerek Kṛṣṇa'nınki gibi bir spiritüel suret elde etmeyle özgürlüğe ulaşabilir. Beş çeşit özgürlük mevcuttur. Kişi, gayrişahsi Brahman ışığı olarak bilinen Kṛṣṇa'nın aurasına karışır, tam olarak bir spiritüel beden geliştirmez. Fakat spiritüel oluşumunu tam olarak geliştiren kişi Nārāyaṇa veya Kṛṣṇa'nın farklı spiritüel ikametinde onunla birlikte olur. Nārāyaṇa'nın meskenine giriş yapan kişi Nārāyaṇa'nınki ile tamamen aynı (dört kollu) spiritüel bir suret geliştirir ve en yüksek spiritüel mekâna, Goloka Vṛndāvana olarak bilinen Kṛṣṇa'nın mekanına giriş yapan kişi, Kṛṣṇa'ya benzer iki kollu

spiritüel bir suret geliştirir. Śaṅkara, tüm bu spiritüel oluşumları bilen Yüce Śiva'nın bir enkarnasyonuydu, fakat Buddist takipçilerinin spiritüel dünyayı anlamaları imkânsız olduğundan dolayı bunu açıklamadı. Yüce Buddha boşluğun nihai hedef olduğunu yaygınlaştırmıştı, takipçilerinin spiritüel çeşitliliği anlamaları nasıl mümkün olabilirdi? Bundan dolayı, Śaṅkara şunu söylemiştir; *brahma satyaṃ jagan mithyā*, yani maddi çeşitlilik sahte, fakat spiritüel çeşitlik gerçektir. *Padma Purāṇa*'da, Yüce Śiva *Kali-yuga* çağında Buddha'nın "boşluk" felsefesinin bir başka yayılımı olan *māyā* veya yanılgı felsefesini öğretmiş olduğunu kabul etmiştir. Bunu belirli sebeplerden dolayı Tanrı'nın emri olarak yapmak zorundaydı. İnsanlara kelime oyunları ve gramer hileleriyle birleşmiş olan basit zihinsel tahminlerle kimse kurtarılamayacağından Kṛṣṇa'ya ibadet etmesini hatırlatarak, gerçek düşüncesini açığa vurdu. Śaṅkara'nın sonraki öğretisi:

bhaja govindaṃ bhaja govindaṃ
bhaja govindaṃ mūḍha-mate
samprāpte sannihite kālena
hi na hi rakṣati ḍukṛñ-karaṇe

"Sizi entelektüel budalalar, sadece Govinda'ya ibadet edin, sadece Govinda'ya ibadet edin, sadece Govinda'ya ibadet edin. Dilbilgisi bilginiz ve kelime cambazlığınız ölüm anında sizi kurtarmayacaktır."

– 6 –

Kurukṣetra savaş alanının
Korkunç nehrinin üzerinden
Pāṇḍavalar zaferle geçtiler,
Bhiṣma ve Droṇa yüksek birer set,
Jayadratha nehrin suyu,
Gāndhāra Kralı bir mavi su zambağı,
Śalya bir köpekbalığı, Kṛpa bir akıntı,
Karṇa zorlu dalgalar,
Aśvatthāmā ve Vikarṇa korkunç timsahlar,

Kültürel Geçmişe Bakmak

Ve Duryodhana çok büyük bir girdaptı
Ey Kṛṣṇa fakat Sen, kaptandın!

– 7 –

Vyāsa'nın kelimelerinin
Sularında yetişen
Lekesiz Mahābhārata lotusu
Ve Bhagavad-Gītā'nın
Dayanılmaz tatlı kokusu
Ve onun kahramanlarının hikayeleri
Kali-Yuga'nın
Günahlarını yok eden
Rab Hari'nin sözleriyle
Taç yaprakları tamamıyla açıldı
Ve günlük ışığı üzerinde olan
Bir sürü arı gibi
Keyifle toplanan
Özünü arayan ruhlar
Bu Mahābhārata lotusu
Bize en yüce iyiyi bağışlasın.

– 8 –

Yüce Kṛṣṇa'ya Selamlar olsun,
Yüce büyük mutluluğun ifadesi
Lütfü ve merhametiyle
Dilsizi, etkili ve güzel sözcü yapan
Ve inanılmaz büyüklükteki dağları da
O'na selamlar olsun.

AÇIKLAMA

Budala varsayımcıların aptal takipçileri Rab Kṛṣṇa'ya selam sunma mutluluğunun ifadesini anlayamazlar. Śaṅkara bizzat Rab Kṛṣṇa'ya selamlarını sunmuştur, böylece onun bazı zeki takipçileri asıl gerçeği Rab Śiva'nın enkarnasyonu olan büyük ustalarını örnek alarak anlayabilirdi. Fakat birçok dik başlı takipçileri Rab Kṛṣṇa'ya selamlarını sunmayı reddetti ve *Bhagavad gītā*'ya materyalizm enjekte ederek masum insanları yanlış yönlendirdi, yorumlarıyla masum okuyucuların kafalarını karıştırdı ve sonuç olarak okuyucular asla tüm sebeplerin sebebi Rab Kṛṣṇa'ya selamlarını sunmayla yücelme fırsatına sahip olmadılar. Bu, *Gītā*'nın anlamını çarpıtarak Kṛṣṇa bilimi veya Kṛṣṇa bilinci hakkında insanları karanlıkta tutarak insanlığa yapılmış en kötü hizmettir.

– 9 –

Brahmā, Varuṇa, İndra,
Rudra, Marut ve tüm ilahi varlıkların
yaratıcısı parıldayan Yüce kişiye selamlar olsun
İlahilerle övülen,
Vedaların kıtalarıyla
Sāma şarkıcılarının söylediği
Ve yücelikleri söylenen
Ve Upaniṣadlarda
Koro halinde ilan eden,
Mükemmel meditasyonda
Yoğrulmuş zihinlerle
Yogīlerin gördüğü,
Ve sınırlarını bilmeyen
Tanrıların ve şeytanların
Tüm ev sahiplerine.
Tüm selamlar, O'na, Yüce Tanrı'ya, Kṛṣṇa'ya,
Selamlarımız O'na! Selamlarımız O'na! Selamlarımız O'na!

AÇIKLAMA
Śrīmad-Bhāgavatam'da alıntı olan, Śaṅkara'nın meditasyonunun dokuzuncu kıta parçasıyla Śaṅkara, Rab Kṛṣṇa'nın bir kimse tarafından ve hatta kendisi de dahil olmak üzere herkes tarafından ibadet edilir olduğunu vurgulamıştır. Burada materyalistlere, gayri şahsiyetçilere,

zihinsel spekülatörlere, "boşluk" filozoflarına ve diğer tüm maddi ıstırapların cezalandırılmasına maruz adaylara ipuçları vermektedir; Brahmā, Śiva, Varuṇa, İndra ve diğer yarı tanrılar tarafından ibadet edilen Rab Kṛṣṇa'ya sadece selamlarını sun. Burada Viṣṇu'dan bahsetmemiştir çünkü Viṣṇu, Kṛṣṇa ile özdeştir. *Vedalar* ve *Upaniṣadlar*, kişinin Kṛṣṇa'ya adanma yöntemlerini anlamak içindir. *Yogī*ler meditasyonla Kṛṣṇa'yı içlerinde görmeye çalışırlar. Diğer bir deyişle, bu nihai amacın nerede olduğunu bilmeyen tüm yarı tanrılar ve şeytanlar için Śaṅkara özellikle iblislere ve budalalara Kṛṣṇa'ya ve O'nun sözlerine *Bhagavad-Gītā*'ya, O'nun adımlarını takip ederek selamlarını sunmaları talimatını vermektedir. İblisler, sahte zihinsel spekülatörler veya göstermelik meditasyonlarla yanlış yönlendirdikleri takipçilerine ancak bu yolla fayda sağlayacaklardır. Śaṅkara direk olarak Kṛṣṇa'ya selamlarını sunuyor, ışığı arayan ahmaklara göstermek için ise işte burada güneş gibi ışık diyor. Fakat günahkâr iblisler baykuşun ışıktan korktuğu gibi gözlerini açamayacaklardır. Baykuşlar Kṛṣṇa'nın yüce ışığına, onun kelimelerine ve *Bhagavad-Gītā*'ya gözlerini asla açmayacaklar. Buna rağmen kapalı baykuş gözleriyle talihsiz okuyucularını ve takipçilerini yanlış yönlendirmek için *Gītā* üzerine yorumlar yapacaklardır.

Yine de Śaṅkara az zeki takipçilerini ışığa yönlendirdi ve *Bhagavad gītā*'yla birlikte ışığın tek kaynağının Kṛṣṇa olduğunu gösterdi. Tüm bunlar gerçeğin samimi arayıcılarına Rab Kṛṣṇa'ya selamlar sunmayı ve böylelikle O'na kaygısız teslim olmayı öğretmek içindir. Bu hayatın mükemmeliyetidir ve bilginin mekânı Hindistan'dan Buddha'nın hiçlik felsefesini uzaklaştıran öğretilerin sahibi, büyük bilge Śaṅkara'nın en yüksek öğretisiydi. *Oṃ tat sat.*

Kṛṣṇa Bilinci Gerçek Vedik Yoldur

Śrīla Prabhupāda, 11 Ocak 1970'te, Los Angeles Times'ta Kṛṣṇa bilinci hareketi üzerine bir makaleyi okuduktan sonra, Berkeley'deki California Üniversitesi Güney Asya Dilleri ve Felsefe profesörü Dr. J.F. Staal ile alışılmışın dışında bir mektuplaşma başlatır.

Los Angeles Times Makalesinden Alıntılar

"UC Berkeley'de Yakın Doğu Dilleri ve Felsefe Profesörü ve Hint felsefesi öğretmeni Dr. J.F. Staal, Kṛṣṇa bilinci otantik Hint dininin ve taraftarlarının samimi olduklarına inanıyor. Krişna bilincinin toplumda süratli yükselişi, bugünün genç nesildeki eğilimlerinin düzenli kilise ziyaretlerini reddederek aynı zamanda mistisizmde bir inancın tatmini için araştırdıklarını ortaya koymaktadır."

"Bununla birlikte, Hristiyanlık, Müslümanlık ve Musevilikten dönen kişilerin genellikle bu dinlerin kişisel ilahına olan inançlarını yitirdikleri ve şartsız mistik bir dini aradıklarını belirtiyor."

"Staal, "Kṛṣṇa Hareketi'ndeki bu insanlar Hinduizm'e döndüler, ancak tuhaf bir şekilde bu yüksek derecede şahsiyetçi bir tarikattır" dedi. 'Kişisel bir Tanrı, Kṛṣṇa'yı kabul ediyorlar ve bu Hristiyanlıkta da vardır. Onların kendilerindeki bazı Hristiyan geçmişlerini bir Hindu mezhebine döndürdüklerini düşünüyorum.'

"O, ayrıca bir felsefe geliştirmek için *mantra* söyleyerek çok fazla zaman harcadıklarını düşünüyor. Bu zeminde o ve diğer öğretim görevlileri, Berkeley tapınak başkanı Hans Kary tarafından kış dönemi boyunca verilecek, Kṛṣṇa bilinci deneysel kursu başvuru ricasını reddetmişlerdir."

Śrīla Prabhupāda'nın Los Angeles Times'a Mektubu

14 Ocak 1970
Editör
Los Angeles Times

Sayın Bayım,

Los Angeles Times'daki 11 Ocak 1970, Pazar tarihli "Kṛṣṇa Zikri" başlıklı makalenize istinaden, Hindu dininin mükemmel bir şekilde Tanrı'nın ya da Viṣṇu'nun şahsi kavramı üzerine kurulmuş olduğunun altının çizilmesini rica ediyorum. Tanrı'nın gayri şahsi kavramı ikincil bir konudur veya Tanrı'nın üç özelliğinden biridir. Mutlak Hakikat, sonuçta Tanrı'nın Yüce Şahsiyet'dir, Paramātmā kavramı O'nun her yerde bulunuşunun lokal yönüdür ve O'nun azametli ve ebedi yönü gayri şahsi kavramıdır. Fakat tüm bunların hep beraber birleşmesi Eksiksiz Bütün'ü oluşturur.

Dr. J.F. Staal ifadesinde Kṛṣṇa kültünün Hristiyanlık ve Hindu dininin bir kombinasyonu olduğunu ve eğer bir şey karıştırılarak üretilmişse bunun doğru olmadığını belirtiyor. Eğer Hristiyanlık, Müslümanlık veya Musevilik dinleri kişisel olsa bu oldukça hoş karşılanır. Fakat Kṛṣṇa dini Hristiyanlık, Müslümanlık ve Buddhizm dinleri henüz var olmadan çok çok önce şahsiyetçi bir din olarak mevcuttur. Vedik anlayışına göre, din temelde şahsi Tanrı tarafından O'nun kanunu olarak oluşturulmuştur. Din bir insan tarafından veya Tanrı'yı kabul eden üstün bir insan tarafından üretilemez. Din, yalnızca Tanrı'nın kanunlarıdır.

Ne yazık ki, bu ülkeye benden önce gelen *svāmī*ler, Tınrı'nın şahsi yönünün yeterli bilgisi olmadan, Tanrı'nın gayri şahsi yönünü belirtmişler. *Bhagavad-gītā*'da bu sebepten, sadece az zeki olan kişilerin Tanrı'nın orijinal olarak gayri şahsi yönünü göz önüne aldıklarını fakat O enkarne olduğunda bir formu da kabullendiklerini söylüyor. Kṛṣṇa felsefesi, bununla birlikte, *Vedalar*ın otoritesi, esas olarak Mutlak Hakikat olan Tanrı'nın Yüce Şahsiyeti üzerine kurulmuştur. O'nun mutlak yayılımı herkesin kalbinde, O'nun lokal yönü olarak var olur ve gayri şahsi Brahman her yere yayılan transandantal ışık ve ısıdır.

Bhagavad-gītā'da açıkça söylendiği gibi, Mutlak Hakikat'i

Benlik İdraki Bilimi

araştırmanın Vedik amacı şahıs olan Tanrı'yı bulmaktır. Mutlak Hakikat'in sadece Paramātmā veya Brahman olarak adlandırılan diğer özellikleri ile tatmin olan kişi zayıf bilgi birikimine sahip olarak değerlendirilir. Yakın zaman önce, bir Vedik edebiyatı olan *Śrī Īśopaniṣad*'ı yayınladık ve bu küçük kitapçıkta etraflıca bu konuyu tartıştık.

Hindu dini konusuyla ilgili olarak, Hindistan'da milyonlarca Kṛṣṇa tapınağı mevcuttur ve Kṛṣṇa'ya ibadet etmeyen bir tek Hindu bile bulunmamaktadır. Bu sebepten, Kṛṣṇa bilinci hareketi uydurma bir fikir değildir. Biz tüm bilginleri, filozofları, din adamlarını ve genel halkın tüm üyelerini ciddi çalışmalarla bu hareketi anlamaları için davet ediyoruz ve eğer kişi çok ciddi bir şekilde bunu yaparsa, bu büyük hareketin ulvi pozisyonunu anlayacaktır.

Ayrıca *mantra* söyleme uygulaması da yetkin bir yöntemdir. Kṛṣṇa'nın kutsal isimlerinin sürekli söylenme meselesinde Profesör Staal'ın bahsettiği bıkkınlık hissi, onun onaylanmış Kṛṣṇa bilinci hareketi hakkında yetersiz bilgisinin kesin ispatıdır. Kary'nin kurs başvurusu ricasını geri çevirmek yerine, O ve Berkeley'de California Üniversitesinin diğer bilgili profesörleri şu anda tanrısız toplumun bu onaylanmış hareketin gerçeklerine ne kadar ihtiyacı olduğunu sabırlıca dinlemeliler. (Daha sonra kurs için izin alınmıştır.) Bu hareket aklı karışmış genç nesli kurtaracak tek harekettir. Bu ülkenin sorumlu liderlerini, bu transandantal hareketi anlamak ve herkesin yararına onu yaymak adına bize dürüst olanaklar sağlamaları için davet ediyorum.

A. C. Bhaktivedanta Svāmī
Hare Kṛṣṇa Hareketi'nin
Manevi Öğretmeni

Śrīla Prabhupāda ve Dr. Staal arasındaki Yazışmalar

23 Ocak 1970
Svāmī A. C. Bhaktivedanta

Sevgili Svāmīji:
Los Angeles Times'a yolladığınız mektubun bir kopyasını da bana yolladığınız için çok teşekkür ederim, şu an Daily Californian'da da

Kültürel Geçmişe Bakmak

yayınlandı. Sanırım, halka açık olmayan, basındaki röportajlar ve mektuplar aracılığı ile yapılan din ve felsefe tartışmalarının çok bir şey kazandırmayacağına katılacaksınız; ancak iki özet gözlemimi söylememe izin verin.

Öncelikle, Kṛṣṇa'ya adanmanın kesinlikle *Vedalar* kadar olmasa da eski olduğunu biliyorum ve asla Hristiyanlık, İslam ya da Musevilikten etkilenmemiştir. Bu bağlamda Buddhizm'den asla söz etmedim. Şahsiyet ve gayri şahsiyet arasındaki farklar nispeten belirsizdir, fakat bu ayrımı basitleştirmek için kullanarak, ben bir Batı kültüründe büyüyen şahsı vurgulayan insanların aynı şeyi yapan bir Hint kültünden hoşlanmaya başlamasını görmedeki hayretimi beyan ettim. İnsanlar Batılı tek tanrıcılıkla tatmin olmayıp, gayri şahsi bir hakikati vurgulayan bir Hint felsefesine başladıklarında daha az hayret ediyorum.

İkinci olarak, ben asla Kṛṣṇa'nın isminin söylenmesinde bıkkınlık hissetmedim ya da ifade etmedim. Bundan rahatsız olmayan tek kişi ben değilim, hatta hoşuma da gidiyor. Fakat şu tartışılmaz bir gerçektir ki, *Bhagavad-gītā* böyle sürekli *mantra* söylemeyi istemiyor. *Gītā* oldukça değişik konulardan bahseder, bunlardan bazılarını Hint felsefesi derslerimde işliyorum.

Teşekkür ederim,

Saygılarımla,
J. F. Staal
Güney Asya Dilleri
ve Felsefesi Profesörü

30 Ocak, 1970
J. F. Staal
Güney Asya Dilleri ve Felsefesi Profesörü
California Üniversitesi
Berkeley, California

Sevgili Profesör Staal:
23 Ocak 1970 tarihli nazik mektubunuz için çok teşekkür ederim.
Mektubunuzun son paragrafında, Hare Kṛṣṇa *mantra*sını söylemekten

123

bazı insanlar gibi rahatsız olmadığınızı, hatta hoşlandığınızdan bahsetmişsiniz. Bu bana büyük bir memnuniyet verdi ve size içinde hepsinin bu yoldaki uygulamalara acemi olmasına rağmen öğrencilerin Ohio Devlet Üniversitesi'ndeki bir programda Hare Kṛṣṇa *mantra*sını söylemeyi nasıl sevdiklerini bulacağınız, Back to Godhead dergimizin 28. sayısından bir kopya yolluyorum. Aslında bu söylem kalbi çok memnun edici ve insanların kalbine genelde spiritüel bilinç veya Kṛṣṇa bilincini aşılayan en iyi araçtır. Bu spiritüel farkındalığın en kolay yöntemidir ve *Vedalar*da tavsiye edilir. *Bṛhan-nāradīya Purāṇa*'da açıkça sadece Hari (Kṛṣṇa)'nın isimlerini söylemenin insanları maddi varoluşun problemlerinden kurtaracağını ve bu Kali Çağında başka bir alternatif olmadığını, başka bir alternatif olmadığını, başka bir alternatif olmadığını belirtilmiştir.

Batılı kültür tek tanrıcılıkla ilgilidir, fakat Batılılar gayri şahsiyetçi Hint felsefesi tarafından yanıltılıyorlar. Batı'nın genç insanları hüsran içindedir çünkü tek tanrıcılık hakkında dikkatlice eğitilmemişlerdir. Bu öğretme ve anlama yöntemi ile tatmin olmamışlardır. Kṛṣṇa bilinci hareketi onlar için bir nimettir, çünkü Batılı tek tanrıcılığı anlamaları için güvenilir Vedik sistemi altında gerçekten eğitiliyorlar. Sadece teorik olarak tartışmıyoruz; bunun yerine Vedik düzenlemelerin tavsiye ettiği yöntemle öğreniyoruz.

Ancak mektubunuzun son paragrafında bahsettiğiniz, "Fakat şu tartışılmaz bir gerçektir ki *Bhagavad-gītā* (*Vedalar*dan söz etmezsek) böyle sürekli *mantra* söylemeyi istemiyor" cümlesi beni hayrete düşürdü. Sanırım *Bhagavad-gītā*'daki, benzer birçok diğer kıtadan ayrı olarak, şu kıtayı kaçırdınız:

satataṃ kīrtayanto māṃ
yatantaś ca dṛḍha-vratāḥ
namasyantaś ca māṃ bhaktyā
nitya-yuktā upāsate
[*Bhagavad-gītā* 9.14]

Tanrı farkındalıklarında mükemmelliğe ulaşmış, yanılgıdan kurtulmuş büyük ruhların neyle meşgul oldukları, burada tanımlanır:

satataṃ kīrtayanto māṃ – onlar daima (*satataṃ*), benim yüceliklerim hakkında zikrederler (*kīrtayantaḥ*) ve – *nitya-yuktā upāsate* – daima Bana (Kṛṣṇa) ibadet ederler.

Bu yüzden nasıl "tartışılmaz" diyebildiğinizi bilmiyorum. İlaveten, eğer *Vedalar*dan referanslar isterseniz, size bir sürü verebilirim. *Vedalar*daki baş transandantal titreşim *oṃkāra* da Kṛṣṇa'dır. *Praṇava oṃkāra Vedalar*ın ilahi özüdür. *Vedalar*ı takip etmek demek, Vedik *mantra*ları söylemektir ve hiçbir Vedik *mantra oṃkāra* olmadan tam değildir. *Māṇḍūkya Upaniṣad*'da, *oṃkāra* Yüce Rabb'in en hayırlı ses temsilcisi olarak belirtilir. Ayrıca bu *Atharva Veda*'da yine doğrulanmıştır. *Oṃkara* Yüce Rabb'in ses temsilcisidir ve bu yüzden *Vedalar*daki başlıca kelimedir. Bu bağlamda, Yüce Rab, Kṛṣṇa, der ki, *praṇavaḥ sarva-vedeṣu*: "Ben tüm Vedik *mantra*lardaki *oṃ* hecesiyim." [*Bhagavad-gītā* 7.8]

Bundan başka, *Bhagavad-gītā*, on beşinci bölüm, 15.Kıta'da, Kṛṣṇa, "Ben herkesin kalbinde bulunurum. Ben bütün *Vedalar* tarafından bilinirim; Aslında, *Vedānta*'yı derleyen benim ve *Veda*yı özgün haliyle bilen Benim" der. Herkesin kalbinde bulunan Yüce Rab, her iki *Muṇḍaka* ve *Śvetāśvatara Upaniṣadlar* da tanımlanmıştır: *dvā suparṇā sayujā sakhāyā...* Yüce Rab ve bireysel ruh bir ağaçta oturan iki arkadaş kuş gibi bedende bulunurlar. Bir kuş ağacın meyvelerini yemektedir, ya da maddi hareketlerin tepkilerini almaktadır ve diğer kuş, Süper Ruh ise, buna tanıklık etmektedir.

Bu yüzden, Vedantik çalışmanın hedefi, Yüce Rab, Kṛṣṇa'yı tanımaktır. Bu nokta *Bhagavad-gītā*, sekizinci bölüm, 13.Kıta'da vurgulanmıştır, mistik yoga yöntemi vasıtasıyla belirtilen yerde, nihai olarak kutsal hece *oṃ*'un titreştirilmesiyle, kişi O'nun yüce spiritüel gezegenine ulaşır. *Vedānta-sūtralarda*, kesinlikle okumuşsunuzdur, dördüncü bölüm, *adhikaraṇa* 4, *sūtra* 22, açıkça belirtir, *anāvṛttiḥ śabdāt:* "Ses titreşimi ile kişi özgür kalacaktır" Adanma hizmeti vasıtasıyla, Tanrı'nın Yüce Şahsiyeti'ni iyi anlayarak, kişi O'nun mekanına gidebilir ve bu maddi koşula asla geri gelmez. Bu nasıl mümkündür? Cevap, sadece O'nun ismini devamlı olarak söylemektir.

Bu, spiritüel bilimin sonucunu mistik bilginin efendisi, *yogeśvara,* Kṛṣṇa'dan mükemmelce öğrenen örnek öğrenci, Arjuna tarafından kabul edilmiştir. Kṛṣṇa'yı Yüce Brahman olarak tanıyarak, Arjuna O'nu işaret etmiştir, *sthāne hṛṣīkeśa...*: "Dünya Senin ismini duyunca neşelenir ve böylece herkes Sana bağlanır." [Bg. 11.36] *Mantra* söyleme yöntemi burada Yüce Mutlak Hakikat, Tanrı'nın Şahsiyeti ile temas kurmada direkt araç olarak onaylanmıştır. Sadece Kṛṣṇa'nın kutsal ismini söyleyerek, ruhun Yüce Kişi, Kṛṣṇa tarafından, eve gitmek, Tanrı'ya geri dönmek için ilgisi çekilir.

Nārada-pañcarātra'da bütün Vedik törenleri, *mantra*larının ve anlayışının sekiz kelimede sıkıştırıldığı belirtilmiştir: Hare Kṛṣṇa, Hare Kṛṣṇa, Kṛṣṇa Kṛṣṇa, Hare Hare. Benzer olarak, *Kali-santaraṇa Upaniṣad*'da bu on altı kelimenin, Hare Kṛṣṇa, Hare Kṛṣṇa, Kṛṣṇa Kṛṣṇa, Hare Hare / Hare Rāma, Hare Rāma, Rāma Rāma, Hare Hare, bu materyalisttik Kali Çağının kirleten etkisini azaltmada özellikle araç olduğu belirtilmiştir.

Tüm bu noktalar ayrıntılarıyla kitabım *Rab Caitanya'nın Öğretileri*'nde (*Teachings of Lord Caitanya*) sunulmuştur.

Bu yüzden *mantra* söyleme yöntemi, sadece hayatın uygulamalı mükemmeliyeti için yüce bir yöntem değildir, aynı zamanda en büyük Vedik bilgini ve adananı, Kṛṣṇa'nın enkarnasyonu olarak gördüğümüz Rab Caitanya tarafından başlatılmış, onaylı Vedik ilkesidir. Biz sadece O'nun onaylanmış ayak izlerini takip ediyoruz. Kṛṣṇa bilinci hareketinin faaliyet alanı evrenseldir. Yöntem kişinin ebedi yaşamının coşku ve bilgi dolu asıl spiritüel durumunu tekrar kazanması içindir, soyut, kuru bir teori değildir. Spiritüel yaşam *Vedalar*da teorik olarak, kuru ya da gayri şahsi olarak tanımlanmamıştır. *Vedalar* sadece saf Tanrı sevgisinin telkinini hedef alır ve bu ahenkli netice Kṛṣṇa bilinci hareketinin uygulamasıyla veya Hare Kṛṣṇa *mantra*sının söylenmesiyle fark edilir.

Spiritüel farkındalığın tek hedefi Tanrı sevgisi olduğundan, *Vedalar* transandantal anlayış konusunda tek bir kapsamlı bütün olarak durur. Hakiki bir Vedik öğreti çizgisinden ayrı olarak, sadece çeşitli grupların tamamlanmamış çeşitli görüşleri, *Bhagavad-gītā*'ya olduğundan farklı bir görünüm verir. Bu *Vedalar* hakkındaki farklı yorumları uzlaştıran faktör, *Vedalar*ın özü veya Kṛṣṇa bilincidir (Tanrı sevgisi).

Tekrar teşekkür ederim,
Saygılarımla,
A. C. Bhaktivedanta Svāmī

8 Şubat1970
Svāmī A. C. Bhaktivedanta

Sevgili Svāmīji:
30 Ocak'ta Back to Godhead dergisinin son sayısıyla birlikte gönderdiğiniz uzun ve ilginç mektup için çok teşekkür ederim. Şimdiye kadar topluluğunuzun buradaki üyeleri ile birlikte birkaç görüşmem oldu, fakat bu görüşmeler benim bakış açımdan tümüyle tatmin edici olmadı. Fakat şimdi, tartışmaları daha yüksek bir seviyeye taşıyan çok daha fazla güvenilir mektubunuz var.

Ve korkarım, beni, alıntı yaptığınız tüm kutsal metinlerin sadece Kṛṣṇa'nın İsmi'ni söylemeyi tavsiye ettiği konusunda henüz ikna edemediniz. Sadece en önemlilerinden bahsedeyim.

Bhagavad-gītā'da [9.14], *kīrtayantaḥ* Kṛṣṇa'nın İsmi'ni söylemeyi ifade etmiyor. Yüceltme, söyleme, okuma, konuşma anlamına gelebilir ve şarkılardan, ilahilerden, tanımlamalardan veya sohbetlerden bahsediyor olabilir. Yorumcular bunu bu şekilde alır. Śaṅkara yorumunda sadece kelimeyi tekrar eder, fakat Ānandagiri, *vyākhyā* sınıflarında *kīrtana, vedānta-śravaṇaṃ praṇava-japaś ca* olarak, "*Vedānta* dinlemek ve *oṃ* mırıldanmak" (Vedik *oṃ*'un Kṛṣṇa olduğu *Bhagavad-gītā*'da belirtilmiştir, ayrıca Kṛṣṇa *smṛti* olan birçok şey ile birlikte tanımlanmıştır fakat *śruti* olan *Vedalar*da değil). Başka bir yorumcu, Hanumān, *Paiśāca-bhāṣya*'sında, *kīrtayantaḥ*'ın sadece *bhāṣamānaḥ* — "hakkında konuşmak olduğu anlamına geldiğini söyler."

Sanırım bu kelimenin tam doğru anlamından daha önemlisi, tüm bölüm herkesin *kīrtana* ile meşgul olmasını istemiyor, fakat sadece bazı büyük ruhların bunu yapmasını belirtiyor. Bu bir sonraki bölümde açıktır, bana ibadet ile meşgul olan "diğerleri"... bilginin ibadetiyle bana ibadet eder" der. *Bhagavad-gītā* açık fikirlidir ve o da diğer hepsi üzerinde bir yönü vurgulamasına rağmen, dini yaklaşımlara hoşgörülüdür, (yani, *sarva-phala-tyāga*).

Sonuçta, *Vedānta-sūtra*'nın son *sūtra*'sında, *anāvṛttiḥ śabdāt...*, *śabda* bağlamdan ve yorumculardan net olarak anlaşıldığı üzere kutsal metinden veya *Vedaların* açığa çıkmasından bahseder, Śaṅkara "kutsal metne göre geriye dönüş yoktur" ifadesini desteklemek için birkaç

Benlik İdraki Bilimi

metinden (*ity ādi-śabdebhyaḥ* ile sona eren, "bu *śabdalar*a göre") alıntı yapar. Ayrıca bu *sūtra*daki *śabda*dan *mantrārtha-vādādi...* diyerek bahseder, "*mantra*lar, tanımlar, vb." *Bhāmati*'deki *Vācaspati Miśra* bunu destekler ve şu karşı görüşü de ekleyerek *śruti-smṛti-virodhaḥ*, "*Smṛti* ve *śruti* ile çelişkili olarak" daha da açığa kavuşturur. Bir kez daha nazik dikkatiniz için teşekkür ederim.

Saygılarımla,
J. F. Staal

15 Şubat 1970
J. F. Staal
Felsefe ve Güney Asya Dilleri Profesörü

Sevgili Dr. Staal:
8 Şubat 1970 tarihli mektubunuzu aldığım için memnunum. Ayrıca içeriği de okumaktan çok memnun oldum.

Sizi tüm metinlerin Kṛṣṇa'nın İsmi'ni söylemeyi tavsiye ettiğine ikna etmek ile ilgili, sadece Rab Caitanya'nın otoritesini sunabilirim. Rab Caitanya, *kīrtanīyaḥ sadā hariḥ* ["Hari, Kṛṣṇa, sürekli yüceltilmelidir" (*Śikṣāṣṭaka* 3)] tavsiye eder. Benzer olarak, Madhvācārya da alıntı yapar, *vede rāmāyaṇe caiva hariḥ sarvatra gīyate* ("Hari *Vedalar* ve *Rāmāyaṇa*'da her yerde söylenir"). Benzer olarak, *Bhagavad-gītā*'da [15.15] Rab der ki, *vedaiś ca sarvair aham eva vedyaḥ* ("Tüm *Vedalar*la, Ben bilinirim").

Bu şekilde bütün kutsal metinlerin Yüce Kişi'yi işaret ettiğini görürüz. *Ṛg Veda*'da [1.22.20] *mantra oṃ tad viṣṇoḥ paramaṃ padaṃ sadā paśyanti sūrayaḥ* 'dır. "Yarı tanrılar daima Viṣṇu'nun yüce mekanına bakıyorlar". Bu yüzden, tüm Vedik yöntem, Rab Viṣṇu'yu anlamaktır ve herhangi bir kutsal metin direkt veya dolaylı olarak Yüce Rab Viṣṇu'nun yüceliklerini söyler.

Bhagavad-gītā'nın, 9.14 bölümüne göre, *kīrtayantaḥ* kesinlikle söylediğiniz gibi; yüceltme, söyleme, okuma ve konuşma anlamına gelir; fakat, kim hakkında yüceltme, söyleme ya da okuma? Kesinlikle Kṛṣṇa. Bu bağlamda kullanılan sözcük *mām*'dır ("Beni"). Bu yüzden, Śukadeva'nın *Śrīmad-Bhāgavatam*'da yaptığı gibi bir kişi Kṛṣṇa'yı yücelttiğinde çelişki yaşamayız. Bu da *kīrtana*'dır. Bütün Vedik edebiyatı içerisinde en yükseği, Yüce Rab, Kṛṣṇa'yı böyle yüceltmek için uygun bir mekandır ve bu bölümden iyi anlaşılır:

> *nigama-kalpa-taror galitaṃ phalaṃ*
> *śuka-mukhād amṛta-drava-saṃyutam*
> *pibata bhāgavataṃ rasam ālayaṃ*
> *muhur aho rasikā bhuvi bhāvukāḥ*

"Ey uzman ve düşünceli insanlar, Vedik edebiyatın dilek ağacının olgun meyvesi *Śrīmad-Bhāgavatam*'dan zevk alın. O, Śrī Śukadeva Gosvāmī'nin dudaklarından çıkmıştır. Onun nektarının suyu özgürleşmiş ruhlar da dahil, herkes için zaten lezzet verici olmasına rağmen, bu yüzden bu meyve daha da lezzetli olmuştur." (*Śrīmad-Bhāgavatam* 1.1.3)

Mahārāja Parīkṣit'in kurtuluşa sadece duyarak ulaştığı söylenir ve benzer olarak Śukadeva Gosvāmī kurtuluşa sadece zikrederek ulaşmıştır. Bizim adanma hizmetimizde aynı hedefe, Tanrı aşkına ulaşmak için dokuz farklı yol vardır ve ilk yöntem duymaktır. Bu duyma yöntemine *śruti* denir. Bir sonraki yöntem zikretmektir. Zikir yöntemi *smṛti*'dir. Biz eş zamanlı olarak hem *śruti*'yi hem de *smṛti*'yi kabul ederiz. *Śruti*'yi anne ve *smṛti*'yi de kız kardeş olarak düşünürüz, çünkü bir çocuk annesinden duyar ve sonra yine kız kardeşinden tarif ile öğrenir.

Śruti ve *smṛti* iki paralel çizgidir. Bu yüzden Śrīla Rūpa Gosvāmī der ki:

> *śruti-smṛti-purāṇādi-*
> *pañcarātra-vidhiṃ vinā*
> *aikāntikī harer bhaktir*
> *utpātāyaiva kalpate*
> [*Bhakti-rasāmṛta-sindhu* 1.2.101]

Bu *śruti*, *smṛti*, *Purāṇalar* ve *Pañcarātralar*dan bahsetmeden, saf adanma hizmetine asla ulaşılamaz. Bu sebeple *śāstralar*dan (Vedik kutsal metinler) söz etmeden bir adanma coşkusu gösteren kimse sadece rahatsızlık yaratır. Diğer taraftan, sadece *śrutī*lere bağımlı kalırsak, o zaman *veda-vāda-ratāḥ,** *Bhagavad-gītā*'da tarif edildiği gibi pek fazla beğenilmeyen kimseler oluruz.

Böylece *Bhagavad-gītā*, *smṛti* olmasına rağmen, Vedik kutsal yazıtlarının tümünün aslıdır, *sarvopaniṣado gāvaḥ.** Tıpkı süt veren bir inek gibidir ya da tüm *Vedalar*ın ve *Upaniṣadlar*ın özüdür, ve Śaṅkarācārya dahil, tüm ācāryalar, *Bhagavad-gītā*'yı böyle kabul eder.

Bu yüzden *Bhagavad-gītā*'nın otoritesini inkâr edemezsiniz çünkü o *smṛti*'dir; bu görüş *śruti-smṛti-virodhaḥ*'dır, doğru şekilde söylediğiniz gibi "*smṛti* ve *śruti* ile çelişki içindedir".

Ānandagiri'nin alıntısına göre, *kīrtana* demek, *vedānta-śravaṇaṃ praṇava japaś ca* demektir. ("*Vedānta* dinlemek ve *oṃ* mırıldanmak"), *Vedānta*'yı bilen Kṛṣṇa'dır ve *Vedānta*'nın düzenleyicisidir. O, *vedavit* ve *vedānta-kṛt*'tır. Bu yüzden *vedānta-śravaṇa*'yı Kṛṣṇa'dan duymaktan daha büyük bir şans nerededir?

Jñāna-yajñena'dan bahsedilen bir sonraki kıtaya göre... *yajanto mām, mām* ("Bana") ile işaret edildiği gibi, ibadetin amacı Kṛṣṇa'dır. Yöntem *Īśopaniṣad, mantra* 11'de tanımlanmıştır:

vidyāṃ cāvidyāṃ ca yas
tad vedobhayaṃ saha
avidyayā mṛtyuṃ tīrtvā
vidyayāmṛtam aśnute

"Cehalet sürecini ve transandantal bilgiyi birlikte öğrenebilen kişi tekrar eden doğum ve ölümün etkisinin üstüne çıkar ve ölümsüzlüğün tam coşkusunun keyfini çıkarabilir."

Vidyā kültürü veya transandantal bilgi, insanlar için esastır, aksi takdirde *avidyā* kültürü ya da cahillik onu maddi platformda koşullu varoluşa bağlar. Materyalist varoluş duyu tatmini kültürü veya takibi demektir ve duyu tatmininin bu bilgi türü (*avidyā*) tekrarlanan doğum ve ölümün ilerlemesi demektir. Böyle bilgide yoğrulan kimseler tabiat yasalarından hiç ders alamazlar ve aldatıcı şeylerin güzelliğine âşık olarak aynı şeyleri tekrar tekrar yaparlar. Diğer taraftan, *vidyā* veya gerçeklere dayanan bilgi, aynı zamanda transandantal bilim kültürleşmesi sırasında, cahillik hareketlerinin yöntemlerini esaslı olarak bilmek demektir ve o suretle yolundan sapmayarak kurtuluş yolunu takip etmektir.

Kurtuluş ölümsüzlüğün tüm nimetlerinin keyfine varmaktır. Bu ölümsüzlük Tanrı'nın ebedi krallığında keyfedilir (*sambhūty-amṛtam aśnute*), Tanrı'nın Yüce Şahsiyeti ve sonuç sebeplerin sebebi, *sambhavāt* Yüce Rabb'e, tüm ibadet ederek elde edilir. Böylece bu şekilde gerçek bilgi, *vidyā*, Tanrı'nın Yüce Şahsiyeti, Kṛṣṇa'ya ibadet etmektir; bu *jñāna-yajñena*, bilginin ibadetidir.

Bu jñāna-yajñena...yajanto mām, *Bhagavad-gītā*'da [7.19] belirtildiği gibi bilginin mükemmeliyetidir:

> *bahūnāṃ janmanām ante*
> *jñānavān māṃ prapadyate*
> *vāsudevaḥ sarvam iti*
> *sa mahātmā sudurlabhaḥ*

"Birçok doğum ve ölümden sonra, gerçekten bilgi sahibi olan kişi Bana (Kṛṣṇa) teslim olur, Beni tüm sebeplerin sebebi olarak görür ve tümü budur. Böyle büyük bir ruh çok nadirdir."

Eğer kişi hala bilginin bu sonucuna gelmediyse ve sadece Kṛṣṇa'sız kuru tahminlere teslim oluyorsa, o zaman bu çok uğraş vererek yaptığı spekülatif zahmet boş buğday kabuklarını dövmek gibidir. Kabuğu ayıklanmamış pirinç ve pirincin boş dış kabuğu birbirine çok benzer. Kabuğu ayıklanmamış pirinçten taneyi nasıl çıkaracağını bilen kişi bilgi sahibidir, ancak boş dış kabuğa vurup sonuç alacağını düşünen kişi, faydasızca boşa zahmet veriyordur. Benzer olarak, eğer kişi *Vedalar*ın hedefi, Kṛṣṇa'yı bilmeden *Vedalar*a çalışırsa, sadece değerli vaktini boşa harcar.

Bu yüzden Kṛṣṇa'ya ibadeti geliştirmek, bir sürü doğum ve ölümden sonra ve kişi irfan sahibi olduğunda doruğa ulaşır. Kişi bu şekilde irfan sahibi olduğunda, Kṛṣṇa'ya teslim olur, sonunda O'nu tüm sebeplerin sebebi olarak tanır ve hepsi budur. Bu tür bir ruh çok nadirdir. Bu yüzden Kṛṣṇa'ya kendi hayatlarını ve ruhlarını teslim edenler, *sudurlabha mahātmā*lar nadirdir. Onlar sıradan *mahātmā*lar değildirler.

Rab Caitanya'nın lütfu ile, hayatın en yüksek mükemmeliyet durumu çok serbestçe dağıtılmaktadır. Sonuç çok ümit vericidir; başka türlü bu kızlar ve erkekler Vedik kültürünün hiçbir alt yapısına sahip olmadan, çabucak sadece bu transandantal ses titreşimi Hare Kṛṣṇa sayesinde nasıl nadir *mahātmāların* yerini alabiliyorlar? Ve sadece bu *mantra* söyleme temelinde, onların büyük kısmı adanma hizmetinde istikrarlıdırlar ve günahkâr maddi yaşamın dört ilkesine düşmezler, (1) et yemek, (2) evlilik dışı cinsel ilişki, (3) sarhoşluk veren maddelerin alınması, kahve, çay ve tütün dahil ve (4) kumar oynamak. Ve bu *Vedānta-sūtra*'nın son *sūtra*sıdır, yani, *anāvṛttiḥ śabdāt* ("Ses titreşimiyle kişi kurtulmuş olur").

Bir kimse sonuçla öğrenmelidir *(phalena paricīyate).* Öğrencilerimize bu şekilde hareket etmeleri talimatı verildi ve onlar düşmüyorlar. Onlar *avidyā*nın yukarıdaki ilkelerinin kültürü ya da duyu tatminini arzulamadan saf spiritüel yaşamın platformunda kalıyorlar, bu onların *Vedaları* uygun anlayışlarının testidir. Maddi platforma geri düşmezler, çünkü onlar Tanrı sevgisinin nektarsı meyvesinden zevk alıyorlar.

Sarva-phala-tyāga ("birisinin işinin tüm meyvelerden feragati") *Bhagavad-gītā*'da Rabb'in kendisi tarafından şu sözlerle açıklanmıştır: *sarva-dharmān parityajya mām ekaṁ śaraṇaṁ vraja*: "Her şeyden vazgeç ve sadece Bana (Kṛṣṇa) teslim ol". Hare Kṛṣṇa *mantra*sının anlamı "Ey Kṛṣṇa'nın Yüce Enerjisi ve Ey Rab Kṛṣṇa, lütfen beni senin ebedi hizmetinle meşgul et". Böylece biz her şeyden vazgeçtik ve sadece Rabb'in hizmetiyle meşgul oluyoruz. Kṛṣṇa ne yapmamızı emrederse bu bizim tek meşguliyetimizdir. *Karma, jñāna* ve *yoga*dan doğan tüm hareketlerden vazgeçtik ve bu saf adanma hizmetinin mertebesidir, *bhaktir uttamā.*

Saygılarımla,
A. C. Bhaktivedanta Svāmī

Kültürel Geçmişe Bakmak

25 Şubat 1970
Svāmī A. C. Bhaktivedanta
Kurucu-Ācārya
Uluslararası Kṛṣṇa Bilinci Topluluğu

Sevgili *Svāmīji*:

15 Şubat 1970'teki çok ilginç mektubunuz ve ekinde gelenler için çok teşekkür ederim.

Korkarım her ne zaman sadece Kṛṣṇa'nın ismini söylemenin gerektiğini gösteren bir pasajın alıntısını yapsanız, ben başka bir şeylerin de gerektiğini gösteren bir diğer alıntı yapabilirim, şunu ekleyerek, *yadi śloko 'pi pramāṇam, ayam api ślokaḥ pramāṇaṃ bhavitum arhati*: "Eğer saf kıtalar güvenilirse, bu kıta da güvenilir olarak kabul edilmelidir." Ve tahmin edilebilir gelecekte bunun sonu olmaz, çünkü Patañjali de der ki, *"mahān hi śabdasya prayoga-viṣayaḥ"*: "Büyük nüfuz alanı kelimelerin kullanım alanıdır."

Saygılarımla,
J. F. Staal

Nisan 24, 1970
3764 Watseka Avenue
Los Angeles, California 90034

Sevgili Dr. Staal:

25 Şubat 1970 tarihli nazik mektubunuz için teşekkür ederim. Mektubunuzu daha önce cevaplayamadığım için üzgünüm çünkü yukarıdaki adreste yeni bir kilise binası satın alma konusu ile meşgul idim. Ayrı bir tapınak için yeni bir yerimiz oldu, konuşma odası, benim köşem ve adananların oturmasına ayrılmış köşeler, hepsi tüm modern rahatlıklarla birlikte güzel bir yerde.

Sizden uygun bir zamanınızda bu yeri ziyaret etmenizi rica ederim ve eğer nazikçe bana bir gün önceden bildirirseniz, öğrencilerim sizi iyi bir şekilde ağırlamaktan memnun olacaklardır.

Aramızdaki yazışmalara göre, gerçekte bu alıntı ve karşıt alıntı problemi çözülemez. Bir mahkemede, bilgili avukatlar kanun

133

kitaplarından alıntı yaparlar, fakat bu davanın çözümü değildir. Davanın tespiti başkanlık eden hâkimin hükmüdür. Bu yüzden tartışma bizi bir neticeye getiremez.

Kutsal metinlerden alıntılar bazen çelişkilidir ve her filozof farklı bir düşünceye sahiptir, çünkü farklı bir tez ileri sürmeden, hiç kimse ünlü bir filozof olamaz. Bu yüzden doğru neticeye ulaşmak zordur. Netice, yukarıda belirtildiği gibi, otoritenin hükmünü kabul etmektir. Biz Kṛṣṇa'dan farksız olan, Rab Caitanya Mahāprabhu'nun otoritesini takip ediyoruz ve kutsal Vedik metinlerine göre O'nun yorumu bu çağda hayatın tüm problemlerine tek çözüm *Mahā-mantra* söylemektir ve gerçekte bu pratik uygulama deneyimi ile gösterilmektedir.

Yakın zamanda Berkeley'de, Rab Caitanya'nın beliriş gününde, öğrencilerimizin büyük bir alayı vardı ve seyirciler şöyle dedi: "Bu insan kalabalığı, pencereleri kırmak ve zarar meydana getirmek için toplanan diğerleri gibi değil." Bu ayrıca polis tarafından şu sözlerle doğrulandı: "Kṛṣṇa bilinci hareketi üyeleri polisle tamamen iş birliği içindeydi ve onların çabaları gösteri boyunca huzurlu bir düzen devam ettirmek o kadar başarılı oldu ki sadece az sayıda polise ihtiyaç vardı."

Benzer şekilde, Detroit'te büyük bir barış yürüyüşü vardı ve bizim adamlarımız kalabalık içerisinde "melekler" olarak takdir edildi. Bu yüzden, Kṛṣṇa bilinci hareketine içinde bulunduğumuz şu anda, insan toplumunda her derde deva olarak gerçekten ihtiyaç var.

Diğer alıntılar bu defa çok hissedilir şekilde harekete geçmeyecektir. Bir eczanede bir sürü ilaç olabilir ve tümü hakiki ilaçlar olabilir, fakat gerekli olan şey deneyimli bir doktorun belirli bir hasta için ilaç tavsiye etmesidir. Bu durumda, "Bu da ilaç ve ayrıca bu da ilaç" diyemeyiz. Hayır. Belirli bir kişi için etkili olan ilaç, onun içindir – *phalena paricīyate.*

Saygılarımla,
A. C. Bhaktivedanta Svāmī

Śrīla Prabhupāda ile Son Not

Bir adalet mahkemesinde iki avukat bir noktaya karar vermek için, kendi izin verilmiş kanun kitaplarından alınan kendi ilgili savlarını ileri sürerler, fakat davaya davacılardan biri lehine karar vermek hâkime bağlıdır. Karşıt avukatlar savlarını ileri sürdüklerinde, her ikisi de yasal ve gerçektir, fakat hüküm belirli dava için uygulanabilir olana göre verilir.

Rab Caitanya, Rabb'in kutsal isimlerini söylemek, kişiyi transandantal platforma çıkaracak tek araçtır hükmünü *śāstra*ların otoritesine dayanarak verir ve gerçekte biz bunun işe yaradığını görüyoruz. Bu yöntemi ciddiye alan öğrencilerimizin her biri bireysel olarak incelenebilir ve her hangi bir tarafsız bilirkişi, onların transandantal farkındalıklarında herhangi bir filozof, din adamları, *yogī*ler, *karmī*ler, vb. den daha ileri olduklarını kolayca görebilecektir.

Her şeyi şartlara uygun olarak kabul etmeliyiz. Diğer yöntemlerin belirli bir durumda inkârı, inkâr edilenler yöntemlerin hakiki olmadığı anlamına gelmez. Fakat yaş, zaman ve nesneyi düşününce, yöntemler bazen hakiki olsalar bile inkâr edilirler. Her şeyi verdiği pratik sonuca göre test etmeliyiz. Böyle bir test, bu çağda Hare Kṛṣṇa *mahā-mantra*sının sürekli söylenmesinin hiçbir şüpheye yer bırakmadan çok etkili olduğunu ispatlar.

A. C. Bhaktivedanta Svāmī

Hindu Tarikatı mı,
yoksa İlahi Kültür mü?

"Hem Hindistan'da hem de ülke dışında yaşayan Hintliler bazen bizim Hinduizm'i yaydığımızı düşünüyor ama aslında öyle değil... İnsanların, bizim bir mezhep dinini yaydığımızı düşünmeleri yanlış olur. Biz sadece Tanrı'nın nasıl sevileceğine dair bilgilendirme yapıyoruz... Tanrı'nın varlığı hakkında birçok teori var. Örneğin, bir ateist Tanrı'nın varlığına asla inanmaz. Biz, hayatın bütün problemlerini çözebilecek spiritüel bir kültür veriyoruz ve böyle olduğu için de dünyanın her yerinde kabul görüyor."

Kṛṣṇa bilinci hareketinin Hindu dinini temsil ettiğine dair bir yanlış anlayış vardır. Gerçekte, Kṛṣṇa bilinci hiçbir şekilde diğer dinleri veya inançları alt edecek bir inanç veya din değildir. Bundan ziyade, tüm insanlık için gerekli kültürel bir harekettir ve hiçbir mezhepsel inancı göz önünde tutmaz. Bu kültürel hareket özellikle insanları Tanrı'yı nasıl sevebilecekleri konusunda eğitmek içindir.

Hem Hindistan'da hem de ülke dışında yaşayan Hintliler, bazen bizim Hinduizm'i yaydığımızı düşünüyorlar ancak biz bunu yapmıyoruz. Kimse *Bhagavad-gītā*'da "Hindu" kelimesine rastlamayacaktır. Aslında, Vedik edebiyatında, "Hindu" diye bir kelime de bulunmamaktadır. Bu kelime, Afganistan, Balocistan ve İran gibi, Hindistan'ın komşusu olan yerlerde yaşayan Müslümanlar tarafından verilmiştir. Hindistan'ın kuzeybatı eyaletlerine sınır olan Sindhu adında bir nehir bulunur ve Müslümanlar Sindhu diyemedikleri için, onun yerine bu nehre Hindu demiş ve bu topraklarda oturanlara da "Hindular" ismini vermişlerdir. Hindistan'da Vedik diline göre Avrupalılara *mlecchalar* ya da *yavanalar* denir. Benzer şekilde "Hindu" Müslümanlar tarafından konmuş bir isimdir.

Farklı niteliklere veya doğanın bağlayıcı güçlerine göre, genellikle dört sosyal düzen ve dört spiritüel düzende sınıflandırılan farklı kategorilerde insanların yer aldığı Hindistan'ın gerçek kültürü *Bhagavad-gītā*'da tanımlanır. Bu sosyal ve spiritüel bölümlendirme sistemi *varṇāśrama-dharma* olarak bilinir. Bu dört *varṇa* veya sosyal düzen; *brāhmana, kṣatriya, vaiśya ve śūdra*'dır. Dört *āśrama* veya spiritüel düzen; *brahmacarya, gṛhastha, vānaprastha ve sannyāsa*'dır. *Varṇāśrama* sistemi, *Purāṇa*lar olarak bilinen Vedik edebiyatında tanımlanır. Vedik kültüründe bu kurumun amacı her bir bireyi Kṛṣṇa, veya Tanrı bilgisini ilerletme konusunda eğitmektir. Bütün Vedik program budur.

Rab Caitanya büyük bir adanan olan Rāmananda Rāya ile konuştuğunda, Rab ona sordu: "İnsan yaşamının temel prensibi nedir?" Rāmananda Rāya, insan medeniyetinin ancak *varṇāśrama-dharma* kabul edildiği zaman başlayacağı yanıtını verdi. *Varṇāśrama-dharma* standardına gelmeden insan medeniyetinden bahsedemeyiz. Bu nedenle, Kṛṣṇa bilinci hareketi, Kṛṣṇa bilinci veya *daiva-varṇaśrama* ilahi kültür olarak bilinen insan medeniyetinin bu doğru sistemini kurmaya çalışır.

Hindistan'da, *varṇaśrama* sistemi günümüzde yanlış bir yola çekilmiş ve bu yüzden de *brāhmana* (en üst sosyal düzen) ailesinde doğan bir erkeğin, bir *brāhmana* olarak kabul görmesi gerektiğini iddia eder. Bu iddia *śāstra* (kutsal metinler) tarafından kabul edilmez. *Gotra* veya aile miras usulüne göre birinin atası bir *brāhmaṇa* olabilir, ancak gerçek *varṇāśrama-dharma*, doğuma veya mirasa bakmaksızın kişinin kazandığı nitelikler üzerine kurulur. Bu sebepten biz, Hinduların bu günkü sistemini yaymıyoruz, özellikle de Śaṅkarācārya'nın etkisi altında olanları. Çünkü Śaṅkarācārya düşüncesi Mutlak Gerçek'in gayri şahsi olduğudur ve bu nedenle Tanrı'nın varlığını dolaylı olarak reddeder.

Śaṅkarācārya'nın misyonu özeldi; o Buddhizm'in etkisinden sonra Vedik düzeni yeniden kurmak için gelmişti. Çünkü Buddhizm, iki bin altı yüz yıl önce İmparator Aśoka'nın himayesine alınarak neredeyse Hindistan'ın her tarafında yayılmıştı. Vedik edebiyatına göre, Buddha özel bir güce sahip Kṛṣṇa'nın bir enkarnasyonuydu ve özel bir amaç için belirmişti. O'nun düşünce sistemi veya inancı, geniş bir çevre tarafından kabul edilmişti, ancak Buddha *Vedalar*ın otoritesini reddetmişti. Buddhizm yayılırken, Vedik kültürü hem Hindistan'da hem de diğer yerlerde durdurulmuştu. Bu nedenle, Śaṅkarācārya'nın tek amacı Buddha'nın felsefe sisteminden kurtulmak olduğundan, Māyāvāda adındaki sistemi tanıttı.

Aslına bakılırsa, Māyāvāda felsefesi ateizmdir çünkü bir kişi kendisinin Tanrı olduğunu düşündüğü bir sürecin içine girer. *Māyāvāda* felsefe sistemi her zaman süregelmiş bir sistemdir. Şimdiki Hindistan'ın dini veya kültürel sisteminin temeli, Budist felsefesiyle uyuşan Śaṅkarācārya'nın *Māyāvāda* felsefesi üzerine kurulmuştur. *Māyāvāda* felsefesine göre aslında Tanrı yoktur veya Tanrı varsa, O gayri şahsi ve her yere nüfus eden ve böylece de her surette imgelenebilir. Bu sonuç Vedik edebiyatıyla uyuşmaz. Bu edebiyat değişik nedenlerle ibadet edilen birçok yarı tanrıdan bahseder, ancak her şekilde Yüce Tanrı, Tanrı'nın Yüce Şahsiyeti, Viṣṇu, en yüce yönetmen olarak kabul edilir. Gerçek Vedik kültürü budur.

Kṛṣṇa bilinci felsefesi, Tanrı'nın ve yarı tanrıların varlığını reddetmez ama *Māyāvāda* felsefesi her ikisini de reddederken yarı tanrıların da Tanrı'nın da var olmadığını iddia eder. *Māyāvādīler* için, sonuçta her şey sıfırdır. Onlara göre, kişi hangi otoriteyi isterse imgeleyebilir — Viṣṇu, Durgā, Rab Śiva veya güneş tanrısı — çünkü bunlar toplumda genelde ibadet edilen yarı tanrılardır. Esasında *Māyāvāda* felsefesi bunların hiçbirinin varlığını kabul etmez, ancak *Māyāvādīlere* göre kişi zihnini şahıs olmayan Brahman'a odaklayamadığı için, bu yarı tanrı formlarından herhangi birine odaklayabilir. Bu sisteme *pañcopāsanā* denir. Śaṅkarācārya tarafından sunulmuştur, ancak *Bhagavad-gītā* bu gibi öğretileri öğretmez ve böyle olduğu için de bunlar geçerli değildir.

Bhagavad-gītā yarı tanrıların varlığını kabul eder. Yarı tanrılar *Vedalar*da tasvir edilmiştir ve kimse onların varlığını reddedemez ancak onlar Śaṅkarācārya'nın yoluna göre anlaşılıp ibadet edilemez. *Bhagavad-gītā*'da yarı tanrılara ibadet etmek reddedilir. *Gītā* [7.20] açıkça şöyle der:

kāmais tais tair hṛta-jñanāh
prapadyante 'nya-devatāḥ
taṃ taṃ niyamam āsthāya
prakṛtyā niyatāḥ svayā

"Zekâsı maddi arzularla sürüklenenler Yarı tanrılara teslim olur ve Onların kendi doğalarına göre ibadet ederek özel kurallar ve düzenlemeleri takip ederler." Bundan başka, *Bhagavad-gītā*'de [2.44], Rab Kṛṣṇa şöyle der:

bhogaiśvarya-prasaktānāṃ
tayāpahata-cetasām
vyavasāyātmikā buddhiḥ
samādhau na vidhīyate

"Duyusal zevklere ve maddi zenginliklere fazla bağımlı olan ve bu gibi şeyler yüzünden aklı karışmış kimselerin zihninde adanma hizmeti için azimli bir kararlılık yer almaz."

Çeşitli yarı tanrıları takip edenler, "duyusunu yitirmiş" anlamına gelen *hṛta-jñānāh* olarak tanımlanır. Bu, *Bhagavad-gītā*'da [7.23] şöyle açıklanmıştır:

antavat tu phalaṃ teṣāṃ
tad bhavaty alpa-medhasām
devān deva-yajo yānti
mad-bhaktā yānti mām api

"Az zeki kişiler yarı tanrılara ibadet ederler ve bunun meyvesi limitli ve geçicidir. Yarı tanrılara ibadet edenler yarı tanrıların gezegenlerine giderler fakat Benim adananlarım Benim yüce mekanıma ulaşır."

Yarı tanrılar tarafından verilen ödüller geçicidir, çünkü her türlü maddi uzuv geçici olan bedene birlikte hareket etmelidir. Gerek modern bilimsel metotlarla gerekse yarı tanrıların kutsamalarıyla elde edilen her türlü maddi olanak beden ile birlikte son bulacaktır. Fakat spiritüel ilerleme hiçbir zaman bitmeyecektir.

Benlik İdraki Bilimi

İnsanlar bizim mezhepsel bir dini yaydığımızı düşünmemelidir. Hayır. Biz sadece Tanrı'nın nasıl sevileceğini öğretiyoruz. Tanrı'nın varlığı hakkında pek çok teori var. Örneğin, ateistler Tanrı'ya asla inanmaz. Nobel ödülünü kazanmış Profesör Jacques Monod gibi ateistler, her şeyin şans eseri meydana geldiğini ilan eder. (Cārvāka gibi Hindistan'ın eski ateist filozoflarının çok önceden ortaya koydukları bir teoridir bu). Sonra, *karma-mīmāṃsā* felsefesi gibi diğer felsefeler; kişi işini iyi ve dürüstçe yaparsa sonucun otomatik olarak geleceğini Tanrı'ya ithaf ihtiyacı olmadığını kabul eder. Bu teorilerin destekçileri kanıt olarak kişi eğer bir enfeksiyon kapıp hastalanmışsa ve iyileşmek için ilaç alıyorsa hastalığın iyileşeceği tezini örnek gösterirler. Ancak bizim bu bağlamdaki iddiamız, kişinin en iyi ilaçları alsa bile ölebileceğidir. Sonuçlar hiçbir zaman önceden kestirilemez. Bu sebepten, daha yüce bir otorite, *daiva-netreṇa* yüce yönetmen bulunmaktadır. Böyle olmasa, nasıl olur da zengin ve Tanrıya bağlı bir kişinin oğlu sokaklarda hippi olur veya çok çalışıp zengin olmuş bir kişiye doktoru tarafından "artık hiçbir şey yiyemezsin sadece arpa suyu içeceksin" denilir?

Karma-mīmāṃsā teorisi dünyanın, Tanrı'nın yüce yönetimi olmadan döndüğünü savunur. Bu gibi felsefeler her şeyin, şehvetin (*kama-haitukam*) içinde var olduğunu söyler. Şehvet bir erkeği bir dişiye doğru çeker ve tesadüfen seks diye bir şeyin olmasıyla kadın hamile kalır. Buna göre, aslında bir kadını hamile bırakacak hiçbir plan yoktur ama doğal düzen sayesinde kadın ve erkek bir araya geldiğinde sonuç ortaya çıkar. *Bhagavad-gītā*'nın on altıncı bölümünde asurik veya şeytani olarak tasvir edilen ateistik teori, esasında her şeyin bu yolda gitmesini, şansa ve doğal çekimin sonuçlarına bağlar. Bu şeytani teori eğer bir kimse çocuğunun olmasını önlemek isterse, koruyucu metot kullanabileceğini de savunur.

Aslında, her şey için büyük bir plan vardır; Vedik plan. Vedik edebiyatı kadın ve erkeğin nasıl birleşeceğine, nasıl çocuk sahibi olacaklarına ve cinsel hayatın amacına dair yolları bize gösterir. Kṛṣṇa *Bhagavad-gītā*'da cinsel hayatın Vedik düzenle onaylandığını bir başka deyişle cinsel hayatın Vedik kural ve yöntemleriyle yaşandığı sürece hakiki ve kabul edilebilir olduğunu söyler. Ancak şansa dayanan cinsel hayat kabul edilemez. Eğer kişi tesadüfen çocuk sahibi olursa, buna

140

varṇa-saṅkara, yani istenmeyen nüfus denir. Bu, düşük (seviyedeki) hayvanların yoludur, insanlar için kabul edilemez. İnsanlar için bir plan vardır. İnsan hayatı için bir plan olmadığı ve her şeyin tesadüfen ve maddi gereksinim olduğu teorisini kabul edemeyiz.

Śaṅkarācārya'nın Tanrı'nın var olmadığı ve kişinin Tanrı'yı imgeleyerek sosyal huzuru ve sükuneti koruyabileceği teorisi, az çok bu şans ve gereksinim fikrine dayanır. Bizim yolumuz ise, bundan tamamıyla farklı olarak otorite üzerine kurulur. Kṛṣṇa'nın önerdiği bu ilahi *varṇāśrama-dharma*, bugün anlaşıldığı gibi bir kast sistemi değildir. Hindistan'da da bugün kullanımı resmen yasaklanan ve yasaklanması da gereken kişileri doğuştan sınıflandıran bu modern kast sistemi, Vedik veya ilahi bir kast sistemi değildir.

Toplumda pek çok sınıf insan yaşar. Bunlardan kimi mühendis, kimi tıp doktoru, kimi kimyager, tüccar, iş adamı, vb... Bu sınıflar doğuştan değil, kişilerin niteliklerine göre belirlenir. Vedik edebiyatında, doğuştan kast sistemi diye bir şey yoktur ve biz de bunu kabul etmeyiz. Bugün, Hindistan toplumu tarafından da kabul görmeyen kast sistemiyle bizim bir alakamız yoktur. Hatta, biz herkese *brāhmaṇa* olma şansı veririz ve böylece herkes hayatın en üst düzeyine erişebilir.

Bugün toplumda *brāhmaṇa* yani spiritüel rehberlerin ve *kṣatriya* yani yöneticilerin eksikliğinden dolayı tüm dünya *śūdra*lar, yani işçi sınıfı tarafından yönetildiği için toplumda pek çok tutarsızlık ve çelişki vardır. Biz Kṛṣṇa bilinci hareketine bu tutarsızlık ve çelişkileri azaltmak için başladık. Eğer *brāhmaṇa* sınıfı tekrar kurulursa, diğer sosyal düzenlerdeki iyileşme, tıpkı beynin mükemmel düzende olduğunda kollar, karın, bacaklar gibi bedenin diğer bölümlerinin tümünün çok iyi hareket etmesi gibi otomatik takip edecektir.

Bu hareketin mutlak amacı insanları, Tanrı'yı nasıl sevecekleri yönünde eğitmektir. Caitanya Mahāprabhu da insan yaşamının en yüksek mükemmeliyetinin, Tanrı'yı nasıl seveceğini öğrenmekle elde edildiğini onaylar. Kṛṣṇa bilinci hareketinin ne Hindu diniyle ne de herhangi bir dini sistemle alakası vardır. Hiçbir Hristiyan, inancını Hristiyanlıktan Hinduizm'e çevirmekle ilgilenmez. Tıpkı bir Hindu'nun, inancını Hristiyan inancına çevirmeye gönüllü olmaması gibi. Bu gibi değişimler belirli bir sosyal statüsü olmayan kimseler içindir. Ancak herkes, Tanrı bilimiyle ve O'nun felsefesini anlayarak bunu ciddiye almaya başlayacaktır. Kṛṣṇa Bilinci hareketinin Hindu dinini yaymak olmadığını kesin olarak anlamak gerekir. Biz, hayatın bütün problemlerini çözebilecek spiritüel bir kültür veriyoruz ve böyle olduğu için de bu kültür dünyanın her yerinde kabul görüyor.

4. Bölüm

Kṛṣṇa'yı ve İsa'yı Anlamak

Kṛṣṇa veya İsa (Christ) — İsim Aynı

Sene 1974. ISKCON'un Śrīla Prabhupāda ve birkaç öğrencisi Batı Almanya, Frankfurt am Main'deki merkezinin yakınında, Niederalteich Manastırından bir Benediktin keşişi olan peder Emmanuel Jungclaussen ile sabah yürüyüşüne çıktı. Śrīla Prabhupāda'nın tespihe benzer meditasyon boncukları taşıdığını fark ederek, Peder Emmanuel kendisinin de sürekli bir duayı zikrettiğini anlattı: "İsa Mesih, bize merhamet et." Ardından aşağıdaki konuşma takip etti.

Śrīla Prabhupāda: *Christ* (İsa) kelimesinin anlamı nedir?

Peder Emmanuel: *Christ*, Yunanca *Christos* kelimesinden gelir, "seçilmiş olan" anlamındadır.

Śrīla Prabhupāda: *Christos*, Kṛṣṇa kelimesinin Yunanca uyarlamasıdır.

Peder Emmanuel: Bu çok ilginç.

Śrīla Prabhupāda: Hint biri Kṛṣṇa'ya seslendiği zaman, sıklıkla "Kṛṣṭa" der. Kṛṣṇa "cezbetme" anlamına gelen Sanskrit dilinde bir kelimedir. Yani biz Tanrı'ya "Christ", "Kṛṣṭa" veya "Kṛṣṇa" olarak hitap ettiğimiz zaman, aynı tümüyle cezbeden Tanrı'nın Yüce Şahsiyeti'ne işaret ediyoruz. İsa "Ey cennetteki Babamız, beni Senin adınla kutsa" dediğinde, Tanrı'nın bu ismi "Kṛṣṭa" veya "Kṛṣṇa" idi. Sizde katılıyor musunuz?

Peder Emmanuel: Bence Tanrı'nın oğlu olarak İsa, bize Tanrı'nın asıl ismini verdi: Christ. Tanrı'ya "Baba" diyebiliriz ama O'na Kendi esas ismiyle hitap etmek istersek, "Christ" demeliyiz.

Śrīla Prabhupāda: Evet. "Christ" Kṛṣṇa demenin başka bir şekli ve "Kṛṣṇa" da Kṛṣṇa'yı, Tanrı'nın adını telaffuz etmenin bir diğer şeklidir. İsa, insanın Tanrı'nın adını yüceltmesi gerektiği söyledi, ancak dün bir din adamının Tanrı'nın adı olmadığını – O'na sadece "Baba" olarak hitap edebiliriz – dediğini duydum. Bir oğul babasına "Baba" diye seslenebilir ama aynı zamanda babanın da kendine özgü bir ismi vardır. Aynı şekilde "Tanrı" da kendine özgü Kṛṣṇa ismi, Tanrı'nın Yüce Şahsiyeti'nin genel ismidir. Bu yüzden Tanrı'ya ister "Christ", "Kṛṣṭa" ya da Kṛṣṇa" diye seslenin, sonunda aynı Tanrı'nın Yüce Şahsiyeti'ne hitap ediyorsunuz.

Baba Emmanuel: Evet, eğer Tanrı'nın asıl adından bahsedersek, o zaman "Christos" demeliyiz. Bizim dinimizde Üçleme vardır: Baba, Oğul ve Kutsal Ruh. Biz Tanrı'nın isminin yalnızca Tanrı'nın Oğlu tarafından söylenmesiyle bilinebileceğine inanırız. İsa Mesih, babanın adını söyledi ve bu yüzden biz Tanrı'nın belirlenmiş adı olarak Christ ismini kabul ediyoruz.

Śrīla Prabhupāda: Aslında fark etmez – *Kṛṣṇa* ya da *Christ* – isim aynıdır. Esas nokta, bu çağda Tanrı'nın isimlerinin söylenmesini tavsiye eden Vedik yazınların öğretilerini takip etmektir. En kolay yol olan *mahā-mantra*yı söylemektir: Hare Kṛṣṇa, Hare Kṛṣṇa, Kṛṣṇa Kṛṣṇa, Hare Hare / Hare Rāma, Hare Rāma, Rāma Rāma, Hare Hare. Rāma ve Kṛṣṇa, Tanrı'nın isimleridir ve Hare ise Tanrı'nın enerjisidir. Böylece, *mahā-mantra*yı söylediğimiz zaman, O'nun enerjisi ile birlikte Tanrı'ya hitap etmiş oluyoruz. Bu enerji iki çeşittir, spiritüel ve maddi. Şu an biz maddi enerjinin pençelerindeyiz. Bu yüzden Kṛṣṇa'ya bizi lütfen maddi enerjinin hizmetinden kurtarıp, spiritüel enerjinin hizmetine kabul et diye dua ediyoruz. Bizim tüm felsefemiz budur. *Hare Kṛṣṇa* demek, "Ey Tanrı'nın enerjisi, Ey Tanrı (Kṛṣṇa), lütfen beni Senin hizmetinle meşgul et" demektir. Hizmet etmek bizim doğamızda var. Öyle ya da böyle bir şekilde maddi şeylerin hizmetindeyiz, ancak bu hizmet spiritüel enerjinin hizmetine dönüştürüldüğünde o zaman yaşamımız mükemmel olur. *Bhakti-yoga*yı (Tanrı'ya aşk dolu hizmet) uygulamak, "Hint", "Müslüman", "Hristiyan" şu ya da bu gibi tüm unvanlardan kurtulmak ve sadece Tanrı'ya hizmet etmek anlamına gelir. Hindu veya Hristiyan veya Müslüman dinlerini biz ortaya çıkardık ancak Hindu ya da Hristiyan veya Müslüman olmadığımızı düşündüğümüz unvanların olmadığı bir dine gelince, o zaman saf din ya da *bhakti*den bahsedebiliriz.

Peder Emmanuel: *Mukti?*

Śrīla Prabhupāda: Hayır, *bhakti. Bhakti*den söz ettiğimiz zaman, *mukti*yi (maddi ıstıraplardan özgürlük) de içerir. *Bhakti* olmadan *mukti* olmaz fakat biz *bhakti* platformunda hareket edersek, o zaman bu *mukti*yide içerir. Bunu *Bhagavad-gītā*'dan [14.26] öğreniyoruz:

> *māṃ ca yo 'vyabhicāreṇa*
> *bhakti-yogena sevate*
> *sa gunān samatītyaitān*
> *brahma-bhūyāya kalpate*

"Tam adanma hizmetiyle meşgul olan, hiçbir durumda düşmeyen kişi, hemen maddi doğanın bağlayıcı güçlerini aşar ve böylelikle Brahman seviyesine ulaşır."

Peder Emmanuel: Brahman, Kṛṣṇa mıdır?

Śrīla Prabhupāda: Kṛṣṇa Para-brahman'dır. Brahman üç şekilde idrak edilir: gayrişahsi Brahman olarak, yerleşik Paramātmā olarak ve şahsi Brahman olarak. Kṛṣṇa şahsidir ve O, Yüce Brahman'dır, Tanrı nihayetinde bir şahıstır. Bu *Śrīmad-Bhāgavatam* [1.2.11]' da onaylanır:

> *vadanti tat tattva-vidas*
> *tattvaṁ yaj jñānam advayam*
> *brahmeti paramātmeti*
> *bhagavān iti śabdyate*

"Mutlak Gerçek'i öğrenmiş bilge transandantalistler, bu eşsiz varlığı Brahman, Paramātmā veya Bhagavān olarak adlandırır." Yüce Şahsiyet'in vasfı Tanrı'nın nihai farkındalığıdır. O tüm altı zenginliğe de eksiksiz olarak sahiptir: O, en güçlüdür, en zengindir, en güzeldir, en ünlüdür, en bilge olandır ve en çok feragat edendir.

Peder Emmanuel: Evet, katılıyorum.

Śrīla Prabhupāda: Tanrı mutlak olduğundan dolayı, O'nun adı, O'nun sureti ve O'nun nitelikleri de mutlaktır ve hiçbiri O'ndan farklı değildir. Bu sebepten, Tanrı'nın kutsal ismini söylemek doğrudan O'nunla bağlantıda olmak anlamına gelir. Kişi Tanrı ile bağlantıda olursa tanrısal nitelikler kazanır ve tamamen arındığı zaman da Yüce Tanrı'nın bir arkadaşı olur.

Peder Emmanuel: Ama bizim Tanrı'nın İsmi anlayışımız sınırlıdır.

Śrīla Prabhupāda: Evet, biz sınırlıyız ancak Tanrı sınırsız ve O sınırsız veya mutlak olduğu için, O'nun her biri Tanrı olan sınırsız isimleri vardır. O'nun isimlerini spiritüel anlayışımız geliştiği kadar anlayabiliriz.

Peder Emmanuel: Bir soru sorabilir miyim? Biz Hristiyanlar da Tanrı aşkı hakkında vaaz veriyoruz ve Tanrı aşkını idrak etmeye çalışıyoruz ve bütün kalbimizle, bütün ruhumuzla O'na hizmet etmeye çalışıyoruz. Şimdi, sizin hareketinizle bizimki arasındaki fark nedir? Neden İsa Mesih'in müjdesi aynı mesajı söylerken siz öğrencilerinizi Tanrı aşkını yaymak için Batı ülkelerine gönderiyorsunuz?

Śrīla Prabhupāda: Sorun Hristiyanların Tanrı'nın talimatlarını takip etmemesi. Katılıyor musunuz?

Peder Emmanuel: Evet, büyük bir oranda haklısınız.

Śrīla Prabhupāda: O zaman Hristiyanlar için Tanrı aşkının anlamı nedir? Eğer Tanrı'nın emirlerini takip etmiyorsanız, o zaman nerde sizin aşkınız? Bu yüzden biz Tanrı'yı sevmenin ne anlama geldiğini öğretmek için geldik. Eğer O'nu severseniz, O'nun talimatlarına itaatsizlik edemezsiniz. Ve eğer itaatsizseniz, aşkınız gerçek değildir.

Tüm dünyada, insanlar Tanrı'yı değil ama köpeklerini seviyorlar. Kṛṣṇa bilinci hareketi bu yüzden insanlara, Tanrı'ya olan unutulmuş sevgilerini yeniden canlandırmayı öğretmek için gereklidir. Sadece Hristiyanlar değil, aynı zamanda Hindular, Müslümanlar ve tüm diğerleri de kabahatlidir. Kendilerini "Hristiyan", "Hindu" veya "Müslüman" olarak damgalıyorlar ama Tanrı'nın talimatlarına uymuyorlar. Sorun da bu.

Ziyaretçi: Hristiyanların ne şekilde itaatsizlik ettiğini söyleyebilir misiniz?

Śrīla Prabhupāda: Evet. İlk nokta mezbahalar işleterek "Öldürme" talimatını ihlal ediyorlar. Bu emrin ihlal edildiğine katılıyor musunuz?

Peder Emmanuel: Şahsen, ben katılıyorum.

Śrīla Prabhupāda: Güzel. Öyleyse eğer Hristiyanlar Tanrı'yı sevmek istiyorsa, hayvanları öldürmeyi durdurmalıdır.

Baba Emmanuel: Ama en önemli nokta...

Śrīla Prabhupāda: Eğer bir noktayı kaçırırsanız, hesaplamanızda bir hata olur. Bundan sonra ne eklerseniz ne çıkarsırsanız hata çoktan hesaplamanın içindedir ve takip eden her şey de hatalı hesaplanacaktır. Kutsal kitapların sadece hoşlandığımız bölümünü kabul edip, hoşlanmadığımız kısımlarını reddederek sonuç almayı bekleyemeyiz. Örneğin, bir tavuk poposuyla yumurtlar ve gagasıyla yer. Bir çiftçi, "Tavuğun kafa tarafı çok pahalıya geliyor çünkü onu beslemek zorundayım. En iyisi kesip atayım" diye düşünebilir. Ancak baş noksansa, bir daha yumurta da olmayacaktır çünkü beden ölür. Benzer şekilde, kutsal kitapların zor tarafını reddedip, istediğimiz kısmına uyarsak böylesi bir yorumun bize faydası olmaz. Sadece bize uyan kısımları değil, kutsal kitapların tüm talimatlarını olduğu gibi kabul etmek zorundayız. "Öldürmeyeceksin" talimatını başlangıçta takip etmezsen o zaman Tanrı aşkından söz edilir mi?

Ziyaretçi: Hristiyanlar bu emri hayvanlara değil, insanlara uygulanabilir olarak kabul ediyor.

Śrīla Prabhupāda: Bu, İsa'nın doğru kelime olarak *cinayeti* kullanacak kadar akıllı olmadığı anlamına gelirdi. Öldürmek vardır, *cinayet* vardır. *Cinayet* insanları işaret eder. Sizce İsa *öldürmek* kelimesi yerine doğru kelime – *cinayeti* – kullanacak kadar akıllı değil miydi? *Öldürmek* her tür öldürmeyi ve özellikle de hayvan öldürmek anlamına gelir. İsa sadece insanların öldürülmesini kastetmiş olsaydı, *cinayet* kelimesini kullanırdı.

Peder Emmanuel: Ancak Eski Ahitte "Öldürmemelisin" emri cinayeti ima eder. İsa da "Öldürmeyeceksin" dediğinde, insanın yalnızca bir diğer insanı öldürmekten sakınması değil, aynı zamanda ona sevgiyle muamele etmesi anlamında bu emri genişletti. O asla insanın diğer varlıklarla olan ilişkisinden bahsetmedi, yalnızca diğer insanlarla olan ilişkisinden bahsetti. "Öldürmemelisin" dediği zaman, aynı zamanda zihinsel ve duygusal anlamda da kimseyi hor görüp zarar vermemelisiniz, kimseye kötü şekilde muamele etmemelisiniz ve bunun gibi birçok tavsiyede bulundu.

Śrīla Prabhupāda: Biz şu ya da bu ahit ile değil sadece talimatlarda geçen kelimelerle ilgileniyoruz. Eğer siz bu kelimeleri yorumlamak istiyorsanız, o başka bir şey. Biz dolaysız anlamını kavrıyoruz. "Öldürmemelisin" demek, "Hristiyanlar öldürmemelidir" anlamına gelir.

Mevcut davranış şekline devam etmek için yorumlar ileri sürebilirsiniz ama biz açıkça anlıyoruz ki yorumlamaya gerek yok. Bir şeyler açık değilse yorum gerekebilir. Ama buradaki anlam açık. "Öldürmemelisin" açık bir talimat. Niye yorumlayalım ki?

Peder Emmanuel: Bitkilerin yenmesi de öldürmek değil mi?

Śrīla Prabhupāda: *Vaiṣṇava* felsefesi gereksiz yere bitkileri bile öldürmememiz gerektiğini öğretir. *Bhagavad-gītā*'da [9.26] Kṛṣṇa şöyle söyler:

patraṁ puṣpaṁ phalaṁ toyaṁ
yo me bhaktyā prayacchati
tad ahaṁ bhakty-upahṛtam
aśnāmi prayatātmanaḥ

"Eğer bir kimse Bana aşk ve adanmışlıkla bir yaprak, bir çiçek, bir meyve veya birazcık su sunarsa, onu kabul edeceğim." Biz Kṛṣṇa'ya sadece O'nun istediği yiyecekleri sunuyoruz ve ardından kalanları yiyoruz. Eğer Kṛṣṇa'ya vejetaryen yiyecek sunmak günah olsaydı, o zaman bu Kṛṣṇa'nın günahı olurdu, bizim değil. Ancak Tanrı *apāpa-viddha* – günahkâr hareketler O'nda uygulanabilir değildir. O, güneş gibidir, o kadar güçlüdür ki, idrarı bile arıtabilir ki bu bizim için imkânsız olan bir şeydir. Kṛṣṇa aynı zamanda çok güçlü olduğundan, bir katilin asılmasını emredebilen ancak, kendisi cezalandırmanın ötesinde olan bir kral gibidir. Öncelikle Tanrı'ya sunulmuş olan yiyeceği yemek de bir askerin savaş zamanı öldürmesi gibidir. Savaşta, kumandan bir adama saldırmasını emrettiğinde, düşmanı öldüren itaatkâr asker madalya alacaktır. Ama aynı asker kendi başına birini öldürürse, cezalandırılacaktır. Buna benzer, yalnızca *prasāda* (Kṛṣṇa'ya sunulan yiyecekten kalanlar) yediğimizde hiçbir günah işlememiş oluruz. Bu *Bhagavad-gītā*'da [3.13] onaylanır:

yajña-śiṣṭāśinaḥ santo
mucyante sarva-kilbiṣaiḥ
bhuñjate te tv aghaṁ pāpā
ye pacanty ātma-kāraṇāt

"Tanrı'nın adananları tüm günahlardan azat edilmiştir çünkü onlar fedakârlık için önce Kṛṣṇa'ya sunulan yiyeceği yer. Şahsi duyusal zevki için yiyecek hazırlayan diğerleri ise gerçekte yalnızca günah yerler." **Peder Emmanuel:** Kṛṣṇa hayvanları yemek için izin veremez mi?

Śrīla Prabhupāda: Evet, hayvanlar aleminde buna izin verir. Ama uygar insanlar, dindar insanlar öldürmek ve hayvanları yemek için yaratılmamıştır. Eğer hayvanları öldürmeye son verirseniz ve Christ'in kutsal adını söylerseniz her şey mükemmel olacaktır. Ben size öğretmeye değil, yalnızca sizden Tanrı'nın adını söylemenizi rica etmeye geldim. Aynı zamanda İncil de sizden bunu talep ediyor. Öyleyse lütfen işbirliği yapalım ve söyleyelim ve eğer Kṛṣṇa ismini söylemeye karşı bir önyargınız varsa, o zaman "Christos"u veya "Kṛṣṭa"yı söyleyin – bir fark yoktur. Śrī Caitanya dedi ki: *nāmnām akāri bahudhā nija-sarva-śaktiḥ.* "Tanrı'nın milyonlarca ve milyonlarca ismi vardır ve Tanrı'nın ismi ile Kendisi arasında bir fark olmadığı için bu isimlerin her biri Tanrı ile aynı potansiyele sahiptir." Bu sebepten, "Hindu", "Hristiyan" ya da "Müslüman" gibi unvanları kabul etmiş olsanız bile sadece kendi kutsal kitaplarınızda bulunan Tanrı'nın ismini söylerseniz, spiritüel platforma ulaşacaksınız. İnsan yaşamı benlik idraki yani Tanrı'nın nasıl sevileceğini öğrenmek içindir. İnsanın asıl güzelliği budur. Bu görevi ister bir Hindu olarak ister bir Hristiyan olarak, ister bir Müslüman olarak gerçekleştirin, fark etmez, ama yerine getirin.

Peder Emmanuel: Katılıyorum.

Śrīla Prabhupāda: (108 meditasyon boncuğundan bir sicimi işaret ederek): Bizim her zaman bu boncuklarımız var, tıpkı sizin kendi tespihinizin olması gibi. Siz zikrediyorsunuz, peki neden diğer Hristiyanlar da zikretmiyor? İnsanoğlu olarak neden bu fırsatı kaçırsınlar ki? Kediler ve köpekler zikredemez ama biz yapabiliriz çünkü biz insan olarak bir dile sahibiz. Eğer Tanrı'nın kutsal isimlerini söylersek hiçbir şey kaybetmeyiz; tam aksine çok fazlaca kazanırız. Benim öğrencilerim devamlı olarak Hare Kṛṣṇa'yı söylüyorlar. Onlar da sinemaya gidebilir veya bir sürü başka şeyler yapabilirler fakat her şeyi bıraktılar. Ne balık ne et ne de yumurta yiyorlar, bağımlılık yapan maddeler almıyorlar, alkol içmiyorlar, sigara içmiyorlar, kumar oynamıyorlar, spekülasyonlar yapmıyorlar ve evlilik dışı cinsel ilişkilerde bulunmuyorlar.

Onlar Tanrı'nın kutsal ismini söylüyorlar. Bizimle iş birliği yapmak isterseniz, o zaman kiliselere gidip "Christ" "Kṛṣṭa" ya da "Kṛṣṇa" yı söyleyin. Bunda karşı çıkılacak bir şey var mı?

Peder Emmanuel: Hiç yok. Kendi adıma, size katılmaktan memnuniyet duyarım.

Śrīla Prabhupāda: Hayır, biz sizinle Hristiyan kilisesinin bir temsilcisi olarak konuşuyoruz. Kiliseleri kapalı tutmak yerine, neden bize vermiyorsunuz? Biz orada günde yirmi dört saat Tanrı'nın kutsal adını söylerdik. Kimse gitmediğinden dolayı, çoğu yerde neredeyse kapalı olan kiliseleri satın aldık. Londra'da kapalı olan veya sıradan amaçlar için kullanılan yüzlerce kilise gördüm. Biz Los Angeles'te böyle bir kilise satın aldık. Satıldı çünkü kimse oraya gelmiyordu ama bugün o aynı kiliseyi ziyaret ederseniz binlerce insan göreceksiniz. Her akıllı insan Tanrı'nın ne olduğunu beş dakikada anlayabilir; bu beş saat gerektirmez.

Peder Emmanuel: Anlıyorum.

Śrīla Prabhupāda: Ama insanlar anlamıyorlar. Onların hastalığı anlamak istememeleridir.

Ziyaretçi: Bence Tanrı'yı anlamak zekâ meselesi değil ama alçakgönüllülük meselesidir.

Śrīla Prabhupāda: Alçakgönüllülük akıl demektir. Alçakgönüllü ve uysal Tanrı'nın krallığına sahiptir. Bu İncil'de belirtilmiştir, değil mi? Ancak sahtekarların felsefesi herkesin Tanrı olduğudur ve bugün bu fikir popülerleşmiştir. Onun için kimse alçakgönüllü ve uysal değil. Eğer herkes Tanrı olduğunu düşünürse, ne diye alçakgönüllü ve uysal olsunlar ki? Bu yüzden ben öğrencilerime nasıl alçakgönüllü ve uysal olacaklarını öğretiyorum. Her zaman tapınakta ve manevi öğretmenin önünde saygıyla eğiliyorlar ve bu şekilde ilerleme kaydediyoruz. Alçakgönüllülük ve uysallık nitelikleri çok çabuk ruhsal farkındalığa götürür. Vedik edebiyatında şöyle denir; "Tanrı'ya ve O'nun temsilcisi olan manevi öğretmene sağlam inancı olanlara, Vedik bilgilerinin anlamı ifşa olur."

Peder Emmanuel: Ama bu alçakgönüllülük diğer herkese de sunulmamalı mı?

Śrīla Prabhupāda: Evet, ama iki çeşit saygı vardır: özel ve genel.

Śrī Kṛṣṇa Caitanya kendimiz için hürmet beklememizi ama daima diğer herkese, bize karşı saygısız olsa bile saygı duymamızı öğretti. Lakin Tanrı'ya ve O'nun saf adananına özel saygı gösterilmeli. **Peder Emmanuel:** Evet, katılıyorum.

Śrīla Prabhupāda: Bence Hristiyan rahipleri Kṛṣṇa bilinci hareketiyle iş birliği yapmalı. Christ ya da Christos adını söylemeli ve hayvanların katledilmesine göz yummaya son vermelidir. Bu program İncil'in öğretilerini takip ediyor, kendi felsefem değil. Lütfen ona göre hareket edin ve dünyanın nasıl değiştiğini göreceksiniz.

Peder Emmanuel: Çok teşekkür ederim.

Śrīla Prabhupāda: Hare Kṛṣṇa.

İsa (Christ), Hristiyanlar ve Kṛṣṇa

Bir Vaiṣṇava [Tanrı'nın saf adananı] diğerlerinin acı çektiğini görünce mutsuz olur. Bu yüzden, Yüce İsa çarmıha gerilmeyi başkalarının acılarını dindirmek için kabul etti. Ancak takipçileri öyle vefasız ki "İsa bizim için acı çeksin ve biz günah işlemeye devam edelim" diye karar verdiler. İsa'yı öyle çok seviyorlar ki "Sevgili İsa, biz çok zayıfız. Günahkâr faaliyetlerimizi bırakamıyoruz. Öyleyse bizim yerimize sen acı çek" diye düşünüyorlar.

Śrīmad-Bhāgavatam'da Tanrı bilincinin her gerçek vaizinin *titikṣā* (hoşgörü) ve *karuṇā* (merhamet) niteliklerine sahip olması gerektiği yer alır. Yüce İsa'nın karakterinde bu iki niteliği de bulabiliriz. O, öylesine hoşgörülüydü ki çarmıha gerilirken bile kimseyi kınamadı. Öylesine merhametliydi ki, onu öldürmeye çalışan kişileri bağışlaması için Tanrı'ya dua etti. (Tabi ki, gerçekte onu öldüremediler. Ancak onun öldürülebileceğini düşünüyorlardı, bu yüzden büyük bir kabahat işliyorlardı.) İsa çarmıha gerilirken dahi "Baba, onları bağışla. Onlar ne yaptıklarını bilmiyorlar" diye dua etti.

Tanrı bilincinin vaizi tüm canlı varlıkların dostudur. Yüce İsa "Öldürmemelisiniz"i öğreterek bunun örneği oldu. Fakat Hristiyanlar bu emri yanlış yorumlamak istiyorlar. Hayvanların ruhu olmadığını düşünüyorlar ve bu yüzden milyarlarca masum hayvanı mezbahalarda rahatça öldürüyorlar. Yani, Hristiyan olduğunu iddia eden birçok kişi olduğu halde, Yüce İsa'nın talimatlarını sıkı bir şekilde takip eden birini bulmak çok zor.

Bir *Vaiṣṇava* diğerlerinin acı çektiğini görünce mutsuz olur. Bu yüzden, Yüce İsa çarmıha gerilmeyi başkalarının acılarını dindirmek için kabul etti. Ancak takipçileri öyle vefasız ki "İsa bizim için acı çeksin ve biz günah işlemeye devam edelim" diye karar verdiler. İsa'yı öyle çok seviyorlar ki "Sevgili İsa, biz çok zayıfız. Günahkâr faaliyetlerimizi bırakamıyoruz. Öyleyse bizim yerimize sen acı çek" diye düşünüyorlar. İsa "Öldürmemelisin" talimatını öğretti. Ama takipçileri "Yine de öldürelim," diye karar verdiler ve büyük, modern, bilimsel mezbahalar açtılar. "Eğer bir günah varsa, İsa bizim yerimize acısını çeker." Bu en kötü yargıdır.

İsa adananlarının önceki günahlarının acılarını alabilir. Ama onlar önce şu şekilde aklı başında olmalıdırlar: "Neden İsa Mesih'i benim günahlarımın ıstırapları içine sokayım? Ben günahkâr hareketlerime son vermeliyim."

Bir adam farz edin, babasının en gözde oğlu ve bir cinayet işliyor. Daha sonra, "Bir cezası varsa babam benim yerime çekebilir" diye düşündüğünü farz edin. Kanun buna izin verir mi? Katil tutuklandığı zaman, "Hayır, hayır. Beni serbest bırakabilir ve babamı tutuklayabilirsiniz; ben onun en gözde oğluyum" der. Polis memurları bu budalanın isteğine razı mı olacaktır? Cinayeti o işledi ama cezayı babasının çekmesi gerektiğini düşünüyor! Bu aklı başında bir teklif mi? "Hayır. Cinayeti sen işledin; asılmalısın." Benzer şekilde, günahkâr faaliyetlerde bulunduğumuz zaman, acısını siz çekmelisiniz, İsa Mesih değil. Bu Tanrı'nın kanunudur.

İsa çok büyük bir şahsiyetti, o Tanrı'nın temsilcisiydi. Hiçbir kusuru yoktu. Yine de çarmıha gerildi. O Tanrı bilincini vermek istedi ama karşılığında onu çarmıha gerdiler. İşte o kadar nankördüler. Onun vaazlarının değerini bilemediler. Ama biz onu takdir ediyoruz ve ona Tanrı'nın temsilcisi olarak tüm saygıyı sunuyoruz.

Tabi ki, İsa'nın yaydığı mesaj sadece belli bir zamana, yere, ülkeye ve belli bir grup insana uygundu. Ama kesinlikle o Tanrı'nın temsilcisidir. Bu yüzden Yüce İsa'ya hayranlık duyuyoruz ve onun önünde saygıyla eğiliyoruz.

Bir keresinde Melbourne'da, bir grup Hristiyan papaz beni ziyarete geldi. "İsa hakkındaki görüşünüz ne?" diye sordular. Onlara "O, bizim *guru*muz. O, Tanrı bilincini öğretiyor, bu nedenle o bizim manevi öğretmenimizdir" cevabını verdim. Papazlar bunu çok takdir ettiler.

Aslında, Tanrı bilincini yayan herkes bir *guru* olarak kabul edilmelidir. İsa çok büyük bir şahsiyetti. Onu sıradan bir insan olarak düşünmemeliyiz. Kutsal kitaplar, manevi öğretmeni sıradan bir kimse olarak düşünenlerin kötü zihniyete sahip olduğunu söylerler. Eğer İsa sıradan bir insan olsaydı, o zaman Tanrı bilincini veremezdi.

Öldürmemelisin

ISKCON'nun Paris merkezinde, Śrīla Prabhupāda Kardinal Jean Danielou ile konuşur: "İncil basitçe 'İnsan öldürmeyin' demiyor. Açıkça 'Öldürmemelisiniz' diyor... neden bunu kendi rahatınıza uydurmak için yorumluyorsunuz?... Yiyecek olmadığında insan kıtlıktan korunmak için et yiyebilir. Bu ayrı bir şeydir. Ancak sırf dilinizi tatmin etmek için düzenli olarak mezbahalar işletmek son derece günahtır."

Śrīla Prabhupāda: İsa Mesih "Öldürmemelisin" dedi. Öyleyse neden Hristiyanlar hayvanları öldürüyorlar?

Kardinal Danielou: Kesinlikle Hristiyanlıkta öldürmek yasaklanmıştır ama biz bir insanın yaşamı ile bir hayvanın yaşamı arasında fark olduğuna inanıyoruz. Bir insanın yaşamı kutsaldır çünkü insan Tanrı'ya benzer olarak yapılmıştır; bu sebepten insan öldürmek yasaktır.

Śrīla Prabhupāda: Fakat İncil sadece, "İnsan öldürmeyin" demiyor. Açıkça "Öldürmemelisiniz" diyor.

Kardinal Danielou: Biz yalnızca insan yaşamının kutsal olduğuna inanıyoruz.

Śrīla Prabhupāda: Bu sizin yorumunuz. Emir "Öldürmeyin"dir.

Kardinal Danielou: İnsanın yiyecek bulmak için hayvanları öldürmesi gereklidir.

Śrīla Prabhupāda: Hayır. İnsan tahıllar, sebzeler yiyebilir ve sütten yararlanabilir.

Kardinal Danielou: Et yok mu?

Śrīla Prabhupāda: Hayır. İnsanların vejetaryen yiyecekler yemesi gerekir. Kaplan sizin meyvelerinizi yemeye gelmez. Onun belirlenmiş yiyeceği hayvan etidir. Fakat insanın yiyeceği sebzeler, meyveler, tahıllar ve süt ürünleridir. Bu durumda hayvan öldürmenin günah olmadığını nasıl söyleyebilirsiniz? **Kardinal Danielou:** Biz bunun güdü meselesi olduğuna inanıyoruz. Bir hayvanın öldürülmesi, aç olana yiyecek vermek içinse o zaman adildir.

Śrīla Prabhupāda: Ama ineği düşünün. Sütünü içiyoruz; bundan dolayı bizim annemizdir. Katılıyor musunuz?

Kardinal Danielou: Evet, elbette.

Śrīla Prabhupāda: Öyleyse eğer inek sizin annenizse, nasıl olur da onun öldürülmesini destekleyebilirsiniz? Siz ondan süt alıyorsunuz ve yaşlandığında size süt veremeyince boğazını kesiyorsunuz. Bu insancıl bir davranış mıdır? Hindistan'da et yiyenlere keçi, domuz ya da hatta bufalo gibi daha alt seviyedeki hayvanları öldürmeleri tavsiye edilir. Ama inek öldürmek en büyük günahtır. Kṛṣṇa bilincini anlatırken insanlardan hiçbir şekilde et yememelerini rica ediyoruz ve benim öğrencilerim bu ilkeyi harfi harfine takip ediyorlar. Ancak, belli koşullar altında et yemeye zorunlu olan kişiler o durumda daha düşük seviyedeki bir hayvanın etini yemelidirler. İnekleri öldürmeyin. Bu en büyük günahtır ve insan günahkâr olduğu sürece Tanrı'yı anlayamaz. İnsanın esas işi Tanrı'yı anlamak ve O'nu sevmektir. Ancak günahkâr olmaya devam ederseniz, O'nu sevmeyi bir kenara bırakın asla Tanrı'yı anlayamayazsınız.

Kardinal Danielou: Bence muhtemelen bu temel bir nokta değil. Önemli olan şey Tanrı'yı sevmektir. Uygulamalı talimatlar bir dinden diğerine çeşitlilik gösterebilir.

Śrīla Prabhupāda: Bu durumda İncil'deki Tanrı'nın uygulamalı emri sizin öldüremeyeceğinizdir; bu yüzden inekleri öldürmek sizin için günahtır.

Kardinal Danielou: Tanrı Hintlere öldürmenin iyi olmadığını söylüyor, Yahudilere diyor ki…

Śrīla Prabhupāda: Hayır, hayır. İsa Mesih "Öldürmemelisiniz" diye öğretti. Neden bunu kendinize uygun biçimde yorumluyorsunuz?

Kardinal Danielou: Fakat İsa Paskalya kuzusunun kurban edilmesine müsaade etti.

Śrīla Prabhupāda: Ancak, O asla bir mezbaha işletmedi.

Kardinal Danielou: [Güler.] Hayır ama O da et yedi.
Śrīla Prabhupāda: Yiyecek olmadığında insan kıtlıktan korunmak için et yiyebilir. Bu ayrı bir şeydir. Ancak sırf dilinizi tatmin etmek için düzenli olarak mezbahalar işletmek son derece günahtır. Aslında, bu zalimce uygulama olan mezbahaların işletilmesi durdurulana kadar, bir insan toplumuna sahip olmayacaksınız. Hayvanların öldürülmesi bazen hayatta kalmak için gerekli olduğu halde, en azından, anne olan inek öldürülmemelidir. Bu basitçe insan ahlakıdır. Kṛṣṇa bilinci hareketinde bizim uygulamamız, hiçbir hayvanın öldürülmesine izin vermemektir. Kṛṣṇa şöyle söylüyor; *patraṁ puṣpaṁ phalaṁ toyaṁ yo me bhaktyā prayacchati*: "Sebzeler, meyveler, süt ve tahıllar Bana adanma ile sunulmalıdır" [*Bhagavad-gītā* 9.26]. Biz yalnızca Kṛṣṇa'dan arta kalanları (*prasāda*) yeriz. Ağaçlar bize çok çeşitlilikte meyveler sunarlar ama ağaçlar öldürülmezler. Tabi ki, bir canlı varlık diğer canlı varlık için yiyecektir ama bu yiyecek için sizin annenizi öldürebileceğiniz anlamına gelmez. İnekler masumdur; bize süt verir. Onların sütünü alıyorsunuz ve sonra mezbahalarda onları öldürüyorsunuz. Bu günahtır.
Öğrenci: Śrīla Prabhupāda, Hristiyanlığın et yemeyi onaylaması yaşamın daha alt seviyedeki türlerinin, insanların ki gibi ruhu olmadığı görüşüne dayanıyor.
Śrīla Prabhupāda: Bu saçmalıktır. Öncelikle, ruhun beden içerisindeki varlığının ispatını anlamalıyız. O zaman insanın ruhu var mı ve hayvanın ruhu yok mu anlayabiliriz. İnsan ile hayvanın farklı özellikleri nelerdir? Eğer özelliklerde bir fark bulursak o zaman hayvanda ruh olmadığını söyleyebiliriz. Ancak, hayvanın ve insanın aynı özelliklere sahip olduğunu görürsek, o zaman hayvanın ruhu olmadığını nasıl söyleyebiliriz? Genel belirtiler: hayvanlar yer, siz de yersiniz; hayvanlar uyur, siz de uyursunuz; hayvanlar çiftleşir, siz de çiftleşirsiniz; hayvanlar kendilerini savunur ve siz de kendinizi savunursunuz. Fark nerede?
Kardinal Danielou: Biz hayvanda da insanlardaki gibi aynı tip biyolojik oluşum olabileceğini kabul ediyoruz ama ruh yoktur. Biz ruhun, insan ruhu olduğuna inanıyoruz.
Śrīla Prabhupāda: *Bhagavad-gītā sarva-yoniṣu* der, "Yaşamın bütün türlerinde ruh mevcuttur." Beden bir takım elbise gibidir.

Sizin siyah giysileriniz var; ben safran rengi giysiler giyiniyorum. Ama elbisenin içinde siz bir insansınız ve aynı zamanda ben de bir insanım. Benzer şekilde, farklı türlerin bedenleri de tıpkı farklı çeşitte elbiseler gibidir. 8,400,000 canlı veya elbise vardır, hepsinde Tanrı'nın öz parçası olan bir ruh vardır. Bir adamın eşit derecede övgüye değer olmayan iki oğlu olduğunu farz edin. Biri Yüce Mahkeme yargıcı, diğeri de sıradan bir işçi. Fakat baba ikisine de oğlu olarak sahip çıkar. Yargıç olan oğlunun çok önemli biri, işçi oğlunun önemsiz biri olduğu ayrımını yapmaz. Eğer yargıç olan oğlu "Sevgili babacım, diğer oğlun işe yaramaz; bırak da onu kesip yiyeyim" derse baba buna izin verir mi?

Kardinal Danielou: Kesinlikle hayır ama tüm yaşamın Tanrı'nın parçası olduğu fikrini kabul etmek bizim için zordur. İnsan yaşamı ile hayvan yaşamı arasında büyük bir fark vardır.

Śrīla Prabhupāda: Fark bilincin gelişimi yüzündendir. İnsan bedeninde gelişmiş bilinç vardır. Bir ağacın bile ruhu var ama ağacın bilinci o kadar gelişmiş değildir. Bir ağacı keserseniz karşı koymaz. Aslında karşı koyar ama çok küçük bir dereceye kadar. Jagadish Chandra Bose isminde bir bilim adamı, ağaçların ve bitkilerin kesildiği zaman acıyı hissedebildiklerini gösteren bir makine yapmıştır. Birisi bir hayvanı öldürmeye geldiği zaman, hayvanın karşı koyduğunu, ağladığını, korkunç bir ses çıkardığını direk olarak gözlerimizle görebiliriz. Yani, bu bilincin gelişmişliği meselesidir. Ancak, ruh tüm canlı varlıkların içindedir.

Kardinal Danielou: Ama metafiziksel olarak, insan yaşamı kutsaldır. İnsanlar, hayvanlardan daha yüksek bir platformda düşünür.

Śrīla Prabhupāda: Daha yüksek olan bu platform nedir? Hayvan, bedenini devam ettirmek için yer ve siz de bedeninizi devam ettirmek için yersiniz. İnek, otlakta yer, insan da modern makinelerle dolu kocaman bir mezbahadan et yer. Fakat, sadece büyük makinelere ve korkunç bir manzaraya sahip olduğunuz için bir havyanın sadece ot yemesi, sizin çok gelişmiş olduğunuz, bedeniniz içinde bir ruh olduğu ve hayvanın bedeninde olmadığı anlamına gelmez. Bu mantıksızdır. Hayvanda ve insandaki temel özelliklerin aynı olduğunu görebiliyoruz.

Kardinal Danielou: Fakat yalnızca insanlarda hayatın anlamına dair metafiziksel bir arayış olduğunu görüyoruz.

Śrīla Prabhupāda: Evet. Öyleyse metafiziksel olarak neden hayvanda ruh olmadığına inandığınızı araştırın. Bu metafiziktir. Eğer metafiziksel olarak düşünüyorsanız, bu iyidir. Ancak bir hayvan gibi düşünürseniz, o zaman metafizik üzerinde çalışmanızın yararı nedir? *Metafiziksel* demek, "fizik ötesi" demektir veya başka bir deyişle "spiritüel". *Bhagavad-gītā'*da Kṛṣṇa şöyle söyler, *sarva-yoniṣu kaunteya*: "Her canlı varlıkta bir ruh can vardır." Bu metafiziksel anlayıştır. Şimdi ister Kṛṣṇa'nın öğretilerini metafizik olarak kabul edin, ister üçüncü sınıf bir budalanın fikrini metafizik olarak kabul edin. Hangisini kabul ediyorsunuz?

Kardinal Danielou: Ama Tanrı neden diğer hayvanları yiyen bazı hayvanlar yaratıyor? Yaradılışta bir hata var, öyle gibi görünüyor.

Śrīla Prabhupāda: Bir hata değildir. Tanrı çok naziktir. Eğer hayvanları yemek istiyorsanız, o zaman O size tüm olanağı verecektir. Tanrı size bir sonraki yaşamınızda oldukça özgürce et yiyebilesiniz diye bir kaplanın bedenini verecektir. "Neden mezbahaları işletiyorsunuz? Size uzun sivri dişler ve pençeler veririm. O zaman yiyin." Öyleyse et yiyenleri böyle cezalar bekliyor. Hayvan yiyenler bir sonraki hayatlarında daha çok olanak elde etmek için, kaplan, kurt, kedi ve köpek olurlar.

5. Bölüm

Kavga Çağında Yoga Pratiği Yapmak

Üstün Bilinç

"Yüce Ruh herkesin içinde mevcuttur, her yerde bulunur, her varlığın bilincindedir. Ruh ve Yüce Ruhun, bir olduğu teorisi kabul edilemez çünkü bireysel ruhun bilinci, Yüce Bilinç gibi hareket edemez. Yüce Bilince sadece o bilinçle sıkı sıkıya bağlı olan bireysel bilinç tarafından ulaşılır ve bu sıkı sıkıya bağlanma işlemine teslim olma veya Kṛṣṇa bilinci denir."

Kṛṣṇa bilinci, eğitimli adanan *yogī*ler tarafından uygulanan en yüksek yogadır. Yoga sistemi, *Bhagavad-gītā*'da, Rab Kṛṣṇa tarafından verilen standart yoga uygulamasının formülü, Patañjali yoga disipliniyle tavsiye edilir ve bugünlerde genellikle batı ülkelerinde uygulanan *haṭha-yoga*dan farklıdır.

Gerçek yoga uygulaması, duyuları kontrol etmek demektir ve böyle bir kontrol sağlandıktan sonra zihin, Tanrı'nın Yüce Şahsiyeti, Śrī Kṛṣṇa'nın Nārāyaṇa suretine odaklanmalıdır. Rab Kṛṣṇa orijinal Mutlak Şahsiyet olan Tanrı'dır ve diğer Viṣṇu suretleri; deniz kabuğu, lotus, asa ve disk ile donatılmış dört elli Kṛṣṇa'nın genel yayılımlarıdır.

Bhagavad-gītā'da Tanrı'nın suretleri üzerine meditasyon yapmamız tavsiye edilmektedir. Zihnin konsantrasyonunu sağlamak için, kişi gözlerden uzak, kutsal bir atmosfere tahsis edilmiş bir yere oturmalı ve bu şekilde *yogī*, *brahmacarya* kuralları olan müsamahasız kendini dizginleme ve cinsel oruç takip etmelidir. Kimse karmaşık bir şehirde savurgan bir yaşam sürerek, cinsellik kısıtlaması olmaksızın ve dil zinası ile yoga uygulaması yapamaz.

Yoganın duyuları kontrol etme demek olduğunu zaten belirtmiştik ve duyuları kontrol etmek ise dili kontrol ederek başlar. Dilin her türlü yasak yiyecek ve içeceği tatmasına izin verip aynı zamanda *yoga* uygulamalarında ilerlemeyi beklememelisiniz. Çok üzücü bir gerçek vardır ki birçok yolundan sapmış, yetkisiz sözüm ona *yogī*ler şimdi Batı ülkelerine geliyorlar ve yoga öğrenmek isteyen insanları suistimal ediyorlar. Bu tip yetkisiz *yogī*ler alenen bile, bir kişinin alkol tüketip aynı zamanda meditasyon uygulaması yapabileceğini söylüyorlar.

Beş bin yıl önce, *Bhagavad-gītā*'daki bir diyalogda, Kṛṣṇa öğrencisi Arjuna'ya yoga uygulamalarını tavsiye etmektedir ve Arjuna sıkıntılı bir şekilde yoga uygulamalarını ve zorlu kurallarını takip etmede yeteneksiz olduğunu belirtir. Bir kimse her alanda pratik olmalıdır. Yoga adı altında sadece bazı jimnastik uygulamalarıyla değerli vaktini kaybetmemelidir. Gerçek yoga demek, Yüce Ruh'un dört kollu formunu, kalbinde araması ve meditasyonda sürekli olarak onu görmesidir. Böyle devamlı meditasyona *sāmadhi* denir. Eğer, bir kimse boş veya gayri şahsi bir şey üzerine meditasyon yapmak isterse, *yoga* uygulamasıyla bir yerlere ulaşması için çok zamana ihtiyacı vardır. Zihnimizi gayri şahsiyet veya boşluğa odaklayamayız. Gerçek yoga demek, kişinin zihnini herkesin kalbinde yer alan dört kolu Nārāyaṇa'ya sabitlemesi demektir.

Bazen bir kimsenin meditasyon yaparak, ne olduğunu bilmeksizin herkesin kalbinde bulunan Tanrı'yı anlayacağı söylenir. Tanrı herkesin kalbinde yer alır. Sadece insanın kalbinde değil, ayrıca kedilerin ve köpeklerin de kalbindedir. *Bhagavad-gītā*, İśvara'nın, dünyanın yüce yöneticisinin herkesin kalbinde olduğunu açıklayarak bunu teyit eder. Sadece herkesin kalbinde değil, ayrıca o her atomun içinde de bulunur. Rabb'in bulunmadığı boşlukta olan hiçbir yer yoktur.

Paramātmā adıyla, herkesin kalbinde bulunması Rabb'in özeliğidir. Ātmā demek bireysel ruh ve Paramātmā bireysel Yüce Ruh demektir. Hem ātmā hem de Paramātmā bireysel kişilerdir. Aralarındaki fark, ātmā veya ruhun sadece belirli bir yerde bulunurken, Paramātmā'nın her yerde bulunmasıdır. Bu bağlamda, güneş örneği çok güzeldir. Bir şahıs bir yerde bulunabilir, fakat güneş belirli bir bireysel varlık olarak her bireysel şahsın üstünde de bulunur. *Bhagavad-gītā* bunu çok hoş bir şekilde anlatır. Bu sebeple tüm canlı varlıkların özellikleri, Tanrı da dahil olmak üzere aynıdır, Yüce Ruh'un bireysel ruhtan farkı, yayılımının miktarıdır. Tanrı yani Yüce Ruh, kendini milyonlarca farklı surette yayabilirken bireysel ruh bunu yapamaz.

Yüce Ruh her bireyin kalbinde yer alır, herkesin geçmiş, şimdiki ve gelecek zamandaki aktivitelerine şahittir. *Upaniṣadlar*'da Yüce Ruh'un her bireyin kalbinde, bireysel ruh ile birlikte arkadaş ve şahit olarak oturduğu söylenir. Bir arkadaş olarak O, her zaman bireysel ruhun evine yani Tanrı'ya geri dönmesi için endişe duyar. Bir şahit olarak ise, bireyin faaliyetlerinin sonucunda tüm takdisleri verendir. Yüce Ruh, bireysel ruha tüm arzularını yerine getirebilmesi için bütün fırsatları sunar. Ancak O, arkadaşına verdiği talimatları diğer tüm meşguliyetleri tamamen bırakabilsin ve ebedi saadet dolu, sonsuz bir yaşam ve tam bilgiyle birlikte sadece Tanrı'ya teslim olsun diye verir. Bu, yoganın tüm boyutları konusunda en yetkin ve en çok okunan kitabı olan *Bhagavad-gītā*'nın son talimatıdır.

Bahagavad-gītā'nın son kelimesi, yukarıda belirtildiği gibi, yoga sisteminin mükemmellik konusunun sonucudur. Ayrıca *Bhagavad-gītā*'da Kṛṣṇa bilincinde yoğrulmuş bir kişinin en mükemmel *yogī* olduğu belirtilir. Peki Kṛṣṇa bilinci nedir?

Bireysel ruhun tüm bedende bilinç olarak bulunması gibi, Yüce Ruh veya Paramātmā'da kendi Üst bilinci ile tüm yaradılış içinde vardır. Yüce Bilinç, sınırlı farkındalığa sahip olan bireysel ruh tarafından taklit edilemez: sınırlı bedenimde neler olup bittiğini anlayabilirim fakat başka birinin bedeninde neler olduğunu hissedemem. Bilincim ile tüm bedenimde var olurum fakat bilincim ile başka birinin bedeninde bulunamam. Bununla birlikte, Yüce Ruh veya Paramātmā herkesin içinde mevcuttur, her yerde bulunur, her canlı varlığın bilincindedir. Teori şudur ki, ruh ve Yüce Ruh bir olarak kabul edilemez, çünkü bireysel ruhun bilinci Yüce Bilinç gibi hareket edemez. Bu Yüce Bilince sadece Yüce bilinçle sıkı sıkıya bağlı olan bireysel bilinç tarafından ulaşılır ve bu sıkı sıkıya bağlanmaya da teslim olmak veya Kṛṣṇa bilinci denir.

Bhagavad-gītā'nın öğretisinden, Arjuna'nın ilk başta akrabaları ile savaşmak istemediğini öğreniyoruz, fakat sonra Arjuna *Bhagavat-gītā*'yı doğru şekilde anlayarak bilincini, Yüce Bilinç ile bağladığında, onun bilinci artık Kṛṣṇa bilinci olur. Tamamen Kṛṣṇa bilincinde olan bir kimse Kṛṣṇa'ya bağlı bir şekilde hareket eder ve böylece Arjuna da Kurukşetra savaş alanında savaşmayı kabul etmiştir.

Kṛṣṇa bilincinin başında, Tanrı ile bu bağ spiritüel öğretmenin şeffaf aracılığı ile sağlanır. Bir kimse, gerçek bir manevi öğretmenin direktifleri altında yeterince eğitildiğinde ve itaatli inanç ile hareket ettiğinde ve Kṛṣṇa'yı sevdiğinde, bu bağlılık süreci daha da sağlamlaşır ve kusursuz olur. Bu aşamada Kṛṣṇa içeriden talimat vermeye başlar. Dışarıdan ise, Kṛṣṇa'nın gerçek temsilcisi olan manevi öğretmeni adanana yardım eder ve herkesin kalbinde yer alan Rab, adanana içeriden *caitya-guru* olarak yardım eder.

Sadece Tanrı'yı herkesin kalbinde yer alan olarak anlamak mükemmellik değildir. Kişi Tanrı'yı içeriden ve dışarıdan bilmeli ve böylece Kṛṣṇa bilincinde hareket etmelidir. Bu insan formunun en yüksek mükemmellik aşamasıdır ve yoga sisteminin de en yüksek aşaması budur.

Mükemmel bir *yogī* için sekiz çeşit üstün başarı mevcuttur:

1. Kişi, bir atomdan daha küçük olabilir.
2. Kişi, bir dağdan daha büyük olabilir.
3. Kişi, havadan daha hafif olabilir.
4. Kişi, metalden daha ağır olabilir.
5. Kişi, istediği herhangi bir maddi sonuca ulaşabilir (örneğin bir gezegen yaratma).
6. Kişi, Rabb'in yaptığı gibi diğerlerini kontrol edebilir.
7. Kişi, özgürce bu evren içinde veya dışında her yere seyahat edebilir.
8. Kişi, ölüm için kendi zamanını ve yerini belirleyebilir ve arzu ettiği herhangi bir yerde tekrar doğabilir.

Ancak kişi, Tanrı'nın yönlendirmesini alma mükemmelliğine ulaştığı zaman, yukarıda bahsedilen maddi mertebelerin üzerine çıkmış olur.

Yoganın nefes çalışmalarını uygulamak, genellikle bu sistemin sadece başlangıcıdır. Yüce Ruh'a meditasyon yapmak sadece bir adım ilerisidir. Fakat Yüce Ruh ile direk bağlantı kurmayı başarmak, O'ndan dikte almak mükemmellik mertebesinin en üst seviyesidir.

Nefes çalışmaları ve meditasyon uygulamaları bu çağda çok zordur. Beş bin yıl önce bile çok zordu, yoksa Arjuna Kṛṣṇa'nın önerisini reddetmezdi. Bu Kali Çağı, düşük çağ olarak bilinir. Bu zamanda, insanlar genellikle kısa ömürlü ve benlik idrakinde veya spiritüel hayatı anlamakta çok yavaştır. Çoğu talihsizdir ve böyle olunca biraz benlik idraki ile ilgilenenler, birçok sahtekâr tarafından yanlış yönlendirilmektedirler. Yoganın mükemmel mertebesini idrak etmenin tek mevcut yolu, Rab Caitanya Mahāprabhu tarafından uygulanan *Bhagavad-gītā*'nın prensiplerini takip etmektir. Bu en basit ve en mükemmel yoga uygulamasıdır.

Rab Caitanya, Kṛṣṇa bilincinin yogasını *Vedānta*'da, *Śrīmad-Bhāgavatam*'da ve birçok önemli *Purāṇalar*'da bahsedildiği gibi sadece Kṛṣṇa'nın kutsal isimlerini söylemeyi uygulayarak ispat etmiştir. Hintlilerin büyük bir çoğunluğu bu yoga uygulamasını takip eder ve Amerika ve diğer ülkelerde de birçok şehirde yavaş yavaş büyümektedir. Bu çağda özellikle yogada başarıya ulaşmakta ciddi olanlar için bunu uygulamak çok basittir. Diğer hiçbir uygulama bu çağda başarı gösteremez.

Meditasyon uygulaması *Satya-yuga* yani Altın Çağda doğruydu. Pratik edilmesi mümkündü çünkü insanlar o çağda ortalama yüz bin yıl yaşıyorlardı. İçinde bulunduğumuz bu çağda, eğer yoga uygulamasında başarılı olmak istiyorsanız, Hare Kṛṣṇa, Hare Kṛṣṇa, Kṛṣṇa Kṛṣṇa, Hare Hare/ Hare Rāma, Hare Rāma, Rāma Rāma, Hare Hare söyleyin ve nasıl geliştiğinizi hissedin. Bir kimse, yoga yaparken kendisinin ne kadar geliştiğini bilmelidir.

Bhagavad-gītā'da Kṛṣṇa bilinci uygulaması şöyle tarif edilir; *rāja-vidyā*, tüm bilginin kralı; *rāja-guhyam*, spiritüel farkındalığın en gizemli sistemi; *pavitram*, safın en safı; *su-sukham*, çok mutlu uygulanan ve *avyayam*, tükenmez.

En yüce *bhakti-yoga* sistemini kabul edenler, Kṛṣṇa aşkının transandantal adanma hizmeti pratiğini uygulayanlar mutluluk ve kolay ile güzel bir şekilde keyif almaya tanıklık edeceklerdir. Yoga, duyuları kontrol etmek demektir. *Bhakti-yoga* ise, duyuları saflaştırma, arıtma demektir. Duyular saflaştığında otomatik olarak kontrol de edilecektir. Yapay bir şekilde duyuların faaliyetlerini durduramazsınız, fakat duyularınızı arındırdığınızda sadece onları saçma meşguliyetlerden alıkoymuş olmazsınız, aynı zamanda duyularınızı Rabb'in transandantal hizmeti ile pozitif bir şekilde meşgul etmiş olursunuz.

Kṛṣṇa bilinci zihinsel spekülasyonlar ile bizim tarafımızdan üretilmiş değildir. *Bhagavad-gītā*'da Kṛṣṇa'yı düşündüğümüzde, Kṛṣṇa'yı zikrettiğimizde, Kṛṣṇa'yı yaşadığımızda, Kṛṣṇa'da yediğimizde, Kṛṣṇa'yı konuştuğumuzda, Kṛṣṇa'yı ümit ettiğimizde ve Kṛṣṇa'da devam ettiğimizde hiçbir şüphe olmaksızın Kṛṣṇa'ya döneceğimiz bildirilmiştir. Bu Kṛṣṇa bilincinin özüdür.

Tanrı Sevgisinin Enkarnasyonu

"Caitanya Mahāprabhu Kṛṣṇa'nın kendisidir ve O çok basit bir yöntemle Tanrı sevgisinin nasıl gelişeceğini öğretmektedir... İnsanlar birçok farkındalık yöntemiyle şaşkına dönmüş durumdalar. Yoganın veya meditasyonun esas ritüellerini takip edemezler; bu mümkün değildir. Bu sebeple Rab Caitanya, bir kimsenin mantra söyleyerek, hemen farkındalık platformuna ulaşabileceğini söyler."

Śrī Caitanya Mahāprabhu, altın *avatāra,* yaklaşık beş yüz yıl önce Hindistan'da belirdi. Hindistan'da bir çocuk doğduğunda astrolog çağırmak gelenektir. Kṛṣṇa, Tanrı'nın Yüce Şahsiyeti beş bin yıl önce belirdiğinde babası astrolog olan Garga Muni'yi çağırdı. Garga Muni şöyle dedi; "Bu çocuk daha önce üç ayrı ten renginde enkarne oldu, kırmızı ve altın rengi gibi. Şimdi siyah renkte belirdi." Kutsal kitaplarda Kṛṣṇa'nın rengi bir bulut rengi gibi siyah olarak tarif edilir. Rab Caitanya'nın, Kṛṣṇa'nın altın rengindeki görünüşü olduğu anlaşılır.

Vedik yazıtlarında Caitanya Mahāpraphu'nun Kṛṣṇa'nın enkarnasyonu olduğunun birçok kanıtı bulunmaktadır. Bu olay bilgeler ve adananlar tarafından onaylanmıştır. *Śrīmad-Bhāgavatam*'da Kṛṣṇa'nın veya Tanrı'nın içinde bulunduğumuz çağ olan *Kali-yuga*'da enkarne olacağı ve her zaman Kṛṣṇa'yı tarif edeceği teyit edilmiştir. O Kṛṣṇa'dır fakat kendisini her zaman Kṛṣṇa'nın bir adananı olarak tanıtır. Bu çağda O'nun bedensel görünümü siyahımsı olmayacaktır. Bunun anlamı, belki beyaz, belki kırmızı, belki de sarıdır çünkü bu dört renk beyaz, kırmızı, sarı ve siyah farklı çağlardaki enkarnasyonların rengidir. Bu yüzden kırmızı, beyaz ve siyah renkleri önceki enkarnasyonlar tarafından kullanıldığından dolayı geriye kalan renk altın rengidir ki bu da Caitanya Mahāprabhu'nun aldığı renktir. Onun rengi siyahımsı değildir fakat O Kṛṣṇa'dır.

Bu *avatāra*nın diğer bir özelliği de her zaman dostlarıyla olan birlikteliğidir. Caitanya Mahāprabhu'nun resmine baktığınızda her zaman yanında *mantra* söyleyen birçok adananlarıyla birlikte olduğunu görürsünüz. Tanrı her ne zaman enkarne olursa *Bhagavad-gītā*'da belirtildiği gibi iki görevi bulunmaktadır. Kṛṣṇa der ki, "Her ne zaman belirirsem görevim dindar olanları kurtarmak ve iblisleri ortadan kaldırmaktır." Kṛṣṇa dünya üzerinde belirdiğinde, birçok iblisi öldürdü. Eğer Viṣṇu'nun resmine bakarsak, lotus çiçeğinin, deniz kabuğunun, diskin ve gürzünün farkına varırız. Güz ve disk iblisleri öldürmek içindir. Bu dünyada iki çeşit insan vardır; iblisler ve adananlar. Adananlar yarı tanrılar olarak adlandırılır, onlar neredeyse Tanrı gibidir, çünkü tanrısal özelliklere sahiptirler. Adananlar tanrısal kişiler olarak anılır ve adanmayanlar ise, ateistler, iblisler olarak adlandırılır. Böylece Kṛṣṇa yani Tanrı'nın dünya üzerinde belirişinin iki sebebi vardır: adananlarını korumak ve iblisleri yok etmek.

Bu çağda, Caitanya Mahāprabhu'nun görevi de böyledir: adananlarını korumak ve adanmayan, iblisleri ortadan kaldırmak. Ancak, bu çağda, farklı bir silahı vardır. Bu silah, gürz veya disk değildir. O'nun silahı *saṅkīrtana* hareketidir. *Saṅkīrtana* hareketini tanıtarak, insanların şeytani zihniyetini ortadan kaldırır. Bu da Rab Caitanya'nın özelliğidir. Bu çağda insanlar zaten birbirlerini öldürüyorlar. Kendi kendilerini yok edecekleri atom bombalarını icat ettiler, yani Tanrı'nın onları yok etmesine gerek yok. Fakat O, şeytani zihniyetleri yok etmeye gelmiştir. Bu da Kṛṣṇa bilinci hareketi ile mümkündür.

Böylece, *Śrīmad-Bhāgavatam*'da Tanrı'nın bu çağdaki enkarnasyonu bu şekilde açıklanır. O'na ibadet eden kimlerdir? Yöntem çok basittir. Sadece Rab Caitanya'nın dostları ile olan bir resmini edinin. Rab Caitanya ortada ve O'nun esas dostları olan Nityānanda, Advaita, Gadādhara ve Śrīvāsa O'nunla birlikte. Kişi sadece bu resmi bulundurmalıdır. Onu herhangi bir yerde tutabilirsiniz. Bir kimsenin bu resmi görmek için bize gelmesine gerek yoktur. Herkes bu resme evinde sahip olabilir, Hare Kṛṣṇa *mantra*sını söyleyebilir ve böylece Rab Caitanya'ya ibadet edebilir. Bu basit bir metottur. Ancak bu basit metodu kimler olduğu gibi kabul edecektir? Cevap: iyi bir akla sahip olanlar. Çok sıkıntıya girmeden, eğer kişi Caitanya Mahāprabhu'nun bu resmini evinde tutar ve Hare Kṛṣṇa'yı söylerse, o zaman Tanrı'yı idrak edecektir. Bu yöntemi herkes benimseyebilir. Herhangi bir masraf, vergi olmadığı gibi, büyük kilise veya tapınak inşa etmeye de gerek yoktur. Herkes, herhangi bir yerde, yolda veya bir ağacın altında oturabilir, Hare Kṛṣṇa'yı söyleyebilir ve Tanrı'ya ibadet edebilir. Bu büyük bir fırsattır. Örneğin, iş hayatında veya politikada kişi çok büyük fırsatlar elde eder. Zeki olan politikacılar ellerine geçen ilk fırsatı değerlendirir ve başarılı olurlar. Benzer şekilde, bu çağda, yeterince zeki olanlar *saṅkīrtana* hareketi fırsatını yakalar ve çok çabuk ilerler.

Rab Caitanya "altın *avatāra*" olarak anılır. *Avatāra*'nın anlamı "aşağıya inmektir". Şuna benzer; bir kimsenin binanın ellinci veya yüzüncü katından aşağı inmesi gibi, bir *avatāra* spiritüel gökyüzü içindeki, spiritüel gezegenlerden aşağıya gelir. Bizim çıplak gözle veya teleskop ile gördüğümüz gökyüzü sadece maddi gökyüzüdür. Fakat bunun ötesinde gözlerimizle veya araçlarla görmemiz mümkün olmayan başka bir gökyüzü daha vardır. Bu bilgi hayal ürünü değildir, *Bhagavad-gītā*'da mevcuttur. Kṛṣṇa maddi gökyüzünün ötesinde spiritüel bir gökyüzü olduğunu söyler.

Bizler, Kṛṣṇa'nın sözlerini olduğu gibi almalıyız. Örneğin, küçük çocuklara Almanya, Hindistan gibi, İngiltere'nin ötesinde başka ülkeler olduğunu öğretiyoruz. Çocuk, bu yerleri öğretmeninin yorumu ile öğrenmelidir. Çünkü bu yerler çocuğun algısının ötesinde olan yerlerdir. Benzer şekilde, bu gökyüzü ötesinde başka bir gökyüzü vardır. Bir kimse, bu yeri bulmak için, bir çocuğun Almanya veya Hindistan'ı deney yaparak bulmaya çalışmasından daha fazla deneyler yapamaz. Bu mümkün değildir. Eğer bilgi istiyorsak, bir otorite kabul etmemiz gerekir. Benzer şekilde, maddi dünyanın ötesinde ne olduğunu bilmek istiyorsak, Vedik otoriteyi kabul etmeliyiz, yoksa bunu bilmemiz mümkün değildir. Bu, maddi bilginin ötesindedir. Bir kişi bu evren içindeki uzak gezegenlere bile gidemezken, bu evrenin ötesine gitmekten bahsedemez. Bir kimse modern makineler ile bu evrendeki yüksek gezegenlere gitmek için kırk bin ışık yılı boyunca seyahat edecektir. Biz bu maddi gökyüzünde bile seyahat edemiyoruz. Bizim yaşam süremiz ve araçlarımız o kadar sınırlı ki, bu maddi dünyanın bilgisine bile doğru dürüst sahip değiliz. *Bhagavad-gītā*'da Arjuna Kṛṣṇa'ya, "Lütfen Senin enerjilerinin çalışma sınırlarını açıklar mısın?" diye sorduğunda, Yüce Rab, Arjuna'ya birçok örnek verdi ve en sonunda şöyle dedi; "Sevgili Arjuna, enerjilerim hakkında sana ne açıklayayım ki? Aslında senin bunu anlaman mümkün değildir. Fakat benim enerjilerimin yayılımı olan sadece bu maddi dünyayı düşünebilirsin. Bu maddi dünya, milyonlarca evrenden oluşmuştur ve yaratlışın sadece dörtte biridir." Biz bir evrenin pozisyonunu bile tahmin edemezken, milyonlarca evren daha vardır. Tabi bundan da öte spiritüel gökyüzü vardır ve orada da milyonlarca spiritüel gezegen bulunmaktadır. Tüm bu bilgiler Vedik edebiyatında mevcuttur. Eğer bir kimse Vedik edebiyatını kabul ederse bu bilgileri edinebilir. Eğer kabul etmezse bunun başka bir yolu yoktur. Bu bizim seçimimizdir. Bu sebeple Vedik medeniyetine göre, bir *ācārya* ne zaman konuşursa hemen Vedik edebiyatını referans gösterir. Dinleyenler sonra kabul ederler: "Evet bu doğru." Mahkemelerde avukat eski mahkeme kararlarını örnek gösterir ve sunduğu karar uygun ise hâkim kabul eder. Benzer şekilde, bir kimse *Vedalar*dan kanıtlar verebiliyorsa, o zaman onun durumunun gerçeklere dayalı olduğu anlaşılır.

Bu çağın *avatāra*sı olan Rab Caitanya, Vedik edebiyatında tarif edilir. Kutsal kitaplarda tarif edilen belirtiler olmadan biz kimseyi *avatāra* olarak kabul edemeyiz. Rab Caitanya'yı tuhaf bir şekilde oylama sonucunda bir *avatāra* olarak seçmedik. Son günlerde bazı kişilerin gelip, ben Tanrı'yım veya Tanrı'nın enkarnasyonuyum demesi moda oldu ve bunu bazı budala ve ahmaklar kabul ediyorlar: "Ah, O Tanrı". Biz bir *avatāra*yı bu şekilde kabul etmiyoruz. *Vedalar*dan kanıtlar alıyoruz. Bir *avatāra Vedalar* tarafından onaylanmalıdır. Sonrasında biz kabul edebiliriz, aksi halde kabul etmeyiz. Her *avatāra* için *Vedalar*da tanımlamalar vardır: O şöyle bir yerde belirecek, şöyle bir görünüşe sahip olacak ve şu şekilde hareket edecektir diye. Bu Vedik kanıtların doğasıdır.

Śrīmad-Bhāgavatam'da birçok *avatāralar* listelenmiştir ve Rab Buddha'nın adından da bahsedilmiştir. *Śrīmad-Bhāgavatam* beş bin yıl önce yazılmıştır ve gelecek zamanlar için birçok isimden bahsetmiştir.

Rabb'in annesinin adının Añjanā olacağı ve Rab Buddha olarak Gayā'da belireceği orada söylenir. Buddha iki bin altı yüz yıl önce belirmiş ve *Śrīmad-Bhāgavatam* beş bin yıl önce yazılmıştır ve Rab Buddha'nın gelecekte belireceğinden bahsetmiştir. Aynı şekilde, *Bhāgavatam*'da Rab Caitanya'dan ve bu *Kali-yuga*'nın son *avatāra*sından da bahsedilmektedir. Bu çağın son enkarnasyonu Kalki olacağı söylenir. Kalki, *Viṣṇu-yaśā* adında bir *brāhmaṇa*nın oğlu olarak Śambhala isimli bir yerde belirecektir. Şu anda Hindistan da bu isimde bir yer bulunmaktadır ve muhtemelen Rab orada belirecektir.

Böylece bir *avatāra Upaniṣadlar*da, *Śrīmad Bhāgavatam*'da, *Mahābhārata*'da ve diğer Vedik yazınlarında bulunan tanımlara göre ve Dünya'daki en büyük filozof ve bilge olan Jiva Gosvāmī gibi sadık *gosvāmīler*in anlatımlarıyla onaylanmalıdır, sonra biz Rab Caitanya'yı Kṛṣṇa'nın bir enkarnasyonu olarak kabul edebiliriz.

Rab Caitanya neden belirmiştir? *Bhagavad-gītā'da,* Rab Kṛṣṇa açıklar; "Diğer tüm meşguliyetleri bırak ve sadece bana hizmet ile meşgul ol. Ben seni tüm günahkâr faaliyetlerinin sonuçlarından koruyacağım". Bu maddi dünyada, koşullu yaşamda sadece günahkâr faaliyetler yaratıyoruz. Hepsi bu. Ve günahkâr faaliyetlerimizden dolayı bu bedeni aldık. Eğer günahkâr faaliyetlerimiz durmuş olsaydı bu maddi bedeni almayacaktık. Bizler spiritüel bir bedene sahip olmalıyız.

Spiritüel beden ne demektir? Spiritüel beden, ölümden, doğumdan, hastalıktan ve yaşlılıktan bağımsız olan beden demektir. O sonsuz bedendir, bilgi ve saadet ile doludur. Farklı bedenler farklı arzular yaratır. Farklı çeşit zevkleri arzuladığımız anda, değişik maddi bedenleri kabul etmeliyiz. Kṛṣṇa yani Tanrı o kadar merhametlidir ki, her ne istersek hemen bizi ödüllendirir. Eğer hayvanları yakalayacak ve taze kanını emebilecek dişlerle kaplan gibi güçlü bir beden istersek, Kṛṣṇa bize bu fırsatı verecektir. Eğer aziz bir kişinin, sadece Rabb'in hizmeti ile meşgul olan bir adananın bedenini istersek, o zaman Kṛṣṇa bize öyle bir beden verecektir. Bu, *Bhagavad-Gītā*'da yer alır.

Eğer bir kimse yoga, benlik idraki yöntemi ile meşgul olur ve bir şekilde yöntemi tamamlayamayıp başarısız olursa, bu kişiye, saf bir *brāhmaṇa* veya zengin bir ailede doğma gibi bir şans daha verilir. Bir kimse yeterince talihli ise böyle bir ailede dünyaya gelir ve benlik idrakinin önemini anlamak için tüm yeteneklere sahip olur. Bizim Kṛṣṇa bilinçli çocuklarımız yaşamın başından itibaren, nasıl dans edeceklerini ve şarkı söyleyeceklerini öğrenme fırsatına sahip oluyorlar. Daha sonra büyüdüklerinde değişmeyecekler ve otomatik olarak ilerleyeceklerdir. Onlar çok talihliler. Amerika'da veya Avrupa'da doğup doğmadığını önemsemeksizin, bir çocuğun annesi ve babası adanan ise ilerleyecektir. Bu fırsata sahip olacaktır. Bir çocuğun adanan bir ailede doğması demek, önceki yaşantısında yoga yöntemini uygulamış fakat bir sebepten tamamlayamadığı anlamına gelir. Bu sebeple, çocuğa iyi bir anne ve babanın himayesi altında yükselme fırsatı verilir ve tekrar yükselir. Bu yolda Tanrı bilinci gelişimini tamamlar tamamlamaz, bir daha bu maddi dünyada doğmaz ve spiritüel dünyaya geri döner.

Kṛṣṇa, *Bhagavad-Gītā*'da, "Sevgili Arjuna, eğer bir kişi Benim belirişimi, gözden kayboluşumu ve faaliyetlerimi anlarsa, sadece bu idrakten dolayı bedenini terk ettikten sonra spiritüel dünyada doğma fırsatı verilir" der. Herkes bir gün; bugün, yarın veya daha sonraki gün bu bedeni terk edecektir. Terk etmelidir. Fakat Kṛṣṇa'yı anlamış biri asla bu maddi bedenden bir diğerine geçmek zorunda olmayacaktır. O direk spiritüel dünyaya gider ve spiritüel gezegenlerden birinde doğar. Kṛṣṇa, "bir kişi Hindistan'da, Ay'da veya Brahmaloka'da veya bu maddi dünyadaki herhangi bir yerde bu bedeni alınca, bu kişinin günahkâr faaliyetleri sebebiyledir" der. Günahkâr faaliyetlerin dereceleri bulunmaktadır. Bu derecelere göre kişi maddi bir bedene sahip olur. Bu sebeple bizim gerçek sorunumuz nasıl yiyeceğimiz, nasıl uyuyacağımız, çiftleşeceğimiz veya savunma yapacağımız değildir. Bizim asıl sorunumuz, maddi olmayan fakat spiritüel olan bir bedeni nasıl edineceğimizdir. Bu tüm sorunların nihai çözümüdür. Böylelikle Kṛṣṇa, O'na teslim olursak, bütünüyle Kṛṣṇa bilinçli olursak bizi günahkâr yaşantımızın tüm tepkilerinden koruyacağını garanti eder.

Bu teminat *Bhagavad-Gītā*'da Kṛṣṇa tarafından verilmiştir, ancak Kṛṣṇa'yı anlayamayan birçok budala bulunmaktadır. *Bhagavad-Gītā*'da, *mūḍha*lar tarif edilir. *Mūḍha* "budala" demektir. Kṛṣṇa, *Gītā*'da "Onlar benim gerçekte kim olduğumu bilmiyorlar" der. Yani birçok insan Kṛṣṇa'yı yanlış anlamıştır. Kṛṣṇa bize bu mesajı *Bhagavad-Gītā*'da verdiğinden dolayı, biz Kṛṣṇa'yı anlayabildik, ancak birçok kişi bu fırsatı kaçırmıştır. Bu sebeple Kṛṣṇa, merhamet ederek bir adanan olarak tekrar geldi ve Kṛṣṇa'ya nasıl teslim olacağımızı bize gösterdi. Kṛṣṇa nasıl teslim olacağımızı öğretmek için bizzat gelmiştir. O'nun *Bhagavad-Gītā*'daki en son talimatı 'teslim ol' dur. Fakat insanlar; *mūḍhalar*, ahmaklar sordu, "Neden teslim olmalıyım?" Bu sebeple Caitanya Mahāprabhu, Kṛṣṇa'nın kendisi olmasına rağmen bu kez *Bhagavad-Gītā*'nın misyonunu pratikte nasıl uygulayacağımızı öğretmektedir. Hepsi bu. Caitanya Mahāprabhu bize olağandışı bir şey değil, *Bhagavad-Gītā*'da da öğretilen Tanrı'nın Yüce Şahsiyeti'ne teslim olma yöntemini öğretmektedir. Başka bir öğreti yoktur, fakat aynı öğreti farklı şekillerde sunulur, böylece farklı tarzda insanlar farklı yolları seçebilir ve Tanrı'ya erişme fırsatını yakalayabilirler.

Caitanya Mahāprabhu bize Tanrı'ya direk ulaşma fırsatı verir. Caitanya Mahāprabhu'nun başlıca takipçilerinden Rupa Gosvāmī, Caitanya Mahāprabhu'yu ilk defa gördüğünde, Bengal hükümetinde bir bakandı, fakat Caitanya Mahāprabhu'nun Hareketi'ne katılmak istedi. Bakanlık görevini bıraktı ve teslim oldu, Rab Caitanya'ya çok güzel bir dua sundu. Bu dua şöyle söyler;

namo mahā-vadānyāya
kṛṣṇa-prema-pradāya te
kṛṣṇāya kṛṣṇā-caitanya-
nāmne gaura-tviṣe namaḥ

"Benim sevgili Rabb'im, sen tüm enkarnasyonların en cömert olanısın." Neden? *Kṛṣṇa-prema-pradāya te*: "Sen direk olarak Tanrı sevgisini veriyorsun. Senin başka bir amacın yok. Yöntem o kadar hoş ki bir kimse hemen Tanrı sevgisini öğrenebilir. Bu sebeple sen tüm enkarnasyonların en cömertisin ve Kṛṣṇa'nın kendisinden başka hiçbir şahsiyet bu rahmeti dağıtamaz. Bu sebeple Sana Kṛṣṇa diyorum." *kṛṣṇāya kṛṣṇā-caitanya-nāmne:* "Sen Kṛṣṇa'sın, ancak Kṛṣṇa Caitanya ismiyle adlandırıldın. Sana teslim oluyorum"

Yöntem budur. Caitanya Mahāprabhu, Kṛṣṇa'nın kendisidir ve O'nun öğretisi çok basit bir yöntemle, Tanrı sevgisinin nasıl gelişeceğini öğretmektir. O sadece Hare Kṛṣṇa *mantra*sını söylememizi söyler.

177

harer nāma harer nāma
harer nāmaiva kevalam
kalau nāsty eva nāsty eva
nāsty eva gatir anyathā

"Bu çağda, sadece Hare Kṛṣṇa *mantra*sını söylemeye devam edin. Başka bir alternatif yoktur". İnsanlar birçok farkındalık yöntemiyle şaşkına düşmüş durumdalar. Yoganın veya meditasyonun asıl ritüellerini takip edemezler; bu mümkün değildir. Bu sebeple Rab Caitanya, bir kişinin *mantra* söyleyerek, hemen farkındalık platformuna ulaşabileceğini söyler. *Mantra* söyleme yöntemi, Tanrı sevgisine ulaşmak için Rab Caitanya tarafından sunulmuştur. Buna *saṅkīrtana* denir. *Saṅkīrtana* Sanskrit dilinde bir kelimedir. *Sam, samyak* yani "bütün" demektir ve *kīrtana* "yüceltmek" veya "tarif etmek" demektir. Böylece tam tanımlama en Yüce'yi veya Yüce Eksiksiz Bütünü yüceltmek demektir. Bir kişinin herhangi bir şeyi yüceltmesi veya tarif etmesi bunun *kīrtana* olacağı anlamına gelmez. Edebi yaklaşımla *kīrtana* böyle gözükebilir fakat Vedik sisteme göre *kīrtana* yüce otoriteyi, Mutlak Gerçek'i yani Tanrı'nın Yüce Şahsiyeti'ni tarif etmek demektir. Buna *kīrtana* denir.

Adanma hizmeti *śravaṇa* metoduyla başlar. *Śravaṇa* "duymak" demektir. Ve *kīrtana* "tanımlamak" demektir. Bir kişi tanımlamalı veya duymalıdır, ya da her ikisini birden yapmalıdır. Bunun için hiç kimsenin yardımına gerek yoktur. Biz, Hare Kṛṣṇa *mantra*sını söylediğimizde hem tanımlıyoruz hem de duyuyoruz. Bu bütündür, tamdır. Bu tam bir metottur. Ancak, *bu mantra*yı söylemek ve duymak nedir? Bir kimse, Kṛṣṇa, Viṣṇu hakkında konuşmalı ve dinlemelidir. Başka bir şey hakkında değil. *Śravaṇaṃ kīrtanaṃ viṣṇoḥ:* Kişi, duyarak her yere tam olarak nüfuz eden, Mutlak Gerçek olan Viṣṇu, Tanrı'nın Yüce Şahsiyeti'ni anlamalıdır.

Biz duymalıyız. Kişi sadece duyarsa bu başlangıçtır. Bir kimsenin eğitime veya maddi bilgide gelişmeye ihtiyacı yoktur. Sadece bir çocuk gibi. Çocuk duyar duymaz karşılık verir ve hemen dans etmeye başlar. Yani bu kulaklar bizlere, Tanrı tarafından doğal olarak verilen güzel enstrümanlardır, böylelikle duyabiliriz. Ancak doğru kaynaklardan duymamız gerekir. Bu *Śrīmad-Bhāgavatam*'da yer alır. Bir kişi

Tanrı'nın Yüce Şahsiyeti'ni adanan kişilerden dinlemelidir. Bu kişilere *satām* denir. Kişi, doğru kaynaktan, benlik idrakine varmış bir ruhtan duyarsa o zaman harekete geçecektir. Ayrıca, Tanrı veya Kṛṣṇa'nın bu sözleri çok haz vericidir. Kişi yeterince zeki ise, benlik idrakine varmış bir ruhun konuşmalarını dinleyecektir. Sonra, çok kısa bir sürede maddi kargaşalardan kurtulacaktır.

İnsan yaşamı, özgürlük yolunda ilerlemek içindir. Buna *apavarga*, kargaşadan, karmaşıklıktan özgür olmak denir. Hepimiz karman çorman olmuş durumdayız. Bu maddi bedeni almış olmamız, dolaşmış olduğumuz anlamına gelir. Fakat bu kargaşa yöntemiyle ilerlememeliyiz. Bu yönteme *karma* denir. Zihin *karma* ile yoğrulduğu anda, bir beden kabul etmek zorunda kalırız. Ölüm anında, zihin şöyle düşünebilir, "Ah, bu işi tamamlayamadım, ah ölüyorum! Bunu yapmalıyım, şunu yapmalıyım." Bunun anlamı, Kṛṣṇa'nın bize tüm bunları yapmak için bir şans daha vereceğidir, bu da başka bir beden daha alacağımız anlamına gelir. Kṛṣṇa bize şans verir: "Tamam, sen bunu yapamadın. Şimdi yapacaksın. Bu bedeni al." Bu sebeple *Śrīmad-Bhāgavatam* şunu söyler: "Bu budalalar çılgınca sarhoş olmuşlar. Bu sarhoşluk nedeniyle de yapmaması gereken şeyleri yapıyorlar." Ne yapıyorlar? Mahārāja Dhṛtarāṣṭra çok güzel bir örnek veriyor. Mahārāja Dhṛtarāṣṭra, kendi oğluna iyilik olsun diye Pāṇḍavaları öldürmek için kurnazca planlar yapıyordu. Sonra Kṛṣṇa, onlara bunu yapmamalarını tavsiye etmek için amcası Akrūra'yı yolladı. Dhṛtarāṣṭra, Akrūra'nın talimatını anladı ve şöyle dedi: "Sevgili Akrūra, söylediğin şeyler oldukça doğru, fakat kalbimden geçenler değil, yani politikamı değiştiremem. Bu politikayı uygulamalıyım ve her ne olacaksa olsun."

Bu şekilde insanlar duyularını tatmin etmek istediklerinde çılgına döner ve bu çılgınlıkla her şeyi ama her şeyi yaparlar. Maddi hayatta birçok örnekler vardır; bir kimse bir sebepten dolayı çıldırdı ve cinayet gibi bir suç işledi. Böyle bir kimse kendini kontrol edememiştir. Buna benzer olarak biz de duyu tatminine alışkınız. Çılgınız ve bu yüzden zihnimiz *karma*da yoğrulmuş durumdadır. Bu çok büyük talihsizliktir, çünkü bedenimiz geçici olmasına rağmen tüm talihsizliğin ve gizemin deposudur, her zaman sıkıntı verir. Bu konular üzerine çalışılmalıdır. Bizler deli olmamalıyız. İnsan yaşamı bunun için değildir. Şu an ki toplumun hatası duyu tatmini peşinde çılgına dönmeleridir. Hepsi bu. Hayatın asıl değerini bilmeyerek yaşamın en kıymetli formu olan bu insan suretini ihmal etmektedirler.

Bu beden sona erdiğinde gelecekte ne tip bir bedene sahip olacağımızın bir garantisi yoktur. Şans eseri gelecek yaşantımda bir ağaç bedeni alacağımı farz edin. Binlerce yıl boyunca ayakta durmak zorunda kalacağım. Fakat insanlar çok ciddi değiller. "Bu ne ki? Ayakta durmak zorunda olsam bile unutacağım" bile diyorlar. Yaşamın en düşük türleri unutkanlık içinde yerini alır. Ağaç unutkan olmasaydı, yaşaması mümkün olmazdı. Farz edin, bize üç gün boyunca burada ayakta duracağımız söylenseydi unutkan olmadığımızdan dolayı çılgına dönerdik. Böylece doğanın kanunları tarafından, hayatın tüm bu düşük türleri unutkandır. Bilinçleri gelişmemiştir. Ağaç bir hayata sahiptir fakat bir kimse onu kesse bile, düşük bilinçli olduğundan dolayı karşılık vermeyecektir. Bundan dolayı, bu yaşamdaki insan formumuzu uygun bir şekilde çok dikkatli kullanmalıyız. Kṛṣṇa bilinci hareketi, yaşamda mükemmelliğe ulaşmak içindir. Bu istismar veya blöf değildir ancak insanlar blöfe alışmış durumda. Bir Hint şiirinde dizelerden birisi şöyledir: "Bir kimse hoş şeyler söylerse, insanlar ona karşı çıkar: 'ne kadar saçma konuşuyorsun.' Fakat bir kimse blöf yapar ve onları kandırırsa, çok memnun olurlar." Yani, blöf yapan derse ki, "sadece bunu yap, bana para ver, altı ay içinde Tanrı olacaksın," Onlar bunu kabul edeceklerdir: "Evet, al şu parayı, altı ay içinde Tanrı olacağım." Hayır. Bu kandırmacalar bizim problemlerimizi çözmeyecektir. Bir kimse, bu çağda problemlerinin çözülmesini istiyorsa, *kīrtana* yöntemini uygulamalıdır. Bu tavsiye edilen yöntemdir.

harer nāma harer nāma
harer nāmaiva kevalam
kalau nāsty eva nāsty eva
nāsty eva gatir anyathā

Bu çağ, *Kali-yuga*'da, bir kimse *kīrtana*'nın haricinde herhangi bir benlik idraki veya mükemmel yaşam yöntemi uygulayamaz. *Kīrtana* bu çağda gereklidir.

Tüm Vedik edebiyatında, bir kişinin başka bir şeye değil, Yüce Mutlak Gerçek'e, Viṣṇu'ya meditasyon yapması gerektiği onaylanmıştır. Farklı çağlarda farklı meditasyon çeşitleri tavsiye edilmiştir. Mistik yogīk meditasyon, insanların binlerce yıl yaşadığı *Satya-yuga*'da mümkündü. İnsanlar şimdi bu meditasyona inanmıyorlar fakat önceki çağlarda insanlar yüz bin yıl yaşıyorlardı. Bu çağa *Satya-yuga* denir ve mistik yogīk meditasyon o zamanlar mümkündü. O çağda, büyük *yogī* Vālmīki Muni, altmış bin yıl boyunca meditasyon yaptı. Yani içinde bulunduğumuz bu çağda uygulanması mümkün olmayan uzun süreli bir yöntemdir. Tabi, kişi böyle gereksiz bir davranış yapmak istiyorsa, bu ayrı bir meseledir. Fakat bir kimse böyle bir meditasyonu gerçekten uygulamak isterse, bu çağda mükemmel olmak oldukça uzun zaman alır. Sonraki çağ, *Treta-yuga*'da farkındalık yöntemi, *Vedalar*da tavsiye edilen çeşitli ritüelistik adaklar uygulamasıydı. Sonraki çağ *Dvapara-yuga*, tapınak ibadeti uygulamasıydı. Şimdiki çağda ise, aynı sonuca *hari-kīrtana* yöntemiyle, Hari yani Kṛṣṇa, Tanrı'nın Yüce Şahsiyeti'nin yüceltilmesiyle ulaşabilirsiniz.

Tavsiye edilen başka bir *kīrtana* yoktur. *Hari-kīrtana*, beş yüz yıl önce Bengal'de Rab Caitanya tarafından başlatılmıştır. Bengal'de *Vaiṣṇavalar* ve *śāktalar* arasında rekabet vardır. *Śāktalar kālī-kīrtana* adında bir çeşit *kīrtana* tanıtmışlardır. Ancak Vedik edebiyatında *kālī-kīrtana* diye bir tavsiye bulunmamaktadır. *Kīrtana* demek, *hari-kīrtana* demektir. Hiç kimse şunu söyleyemez: "Sen bir *Vaiṣṇava*sın, *hari-kīrtana* yapabilirsin. Ben *śiva-kīrtana* veya *devī-kīrtana* veya *gaṇeśa-kīrtana* yapayım". Hayır. Vedik edebiyatı, *hari-kīrtana*dan başka bir *kīrtana*ya yetki vermez. *Kīrtana*, *hari-kīrtana* yani Kṛṣṇa'yı yüceltmek demektir.

Hari-kīrtana yöntemi çok basittir: Hare Kṛṣṇa, Hare Kṛṣṇa, Kṛṣṇa Kṛṣṇa, Hare Hare / Hare Rāma, Hare Rāma, Rāma Rāma, Hare Hare. Aslında sadece üç kelime vardır: *Hare, Kṛṣṇa* ve *Rāma.* Fakat kelimeler söylenmek için o kadar güzel ayarlanmıştır ki herkes mantrayı benimseyebilir ve Hare Kṛṣṇa, Hare Kṛṣṇa, Kṛṣṇa Kṛṣṇa, Hare Hare diyebilir. Biz bu harekete Batı ülkelerinde başladığımızdan beri, Avrupalılar, Amerikalılar, Afrikalılar, Mısırlılar ve Japonlar hepsi söylüyorlar. Hiçbir zorluğu yoktur. Çok memnun bir şekilde söylüyorlar ve sonuçlarını görüyorlar. Zor olan nedir ki? Biz bu *mantra*yı bedelsiz bir şekilde dağıtıyoruz. Sadece söyleyerek kişi, benlik idrakine, Tanrı idrakine ve Tanrı'nın var olduğu idrakine sahip olabilir. Doğa idraki de buna dahildir. Örneğin, bir kişi, bir, iki, üç, dört, beş, altı, yedi, sekiz, dokuz ve sıfırı öğrenirse, sonrasında matematiğin bütününü çalışabilir çünkü matematiğin anlamı basitçe bu on figürün yer değişimidir. Hepsi bu. Benzer şekilde, bir kişi basitçe Kṛṣṇa üzerinde çalışırsa, o zaman tüm bilgisi mükemmel olur ve Kṛṣṇa sadece Hare Kṛṣṇa *mantra*sını söyleyerek kolayca anlaşılabilir. Yani neden bu fırsatı değerlendirmeyelim ki?

İnsan toplumuna sunulmuş olan bu fırsatı kaçırmayın. Bu çok kadim ve bilimseldir. Son dört-beş yılda ortaya çıkan uydurma bir şey değildir. Hayır. *Bhagavad-gītā*'da Kṛṣṇa bizzat söyler: "Bu felsefe tükenmez ve tahrip edilemezdir. O asla kaybolmaz veya yok edilemez." O zamanla örtülebilir fakat asla yok olmaz. Bu sebeple *avyayam* denir. *Vyaya*, "tükenmiş" demektir. Mesela biri yüz dolara sahip olabilir, ancak günden güne harcarsa parası bitecektir. Fakat Kṛṣṇa bilinci böyle değildir. Kṛṣṇa bilinci bilgisiyle beslenirsen, sürekli artacaktır. Bu, Rab Caitanya Mahāprabhu tarafından garanti edilmektedir. *Ānandāmbudhi-vardhanam. Ānanda,* "zevk", "transandantal saadet" ve *ambudhi,* "okyanus" demektir. Bu maddi dünyada okyanusların artmadığını görüyoruz. Ancak, bir kişi Kṛṣṇa bilinci ile beslenirse, onun transandantal saadeti artacaktır. *Ānandāmbudhi-vardhanam.* Her zaman herkese hatırlatıyorum; bu uygulama çok basittir. Herkes, her yerde bir vergi ödemeden veya hiçbir kaybı olmadan *mantra* söyleyebilir, nihayetinde kazancı çok büyüktür.

Śrī Caitanya Mahāprabhu *kīrtana* hareketini *Śikṣāṣṭaka*'sında açıklamıştır. *Śikṣā,* "öğreti" demektir ve *āṣṭaka* "sekiz" demektir. O, bize Kṛṣṇa bilincini anlamamıza yardımcı olmak için sekiz kıta vermiştir. Sizlere bu sekiz öğretiden ilkini açıklayayım. Rab der ki; *ceto-darpaṇa-mārjanam:* bir kimse kalbini temizlemelidir. Bunu çeşitli zamanlarda açıkladım, fakat monoton hale gelmiyor. O sadece Hare Kṛṣṇa *mantra*sını söylemek gibidir, bezdirici değildir. Bizim öğrencilerimiz Hare Kṛṣṇa *mantra*sını günde yirmi dört saat söyleyebilir ve asla yorulmazlar. Bu gerçektir. Onlar dans etmeye ve söylemeye devam edeceklerdir ve bunu herkes deneyebilir; çünkü bu maddi bir şey değildir. Bir kimse Hare Kṛṣṇa *mantra*sını zikretmekten asla yorgun düşmez.. Maddi dünyada kişi herhangi bir şey, herhangi sevdiği bir isim söylerse, üç defa, dört defa veya on defa, bundan sıkılacaktır. Bu gerçektir. Fakat Kṛṣṇa maddi olmadığından dolayı, bir kimse *mantra*yı söylediğinde asla yorulmaz. *Mantra*yı söyledikçe kalbindeki maddi kirlilik temizlenecek ve daha fazla söyledikçe de bu maddi dünyadaki yaşamının tüm problemleri çözülecektir.

Yaşamımızın problemleri nelerdir? Biz bunu bilmiyoruz. Modern eğitim, yaşamın gerçek sorunları hakkında asla bir bilgi vermez. Bu *Bhagavad-Gītā*'da belirtiliyor. Eğitimli ve ileri seviyede bilgiye sahip olanlar hayatın sorunlarının ne olduğunu bilmelidir. Bu sorunlar *Bhagavad-Gītā*'da yer alır: Bir kimse doğum, ölüm, yaşlılık ve hastalıkların sıkıntılarını her zaman görmelidir. Maalesef kimse bu sorunlara dikkatini vermiyor. Bir kimse hastalandığında "tamam doktora gideyim. Bana bazı ilaçlar verir ve iyileşirim" diye düşünüyor. Fakat problemin ne kadar ciddi olduğunun üzerinde düşünmüyor. "Ben bu hastalığı istemedim. Neden hastalıklar var? Hastalıklardan kurtulmak mümkün değil mi?" Hiçbir zaman bu şekilde düşünmez. Bunun sebebi zekâsının hayvanlar gibi çok düşük derecede olmasıdır. Bir hayvan acı çeker fakat duyuları yoktur. Bir hayvan mezbahaya götürülse ve bir önceki hayvanın kesildiğini görse bile hala önündeki otları yemeye devam eder. Bu hayvan yaşamıdır. Sıranın onda olduğunu ve onun da önceki gibi kesileceğini bilmez. Bunu daha önce gördüm. Kālī tapınağında, kesilmeye hazır bir şekilde bir keçi beklerken, diğer keçi mutlu bir şekilde ot yiyordu.

Benzer şekilde, Yamarāja, Mahārāja Yudhiṣṭhira'ya sordu: "Bu dünyadaki seni en çok şaşırtan şey nedir? Açıklayabilir misin?" Mahārāja Yudhiṣṭhira şöyle cevapladı: "En şaşırtıcı olan şey, bir kimsenin her an arkadaşlarının, babasının ve akrabalarının öldüğünü görerek 'Ben sonsuza kadar yaşayacağım' diye düşünebilmesidir". Hiçbir zaman, bir hayvanın bir sonraki sefer kesileceğini düşünmediği gibi, kendisinin de öleceğini düşünmez. O ot yemekten mutludur, hepsi bu. Duyu memnuniyeti ile tatmindir. Kendisinin de öleceğini bilmez. Babam öldü, annem öldü, o öldü, şu ödü. Yani ben de öleceğim.

Ölümden sonra ne var? Bunu bilmiyorum. Problem bu. İnsanlar bu problemi ciddiye almıyorlar. Ancak *Bhagavad-gītā* gerçek eğitimin bu olduğunu açıklar. Gerçek eğitim ölmek istemememize rağmen ölümün sebebini sorgulamaktır. Bu gerçek sorgulamadır. Yaşlanmak istemiyoruz. Neden yaşlanıyoruz? Birçok problemimiz var, ancak bu bütün problemlerin toplamı ve özüdür. Bu problemi çözmek için Rab Caitanya Mahāprabhu Hare Kṛṣṇa *mantra*sını söylememizi tavsiye eder. Hare Kṛṣṇa *mantra*sını söyleyerek kalbimiz temizlenir temizlenmez, problemlerle dolu maddi var oluşumumuzun ateşinin kıvılcımları söner. Bu ateş nasıl söner? Kalbimiz arındığında bu maddi dünyaya ait olmadığımızın farkına varırız. Çünkü insanlar kendilerini maddi dünya içinde tanımlıyor. Şöyle düşünürler: "Ben Hint'im, ben İngiliz'im, ben şuyum, ben buyum." Fakat kişi Hare Kṛṣṇa söylediğinde bu maddi beden olmadığının farkına varır. "Ben bu maddi bedene veya maddi dünyaya ait değilim. Ben ruh canım, Yüce varlığın bir parçası ve bölümüyüm. Ben onunla ebedi olarak bağlıyım ve benim bu maddi dünyada yapacak hiçbir şeyim yok". Buna özgürlük yani bilgi denir. Eğer bu maddi dünyada yapacak bir şeye sahip değilsem, o zaman özgürüm ve bu bilgi *brahma-bhūta* olarak adlandırılır.

Bu farkındalıkla bir kimsenin yapacak bir işi yoktur. Şu an varlığımızı maddi dünya ile kimliklendiriyoruz ve birçok görevimiz var. *Śrīmad-Bhāgavatam*'da "benlik idraki olmadıkça, yapacak birçok görevimiz ve borcumuz vardır" denir. Biz yarı tanrılara borçluyuz. Yarı tanrılar sadece bir uydurma değildir. Onlar gerçektir. Güneş'i, Ay'ı ve havayı kontrol eden yarı tanrılar bulunmaktadır. Devlet departmanlarındaki yöneticiler gibi, ısı departmanı için güneş tanrısı, hava departmanı için Varuna ve benzer şekilde diğer departmanlar için diğer yarı tanrılar vardır. *Vedalar*da, onlar *mūrti*leri kontrol eden olarak açıklanmaktadır, bu nedenle onları ihmal edemeyiz. Ayrıca bizlere bilgiyi öğreten büyük filozoflar ve bilgeler bulunmaktadır ve onlara borçluyuz. Bu şekilde doğar doğmaz birçok canlıya borçlanıyoruz, ancak tüm bu borçları kapatmamız mümkün değil. Bundan dolayı, Vedik edebiyatı Kṛṣṇa'nın lotus ayaklarına sığınmamızı tavsiye eder ve Kṛṣṇa şöyle söyler: "Bir kimse bana sığınırsa, artık başka kimseye sığınmasına gerek yoktur".

Bu sebeple Kṛṣṇa bilinçli adananlar Kṛṣṇa'ya sığınmıştır ve bunun başlagıcı da duymak ve söylemektir. *Śravaṇaṃ kīrtanaṃ viṣṇoḥ.* Öyleyse bizim gayretimiz, alçak gönüllü bir şekilde herkesin *mantra* söylemeyi benimsemesini rica etmektir. Kṛṣṇa bilinci hareketi beş yüz yıl önce Rab Caitanya tarafından, Bengal'de tanıtılmıştır ve Hindistan'ın her yerinde özellikle de Bengal'de Caitanya Mahāprabhu'nun milyonlarca takipçisi bulunmaktadır. Şimdi bu hareket Batı ülkelerinde başlamıştır, sadece anlamak için çok ciddi olun. Biz herhangi diğer bir dini eleştirmiyoruz. Bunu o şekilde algılamayın. Bizim diğer din uygulamalarını eleştirmeyle alakamız yoktur. Kṛṣṇa bilinci, insanlara en saf dini; Tanrı Aşkını veriyor. Hepsi bu. Biz Tanrı'yı sevmeyi öğretiyoruz. Zaten herkes seviyor fakat bu sevgi yanlış konumlandırılıyor. Biz bu çocuğu, bu kızı, bu ülkeyi, bu toplumu veya hatta kedileri ve köpekleri seviyoruz, fakat tatmin olmuyoruz. Bu şekilde sevgimizi Tanrı'ya yönlendirmeliyiz. Eğer bir kişi aşkını Tanrı'ya yöneltirse, o zaman mutlu olacaktır.

Kṛṣṇa bilinci hareketinin yeni tür bir din olduğunu düşünmeyin. Tanrı'yı tanımayan bir din nerede vardır? Kimi, Tanrı'yı "Allah" veya "Kṛṣṇa" veya başka bir şey olarak adlandırabilir. Ancak Tanrı'yı tanımayan bir din var mıdır? Biz sadece bir kimsenin Tanrı'yı sevmesi gerektiğini öğretiyoruz. Biz, birçok şey tarafından cezbediliriz, ancak sevgimiz Tanrı'ya temellenirse o zaman mutlu oluruz. Bizim başka bir şeyi sevmeyi öğrenmemize gerek yoktur. Her şey kendiliğinden bunun içindedir. Sadece Tanrı'yı sevmeye çalışın. Sadece ağaçları, bitkileri, böcekleri sevmeye çalışmayın. Bununla asla tatmin olmayacaksınız. Tanrı'yı sevmeyi öğrenin. Bu Caitanya Mahāprabhu'nun görevidir; bu bizim görevimizdir.

Hare Kṛṣṇa Mahā-Mantrasını Söylemek

"Bu en basit meditasyon metodu içinde bulunduğumuz çağ için tavsiye edilmiştir. Pratik tecrübeyle de bir kimse bu mahā-mantrayı veya Büyük Kurtuluş Mantrasını söyleyerek bunu kavrayabilir. Kişi spiritüel boyuttan gelen transandantal coşkuyu hisseder."

Transandantal titreşim, Hare Kṛṣṇa, Hare Kṛṣṇa, Kṛṣṇa Kṛṣṇa, Hare Hare / Hare Rāma, Hare Rāma, Rāma Rāma, Hare Hare'yi söyleyerek oluşturulur ve bu üstün metot transandantal bilincimizi canlandırır. Spiritüel ruhlar olarak, hepimiz orijinal Kṛṣṇa Bilinç'li varlıklarız fakat çok uzun zamanlardan beri madde ile beraberliğimizden dolayı bilincimiz artık maddi atmosferle karışmış durumdadır. Şu an içinde bulunduğumuz maddi atmosfer *māyā* veya illüzyon yani yanılgı olarak adlandırılır. *Māyā*'nın anlamı "olmayan" demektir. Peki, nedir bu yanılgı? Yanılgı esasında biz onun katı yasalarının pençesindeyken maddi doğaya hâkim olma çabalarımızdır. Bir hizmetçi yapay bir şekilde, tüm güce sahip olan bir efendi gibi davranmaya çalıştığında o kişinin yanılgı içinde olduğu söylenir. Bizler de maddi doğanın kaynaklarını sömürmeye çalışıyoruz fakat onun karmaşıklığı içinde daha çok içine dolanmış bir durum içine düşüyoruz. Bu sebeple doğayı zapt etmek için büyük bir mücadele verirken daha da bağımlı hale geliyoruz. Maddi doğaya karşı olan bu yanıltıcı mücadele, bizim ebedi Kṛṣṇa bilincimizin yeniden canlanmasıyla hemen durdurulabilir.

Hare Kṛṣṇa, Hare Kṛṣṇa, Kṛṣṇa Kṛṣṇa, Hare Hare orijinal saf bilinci canlandırmak için yapılan transandantal bir uygulamadır. Bu transandantal titreşimi söyleyerek kalbimizdeki kaygıları temizleyebiliriz. Bu kaygıların temel prensibi "Ben incelediğim her şeyin efendisiyim" şeklindeki yanlış bilinçtir. Kṛṣṇa bilinci zihin üzerinde suni bir zorlama değildir. Bu orijinal bilinçtir, canlıların doğal enerjisidir. Bu transandantal titreşimi işittiğimizde o bilinç canlanır. Bu en basit meditasyon metodu içinde bulunduğumuz çağ için tavsiye edilmiştir. Pratik tecrübeyle de bir kimse bu *mahā-mantra*yı veya Büyük Kurtuluş *Mantra*sını söyleyerek bunu kavrayabilir. Kişi spiritüel boyuttan gelen transandantal coşkuyu hisseder. Yaşamın maddi olan genel düşüncesi eğer en düşük hayvan seviyesindeysek duyu tatminiyle meşgul olmamızdır. Bu duyu tatmini durumundan biraz daha yüksek pozisyonda olanlar, maddi kapandan kurtulmak için zihinsel kuramlarla meşgul olanlardır. Bu kuramsal durumdan biraz daha yüksek durumda olanlar yeterince zeki olduğunda dahili ve harici tüm sebeplerin yüce sebebini bulmaya çalışan kimselerdir. Bir kimse gerçeklere dayalı olarak spiritüel anlayış uçağına bindiğinde duyu, zihin ve zekâ durumlarını aşıp üzerine çıkmışsa, o zaman bu kişi transandantal uçakta bulunur. Hare Kṛṣṇa *mantra*sını tekrar etmek, spiritüel platformdan harekete geçer ve böylece bu ses titreşimleri bilincin düşük olan duyusal, zihinsel ve zekasal katmanlarını aşar. Bu sebeple *mahā-mantra*yı tekrar etmek için ne *mantra*yı anlamaya ne zihinsel kuramlara, ne de herhangi zekasal ayarlamalara gerek vardır. O otomatiktir, spiritüel platformdandır ve böylelikle herhangi biri önceden bir niteliğe sahip olmaksızın *mantra*yı söyleyerek yerini alabilir. Elbette, daha ileri seviyesinde bu kişiler spiritüel anlayışın zemininde kabahat işlemezler.

İlk başta, sekiz adet olan bütün transandantal coşku belirtileri ortaya çıkmayabilir. Bunlar: (1) sersem gibi olmak (2) terlemek, (3) tüylerin diken diken olması, (4) sesin düğümlenmesi, kesilmesi, (5) titreme, (6) vücudun kendinden geçmesi, (7) coşkuyla ağlama ve (8) trans halidir. Ancak, *māha-mantra*yı söyleyerek bir kimsenin hemen spiritüel platforma ulaşacağından şüphe yoktur ve ilk belirti *mantra*yı söylerken kişinin dans etmeye arzu duymasıdır. Bunu pratikte görebiliriz. Bir çocuk bile *mantra* söyleyebilir ve dans edebilir. Elbette, maddi hayata çok karışmış olanlar için bu başlangıç noktasına gelmek biraz zaman alabilir, fakat kendisini maddi hayata kaptırmış bir insan bile spiritüel platforma çok çabuk yükselebilir. *Mantra* aşk ile Rabb'e saf adanmayla söylendiğinde dinleyenler üzerinde de büyük etkisi vardır ve bu şekilde *mantra* Rabb'in saf bir adananının dudaklarından duyulmalıdır. Böylece hızlı etki sağlanacaktır. Mümkün olduğunca adanan olmayalanların dudaklarından çıkan *mantra*yı duymaktan kaçınılmalıdır. Yılanın dilinin dokunduğu süt zehirli etkiye sahiptir.

Harā kelimesi Rabb'in enerjisine ve Kṛṣṇa ve Rāma kelimeleri Tanrı'nın Kendisine hitap etme şeklidir. Hem Kṛṣṇa hem de Rāma "Yüce zevk enerjisi" demektir ve *Harā* Tanrı'nın Yüce zevk enerjisidir, *Hare* olarak telaffuz edilir. Tanrı'nın yüce zevk enerjisi, Tanrı'ya ulaşmamıza yardım eder.

Māyā adı verilen maddi enerji Tanrı'nın çoğul enerjilerinden biridir ve biz canlı varlıklar Tanrı'nın marjinal enerjisiyiz. Canlı varlıklar maddi enerjiye göre üstün konumdadır. Üstün enerji, ikincil enerjiyle temas kurduğu zaman uyumsuz bir durum ortaya çıkar, ancak yüce marjinal enerji yüce enerji *Harā* ile temas kurduğu zaman normal olan mutluluk konumuna gelir.

Hare, *Kṛṣṇa* ve *Rāma* sözcükleri *mahā-mantra*nın transandantal tohumlarıdır. *Mantra*yı söylemek koşullanmış ruhu koruması için, Tanrı'ya ve enerjisine yapılan spiritüel bir çağrıdır. Bu *mantra*yı söylemek tıpkı bir çocuğun annesine seslenmesi gibidir. Anne Harā, Yüce Baba'nın lütfuna ulaşması için adananına yardımcı olur ve Tanrı bu *mantra*yı samimiyetle söyleyen adananına Kendisini ifşa eder.

Bu kavga ve çekişme çağında hiçbir spiritüel idrak yolu *mahā-mantra*nın: Hare Kṛṣṇa, Hare Kṛṣṇa, Kṛṣṇa Kṛṣṇa, Hare Hare / Hare Rāma, Hare Rāma, Rāma Rāma, Hare Hare tekrar edilmesinden daha etkili olamaz.

Kṛṣṇa Bilinci – Modern Zamanın Yogası

"Bu hareket basit bir duygusal hareket değildir. Bu gençlerin sadece bir dini duygusallık veya fanatizm içinde dans ettiğini düşünmeyin. Hayır. Biz en yüksek felsefi ve teolojik geçmişe sahibiz... Ama bunların hepsi sadeleştirilmiştir. Bu hareketin güzelliği buradadır. Kişi ister büyük bir bilim insanı ister çocuk olsun hiçbir zorluk çekmeden bu harekette yer alabilir."

ceto-darpaṇa-mārjanaṃ bhava-mahādāvāgni-nirvāpaṇaṃ
śreyaḥ-kairava-candrikā-vitaraṇaṃ vidyā-vadhū-jīvanam
ānandāmbudhi-vardhanaṃ pratipadaṃ pūrṇāmṛtāsvādanaṃ
sarvātma-snapanaṃ paraṃ vijayate śrī-kṛṣṇa-saṅkīrtanam

Tüm övgüler *saṅkīrtana* hareketine. *Paraṃ vijayate śrī-kṛṣṇa-saṅkīrtanam.* Rab Caitanya Mahāprabhu sadece on altı yaşında bir gençken, beş yüz yıl önce Hindistan'ın Navadvīpa şehrinde *saṅkīrtana* hareketini başlattı. Bu günlerde birçok dini sistemler ortaya çıkarken, O bir dini sistem üretmemiştir. Aslında din üretilemez. *Dharmaṃ tu sākṣād bhagavat-praṇītam.* Din demek Tanrı'nın şifreleri, Tanrı'nın kanunlarıdır. Hepsi bu. Bu en basit meditasyon metodu içinde bulunduğumuz çağ için tavsiye edilmiştir. Pratik tecrübeyle de bir kimse bu *mahā-mantra*yı veya Büyük Kurtuluş *Mantra*sını söyleyerek bunu kavrayabilir. Kişi spiritüel boyuttan gelen transandantal coşkuyu hisseder. Resmi kanunlara uymadan yaşayamadığımız gibi benzer şekilde Tanrı'nın kanunlarına uymadan da yaşamayız. *Bhagavad-gītā*'da [4.7] Rab der ki: Her ne zaman dini uygulamalar azalır (*yadā*

Benlik İdraki Bilimi

yadā hi dharmasya glānir bhavati bhārata) ve dinsizliğin hakimiyeti artarsa (*abhyutthānam adharmasya*), işte o zaman Ben (Kṛṣṇa) ortaya çıkarım (*tadātmānaṃ sṛjāmy aham*) der. Maddi dünyada da aynı prensiplerin ispatını görebiliriz. Her ne zaman resmi kanunlara aykırılık varsa bazı resmi memurlar veya polis "bu şeyleri düzeltmek" için gelir. Rab Caitanya Mahāprabhu'ya Gosvāmīler tarafından ibadet edilmiştir. Altı tane Gosvāmī vardır: Rūpa Gosvāmī, Sanātana Gosvāmī, Raghunātha Bhaṭṭa Gosvāmī, Jīva Gosvāmī, Gopāla Bhaṭṭa Gosvāmī ve Śrī Raghunātha dāsa Gosvāmī. "*Go*"nun üç tane anlamı vardır. İlki "kara parçası" demek, diğeri "inek" demek ve sonuncusu ise "duyular" demektir. "*Svāmī*" ise "*efendi*" demektir. Böylece, *gosvāmī*, tüm duyuların efendisi demektir. Bir kimse duyularının efendisi olduğunda, spiritüel yaşamda ilerleyebilir. Bu, *Svāmī*'nin gerçek anlamıdır. *Svāmī*, duyuların esiri olmayan, onların efendisi olan demektir.

Bu altı *Gosvāmī*lerden biri olan Rūpa Govāmī, *Gosvāmī*lerin lideriydi ve Rab Caitanya Mahāprabhu'nun şerefine bir dize derledi:

anarpita-carīṃ cirāt karuṇayāvatīrṇaḥ kalau
samarpayitum unnatojjvala-rasāṃ sva-bhakti-śriyam
hariḥ puraña-sundara-dyuti-kadamba-sandīpitaḥ
sadā hṛdaya-kandare sphuratu vaḥ śacī-nandanaḥ
[Caitanya-caritāmṛta, Ādi 1.4]

Kalau, şimdiki çağ olan Kali Çağı Demir Çağı demektir. Çok kirli, kavga ve anlaşmazlık çağıdır. Rūpa Gosvāmī Kali Çağı için şöyle diyor; her şey anlaşmazlık ve kavgaya dönüştüğünde "Sen en yüksek Tanrı aşkını sunmak için indin." *Samarpayitum unnatojjvala-rasām*: ve sadece en yüksek değil, ayrıca en muhteşem *rasa* veya transandantal mizah için indin. *Puraṭa-sundara-dyuti*: ten rengin altın gibi, altının parlaklığı gibi. "Sen o kadar iyi kalplisin ki herkesi şu şekilde kutsuyorum (bir Gosvāmī duyuların efendisi olduğu için kutsayabilir): Rabb'in bir sureti olan, Rab Caitanya, herkesin kalbinde her zaman dans etsin."

Rūpa Gosvāmī, Rab Caitanya Mahāprabhu ile ilk defa Prayāga'da tanıştığında, Rab Caitanya yolda *mantra* söylüyor ve dans ediyordu, "Hare Kṛṣṇa, Hare Kṛṣṇa." O anda Rūpa Gosvāmī bir dua sundu.

190

Kavga Çağında Yoga Pratiği Yapmak

Namo mahā-vadānyāya kṛṣṇa-prema-pradāya te: "Ey, Sen tüm enkarnasyonların en cömert olanısın çünkü Tanrı aşkını dağıtıyorsun." *Kṛṣṇa-prema-pradāya te / kṛṣṇāya kṛṣṇa-caitanya-nāmne gaura-tviṣe namaḥ:* "Sen Bizzat Kṛṣṇa'sın, çünkü sen Kṛṣṇa olmasaydın *kṛṣṇa-premā*'yı yani Tanrı aşkını yayamazdın. Kṛṣṇa aşkı çok kolay elde edilemez. Fakat sen bu sevgiyi herkese rahatça dağıtıyorsun."

Bu şekilde *saṅkīrtana* hareketi Hindistan'ın Bengal eyaletinde, Navadvīpa'da başladı. Bu anlamda, Bengalliler onların ülkelerinde bu hareketin, aşağıdaki kehaneti haber veren Rab Caitanya tarafından başlatılmasından dolayı çok talihlilerdir.

pṛthivīte ache yata nagarādi grāma
sarvatra pracāra haibe mora nāma

"Dünya'nın her kasabasında ve köyünde, her yerde, *saṅkīrtana* hareketi yayılacaktır". Bu O'nun kehanetidir.

Böylece, bu hareket Rab Caitanya'nın lütfuyla New York'tan başlayarak Batı ülkelerine zaten takdim edildi. Bizim *Saṅkīrtana* Hareketi'miz ilk olarak 1966 yılında New York'ta tanıtıldı. O zamanlar Tompkins meydanına geldim ve Hare Kṛṣṇa *mantra*sını söylemeye başladım. Küçük bir *mṛdaṅga* (davul) ile üç saat *mantra* söyledim ve bu Amerikalı gençler toplandılar ve yavaş yavaş katıldılar ve böylece çoğalmaya devam ettiler. İlk olarak New York'ta, 26 İkinci Cadde'de bir dükkânda, sonra San Francisco, Montreal, Boston, Los Angeles, Buffalo, Columbus'ta şubeler açtık. Şimdi (1970) bir tane Londra'da ve bir tane Hamburg'da olmak üzere yirmi dört tane şubemiz bulunmaktadır. Londra'da bulunanların tümü Amerikalı gençlerdir ve orada onlar bu bilgiyi yayıyorlar. Onlar *sannyāsī* değiller, Vedāntist, Hindu, Hint değiller fakat bu hareketi çok ciddiye alıyorlar. Londra Times'da bile "Kṛṣṇa *mantrası* Londra'yı şaşırttı" başlıklı bir makale vardı. Şimdi hareketimizde birçok kişi bulunmaktadır. Tüm öğrencilerim en azından bu ülkedekiler, Amerikalı veya Avrupalılar. Onlar *mantra* söylüyor, dans ediyor ve Back to Godhead dergisini dağıtıyorlar. Şimdiye kadar birçok kitap yayınladık; *Śrīmad-Bhāgavatam, Özgün Bhagavad-gītā, Rab Caitanya'nın Öğretileri* ve *Īśopaniṣad*. Bu hareket sadece duygusal bir hareket değildir. Bu gençlerin, bazı dini duygu veya fanatizm ile dans ettiğini düşünmeyin. Hayır. Biz en yüksek felsefi ve teolojik geçmişe sahibiz.

İzah etmek adına, Caitanya Mahāprabhu'yu göz önüne alalım. O bu bilgileri yayarken, Māyāvādī *sannyāsī*lerin merkezi toplanma yeri olan Benares'e gitti. Śaṅkarācārya'nın takipçileri daha çok Benares'de görülürler. Caitanya Mahāprabhu oradayken *mantra* söylüyor ve dans ediyordu. Birçok insan bunu memnuniyetle karşıladı ve O çok kısa bir sürede meşhur oldu. Önemli bir *sannyāsī* olan Prakāśānanda Sarasvatī, binlerce Māyāvādī *Sannyāsī*nin liderine şöyle söylendi: "Bengal'den genç bir *sannyāsī* geldi. Çok hoş bir şekilde *mantra* söylüyor ve dans ediyor." Prakāśānanda Sarasvatī çok büyük bir Vedāntist olarak bu fikri beğenmedi. Şöyle devam etti, "O, sahte bir *sannyāsī*dir. *Mantra* söylüyor ve dans ediyor. Bu bir *sannyāsī*nin işi değil. Bir *sannyāsī* her zaman kendisini felsefe ve *Vedānta* çalışarak meşgul etmelidir."

Daha sonra, Prakāśānanda Sarasvatī'nin yorumlarından hoşlanmayan bir adanan Rab Caitanya'ya geldi ve eleştirildiğini bildirdi. Sonuç olarak bu adanan tüm *sannyāsī*ler için bir toplantı düzenledi ve burada Prakāśānanda Sarasvatī ile Rab Caitanya Mahāprabhu arasında *Vedānta* üzerine felsefi bir görüşme gerçekleşti. Bu, açıklamalar ve felsefi müzakere *Rab Caitanya'nın Öğretileri* kitabında verilmektedir. Prakāśānanda'nın kendisiyle birlikte tüm öğrencilerinin *Vaiṣṇava* olmaları dikkate değerdir.

Sonuç olarak Caitanya Mahāprabhu'nun Hareketi basit bir duygusal hareket değildir. Benzer şekilde, Caitanya Mahāprabhu, Sārvabhauma Bhaṭṭācārya ile çok büyük bir tartışma yapmıştır, Sārvabhauma Bhaṭṭācārya zamanın en büyük mantıkçısı ve aynı zamanda bir Māyāvādī gayri şahsiyetçiydi ve O'da felsefesini değiştirdi. Yani Caitanya Mahāprabhu'nun Hareketi sadece duygusallık değildi. *Saṅkīrtana* Hareketi felsefe ve mantık yoluyla anlamak isterseniz, bu hareketin çok zengin bir geçmişi olduğunu göreceksiniz. Bol miktarda fırsat vardır. Bu hareket bilim ve *Vedaların* otoritesi üzerine kurulmuştur. Fakat tüm bunlar basitleştirilmiştir. Bu hareketin güzelliği de budur. Bir kimse büyük bir bilim insanı, filozof veya bir çocuk olsa da hiç zorluk çekmeden bu harekette yer alabilir.

Śrī Śrīmad A.C. Bhaktivedanta Svāmī Prabhupāda

Uluslararası Kṛṣṇa Bilinci Topluluğu Kurucu *Acārya*'sı
ve modern dünyada Kṛṣṇa bilincinin en büyük sembolü olan kişi

Rasyonel bir hayvan olarak insanın, sorgulama yapması gerekir. Ama gerçekten zeki kişiler tarafından yapılan, en ilgili araştırmalar ölüm anında ne olduğuyla ilgilidir. Büyük Vedik tarihi *Śrīmad Bhāgavatam*'ın bu sahnesi, Kral Parīkṣit'in spiritüel öğretmeni Śukadeva Gosvāmī'ye bu tür sorular yönelttiğini gösteriyor. (s. 63–72)

Büyük bilge Parāśara Muni, Tanrı'yı (*bhagavān*); güzellik, güç, zenginlik, bilgi, şöhret ve feragat olarak altı çekici zenginliğe sahip olan kişi olarak tanımlamıştır. Çağlar boyunca spiritüel otoriteler, Śrī Kṛṣṇa'nın karakterini dikkatle analiz ederek, bu niteliklere en geniş ölçüde yalnızca O'nun sahip olduğu sonucuna varmışlardır. (s. 40–48)

Beş bin yıl önce Kurukṣetra Savaş Alanında: Akrabalarından oluşan karşıt orduyla yüzleştikten sonra Arjuna'nın görevi konusunda kafası karıştı ve öğrencisi olarak Rab Kṛṣṇa'ya teslim oldu. Ardından Rab Kṛṣṇa, Arjuna'nın aydınlanması için *Bhagavad-gītā*'yı konuştu. (s. 88–98)

Bebek büyüdükçe küçük bir çocuk olur, küçük çocuk büyüdükçe genç insan olur, genç insan büyüdükçe yetişkin olur ve yetişkin büyüdükçe yaşlı bir insan olur. Bundan sonra o yaşlı insan vücudunu değiştirir ve 8.400.000 canlı türünün vücudundan yeni bir beden kabul eder. Karma yasasına göre, bir kişinin sonraki yaşamında alacağı beden, bu yaşamdaki faaliyetlerine ve arzularına bağlıdır. (s. 48–60)

Patron ya da işçi, efendi ya da hizmetçi, cumhurbaşkanı ya da mahkûm, herkes maddi doğanın üç halinin (erdem, ihtiras ve cehalet) sıkı kontrolü altındadır. (s. 48–60)

İnsan, ruh cana sahip olan tek yaşayan varlık değildir. Biz hepimiz ruh canlarız; hayvanlar, kuşlar, sürüngenler, böcekler, ağaçlar, bitkiler, suda yaşayan canlılar vb. Tıpkı bazı kişilerin beyaz, bazılarının yeşil, bazılarının kırmızı vb. kıyafet giyinmiş olması gibi, ruh can da farklı elbiselerle örtülüdür (s. 245)

Diğer benlik idraki sistemleri, *jñāna* uygulaması veya yoga uygulaması da kabul edilir fakat bu çağda onları uygulamak mümkün değildir. *Vedaların* sonucu budur:

kṛte yad dhyāyato viṣṇuṃ
tretāyāṃ yajato makhaiḥ
dvāpare paricaryāyāṃ
kalau tad dhari-kīrtanāt
[Śrīmad-Bhāgavatam 12.3.52]

Satya-Yuga, Altın Çağında meditasyon uygulamalarını gerçekleştirmek mümkündü. Örneğin, Vālmīki Muni mükemmelliği elde etmek için atmış bin yıl meditasyon yaptı. Ancak bizim ömrümüz ne kadar ki? Bununla birlikte *Bhagavad-gītā*'da tarif edildiğine göre, meditasyon uygulaması yapabilmek için kişi gözden uzak bir yer seçmeli, yalnız olmalı, dik bir pozisyonda oturmalı, cinsel oruç tutmalı ve bunun gibi şartlar devam etmektedir. Bu şekilde *aṣṭāṅga-yoga* meditasyonu mümkün değildir. Eğer bir kimse taklit edip tatmin oluyorsa bu farklı bir şeydir. Fakat bu kişi mükemmeliyeti istiyorsa, *aṣṭāṅga-yoga*nın sekiz basamağını takip etmelidir. Eğer bu mümkün değilse zaman kaybı demektir. Yoga uygulamasının veya meditasyonun nihai amacı nedir? Tanrı, Yüce Ruh, Yüce Rab ile bağlantı kurmak tüm yoga uygulamalarının hedefi ve amacıdır. Benzer şekilde, felsefi araştırmalar, *jñāna* uygulamasının amacı da Yüce Brahman'ı anlamaktır. Bunlar kabul edilmiş uygulamalardır, şüphe taşımazlar fakat otoriter tanımlamalara göre bunların uygulanabilirliği Demir Çağı olan *Kali-yuga*'da mümkün değildir. Bu sebeple bir kimse *hari-kīrtana* uygulamasını benimsemelidir. Ön bir niteliğe sahip olmadan herkes bunu uygulayabilir. Kişinin felsefe veya *Vedāntaları* çalışması gerekli değildir. Rab Caitanya'nın, Prakāśānanda Sarasvatī ile buluşmasındaki açıklaması da budur.

Vedānta felsefesi, Rab Caitanya ve Prakāśānanda Sarasvatī tarafından tartışıldığında, Prakāśānanda Sarasvatī'nin Caitanya Mahāprabhu'ya sorduğu ilk soru; "Senin bu genç yaşında çok iyi bir bilge olduğunu anlayabiliyorum. (Aslında Caitanya Mahāprabhu büyük bir bilgeydi.

Adı Nimāi Paṇḍita'ydı ve on altı yaşındayken Kāśmīra'daki büyük bilge olan, Keśava Kāśmīrī'yi bozguna uğrattı.) Ve anlıyorum ki büyük bir Sanskrit alimisin ve özellikle mantık alanında çok eğitimli bir bilgesin. Ayrıca bir *brāhmaṇa* ailesinde doğmuşsun ve şimdi bir *sannyāsī*sin. Nasıl oluyor da böyle şarkı söylüyor ve dans ediyorsun da *Vedānta* üzerine çalışma yapmıyorsun?" Bu Prakāśānanda Sarasvatī'nin ilk sorusuydu ve Rab Caitanya cevapladı; "Evet, bunun nedeni manevi öğretmenimden inisiyasyon aldığımda, bana bir numaralı budala olduğumu, *"Vedānta* tartışmamamı" söylemişti. "Sen sadece zamanını boşa harcıyorsun. Sadece Hare Kṛṣṇa *mantra*sını söyle, o zaman başarılı olacaksın" dedi. Bu O'nun cevabıydı. Tabi ki, Rab Caitanya bir budala değildi ve kesinlikle *Vedānta* budalalar için değildir. Bir kimsenin, *Vedānta*'yı anlayabilir hale gelmesinden önce, yeterince eğitim alması ve önce belirli bir mertebeye ulaşmış olması gerekir. Orada her bir kelimenin birçok anlamı bulunur ve Śaṅkarācārya ve Rāmanujācārya tarafından Sanskrit dilinde yazılmış birçok cilt yorumlar mevcuttur. Peki, biz *Vedānta*'yı nasıl anlayabiliriz? Bu mümkün değildir. Belki bir iki kişini anlaması mümkün olabilir fakat geriye kalan insanlar için mümkün değildir. Ne de yoga uygulamasıyla bu mümkün olabilir. Bu sebeple bir kimse Caitanya Mahāprabhu'nun yöntemini benimser ve Hare Kṛṣṇa *mantra*sını söylerse, ilk olarak kazanacakları *cetodarpaṇa-mārjanam:* sadece *mantra* söyleyerek, kalpteki tüm pislik temizlenecektir. Söyle. Ne bir masrafı var ne de kaybedecek bir şey. Bir kimse sadece bir hafta boyunca *mantra* söylerse, spiritüel bilgisinin ne kadar ilerleyeceğini görecektir.

Birçok öğrenciyi sadece *mantra* söyleyerek çekiyoruz. Bütün felsefeyi anlıyorlar ve arınıyorlar. Bu topluluğun hareketi sadece dört yıl önce 1966'da başladı ve şimdiden birçok şubemiz bulunmaktadır. Amerikalı gençler bunu çok ciddiye alıyorlar ve mutlular. Bunu herhangi birine sorun. *Ceto-darpaṇa-mārjanam.* Onlar sadece Hare Kṛṣṇa, Hare Kṛṣṇa, Kṛṣṇa Kṛṣṇa, Hare Hare / Hare Rāma, Hare Rāma, Rāma Rāma, Hare Hare söyleyerek kalplerini temizliyorlar.

Diğer bir nokta *bhava-mahādāvāgni-nirvāpaṇam:* kalpleri kirlerden temizlenir temizlenmez, maddi varoluşun tüm problemleri hemen çözülür. Bu dünya, orman yangınının alevleri olan *dāvagni* ile karşılaştırılır. Bu maddi varoluş içinde hiç kimse mutsuzluk istemez, ama o zorla gelir. Bu maddi doğanın kuralıdır. Hiç kimse yangın istemez ama şehirde her nereye gidersek gidelim itfaiye her zaman faaliyettedir. Her zaman yangın vardır. Benzer şekilde hiç kimsenin istemediği birçok şey vardır. Hiç kimse ölüm istemez; ölüm vardır. Kimse hastalık istemez; hastalık vardır. Kimse yaşlanmak istemez; yaşlılık vardır. Tüm bunlar isteklerimize karşı, arzularımıza karşı oradadırlar. Bu sebeple maddi varoluşun durumu üzerine düşünmeliyiz. Yaşamın bu insan formu anlamak içindir. Bu değerli hayat hayvanlar gibi yemek, uyumak, çiftleşmek ve kendimizi savunmayla boşa harcamak için değildir. Bu uygarlığın ilerlemesi değildir. *Bhāgavatam*, bu bedenin sadece duyu memnuniyeti amacıyla çok çalışmak için olmadığını söyler.

nāyaṃ deho deha-bhājāṃ nṛloke
kaṣṭān kāmān arhate viḍ-bhujāṃ ye
[*Śrīmad-Bhāgavatam* 5.5.1]

Çok çalışmak ve kişinin duyu memnuniyeti ile tatmin olması insanoğlunun değil, domuzların işidir. İnsan *tapasya*yı (çile çekmek) öğrenmelidir. Özellikle Hindistan'da birçok büyük bilgeler, birçok krallar ve birçok *brahmacārīler* ve *sannyāsiler* daha fazla uyumaya devam etmemek için yaşamlarını büyük *tapaysa* içinde geçirdiler. Rab Buddha her şeyini bırakmış ve kendini *tapasya* ile meşgul etmiş bir prensti. Yaşam budur. Hindistan'ı, Bhārata-varṣa olarak isimlendirilen, adını Hindistan'a vermiş olan Kral Bhārata yirmi dört yaşındayken genç karısını, çocuklarını bıraktı ve *tapaysa* için krallığını terk etti. Rab Caitanya Mahāprabhu sadece yirmi dört yaşındayken genç karısını, annesini, her şeyini bıraktı. Birçok örnekler vardır. Hindistan *tapasya*nın diyarıdır, fakat bunu unutuyoruz. Biz şimdi bu yeri teknoloji diyarı yapıyoruz. Hindistan'ın şu anda bu *tapasya*nın propagandasını yapmaması çok şaşırtıcıdır. Hindistan *dharma*nın yeridir: *dharma-kṣetre kurukṣetre*.

Ancak, bu sadece Hindistan için geçerli değildir; bu demir çağında her yerde her şey alçalmıştır. Alçalma şu anlamdadır: *prāyeṇālpāyuṣaḥ sabhya kalāv asmin yuge janāḥ* [*Śrīmad-Bhāgavatam* 1.1.10].

Kali Çağında yaşam süresi azalmıştır ve insanlar benlik idrakini anlamak için kımıldamıyorlar ve bunu yapsalar da birçok sahtekâr lider tarafından sürekli yanlış yönlendiriliyorlar. Devir çok yozlaşmış durumdadır. Bu sebeple Caitanya Mahāprabhu'nun yöntemi olan Hare Kṛṣṇa *mantra*sını söylemek en iyi ve en basit yöntemdir.

> *harer nāma harer nāma*
> *harer nāmaiva kevalam*
> *kalau nāsty eva nāsty eva*
> *nāsty eva gatir anyathā*

"Kali Çağında, O'nun kutsal adını telaffuz ederek Tanrı'yı yücelmekten başka bir din yoktur ve bu tüm kutsal kitaplarda bildirilmiş olan talimattır. Başka yol yok, başka yol yok, başka yol yok." Bu kıta *Bṛhan-nāradīya Purāṇa*'da görülür. *Harer nāma harer nāma harer nāmaiva kevalam.* Sadece Hare Kṛṣṇa *mantra*sını söyle. Başka bir alternatif yok. *Kalau nāsty eva nāsty eva nāsty eva gatir anyathā.* Bu çağda yani Kali'de alternatif olarak başka bir benlik idraki metodu bulunmamaktadır. Öyleyse bunu kabul etmeliyiz.

Śrīmad-Bhāgavatam'da buna benzer başka bir kıta bulunmaktadır. On ikinci kanto, üçüncü bölümde, Parīkṣit Mahārāja'ya, Śukadeva Gosvāmī tarafından bu çağın kusurları ve Kali Çağının şu anda görülen tüm belirtileri bildirilmiştir. Lakin, son bölümde Śukadeva Gosvāmī şunu söylemişti; *kaler doṣa-nidhe rājann asti hy eko mahān guṇaḥ:* "Sevgili Kralım, bu Çağ Kali kusurla dolu, fakat burada iyi bir fırsat var." Nedir bu? *Kīrtanād eva kṛṣṇasya mukta-saṅgaḥ paraṁ vrajet:* "Sadece Hare Kṛṣṇa *Mantra*sını söyleyerek, kişi özgür kalabilir ve Tanrı'ya geri dönebilir."

Bu çok pratiktir ve onaylanmıştır. Kişi bunu kendisi test edip sadece *mantra* söyleyerek nasıl ilerlediğini görebilir. Kṛṣṇa bilinci hareketi yeni olan, bizim tanıttığımız veya ürettiğimiz bir şey değildir. Vedik ilkeler tarafından onaylanmıştır, Caitanya Mahāprabhu ve diğer *ācāryalar* tarafından onaylanmıştır. Yöntem çok basittir; kaybedecek bir şey yoktur. Biz herhangi bir bedel talep etmiyoruz, ücret isteyip, insanlara gizli bazı *mantra* verip, onlara altı ay sonra Tanrı olacakları sözü vermiyoruz. Hayır. Bu herkese açık; çocuklar, kadınlar, kızlar, erkekler, yaşlı insanlar herkes *mantra* söyleyebilir ve sonucu görebilir. Sonuca götürmek için, sadece Batı Virginia'daki çiftlik projemiz, New Vṛndāvana'yı kurmuyoruz ayrıca, New Navadvīpa ve New Jagannātha Purī gibi diğer spiritüel toplulukları da kuruyoruz. San Francisco'da New Jagannātha Purī'ye başladık bile ve Ratha-yātrā festivali sürüyor. Bu yıl Londra'da da çok büyük bir Ratha-yātrā töreni olacak. Jagannātha, Subhadrā ve Balarāma için üç tane araba olacak ve Thames Nehri'ne götürülecek. Amerika, New England ve New York'u ithal etti, yani niçin New Vṛndāvana olmasın? Biz özellikle New Vṛndāvana'yı kurmalıyız çünkü Rab Caitanya şöyle tavsiye etti: *ārādhyo bhagavān vrajeśa-tanayas tad-dhāma vṛndāvanam:* "En yüce ibadet edilesi Mūrti olan Nanda Mahārāja'nın oğlu, Kṛṣṇa, Vṛndāvana-dhāma yani Vrajabhūmi'dedir ve O'nun mekânı Vṛndāvana'da ibadet edilebilir." Batılı kızlar ve erkekler Kṛṣṇa bilincini benimsiyorlar ve Vṛndāvana gibi bir yere sahip olmalılar. Benimle iki yıl önce Vṛndāvana'ya gelen Svāmī Kīrtanānanda, Vṛndāvana'nın nasıl bir yer olduğunu biliyor. Ona inşa etmesi için en az yedi tapınak gösterdim. Vṛndāvana'da beş bin tane Rādhā-Kṛṣṇa tapınağı bulunmaktadır, ancak bunlardan yedi tanesi çok önemlidir çünkü Gosvāmīler tarafından kurulmuştur. Bizim programımız New Vṛndāvana'da, ekonomik çözüm olarak tarıma ve ineklere bağlı olarak, huzurlu bir şekilde Kṛṣṇa bilincini pratik ederek ve Hare Kṛṣṇa *mantra*sını söyleyerek yaşamaktır. Bu Vṛndāvana projesidir. *Yuktāhāra-vihārasya... yogo bhavati duḥkha-hā [Bhagavad-gītā 6.17]*. İnsan yaşam formu yapay ihtiyaçları artırmak için değildir. Biz sadece bedeni, ruhla beraber ihtiyacı olan kadar tatmin etmeliyiz ve geriye kalan zamanlarda Kṛṣṇa bilincimizi geliştirmeliyiz. Böylece bu bedenimizi terk ettikten sonra başka bir maddi beden almamıza gere kalmayacak ve eve, Tanrı'ya geri dönebileceğiz. Bu insan yaşamının ilkesi olmalıdır.

Maddi yaşam demek, yemek, uyumak, çiftleşmek ve kendini savunmaktır ve spiritüel yaşam demek bunlardan öte bir şeydir. Bu ayrıca, insan yaşamı ile hayvan yaşamı arasındaki farktır. Hayvan yaşamında genel formül; yemek, uyumak, çiftleşmek ve kendini savunmaktır. Bir köpek yemek yer, insan da yer. Bir insan uyur, köpek

Benlik İdraki Bilimi

de uyur. İnsanın cinsel hayatı vardır, köpeğin de vardır. Bir köpek kendi yöntemleriyle savunma yapar, insanda kendi yöntemleriyle belki atom bombası ile savunma yapar. Bu dört prensip, insanoğlunun ve hayvanların ortak noktalarıdır ve bu dört prensipte olan ilerlemeler insan uygarlığının değil, hayvan uygarlığının ilerlemeleridir. İnsan uygarlığı demek; *athāto brahma-jijñāsā*'dır. *Vedānta-sūtra*'daki ilk vecize *athāto brahma jijñāsā:* "Şimdi Brahman hakkında soruşturma zamanıdır." Bu insan yaşamıdır. Bir kimse, spiritüel sorgulama yapmadığı sürece, *jijñāsuḥ śreya uttamam*, o kişi bir hayvandır çünkü bu dört prensibe göre yaşıyor demektir. Hepsi bu. Kişi, kim olduğunu ve neden doğum, ölüm, yaşlılık ve hastalık dertlerinin içine düştüğünü bilmek için sorgulamalıdır. Herhangi bir çaresi var mıdır? Bu konular sorgulanmalıdır. Bu insan yaşamıdır; bu spiritüel yaşamdır.

Spiritüel yaşam, insan yaşamı demektir ve maddi yaşam, hayvan yaşamı anlamına gelir. Hepsi bu. Biz *Bhagavad-gīta*'da tavsiye edildiği gibi düzenlemeler yapmalıyız. *Yuktāhāra-vihārasya.* Örneğin, ben spiritüel bir insan olacağım dediğimde bu yemek yemeyi bırakmalıyım anlamına gelmez. Daha ziyade, nasıl yiyeceğimi düzenlenmeliyim anlamına gelir. *Bhagavad-gīta* hangi yiyeceğin birinci sınıf erdem halinde olduğunu, hangisinin ihtiras halinde olduğunu ve hangisinin üçüncü sınıf yani cehalet halinde olduğunu tarif eder. Kendimizi insan toplumunun sattvik (erdem) platformuna yükseltmemiz gerekir. Sonra transandantal bilincimiz veya Kṛṣṇa bilincimiz canlanır. Her şey *śāstra*larda mevcuttur. Ne yazık ki onlara başvurmuyoruz.

> *evaṃ prasanna-manaso*
> *bhagavad-bhakti-yogataḥ*
> *bhagavat-tattva-vijñānaṃ*
> *mukta-saīgasya jāyate*
> [*Śrīmad-Bhāgavatam* 1.2.20]

Kişi, maddi doğanın bu üç bağlayıcı gücünün pençesinden kurtulmadıkça, Tanrı'yı anlayamaz. *Prasanna-manasaḥ.* Kişi, Brahman farkındalıklı bir ruh olmalıdır. *Brahma-bhūtaḥ prasannātmā na śocati na kāṅkṣati* [*Bhagavad-gīta* 18.54]. Bu öğütler mevcuttur, yani kişi *śāstra*ların ve tavsiyelerin avantajlarından yararlanmalıdır. Bu zeki insanların sorumluluğudur. Çoğu insan Tanrı'yı yüce olarak bilmekte fakat yüceliğinin gerçekte nasıl olduğunu bilmemektedir. Bunu Vedik edebiyatında bulacağız. Demir çağında, bu bizim görevimizdir. Bu, *hari-kīrtana, param vijayate śrī-kṛṣṇa-saṅkīrtanam:* En Yüce olanı övmektir.

Meditasyon ve İç Benlik

Meditasyon günlük problemlerimizi çözebilir mi? Ölümden sonra yaşam var mıdır? Uyuşturucu benlik idrakine ulaşmada bize yardımcı olabilir mi? 1976 Güney Afrika ziyaretinde, Śrīla Prabhupāda bunlara ve the Durban Natal Mercury'nin muhabiri olan Bill Faill'in diğer sorularına cevap veriyor.

Śrīla Prabhupāda: Kṛṣṇa Tanrı'nın ismidir, "tümüyle cezbeden" demektir. Tümüyle cezbeden olmadan bir kimse Tanrı olamaz. Yani Kṛṣṇa bilinci, Tanrı bilinci demektir. Hepimiz Tanrı'nın küçük parçalarıyız ve nitelik olarak O'na eşitiz. Canlı varlıklar olarak bizim pozisyonumuz büyük miktarda altının içinde küçük bir parça altın gibi olmamızdır.

Bay Faill: Ateşin içindeki kıvılcımlar gibi miyiz?

Śrīla Prabhupāda: Evet. Hem ateş hem de kıvılcım ateştir fakat biri büyük diğeri çok küçüktür. Ateş ve kıvılcımın ilişkisinden farklı olarak, maddi enerji ile olan bağlantımızdan dolayı şu zamanda bu ilişkiyi unutmuş olsak bile, bizim Tanrı ile olan ilişkimiz ebedidir. Sadece bu unutkanlıktan dolayı birçok problemle yüzleşmekteyiz. Eğer orijinal Tanrı bilincimizi canlandırabilirsek, çok mutlu oluruz. Bu Kṛṣṇa bilincinin özeti ve özüdür. Bu Orijinal Kṛṣṇa bilincini canlandırmak için en iyi yöntemdir. Benlik idraki için farklı yöntemler mevcuttur fakat içinde bulunduğumuz Kali Çağında, insanlar çok düşmüş durumda ve Kṛṣṇa bilincinin en basit yöntemini talep ediyorlar. Şimdi insanlar problemlerini çözmek için sözüm ona maddi ilerlemeleri düşünüyorlar, fakat bu doğru bir yol değildir. Maddi koşuldan çıkmak için gerçek çözüm tamamıyla Kṛṣṇa bilinçli olmaktır. "Ben bu bedenim" ve bu sebeple tekrar, tekrar bir bedenden diğerine geçiyorum. Bu cehalet sebebiyledir. Aslında biz bu bedenler değiliz, biz Tanrı'nın parçası ve bölümü olan spiritüel kıvılcımlarız.

Bay Faill: O zaman beden, ruh için bir araç mıdır?

Śrīla Prabhupāda: Evet. Araba gibidir. Arabayla bir yerden diğer bir yere gitmeye benzer. Bu sebeple maddi hayat koşulları içindeki zihinsel uydurmalardan dolayı, bir konumdan diğerine gidiyor ve mutlu olmaya çalışıyoruz. Fakat gerçek konumumuza gelmedikçe hiçbir şey bizi mutlu etmeyecektir. Bizim asıl işimiz Tanrı ile beraber olmak ve O'nunla iş birliği yaparak tüm canlılara yardım etmektir. Medeni insan yaşamına ancak 8.400.000 canlı yaşamından evrimleştikten sonra ulaşılır. Yani bu medeni insan yaşamını Tanrı'yı, kim olduğumuzu ve Tanrı ile olan ilişkimizi anlamak yerine hayatımızı kedi ve köpekler gibi oraya buraya gidip duyu tatmini arayarak boşa harcarsak bu uygar insan yaşamının avantajlarından yararlanmayarak büyük bir fırsat kaçırmış oluruz. Kṛṣṇa Bilinci hareketi insanlara, Tanrı'yı ve O'nunla olan ilişkimizi anlamaya çalışarak, yaşamın insan formunun tüm avantajlarından faydalanmayı öğretmek içindir.

Bay Faill: Eğer bunu bu yaşamımızda tam olarak yapmazsak, diğer bir yaşamda ikinci bir şansa sahip olur muyuz?

Śrīla Prabhupāda: Evet. Ölüm anındaki arzularına göre, başka bir beden alırsınız. Bu bedenin bir insan bedeni olup olmayacağı garanti değildir. Bununla birlikte, açıkladığım gibi 8.400.000 farklı yaşam biçimi vardır. Ölüm anındaki zihinsel durumuna göre, bu bedenlerden herhangi birine girebilirsiniz. Ölüm anındaki düşüncelerimiz, yaşamımız boyunca nasıl hareket ettiğimize bağlıdır. Maddi bilinç içinde olduğumuz sürece ki bunlar üç bağlayıcı güç tarafından yönetilir: erdem, ihtiras ve cehaletin bağlayıcı güçleri. Bu üç hal ana renkler gibidir; sarı, kırmızı ve mavi. Sadece bu üçünü karıştırarak milyonlarca renk üretilir. Benzer olarak doğanın bağlayıcı güçlerinin karışımı ile de birçok çeşitlilikte yaşamlar üretilir.

Yaşamın farklı biçimlerinde doğum ve ölüm tekrarlamasını durdurmak için, maddi doğanın örtüsünü aşmalıyız ve saf bilinç platformuna gelmeliyiz. Fakat Kṛṣṇa bilincinin transandantal bilimini öğrenmezsek, ölümde diğer bir bedene transfer olmak zorundayız. Şimdiki bedenimizden daha iyi ya da daha kötü bir bedene. Erdem modunu geliştirirsek, o zaman yaşam standartlarının daha iyi olduğu, daha yüksek gezegen sistemlerine yükseliriz. İhtiras modunu geliştirirsek, şu an ki aşamada kalırız. Ancak cehalet üzerinden, günahsal faaliyetlerde bulunur ve doğa kanunlarını ihlal edersek, hayvan veya bitki yaşamına düşeriz. Sonra, tekrar insan formuna tekâmül etmeliyiz ve bu milyonlarca yıl süren bir işlemdir. Kişi, Tanrı ile ilişkisini anlayarak ve uygun biçimde hareket ederek, insan yaşamının sunduğu nadir fırsatların avantajlarından faydalanmalıdır. Bir kimse ancak o zaman yaşamın farklı suretlerindeki doğum ölüm döngüsünden çıkabilir ve yuvasına, Tanrı'ya geri dönebilir.

Bay Faill: Transandantal meditasyonun insanlara yardım ettiğini düşünüyor musunuz?

Śrīla Prabhupāda: Onlar gerçek meditasyonun ne olduğunu bilmiyorlar. Onların meditasyonu sadece bir saçmalık; sahte *svāmīler* ve *yogīler* tarafından başka bir kandırma yöntemidir. Bana meditasyonun insanlara yardımı olup olmadığını soruyorsunuz ancak meditasyonun ne olduğunu biliyor musunuz?

Bay Faill: Zihnin durgun kalması; bir merkezde sallanmadan oturmaya çalışmak.

Śrīla Prabhupāda: Merkez nedir?

Bay Faill: Bilmiyorum.

Śrīla Prabhupāda: Herkes meditasyon hakkında fazlasıyla konuşuyor ancak gerçekte kimse meditasyonun ne olduğunu bilmiyor. Bu sahtekârlar "meditasyon" kelimesini kullanıyorlar fakat meditasyon için uygun bir tema bilmiyorlar. Sadece sahte propaganda yapıyorlar.

Bay Faill: Meditasyon insanların sadece doğru düşünmesi için değerli değil midir?

Śrīla Prabhupāda: Hayır. Gerçek meditasyon demek zihnin Tanrı bilinciyle yoğrulmuş bir duruma ulaşması demektir. Fakat Tanrı nedir bilmiyorsanız, nasıl meditasyon yapabilirsiniz? Üstelik, bu çağda insanların zihni çok karışık, konsantre olamıyorlar. Bu sözde meditasyonları gördüm; sadece uyuyorlar ve horluyorlar. Ne yazık ki, Tanrı bilinci veya "benlik idraki" adı altında birçok sahtekâr, otorite sahibi Vedik bilgi kitaplarını referans göstermeksizin standart olmayan meditasyon yöntemleri sunuyorlar. Onlar da sadece başka tür bir sömürü uyguluyorlar.

Bay Faill: Ouspensky ve Gurdjieff gibi diğer öğretmenler hakkında ne düşünüyorsunuz? Geçmişte onlar da Batı'ya sizinkine benzer mesajlar getirdiler.

Śrīla Prabhupāda: Onların öğretilerinin Vedik standartlarıyla uygunluğunu anlamak için detaylı bir şekilde incelemeliyiz. Tanrı bilinci, tıp bilimi veya diğer bilimler gibi bir bilimdir. Farklı olamaz çünkü aynı kişi tarafından anlatılmıştır. İki artı iki her yerde dört eder, asla beş veya üç olmaz. Bilim budur.

Bay Faill: Diğerlerinin Tanrı bilinci yöntemlerinin saf olduğunu düşünüyor musunuz?

Śrīla Prabhupāda: Onların öğretilerini detaylı incelemedikçe, bunu söylemek çok zor. Çünkü birçok sahtekâr var.

Bay Faill: Sadece para için mi yapıyorlar?

Śrīla Prabhupāda: Tamamen. Onların standart bir yöntemleri yok. Bu sebeple biz *Bhagavad-gītā*'yı "Özgün Haliyle", herhangi bir kişisel yorum olmaksızın sunuyoruz. Bu standarttır.

Bay Faill: Evet, eğer bazı şeyleri süslemeye başlarsanız, ister istemez onları değiştirirsiniz.

Śrīla Prabhupāda: Kṛṣṇa bilinci yeni bir yöntem değildir. Çok, çok eskidir ve standarttır. O değiştirilemez. Değiştirmeye çalıştığınız anda etkisini kaybeder. Bu etki elektrik gibidir. Eğer elektrik üretmek isterseniz, bazı standart yöntemleri takip etmelisiniz, negatif ve pozitif kutupları uygun bir şekilde ayarlamalısınız. Acayip bir jeneratör yaparak bundan elektrik üretemezsiniz. Benzer şekilde, uygun otoritelerden Kṛṣṇa bilinci felsefesini anlamanın standart yöntemleri vardır. Eğer onların öğretilerini takip edersek, uygulama işe yarayacaktır. Maalesef, modern insanın tehlikeli hastalıklarından biri, kendi kaprislerine göre hareket etmeyi istemeleridir. Hiç kimse standart bir yolu takip etmek istemiyor. Bu sebeple herkes hem spiritüel hem de maddi olarak başarısız olmaktadır.

Bay Faill: Kṛṣṇa bilinci hareketi büyüyor mu?

Śrīla Prabhupāda: Ah, evet çok. Binlerce kitap sattığımızı bilmek size sürpriz olabilir. Elli civarında kitabımız var ve birçok kütüphane ve fakülte profesörü onlardan çok memnun, çünkü bu kitaplar yayınlanana kadar böyle bir edebiyat var olmamıştı. Bu tüm dünya için yeni bir katkıdır.

Bay Faill: Kṛṣṇa bilinci, saçları tıraş etmeyi ve safran rengi uzun giysiler giyinmeyi gerektiriyor gibi gözüküyor. Sıradan bir insan, bunu aile yaşamına nasıl taşıyabilir ve Kṛṣṇa bilincini uygulayabilir?

Śrīla Prabhupāda: Safran rengi kıyafetler ve tıraşlı bir saç zorunlu değildir, buna rağmen bunlar iyi bir zihinsel durum yaratır. Örneğin bir askerin uygun şekilde kıyafetlerini giymesi ve enerji kazanması gibi; O, kendini bir asker gibi hisseder. Bu onun üniformasız savaşamayacağı anlamına gelir mi? Hayır. Aynı şekilde, Tanrı bilinci kontrol edilemez; O her koşulda canlandırılabilir fakat yardımcı bazı koşullar vardır. Bu sebeple, belirli bir yol çizgisinde yaşamanızı, belirli bir şekilde giyinmenizi, belirli şeyler yemenizi vs. tavsiye ediyoruz. Tüm bunlar Kṛṣṇa bilincini uygulamak için yardımcı şeylerdir fakat zorunlu değildir.

Bay Faill: O zaman, bir kimse günlük normal hayatına devam ederken Kṛṣṇa bilincinin bir öğrencisi olabilir mi?

Śrīla Prabhupāda: Evet.

Bay Faill: Uyuşturucular hakkında ne düşünüyorsunuz? Tanrı farkındalığının uygulanmasında yardımcı olabilirler mi?

Śrīla Prabhupāda: Eğer uyuşturucu Tanrı farkındalığına yardımcı olsaydı, uyuşturucu Tanrı'dan daha güçlü olurdu. Biz bunu nasıl kabul ederiz? Uyuşturucu materyal olan kimyasal bir maddedir. Maddi olan bir şey, bir kimsenin tam spiritüel olan Tanrı'yı idrak etmesine nasıl yardımcı olabilir? Bu mümkün değildir. Uyuşturucu kullanan bir kimsenin tecrübe ettiği şeyler sadece bir çeşit sarhoşluk veya halüsinasyondur; Tanrı idraki değildir.

Bay Faill: Daha önce bahsettiğiniz spiritüel kıvılcımı görmüş olan büyük mistiklerin aşağı indiğini düşünüyor musunuz?

Śrīla Prabhupāda: "Mistik" ile neyi kastediyorsunuz?

Bay Faill: Bu sadece, başka seviyede gerçekliği tecrübe edinmiş insanlara verilen bir isim.

Śrīla Prabhupāda: Biz mistik kelimesini kullanmıyoruz. Bizim gerçekliğimiz, spiritüel platforma geldiğimizde oluşan Tanrı farkındalığıdır. Yaşamın bedensel kavramı içinde olduğumuz sürece, anlayışımız duyusal memnuniyettir, çünkü beden duyulardan yapılmıştır. Bedensel platformdan ilerlediğimizde ve zihni duyusal faaliyetlerin merkezi olduğunu gördüğümüzde, zihni farkındalığın en son aşaması olarak algılarız. Bu zihinsel platformdur. Zihinsel platformdan, zekasal platforma gelebiliriz ve zekasal platformdan transandantal platforma yükselebiliriz. Son olarak transandantal platformun üstüne bile yükselebilir, olgunlaşmış spiritüel platforma gelebiliriz. Bunlar, Tanrı farkındalığının aşamalarıdır. Bununla birlikte, bu çağda insanlar çok düşmüştür, *śāstralar* (kutsal kitaplar) Tanrı'nın isimlerinin söylenmesiyle insanların direk olarak spiritüel platforma gelmeleri için özel tavsiyeler verir: Hare Kṛṣṇa, Hare Kṛṣṇa, Kṛṣṇa Kṛṣṇa, Hare Hare / Hare Rāma, Hare Rāma, Rāma Rāma, Hare Hare. Eğer bu uygulamayı spiritüel platformda geliştirirsek, spiritüel kimliğimizi hemen idrak edebiliriz. O zaman Tanrı idraki uygulaması çok çabuk başarılı olur.

Bay Faill: Bugün birçok kişi hakikati bulmak için dışarıya bakmaktan ziyade içimize duyuların dünyasına bakmamız gerektiğini söylüyor.

Śrīla Prabhupāda: İçeriye bakmak demek, bir ruh can olduğunu anlamak demektir. Bu beden değil fakat bir ruh olduğunu anlamadıkça, içeriye bakmak söz konusu olamaz.

İlk olarak, "Ben bu beden miyim veya ben bu bedenin içinde başka bir şey miyim?" bunu araştırmalıyız. Ne yazık ki, bu konu herhangi bir okulda, kolejde veya üniversitede öğretilmiyor. Herkes "Ben bu bedenim" diye düşünüyor. Örneğin, bu ülkede her yerde insanlar, "Ben Güney Afrikalıyım, onlar Hint, onlar Yunan vs." olarak düşünüyorlar. Gerçekten tüm dünyada herkes yaşamın bedensel kavramı içindeler. Kṛṣṇa bilinci, kişinin bedensel kavramlar üzerine çıkmasıyla başlar

Bay Faill: Yani ilk önce spiritüel kıvılcımın tanınması mı geliyor?

Śrīla Prabhupāda: Evet. Bedenin içindeki ruh canın varlığını tanımak ilk adımdır. Bu basit gerçeği anlamadıkça, spiritüel ilerleme söz konusu olmaz.

Bay Faill: Bu onu sadece zekasal olarak anlama meselesi midir?

Śrīla Prabhupāda: Başlangıçta, evet. Bilginin iki bölümü vardır: teorik ve pratik. Kişi ilk önce spiritüel bilimi teorik olarak öğrenmelidir; sonra spiritüel platformda çalışarak pratik idrak noktasına gelir.

Ne yazık ki, bugün neredeyse herkes yaşamın bedensel kavramının karanlığı içindedir. Bundan dolayı bu hareket çok önemlidir, çünkü toplumu karanlığın dışına çıkarabilir. Yaşamın bedensel kavramı içinde oldukça hayvanlardan daha iyi olmayacaklar. "Ben bir köpeğim," ben bir kediyim," ben bir ineğim." Hayvanlar bu şekilde düşünürler. Bir insan geçer geçmez, köpek havlar ve düşünür; "Ben köpeğim, buraya bekçi köpeği olarak atandım." Benzer şekilde, bir köpeğin zihniyetini benimsersem ve yabancılara meydan okursam; "Niçin bu ülkeye geldin? Neden benim yetki alanıma girdin?" o zaman benimle bir köpek arasındaki fark ne olur?

Bay Faill: Kalmaz. Bu konuyu biraz değiştirmek için başka bir soru sorayım. Spiritüel hayatı uygulamak için belirli bir yemek yeme alışkanlığı takip edilmesi zorunlu mudur?

Śrīla Prabhupāda: Evet, tüm uygulama arınmamız içindir ve yemek bu arınmanın bir parçasıdır. Sanırım sizde şöyle bir deyiş var, "Ne yersen osun" ve bu gerçek. Bizim beden yapımız ve zihinsel atmosferimiz ne ve nasıl yediğimize göre saptanmaktadır. Bu sebeple *śāstralar* Kṛṣṇa bilincine gelmek için, Kṛṣṇa'dan arta kalan yiyecekleri yememizi tavsiye ediyor. Eğer bir tüberküloz hastası bir şey yerse ve sizde kalanı yerseniz, size de tüberküloz bulaşır. Benzer şekilde, eğer *Kṛṣṇa-prasāda* yerseniz, o zaman size Kṛṣṇa bilinci bulaşır. Bu nedenle biz her şeyi hemen yemeyiz. Yiyecekleri ilk Kṛṣṇa'ya sunarız, sonrasında biz yeriz. Bu bizim Kṛṣṇa bilincinde ilerlememize yardım eder.

Bay Faill: Hepiniz vejetaryen misiniz?

Śrīla Prabhupāda: Evet, çünkü Kṛṣṇa bir vejetaryendi. Kṛṣṇa her şeyi yiyebilir çünkü O Tanrı'dır fakat *Bhagavad-gītā*'da [9.26] şöyle der: "Her kim bana sevgi ve adanmayla bir yaprak, bir çiçek, meyve ya da su sunarsa, kabul ederim." O asla "bana et ve şarap sunun" demez.

Bay Faill: Tütün hakkında ne düşünüyorsunuz?

Śrīla Prabhupāda: Tütün de bağımlılık yapan bir maddedir. Biz zaten hayatın bedensel kavramıyla bağımlı haldeyiz ve bu bağımlılığı arttırırsak o zaman kayboluruz.

Bay Faill: Demek istediğiniz, et, alkol ve tütün bedensel bilinci mi kuvvetlendirir?

Śrīla Prabhupāda: Evet. Bir hastalığınız olduğunu ve tedavi olmak istediğinizi farz edin. Doktorunuzun verdiği talimatları takip etmek zorundasınız. Eğer size, "bunu yeme, sadece bunu ye" derse, onun reçetesini takip etmek zorundasınız. Benzer şekilde, bizde yaşamın bedensel kavramının tedavisi için bir reçeteye sahibiz: Hare Kṛṣṇa *mantra*sını söylemek, Kṛṣṇa'nın keyif dolu faaliyetlerini duymak ve *kṛṣṇa-prasāda* yemek. Bu tedavi Kṛṣṇa bilincinin yöntemidir.

6. Bölüm

Günümüzün Sosyal Hastalıklarına Tedaviler Bulmak

Suç: Neden ve Ne Yapmalı?

Temmuz 1975 röportajında, Chicago Polis Departmanı basın sözcüsü Teğmen David Mozee, Amerika'nın artan suç oranına engel olmak için sorular sorar, Śrīla Prabhupāda cevaplar: "İnsanlara Tanrı hakkında öğrenmek için gerekli olanaklar verilmemişse, kedi ve köpeklerle aynı seviyede kalırlar. Kediler ve köpekler toplumunda huzura sahip olamazsınız... Hırsızlar ve katiller zaten yasayı biliyorlar fakat kirli kalpleri sebebiyle hala şiddetli suçlar işliyorlar. Bu yüzden bizim yöntemimiz kalbi temizlemektir."

Teğmen Mozee: Suçu önlememize yardımcı olabilecek bazı fikirleriniz olduğunu anlıyorum. Onları duymayı çok isterim.

Śrīla Prabhupāda: Bir suçlu ve dindar kişi arasındaki fark, birisinin kalbinin temiz, diğerininkinin ise kirli olmasıdır. Bu kir, suçlunun kalbinde kontrol edilemez hırs ve şehvet hastalığı gibidir. Bugün insanlar genelde bu hastalıklı durumdadır ve bu yüzden suç çok yaygındır. İnsanlar bu kirlilikten arındığında suç ortadan kalkacaktır. Arınmanın en basit yöntemi bir araya gelmek ve Tanrı'nın kutsal isimlerini söylemektir. Bu, *saṅkīrtana* olarak adlandırılır ve Kṛṣṇa bilinci hareketinin temelidir. Yani suçu durdurmak istiyorsanız, toplu halde *saṅkīrtana* yapmak için toplayabildiğiniz kadar insanı bir araya getirmelisiniz. Bu şekilde topluca Tanrı'nın ismini söylemek, herkesin kalbindeki kirli şeyleri yok edecektir. Sonrasında daha fazla suç olmayacaktır.

Teğmen Mozee: Burada Birleşik Devletler'deki suçun sizin ülkeniz Hindistan'da olan suça karşıt yönleri olduğunu düşünüyor musunuz?

Śrīla Prabhupāda: Sizin suç tanımınız nedir?

Teğmen Mozee: Bir kişinin haklarının, diğer bir kişi tarafından herhangi bir şekilde çiğnenmesidir.

Śrīla Prabhupāda: Evet. Bizim tanımımız da aynı. *Upaniṣadlarda* der ki, *īśāvāsyam idaṃ sarvam:* "her şey Tanrı'ya aittir." Böylece, herkes Tanrı tarafından ne verildiyse yararlanma hakkına sahiptir, fakat kişi diğerlerinin malına, mülküne tecavüz etmemelidir, eğer yaparsa suçlu olur. Gerçekte siz Amerikalılar'ın ilk suçu Amerika topraklarının size ait olduğunu düşünmenizdir. İki yüzyıl önce orası size ait değildi, dünyanın diğer bir tarafından geldiniz ve sizin toprağınız olduğunu iddia ettiniz. Aslında burası Tanrı'nın arazisidir ve bu yüzden herkese aittir, çünkü herkes Tanrı'nın çocuğudur. Fakat insanların büyük çoğunluğunda Tanrı kavramı mevcut değildir. Pratikte konuşurken, herkes Tanrı tanımazdır. Bu yüzden insanlar Tanrı'yı sevmek için eğitilmelidirler. Amerika'da, devletinizin bir sloganı var: "Tanrı'ya güveniyoruz." Doğru mu?

Teğmen Mozee: Evet.

Śrīla Prabhupāda: Fakat Tanrı ile ilgili eğitim nerede? Güvenmek çok iyi, fakat Tanrı'nın bilimsel bilgisi ile desteklenmedikçe sadece güven sürdürülemez bir olgu olur. Kişi bir babası olduğunu bilebilir, fakat babasının kim olduğunu bilmedikçe bilgisi noksandır ve bu şekilde Tanrı bilimi eğitimi de noksandır.

Teğmen Mozee: Bunun sadece burada Birleşik Devletler'de mi noksan olduğunu düşünüyorsunuz?

Śrīla Prabhupāda: Hayır. Her yerde. İçinde bulunduğumuz çağa *Kali-yuga* deniliyor yani Tanrı'yı unutma çağı. Yanlış anlama ve kavga çağıdır ve insanların kalpleri kirli şeylerle doludur. Fakat Tanrı o kadar güçlüdür ki O'nun kutsal ismini söylersek arınırız. Tıpkı öğrencilerimin kötü alışkanlıklarından arındığı gibi. Hareketimiz Tanrı'nın kutsal ismini söyleme prensibine dayanır. Fark gözetmeksizin herkese şans veririz. Tapınağımıza gelebilirler, Hare Kṛṣṇa *mantra*sını söyleyebilirler, ikram olarak biraz *prasāda* alabilirler ve zamanla arınırlar. Bu yüzden eğer devlet otoriteleri bize bazı olanaklar sunarsa büyük bir *saṅkīrtana* yapabiliriz. Sonrasında, tüm toplum kesinlikle değişecektir.

Teğmen Mozee: Efendim, sizi doğru anlıyorsam, dini ilkelere dönüşü vurgulamamızı söylüyorsunuz.

Benlik İdraki Bilimi

Śrīla Prabhupāda: Kesinlikle. Dini ilkeler olmadan, bir köpek ve bir insan arasındaki fark nedir ki? İnsan dini anlayabilir, fakat bir köpek anlayamaz. Fark budur. Bu sebeple insan toplumu kedi ve köpeklerin seviyesinde kalırsa, nasıl barışçıl bir toplum beklersiniz? Bir düzine köpek getirir ve hepsini bir odada toplarsanız, onları sakin tutmanız mümkün mü? Benzer olarak, insan toplumu zihniyeti köpek seviyesinde olan insanlarla doludur, nasıl barış bekleyebilirsiniz ki?

Teğmen Mozee: Eğer sorularımdan bazıları saygısız gelirse, nedeni sizin dini inançlarınızı tam olarak bilmediğimdendir. Saygısızlık veya başka bir şey ima etmiyorum.

Śrīla Prabhupāda: Hayır, bu benim dini inançlarımın sorusu değildir. Ben basitçe insan ve hayvan hayatı arasındaki farka dikkatinizi çekiyorum. Hayvanların Tanrı hakkında herhangi bir şey öğrenmesi mümkün değildir, fakat insanlar öğrenebilir. Ancak, insanoğluna Tanrı hakkında öğrenmek için gerekli olanaklar verilmemişse, kedi ve köpeklerle aynı seviyede kalırlar. Kediler ve köpekler topluluğunda barışa sahip olamazsınız. Bu yüzden, devlet otoritelerinin görevi insanlara nasıl Tanrı bilinçli olunacağını göstermektir. Aksi takdirde baş ağrısı olacaktır, çünkü Tanrısız bilinçte bir köpek ve insan arasında fark yoktur: köpek yemek yer, biz yemek yeriz; köpek uyur, biz uyuruz; köpek çiftleşir, biz de çiftleşiriz; bir köpek kendisini savunmaya çalışır ve biz de kendimizi savunmaya çalışırız. Bunlar ortak etmenlerdir. Tek fark, bir köpeğe Tanrı ile ilişkisi hakkında talimat verilemez ama bir insana verilebilir.

Teğmen Mozee: Huzur dine dönüşün müjdecisi olmaz mıydı? Başta huzura sahip olamaz mıyız?

Śrīla Prabhupāda: Hayır, hayır, bu zordur. Şu anda, gerçekte kimse dinin anlamını bilmiyor. Tıpkı vatandaşlığın anlamının devletin kanunlarına riayet edilmesi olduğu gibi, dinin anlamı Tanrı'nın yasalarına riayet etmektir. Çünkü kimsede Tanrı anlayışı yok, kimse Tanrı'nın yasalarını veya dinin anlamını bilmiyor. Bu günümüzün toplumunda insanların durumudur. Dini unutup, bir inanç çeşidi olarak anlıyorlar. İnanç, kör inanç olabilir. İnanç dinin gerçek tanımı değildir. Din, Tanrı tarafından konulan yasalar demektir ve bu yasalara uyan kimseler bir Hristiyan, Hindu veya Müslüman olsalar da dindardırlar.

Teğmen Mozee: Bütün saygımla sormak istiyorum: Dini kuralların yüzyıllarca takip edildiği Hindistan'da, bir geri dönüş değil de spiritüel hayattan uzaklaşma olduğu doğru değil mi?

Śrīla Prabhupāda: Evet, fakat bu sadece kötü liderlik yüzündendir. Yoksa Hintlilerin büyük kısmı tamamıyla Tanrı bilinçlidir ve Tanrı'nın yasalarını takip etmeyi denerler. Burada Batı'da, büyük üniversite profesörleri bile Tanrı'ya veya ölümden sonra yaşama inanmıyorlar. Fakat Hindistan'da, en fakir insan bile Tanrı'ya ve bir sonraki hayata inanır. Günah işlerse cezasını çekeceğini ve dindarca hareket ederse keyif alacağını bilir. Günümüzde bile iki köylü arasında bir anlaşmazlık olduğunda çözüm için tapınağa gidilir, çünkü herkes her iki tarafında *Mūrti*ler önünde yalan söylemekten kaçınacağını bilir. Bu yüzden birçok yönden Hindistan hala yüzde seksen dindardır. Hindistan'da doğmak özel bir ayrıcalık olduğu gibi, özel bir sorumluluktur. Śrī Caitanya Mahāprabhu şöyle demiştir,

bhārata-bhūmite haila manuṣya-janma yā'ra
janma sārthaka kari' kara para-upākara
[Caitanya-caritāmṛta, Ādi 9.41]

Hindistan'da doğan kimse, Kṛṣṇa bilinçli olarak hayatını mükemmelleştirmelidir. Sonrasında da Kṛṣṇa bilincini tüm dünyada yaymalıdır.

Teğmen Mozee: Efendim, Hristiyanlıkta ders alınacak bir öyküde bir devenin bir iğne deliğinden geçmesinin zengin bir adamın Tanrı'nın huzuruna gelmesinden daha kolay olduğundan bahsedilir. Birleşik Devletler'in ve diğer Batılı ülkelerin zenginliğinin, spiritüel inanç için bir engel olduğunu düşünüyor musunuz?

Śrīla Prabhupāda: Evet. Çok zenginlik bir engeldir. Kṛṣṇa, *Bhagavad-gītā*'da [2.44] şöyle der:

bhogaiśvarya-prasaktānāṃ
tayāpahṛta-cetasām
vyavasāyatmikā buddhiḥ
samādhau na vidhīyate

213

Kişi maddi olarak çok zengin ise, Tanrı'yı unutur. Bu yüzden çok fazla maddi zenginlik Tanrı'yı anlamaya engeldir. Sadece fakir bir insanın Tanrı'yı anlayabileceğine ilişkin bir kural olmamasına rağmen, genelde kişi fevkalade zenginse tek hırsı para kazanmaktır ve onun için spiritüel öğretileri anlamak zordur.

Teğmen Mozee: Amerika'da, Hristiyan inancına sahip olanlar da böyle şeylere inanırlar. Ben bir dini grup ile diğer bir grup arasında çok büyük spiritüel inanç farklılığı görmüyorum.

Śrīla Prabhupāda: Evet, bütün dinlerin özü aynıdır. Bizim önerimiz, kişinin hangi dini sistemi takip ederse etsin, Tanrı'yı anlamaya ve sevmeye çalışmasıdır. Hristiyansanız, "Bu iyi değil, bizim gibi olmalısın" demeyiz. Önerimiz, bir Hristiyan, Müslüman veya Hindu olsanız da sadece Tanrı'yı anlamaya çalışmanız ve O'nu sevmenizdir.

Teğmen Mozee: Buraya gelişimin asıl amacına dönersem, suçu azaltmada yardımcı olması için ne önereceğinizi sorabilir miyim? İlk ve başta gelen yolun Tanrı'ya dönüş olduğunu onaylıyorum. Dediğiniz gibi bunun hakkında herhangi bir şüphe yok fakat bu yayılan suç egemenliği için hızlıca yapacağımız bir şey yok mu?

Śrīla Prabhupāda: Evet. Konuşmamızın başında altını çizdiğim gibi, Tanrı'nın kutsal ismini söylememiz ve *prasāda* dağıtmamız için bir yer vermelisiniz. Sonrasında toplumda muazzam bir değişiklik olacaktır. Hindistan'dan yalnız geldim ve şimdi birçok takipçim var. Ne yaptım? Onlara oturmalarını ve Hare Kṛṣṇa *mantra*sını söylemelerini söyledim ve sonra biraz *prasāda* dağıttım. Bu kalabalık bir toplulukta olursa bundan bütün toplum çok memnun olacaktır. Bu gerçek.

Teğmen Mozee: Zengin mi yoksa yoksul bir bölgede mi programa başladınız?

Śrīla Prabhupāda: Bu gibi farkları gözetmiyoruz. *Saṅkīrtana*ya devam etmek için herhangi bir yer, her çeşit insan için kolayca uygun olur. Yoksul kimselerin faydalanmaya ihtiyacı var, zenginlerin yok gibi bir kısıtlama mevcut değildir. Herkesin arınmaya ihtiyacı var. Suçların sadece daha yoksul bölgelerde var olduğunu mu düşünüyorsunuz?

Teğmen Mozee: Hayır. Fakat ben zengin bir bölge yerine daha yoksul bir bölgede yapılan programın toplumu kuvvetlendirerek daha faydalı bir etkisi olup olamayacağını sormak istemiştim.

Śrīla Prabhupāda: Bizim tedavimiz spiritüel olarak rahatsız olan kişi içindir. Kişi bir hastalıkla zihinsel özürlü olduğunda, zengin bir adam ile fakir bir adam arasında fark yoktur. Her ikisi de aynı hastaneye kabul edilir. Tıpkı hastanenin zengin ve fakir insan için kolayca ulaşılabilecek yerde olması gibi, *saṅkīrtana* tesisinin mekânı herkesçe kolay ulaşılabilmelidir. Çünkü herkes maddi enfeksiyona sahip, herkes bundan faydalanmalıdır.

Zor olan şey, zengin insanın hastalıklı olmasına rağmen mükemmel bir şekilde sağlıklı olduğunu düşünmesidir. Fakat bir polis olarak, çok iyi bilirsiniz ki zengin ve fakir insanlar arasında benzer suçlar vardır. Bu yüzden bizim Hare Kṛṣṇa mantrasını söyleme yöntemimiz herkes içindir, çünkü insanın zenginliğine veya yoksulluğuna bakmaksızın kalbini temizler. Suçluluk alışkanlığını kalıcı olarak değiştirmenin tek yolu suçlunun kalbini temizlemektir. Çok iyi bildiğiniz gibi, birçok hırsız defalarca yakalanır ve ceza evine konulur. Hırsızlık yaparlarsa ceza evine gireceklerini bildikleri halde, kirlenmiş kalpleri nedeniyle hala çalmaya zorlanırlar. Bu yüzden suçlunun kalbi temizlenmeden, sadece daha sert yasa uygulamalarıyla suçu durduramazsınız. Hırsızlar ve katiller zaten yasayı biliyorlar fakat kirli kalpleri sebebiyle hala şiddetli suçlar işliyorlar. Bu yüzden bizim yöntemimiz kalbi temizlemektir. Sonrasında bu maddi dünyanın tüm sorunları çözümlenecektir.

Teğmen Mozee: Bu çok zor bir görev efendim.

Śrīla Prabhupāda: Zor değil. Sadece herkesi davet edin: "Gel, Hare Kṛṣṇa *mantra*sını söyle, dans et ve görkemli *prasāda*yı ye." Zor olan ne? Merkezlerimizde bunu yapıyoruz ve insanlar geliyorlar. Fakat çok az paramız olduğundan, *saṅkīrtana*yı sadece küçük bir ölçekte devam ettirebiliyoruz. Herkesi davet ediyoruz, yavaş yavaş insanlar merkezlerimize geliyor ve adanan oluyorlar. Eğer hükümet bize büyük bir tesis verseydi o zaman sınırsızca büyüyebilirdik. Ve bu büyük bir problem; yoksa neden ne yapılması gerektiğini söyleyen ulusal haber makaleleri vardır? Sivil devlet bu suç olayını istemez. Bu gerçektir. Fakat liderler bunun nasıl durdurulacağını bilmiyorlar. Bununla birlikte, eğer bizi dinlerlerse onlara cevabı verebiliriz. Neden suç? Çünkü insanlar Tanrıtanımaz. Ve ne yapmalı? Hare Kṛṣṇa *mantra*sını söyleyin ve *prasāda* yiyin. İsterseniz bu *saṅkīrtana* yöntemini benimseyebilirsiniz.

Aksi takdirde küçük bir ölçekte idare etmeye devam edeceğiz. Olanak verilse, büyük bir hastane açabilecek olan yoksul bir tıp adamı gibiyiz. Devlet hükümleri yerine getiricidir. Bizim önerimizi alır ve *sankīrtana* yöntemine sahip çıkarlarsa, suç problemi ortadan kalkacaktır.

Teğmen Mozee: Birleşik Devletler'de kutsal birliktelikler sağlayan birçok Hristiyan organizasyonları var. Bu neden işe yaramıyor? Bu neden kalbi temizlemiyor?

Śrīla Prabhupāda: Açıkça konuşursak, ben gerçek bir Hristiyan bulmakta bile zorlanıyorum. Sözde Hristiyanlar İncil'in emirlerine uymuyorlar. İncil'deki on emirden birisi, "Öldürmemelisiniz"dir. İneğin etini yemek için onu öldürmeyen Hristiyan nerede var? Rabb'in kutsal ismini söylemenin ve *prasāda* dağıtma yöntemi, dini gerçekten uygulayan insanlar tarafından tatbik edilirse geçerli olacaktır. Öğrencilerim dini ilkeleri sıkıca takip etmek için eğitilmiştir ve bu yüzden onların Tanrı'nın kutsal ismini söylemeleri, diğerlerinin söylemesinden farklıdır. Onlarınki sadece bir düşünmeden onaylama durumu değildir. Onlar pratik ederek kutsal ismin arındırma gücünün farkına varmışlardır.

Teğmen Mozee: Efendim, rahip ve adananlardan oluşan küçük bir grup dinsel ilkeleri takip edebiliyorken, sınırda olanların yoldan sapıp sorun çıkarması bir zorluk teşkil etmiyor mu? Örneğin, farz edin ki Hare Kṛṣṇa Hareketi Hristiyanlık gibi devasa boyutlara büyüdü. Aslında takipçi olmayıp da takipçi olduklarını iddia edenlerle problem yaşamaz mıydınız?

Śrīla Prabhupāda: Bu ihtimal her zaman vardır, ancak tüm söylediğim eğer gerçek bir Hristiyan değilseniz, bilgiyi etkili bir şekilde yayamazsınız. Biz dini ilkeleri sıkıca takip ettiğimizden, bizim vaazlarımız Tanrı bilincini yaymada ve suç problemini azaltmada etkili olacaktır.

Teğmen Mozee: Efendim, zaman ayırdığınız için teşekkür etmeme izin verin. Bu kaydı üstlerime ulaştıracağım. Ümit ederim, sizin etkili olduğunuz kadar etkili olacaktır.

Śrīla Prabhupāda: Çok teşekkür ederim.

Toplumu Köpeklerin Seviyesine İnmekten Koruyabilir miyiz?

Śrīla Prabhupāda Hindistan'ın Bhavan Gazetesine konuşuyor:"Yiyecek bir şeyler olduğunda bir köpek gelir; "Hoşt!" derim ve uzaklaşır. Fakat tekrar geri gelir. Hafızası yoktur ki. Bu sebeple Tanrı'yı unuttukça insani niteliklerimiz azalır... Ortada bir din yoktur, bu sadece bir köpek yarışıdır. Köpek dört ayağı üzerinde koşar, sen dört tekerleğinin üzerinde koşarsın; hepsi bu. Ve siz bu dört teker yarışının medeniyetin gelişimi olarak düşünüyorsunuz!"

Gazeteci: İlk soru şu: Dinin etkisi zayıflıyor mu ve eğer öyleyse, bu faktör ahlaki değerlerin yozlaşması ve bozulmasını izah eder mi?

Śrīla Prabhupāda: Evet, din zayıflıyor. Bu *Śrīmad-Bhāgavatam*'da [12.2.1] önceden haber verilmişti:

tataś cānu-dinaṁ dharmaḥ
satyaṁ śaucaṁ kṣamā dayā
kālena balinā rājan
naṅkṣyaty āyur balaṁ smṛtiḥ

"*Kali-yuga*'da (günümüzün çekişme ve ikiyüzlülük çağında) şunlar azalacaktır: Din, doğruluk, temizlik, merhamet, yaşam süresi, bedensel güç ve hafıza."

Bunlar insanı hayvandan ayıran insani niteliklerdir. Fakat bunlar azalacaktır. Merhamet, doğruluk olamayacak, hafıza kısa olacak ve yaşam süresi azalacaktır. Benzer olarak, din yok olacaktır. Bu sonuçta hayvanların platformuna geleceğimiz anlamına gelmektedir.

217

Gazeteci: Din yok olacak? Hayvanlaşacağız?

Śrīla Prabhupāda: Özellikle din olmadığında, bu sadece hayvan hayatıdır. Herhangi sıradan bir insan, bir köpeğin dinin ne olduğunu anlamayacağını ayırt eder. Köpek de canlı bir varlıktır, fakat *Bhagavad-gītā* veya *Śrīmad-Bhāgavatam*'ı anlamakla ilgilenmez. İlgili değildir. Bu köpek ile insan arasındaki farktır. Hayvanlar ilgilenmez. Bu yüzden insanlar dini şeylere ilgisiz kalırsa, hayvan olurlar. Hayvan toplumunda nasıl mutluluk veya barış olabilir ki? İnsanları hayvanlar gibi tutmak istiyorlar ve onlar bir Birleşmiş Milletler oluşturuyorlar. Bu nasıl mümkündür? Birleşmiş hayvanlar, birleşmiş hayvanlar için toplum? Bu olaylar devam ediyor.

Gazeteci: Hiç ümit veren bir işaret görüyor musunuz?

Śrīla Prabhupāda: En azından dinin azaldığını fark ettiler. Bu iyi. "Azalma" hayvanlaşacaklar anlamına gelir. Mantıken insanın rasyonel bir hayvan olduğu söylenir. Rasyonalite eksik olduğunda, o insan değil sadece bir hayvandır. İnsan toplumunda Hıristiyan, Müslüman, Hindu veya Budist olsanız da fark etmez. Dinin bir sistemi vardır. Dinsiz bir insan toplumu hayvan toplumudur. Bu düz bir gerçektir. İnsanlar şimdi neden mutsuzlar? Çünkü din yok. Dini ihmal ediyorlar.

Bir beyefendi bana bir zamanlar Tolstoy'un söylediği şu sözü yazdı, "Kilisenin altına dinamit koyulmadıkça, herhangi bir barış olamaz." Şimdi bile Rus devleti Tanrı bilincinin çok sıkıca karşısında ve dinin tüm toplumsal atmosferi bozduğunu düşünüyor.

Gazeteci: Bunun altında bazı gerçekler yatıyor olabilir.

Śrīla Prabhupāda: Din sistemi yanlış kullanılmış olabilir, fakat bu dinden uzak durmamız gerektiği anlamına gelmez. Gerçek din takip edilmelidir. Bu sözde rahipler tarafından din doğru bir şekilde uygulanmadığı için, din reddedilmemelidir. Gözüm bana katarakttan dolayı biraz rahatsızlık veriyorsa, bu gözün yerinden çıkması gerektiği anlamına gelmez. Katarakt tedavi edilmelidir. Bu Kṛṣṇa bilincidir.

Gazeteci: Sanırım tarih birçok insanın dini yanlış kullandığını gösteriyor. Bu gerçek değil midir?

Śrīla Prabhupāda: Bu insanların Tanrı kavramı yok ve onlar dini yayıyorlar. Din nedir? *Dharmaṁ tu sākṣād bhagavat-praṇītam:* [SB 6.3.19] "Dinin yolu direkt olarak Yüce Tanrı tarafından telaffuz edilir." Onların

Tanrı kavramı yok, onlar Tanrı'nın ne olduğunu bilmiyorlar ve bir dinden bahsediyorlar. Bu suni olarak ne kadar devam edebilir ki? Bu bozulacaktır. Şu anki durum budur. Tanrı hakkında bir fikirleri yokken, Tanrı'nın emrinin ne olduğunu nasıl bilecekler? Din Tanrı'nın emri demektir. Örneğin, kanun, devletin emri demektir. Devlet yoksa emir nerededir? Biz Tanrı, Kṛṣṇa'nın net bir kavramına sahibiz. O, emrini verir ve biz kabul ederiz. Bu anlaşılır bir dindir. Tanrı, Tanrı kavramı, Tanrı'nın emri olmasaydı, din nerede olurdu? Devlet olmasaydı, kanun nerede olurdu?

Gazeteci: Evet, hiçbir kanun olmazdı. Yasadışı bir toplum olurdu.

Śrīla Prabhupāda: Yasadışı her birey kendi düzmece din sistemini üreten bir hayduttur. Bu devam etmektedir.

Herhangi bir din sistemi içerisinde sadece onların Tanrı kavramının ne olduğunu sorun? Herhangi biri anlaşılır biçimde söyleyebilir mi? Hiçbiri söyleyemez. Fakat biz hemen söyleriz,

veṇuṁ kvaṇantam aravinda-dalāyatākṣam
barhāvataṁsam asitāmbuda-sundarāṅgam
kandarpa-koṭi-kamanīya-viśeṣa-śobhaṁ
govindam ādi-puruṣaṁ tam ahaṁ bhajāmi

"Tavus kuşu tüyü ile süslenmiş başıyla, lotus yapraklar gibi açan gözlerle, mavi bulutların tonunda renklenmiş güzellik endamıyla ve milyonlarca Aşk Tanrı'sını büyüleyen eşsiz sevimliliği ile flütünü çalmakta usta olan ilksel Rab, Govinda'ya ibadet ederim." [*Brahma-saṁhitā* 5.30] Hemen, Tanrı'nın bir tarifini verebiliriz. Eğer bir Tanrı fikri yoksa peki bu ne çeşit bir dindir?

Gazeteci: Bilmiyorum.

Śrīla Prabhupāda: Düzmecedir. İnsanlar Tanrı kavramına sahip değiller ve bu yüzden dini anlamıyorlar. Bu çöküştür ve din azaldığından, insanoğlu gün geçtikçe hayvanlar gibi olmaktadırlar.

"Hayvan," hafızası olmayana denir. Yiyecek bir şeyler olduğunda bir köpek gelir; "Hoşt!" derim ve uzaklaşır. Fakat tekrar gelir, hafızası yoktur ki. Bu sebeple Tanrı'yı unuttukça insani niteliklerimiz azalır. *Kali-yuga*'da, insanlık nitelikleri azalacaktır. Bu insanlar kedi ve köpek gibi olacaktır anlamına gelir.

Gazeteci: İkinci soru: "Vedik kültürüne karşı geleneksel suçlama kaderci olmasıdır, bu insanları alınyazısına inandırarak köleleştirir ve bu ilerlemeyi engeller. Bu suçlama ne kadar gerçektir?"

Śrīla Prabhupāda: İlerleme nedir? Bir köpeğin zıplamadaki ilerlemesi mi? İlerleme bu mudur? Bir köpek dört bacağıyla oradan oraya koşar ve siz de dört tekerli otomobilinizle oradan oraya koşuşturursunuz. İlerleme bu mudur? Bu Vedik sistem değildir. Vedik sisteme göre, insanın belli bir miktar enerjisi vardır ve insanoğlu hayvanlardan daha yüksek bir bilince sahip olduğundan, enerjisi hayvanların enerjisinden çok daha kıymetlidir.

Gazeteci: Muhtemelen hiç kimse insanın daha fazla özgürlüğe veya hayvanlardan daha çok sorumluluğa sahip olduğunu tartışmaz.

Śrīla Prabhupāda: Bu yüzden insan enerjisi köpeklerle yarış etmek için değil, spiritüel ilerleme için kullanılmalıdır. Bilge bir kişi, bir köpeğin yaptığını yapmaz. Bugün insanlar hayvanlığın hayat olduğunu düşünüyorlar fakat gerçek yaşam spiritüel ilerlemedir. Bu sebeple, Vedik edebiyatında der ki:

tasyaiva hetoḥ prayateta kovido
na labhyate yad bhramatām upary adhaḥ
tal labhyate duḥkha-vad anyataḥ sukhaṁ
kālena sarvatra gabhīra-raṁhasā
[*Śrīmad-Bhāgavatam* 1.5.18]

"Gerçekten zeki ve felsefi eğilimi olan insanlar, sadece en üst gezegenden [Brahmaloka] en alt gezegene [Pātāla] dolaşarak bile elde edilemeyen o anlamlı son için çabalamalıdırlar. Duyu memnuniyetinden elde edilen mutluluk söz konusu olduğunda, nasıl zaman içinde istemesek de ıstıraplarla karşılaşıyorsak, bu da zaman içinde otomatik olarak elde edilebilir."

Gazeteci: Bunu biraz daha açıklar mısınız?

Śrīla Prabhupāda: İnsanoğlu birçok yaşamda elde edemediği bu enerjisini kullanmalıdır. Birçok yaşam boyunca ruh; köpek, yarı tanrı, kedi, kuş, hayvan ve bir sürü diğer suretler içerisinde bulunmuştur. 8,400,000 adet değişik beden çeşidi vardır. Böylece ruhun bir bedenden başka bir bedene göçü devam etmektedir. Her durumda yapılan şey duyu tatminidir.

Gazeteci: Yani?

Śrīla Prabhupāda: Örneğin, köpek yiyeceğin, barınağın, bir dişinin ve savunmanın olduğu yerde duyu tatmini ile meşguldür. İnsan da farklı yollarla aynı işi yapar. Bu görev bir yaşamdan diğerine devam etmektedir. Küçük bir böcek bile aynı şeyi dener. Kuşlar, hayvanlar, balıklar; her yerde aynı mücadele devam etmektedir. Nerede yiyecek, nerede cinsellik, nerede barınak ve savunma nasıl yapılacak? Vedik yazıtları bunların birçok yaşam boyunca yapıldığını ve varoluşun bu mücadelesinden kurtulamazsak, bunları tekrar tekrar diğer yaşamlarda yapmak zorunda kalacağımızı söyler.

Gazeteci: Anlamaya başlıyorum.

Śrīla Prabhupāda: Evet, bu yüzden bunlar durdurulmalıdır. Prahlāda Mahārāja bu açıklamayı yapmıştır:

sukham aindriyakaṁ daityā
deha-yogena dehinām
sarvatra labhyate daivād
yathā duḥkham ayatnataḥ
[*Śrīmad-Bhāgavatam* 7.6.3]

"Şeytani ailelerde doğan benim sevgili arkadaşlarım, duyu objelerinin beden ile bağlantısı ile ilişkilendirilen mutluluk, kişinin geçmiş meyvesel faaliyetlerine göre, her hangi bir yaşam formunda algılanır."

Köpek bir bedene sahiptir ve ben de bir bedene sahibim. Bu sebeple, benim cinsellik zevkim ve köpeğin cinsellik zevki arasında fark yoktur. Cinsellikten alınan zevk aynıdır. Köpek caddede herkesin önünde cinsel ilişkiye girmekten korkmaz, biz onu gizleriz. Hepsi bu. İnsanlar güzel bir evde cinsel ilişkiye girmeyi ilerleme olarak düşünmektedirler. Fakat bu ilerleme değildir ve bu sözde ilerleme için köpek yarışı yapmaktadırlar. İnsanlar elde ettiği bedene göre, zevkin zaten depolanmış olduğunu bilmezler.

Gazeteci: Ne demek istiyorsunuz, "zevk zaten depolanmış"?

Śrīla Prabhupāda: Buna kader denir. Bir domuz belli tip bir bedene sahiptir ve yiyeceği dışkıdır. Bunu değiştiremezsiniz. Domuz helva yemek istemeyecektir. Bu mümkün değildir. Özel bir tip bedene sahip olduğundan, bu şekilde yemelidir. Herhangi bir bilim insanı bir domuzun yaşam standartlarını yükseltebilir mi?

Gazeteci: Şüpheliyim.

Śrīla Prabhupāda: Bu yüzden, Prahlāda Mahārāj bunun zaten depolandığını söyler. Temelde zevk aynıdır, fakat bedenin tipine göre biraz değişiktir. Ormandaki medeniyetsiz insan aynı şeye sahiptir. Günümüzde insanlar medeniyetin gökdelenler inşa etmek olduğunu düşünüyorlar. Fakat Vedik medeniyeti der ki, hayır bu ilerleme değildir. İnsan hayatının gerçek ilerlemesi benlik idraki ve kendi benliğini ne kadar idrak ettiğidir. İnşa ettiğiniz gökdelenler değildir.

Gazeteci: Fakat bu söylediklerinizin çoğu insana mantıklı gelmiyor mu?

Śrīla Prabhupāda: Bazen insanlar yanlış anlıyorlar. Yüksek bir mahkemede, hâkim görünüşte hiçbir şey yapmayarak ciddiyetle oturur ve yüksek bir maaş alır. Bir başkası da, "ben aynı mahkemede çok fazla çalışıyorum, mühürleri basıyorum ve hâkimin onda bir maaşını almıyorum" şeklinde düşünür. Düşünür ki, "Çok yoğunum, çok çalışıyorum ve bu sadece sandalyede oturan adam kadar maaş almıyorum." Durum bunun gibidir: Vedik medeniyeti bir hayvan ırkını değil, benlik idrakini ifade eder.

Gazeteci: Yine de çok çalışmanın, çabalamanın ve sonunda hayatta "başa geçmenin" saygın olduğu düşünülmüyor mu?

Śrīla Prabhupāda: *karmīler*, meyvesel işçiler *Bhagavad-gītā*'da *mūḍha*lar, eşekler olarak tanımlanır. Neden eşeklerle mukayese edilirler? Çünkü eşekler sırtında bir sürü yükle çok çalışırlar ve dönüşünde sahibi sadece bir parça ot verir. Çamaşırcının kapısında oturur ve çamaşırcı tekrar sırtına yükleme yaparken otlarını yer. Şöyle düşünmek duygusu yoktur, "Çamaşırcının kulübesinden dışarı çıkarsam, her yerde otlanabilirim. Neden bu kadar çok taşıyorum?"

Gazeteci: Bu bana tanıdığım bazı insanları hatırlatıyor.

Śrīla Prabhupāda: Meyvesel işçi bunun gibidir. Ofiste çok yoğundur ve onu görmek isterseniz, "çok yoğunum" diyecektir. Çok yoğun olmanın sonucu nedir ki? İki tane tost ve bir fincan kahve alır. Bu sebepten mi çok yoğunsunuz? Neden meşgul olduğunu bilmez.

Muhasebe defterlerinde bir milyon dolar olan hesabın iki milyon dolar olduğunu görecektir. Bununla tatmin olur, fakat sadece iki tost ile bir fincan kahve alacaktır ve hala çok çalışacaktır. *Karmī* ile ifade edilen budur. Eşekler. Hayatta hiçbir maksat olmaksızın eşekler gibi çalışır. Fakat Vedik medeniyeti farklıdır. Suçlama doğru değildir; Vedik medeniyetindeki insanlar hiç tembel değillerdir. Onlar daha yüksek bir konu ile meşguldürler. Prahlāda Mahārāja, bu meşguliyetin çok önemli olduğunu, çocukluktan başlaması gerektiğini vurgular. *Kaumāra ācaret prājñaḥ*: kişi saniye bile kaybetmemelidir. Bu Vedik medeniyetidir. Eşekler görür, "Bu insanlar benim çalıştığım gibi çalışmıyor"; eşekler ve köpekler gibi ve bizim kaçtığımızı düşünürler. Evet, sizin sonuçsuz çabanızdan kaçıyoruz. Vedik medeniyet benlik idrakini ifade eder.

Gazeteci: Bize Vedik medeniyetinin neye benzediği hakkında biraz daha fikir verebilir misiniz?

Śrīla Prabhupāda: Vedik medeniyeti *varṇāśrama* sisteminden başlar. *Varṇāśrama* sisteminde bu düzen vardır: *brāhmaṇa*lar (aydınlar, danışmanlar), *kṣatriya*lar (yöneticiler), *vaiśya*lar (tüccarlar, çiftçiler), *śūdra*lar (işçiler), *brahmacārī*ler (evlenmeyen öğrenciler), *gṛhastha*lar (aile kurucuları), *vānaprastha*lar (evlilikten emekli olanlar) ve *sannyāsī*ler (feragat etmiş kimseler).

Nihai amaç Kṛṣṇa, Yüce Rabb'e ibadet edilmesidir. Böylece Kṛṣṇa'ya ibadet ederseniz, sonrasında bir *brāhmaṇa, kṣatriya, vaiśya, śūdra, brahmacārī* veya herhangi bir şey olarak mesleki görevlerinizi yerine getirirsiniz. Buna hemen başlayın; Kṛṣṇa bilinicini kabul edin. Bu çok önemlidir.

Gazeteci: İnsanlar gerçekten daha doğal, daha tatmin edici olan bir yaşam tarzını bilselerdi, problem ne olurdu? Onlar aslında bunu uygularlardı, sizin dediğiniz gibi onu benimseyin.

Śrīla Prabhupāda: Fakat onlar bilmiyorlar ve bu yüzden din yoktur, sadece bir köpek yarışı vardır. Köpek dört ayağının üstünde koşar ve siz dört teker üzerinde koşuyorsunuz; hepsi bu. Ve dört tekerli yarışın medeniyetin ilerlemesi olduğunu düşünüyorsunuz.

Bu sebeple, modern medeniyetin pratikte hiçbir şey yapmadığı söylenir. Nerede olursanız olun, kaderinizde ne varsa onu alacaksınız. Daha iyisi, Kṛṣṇa bilincini alın. Prahlāda Mahārāja tarafından verilen örnek, tatsız hiçbir şeyi istemediğiniz halde, onun yine de başınıza gelmesidir. Benzer şekilde, kaderinizde olan bir mutluluğu istemeseniz bile o size gelecektir. Enerjinizi maddi mutluluk için harcamamalısınız. Kaderinizdeki maddi mutluluktan daha fazlasını elde edemezsiniz.

Gazeteci: Nasıl bu kadar emin olabiliyorsunuz?

Śrīla Prabhupāda: Nasıl inanacağım? Çünkü istemeseniz de üzücü durumlarınız olur. Örnek olarak, Başkan Kennedy kendi yurttaşının elinden öldü. Onu kim istedi ve bu nasıl başına geldi? Büyük bir adamdı, birçok kişi tarafından korunuyordu, ama yine de öldürülmesi kaderindeydi. Sizi kim koruyabilir?

Bu sebeple, kader tarafından üzücü durumlar yaşarsam, tersi durum mutluluğu gelecektir. Neden vaktimi bu düzeltme için harcayayım? Enerjimi, Kṛṣṇa bilinci için kullanırım. Bu zekadır. Kaderinizi kontrol edemezsiniz. Herkes belli bir miktar mutluluk ve üzüntü yaşayacaktır. Hiç kimse kesintisiz mutluluğun tadını çıkaramaz. Bu mümkün değildir.

Tıpkı üzüntünüzü kontrol edemeyeceğiniz gibi, mutluluğunuzu da kontrol edemezsiniz. Otomatik olarak gelecektir. Vaktinizi böyle şeylere harcamayın. Bunun yerine, vaktinizi Kṛṣṇa bilincinde ilerlemekle değerlendirmelisiniz.

Gazeteci: Kṛṣṇa bilinçli bir kişi ilerlemeye çalışmaz mı?

Śrīla Prabhupāda: Boş yere ilerlemeye çalışırsanız, bunun ne faydası olur ki? Eğer kaderini değiştiremeyeceğin bir gerçek ise, denemenin anlamı nedir? Biz kaderimizin bize getireceği üzüntü ve mutluluğun miktarı ile memnun olacağız.

Vedik medeniyeti Tanrı farkındalığı demektir. Fikir budur. Hala önemli festivaller süresince milyonlarca insanın Ganj nehrinde yıkanmaya geldiğini göreceksiniz, çünkü onlar nasıl özgür olacaklarıyla ilgilenirler. Tembel değildirler. Binlerce mil, iki bin mil öteden, Ganj'da yıkanmaya gidiyorlar. Onlar, tembel değildirler ancak köpek yarışı ile de meşgul olmazlar. Bunun yerine, çocukluklarından beri benlik idrakli olmaya çalışırlar. *Kaumāra ācaret prājño dharmān bhāgavatān iha.* O kadar meşguldürler ki, çocukluklarından itibaren işe koyulmayı isterler. Bu yüzden tembel olduklarını düşünmek yanlış bir kavramdır.

Gazeteci: Sonrasında akla şu soru geliyor, eğer kader kontrol edilemezse, neden yeni doğmuş bir çocuğun etrafta bir hayvan gibi

koşuşturmasına izin vermiyoruz, zaten ona ne olacaksa olacaktır?
Śrīla Prabhupāda: Hayır, onu spiritüel olarak eğitebilme avantajınız
vardır. Bu sebeple şöyle söylenir: *"tasyaiva hetoḥ prayateta kovidaḥ"*
yani enerjinizi benlik idraki için harcamalısınız. *Ahaituky apratihatā*:
adanma hizmeti, Kṛṣṇa bilinci kontrol edilemez. Tıpkı maddi kaderin
denetim altına alınamayacağı gibi, spiritüel hayatınızdaki ilerlemeniz
çabaladığınız takdirde denetim altına alınamaz.
Gerçekte, Kṛṣṇa kaderi sadece adananı için değiştirecektir. Der
ki, *ahaṁ tvāṁ sarva-pāpebhyo mokṣayiṣyāmi:* "Seni, tüm günahkâr
hareketlerin tüm tepkilerinden koruyacağım." *[Bhagavad-gītā* 18.66]
Örnek olarak, eğer birisi mahkeme tarafından idama mahkûm
edilirse, bunu kimse kontrol edemez. Bu hükmü veren hâkim bile
kontrol edemez. Fakat davalı bütün kanunların üstünde olan krala
merhameti için yalvarırsa, sonrasında bunu kral kontrol edebilir.
Bu yüzden işimiz Kṛṣṇa'ya teslim olmaktır. Eğer suni olarak
ekonomik gelişme ile mutlu olmak istiyorsak, bu mümkün değildir.
Çok çalışan birçok insan bulunmaktadır, ancak bu herkesin bir Henry
Ford veya Rockfeller olacağı anlamına gelmez? Herkes elinden gelenin
en iyisini dener. Bay Ford'un kaderi zengin bir adam olmaktı, fakat
bu Ford kadar çok çalışan herkesin, Ford gibi zengin bir adam olacağı
anlamına gelmez? Hayır. Bu pratiktir. Sadece bir eşek veya köpek gibi
çok çalışarak, kaderinizi değiştiremezsiniz. Fakat bu enerjiyi Kṛṣṇa
bilincinizi geliştirmede kullanabilirsiniz.
Gazeteci: Kṛṣṇa bilinci tam olarak nedir? Bize biraz daha açıklar
mısınız?
Śrīla Prabhupāda: Tanrı aşkı, bu Kṛṣṇa bilincidir. Eğer Tanrı'yı
sevmeyi öğrenemediyseniz, o zaman dinin anlamı nedir? Gerçekten,
Tanrı aşkının platformunda olduğunuzda, Tanrı ile olan ilişkinizi
anlarsınız. "Ben, Tanrı'nın bir bölümü ve parçasıyım." Sonra,
hayvanlara olan sevginizi de çoğaltırsınız. Eğer gerçekten Tanrı'yı
severseniz, bir böcek için olan sevginiz de oradadır. Anlarsınız ki, "bu
böcek farklı bir bedene sahip fakat o da babamın bir bölümü ve parçası;
bu yüzden, o benim kardeşim." Sonra bir mezbahayı işletmeye devam
edemezsiniz. Eğer bir mezbahayı işletir ve İsa'nın "Öldürmemelisiniz"
emrine uymazsanız ve kendinizi bir Hıristiyan veya Hindu olarak ilan

ederseniz, bu din değildir. Bu sadece vakit kaybıdır çünkü Tanrı'yı anlamazsınız; Tanrı aşkınız yoktur ve kendinizi bazı mezhepler altında etiketlersiniz, ancak burada gerçek din bulunmamaktadır. Bu, bütün dünyada devam etmektedir.

Gazeteci: Bu durumu nasıl düzeltebiliriz?

Śrīla Prabhupāda: Kṛṣṇa, Tanrı'nın Yüce Şahsiyeti'dir. Eğer Kṛṣṇa'nın yüce varlık olduğunu kabul etmiyorsanız, o zaman anlamaya çalışın. Bu bir eğitimdir: Yüce olan birisi vardır; Kṛṣṇa Hintli değil, O, Tanrı'dır. Güneş ilk Hindistan'da yükselir, ancak bu güneşin Hintli olduğu anlamına gelmez; benzer olarak Kṛṣṇa Hindistan'da belirmesine rağmen, şimdi bu Kṛṣṇa bilinci hareketi ile Batılı ülkelere gelmiştir.

Üstün Refah Çalışması

Śrīla Prabhupāda, Hindistan'ın Hyderabad Andhra Pradesh Yardım Fonu Heyeti Sekreteri ile mektuplaşır: "...sadece para toplayarak yardım etmek istiyorsanız, sanırım bu başarılı olmayacak. Yüce otoriteyi memnun etmek zorundasınız ve başarının yolu budur. Örneğin, buradaki saṅkīrtana performansı (Hare Kṛṣṇa mantrasının toplu şekilde söylenmesi) nedeniyle, iki yıl kuraklığın ardından yağmur yağmaya başladı..."

Saygıdeğer Svāmīji,

İkiz şehirlerin sakinleri sizinle ve kıymetli takipçilerinizle tanışma şansına sahip oldukları için çok mutlular. Belki haberiniz vardır. Son iki yıldaki düşük yağış miktarı ve bunun tamamen yetersiz olması sebebiyle, eyaletimizin yarısından fazlası (Andhra Pradesh, güney Hindistan'da bir eyalet) ciddi bir kuraklığın etkisinde. Bu şeytanla savaşta, devletin desteğine ilave bir bakış açısıyla vatandaşların beraber hareket etmesiyle de Gönüllü Organizasyon Merkezi kuruldu. Bu organizasyonun üyeleri kuraklıktan etkilenen bölgeleri araştırdılar. Durum içler acısı. İçme suyu bazı köylere millerce uzak mesafede. Hayvan yeminin azlığı sebebiyle, sığır sahipleri sığırlarına çok düşük fiyatlar karşılığı veda ediyorlar. Yolunu şaşırmış birçok sığır, su ve yem yokluğundan dolayı ölmekte. Yiyecek sıkıntısı da çok ciddi bir boyutta. Açık pazarlardaki bakliyat fiyatlarının yüksekliği nedeniyle, market fiyatlarındaki bakliyat alımı yoksul köylülerin ulaşamayacağı seviyede. Bu sebeple minimum beş altı milyon insan ancak günde bir öğün yemek yiyebiliyor. Açlıktan ölme sınırında birçok insan var. Bütün durum çok acıklı ve yürek parçalayıcı.

227

Bu yüzden saygın kişiliğinize, tahmin edilemez boyuttaki acılar içinde olan milyonlarca ruhu kurtarmak için topluluğunuz buraya en iyi şekilde gelmesini düşünmeniz için yalvarmaktayız. Heyet, Topluluğunuzun üyelerinin *bhaktalar*a (adananlara) sizin sınıflarınıza bize katkıda bulunmak için Andra Pradesh Yardım Fonu'na katılmasını öneriyoruz.

Heyet, bazı üyelerini, eyalet içerisinde milyonlarca aç insan için her nerede *prasāda* dağıtmak istiyorsanız, sizin Topluluğunuzun üyeleri ile birlikte göndermeye hazırdır. *Mānava-sevā, mādhava-sevā* gibidir ("İnsana hizmet, Tanrı'ya hizmettir"), Heyetin merhametli Topluluğunuzun küçük bir çabasıyla bile yüzlerce ve binlerce insanın acısını azaltmada uzun bir yol kat edeceğinden şüphesi yoktur.

Daima Tanrı'nın hizmetinde olan hizmetkarınız,
T. L. Katidia, Sekreter
Andhra Pradesh Yardım Fonu Heyeti
Hyderabad, Hindistan

Sevgili Bay Katidia,

Lütfen selamlarımı kabul edin. Mektubunuza ve şahsi röportajınıza istinaden bilmenizi isterim ki Tanrı'nın Yüce Şahsiyeti'ni memnun etmeden, hiç kimse mutlu olamaz. Maalesef insanlar Tanrı'nın kim olduğunu ve O'nu nasıl memnun edeceklerini bilmiyorlar. Kṛṣṇa bilinci hareketimiz bu yüzden Tanrı'nın Yüce Şahsiyeti'ni doğrudan insanlara sunmayı ifade eder. *Śrīmad-Bhagavatam,* Yedinci Kanto, Altıncı Bölümde şöyle denir: *tuṣṭe ca tatra kim alabhyam ananta ādye/ kiṁ tair guṇa-vyatikarād iha ye sva-siddhāḥ.*

Bu kıtada belirtilen düşünce, Tanrı'nın Yüce Şahsiyeti'ni memnun ederek, herkesi memnun edeceğimiz ve kıtlığın söz konusu bile olmayacağıdır. İnsanlar başarının sırrını bilmediklerinden, mutlu olmak için kendi bağımsız planlarını yapıyorlar. Ancak mutluluğa bu şekilde ulaşmak mümkün değildir. Mektubunuzun başında, bu ülkede insanları acılarından kurtarmak isteyen birçok önemli insandan bahsettiğinizi görüyorum. Fakat kesinlikle bilmeleri gereken şey Tanrı'nın Yüce Şahsiyeti'ni memnun etmeden onların yapacakları bütün girişimlerin boşa olduğudur. Hastalanan birisi sadece doktor veya ilaç yardımı alarak yaşayamaz. Öyle olsaydı, zenginler asla ölmezdi. O kimseye

Günümüzün Sosyal Hastalıklarına Tedaviler Bulmak

Kṛṣṇa yani Tanrı'nın Yüce Şahsiyeti tarafından ayrıcalık verilmelidir. Dolayısıyla yardım çalışmalarını sadece fon toplayarak yapmak istiyorsanız başarılı olmayacağını düşünüyorum. Yüce otoriteyi memnun etmek zorundasınız ve başarıya giden yol budur. Örneğin, buradaki *saṅkīrtana* performansı nedeniyle iki yıllık bir kuraklık ardından yağmur yağmaya başladı. Delhi'de en son Hare Kṛṣṇa festivali düzenlediğimizde, Pakistan'ın savaş ilan etme tehlikesi vardı ve bir gazeteci fikrimi sormak için geldiğinde, savaş olmalı çünkü diğer taraf saldırgan demiştim. Fakat *saṅkīrtana* hareketimiz nedeniyle Hindistan galip geldi. Benzer olarak, Kalküta'da festival düzenlediğimizde, Naksalit (Komünist) hareketi durdu. Bunlar gerçekler. *Saṅkīrtana* hareketi sayesinde sadece yaşamak için gerekli olanaklara sahip olmayacağız aynı zamanda sonunda eve, Tanrı'ya geri dönebileceğiz. Şeytani doğaya sahip olanlar bunu anlayamazlar ama bu gerçek.

Bu nedenle toplumun önde gelen üyeleri olarak sizden bu harekete katılmanızı rica ediyorum. Hare Kṛṣṇa *mantra*sını söyleyerek hiç kimse bir şey kaybetmez, aksine kazanç büyüktür. *Bhagavad-gītā*'ya [3.21] göre, lider kişilerin kabul ettiği şeyleri sıradan insanlar da kabul eder:

yad yad ācarati śreṣṭhas
tat tad evetaro janaḥ
sa yat pramāṇaṃ kurute
lokas tad anuvartate

"Büyük bir insan her ne şekilde hareket ederse, sıradan insanlar onu takip eder ve örnek davranışlarla her ne standart kurarsa, bütün dünya peşinden gider."

Kṛṣṇa bilincinin *saṅkīrtana* hareketi çok önemlidir. Bu yüzden, sizin aracılığınızla Hindistan'ın tüm önde gelen liderlerine bu hareketi ciddiyetle kabul etmelerini ve tüm dünyaya yaymamız için bize gerekli olanakları vermelerini dilerim. O zaman sadece Hindistan'da değil, tüm dünyada çok mutlu şartlar olacaktır.

Sağlıkla kalın,
Daimî iyi dilekçiniz,
A. C. Bhaktivedanta Svāmī

229

Tanrı'ya Bağımlılığımızı İfade Etmek

Back to Godhead ekibiyle yaptığı bir sohbette, Śrīla Prabhupāda Amerikan Devrimini tartışıyor: "Amerikalılar Tanrı'ya güvendiklerini söylüyorlar. Ancak Tanrı bilimi olmadan, bu güven tamamen hayalidir. Önce Tanrı bilimini çok ciddiye alın, sonra ona güvenin... Kendi yönetim tarzlarını üretiyorlar. Bu onların kusuru. Asla başarılı olamayacaklar... Daima birbiri ardına devrimler olacak. Barış olmayacak."

Back to Godhead: Thomas Jefferson, Amerikan Devriminin temel felsefesini, Bağımsızlık Bildirgesi'ne koydu. Bu belgeyi imzalayan önemli kişiler öncelikle bütün insanların eşit yaratıldığı gibi çok açık veya aşikâr kesin gerçekler olduğunu kabul ettiler. Bununla, bütün insanların yasa önünde eşit olduğunu ve kanun tarafından korunmak için eşit fırsatlara sahip olduğunu ifade ettiler.

Śrīla Prabhupāda: Evet, insanlar bu anlamda dediğiniz gibi eşit yaratılmıştır.

BTG: Bağımsızlık Bildirgesi'ndeki başka bir nokta ise, tüm insanlara kendilerinden geri alınamayacak bazı doğal hakların Tanrı tarafından bahşedilmiş olmasıdır. Bunlar yaşam hakkı, özgürlük hakkı ve...

Śrīla Prabhupāda: Ancak hayvanların da yaşam hakkı vardır. Hayvanlar neden yaşama hakkına sahip olmasın ki? Örneğin, tavşanlar, ormanda kendi hallerinde yaşarlar. Devlet neden avcıların oraya gitmelerine ve onları vurmalarına izin veriyor?

BTG: Onlar sadece insanlık için konuşuyorlardı.

Śrīla Prabhupāda: O halde, gerçek bir felsefeye sahip değiller. "Benim ailem veya kardeşim iyi, diğer kalan herkesi öldürebilirim" bu dar görüşlü bir fikirdir, suçtur. Ailemin hatırı için senin babanı öldürdüğümü farz et. Bu felsefe mi? Gerçek felsefe *suḥadaṃ sarva-bhūtānām*dır: tüm canlılarla dostluk. Kesinlikle bu insanlık için uygulanabilir, ancak bir hayvanı gereksizce öldürürseniz, "Bu yaptığın saçmalık ne?" diyerek hemen sizi protesto ederim.

BTG: Amerika'nın kurucuları bir başka doğal hakkın, serbestlik veya özgürlük hakkı olduğunu söylemiştir. Özgürlük, devletin size ne tür bir iş yapmanız gerektiğini söylemeye hakkı olmamasıdır.

Śrīla Prabhupāda: Devlet mükemmel değilse, insanlara ne yapması gerektiğini söylememelidir. Fakat devlet mükemmel ise, o zaman söyleyebilir.

BTG: Onların bahsettiği üçüncü doğal hak, her insanın mutlu olmaya çalışma hakkının olmasıdır.

Śrīla Prabhupāda: Evet. Fakat sizin mutluluk standardınız benimkinden farklı olabilir. Et yemekten hoşlanıyor olabilirsiniz; ben nefret ederim. Sizin mutluluk standardınız nasıl benimkine eşit olabilir?

BTG: Bu yüzden herkes istediği mutluluk standardına ulaşmayı denemekte serbest mi olmalıdır?

Śrīla Prabhupāda: Hayır, mutluluk standardı kişinin özelliklerine göre tavsiye edilmelidir. Tüm toplumu dört gruba ayırmalısınız: *brāhmaṇa* özelliklerine sahip olanlar, *kṣatriya* özelliklerine sahip olanlar, *vaiśya* özelliklerine sahip olanlar ve *śūdra* özelliklerine sahip olanlar. Herkes doğal özelliklerine göre çalışmak için iyi olanağa sahip olmalıdır.

Bir atı, bir öküzün işi ile veya bir öküzü bir atın yaptığı işle meşgul edemezsiniz. Bugün uygulamada herkes bir üniversite eğitimi alıyor. Fakat bu üniversitelerde ne öğretiliyor? *Śūdra* eğitimi ağırlıklı olan teknik bilgi. Gerçek yüksek eğitimin anlamı Vedik bilgeliğini öğrenmektir. Bu *brāhmaṇalar* için ifade edilmiştir. Yalnız *śūdra* eğitimi, karmakarışık bir duruma götürür. Herkes hangi eğitime uygun olduğunu anlamak için testten geçirilmelidir. Bazı *śūdralar*a teknik eğitim verilebilir, fakat çoğu *śūdralar* çiftliklerde çalışmalıdır. Herkes şehre bir eğitim almaya geldiğinden, "daha çok para kazanabiliriz," diye düşünür. Bunun sonucunda tarım ihmal edilmektedir. Şu anda kıtlık var çünkü kimse güzel yemekler yapmakla uğraşmıyor. Bütün bu iniş çıkışlara kötü hükümet sebep oluyor. Devletin görevi herkesin doğal özelliklerine göre meşgul olduğunu görmektir. O zaman insanlar mutlu olacaktır.

BTG: Böylece, eğer devlet suni olarak bütün insanları aynı sınıfa sokarsa, o zaman orada mutluluk olamaz.

Śrīla Prabhupāda: Hayır, bu doğal değildir ve kaosa sebep olur.

BTG: Amerika'nın kurucu ataları kötü deneyimler yaşamış olduklarından dolayı sınıfları sevmediler. Devrimden önce, Amerikalılar krallar tarafından yönetilmişlerdi, fakat krallar daima zalim ve adaletsizlerdi.

Śrīla Prabhupāda: Çünkü onlar azizlere yakışır krallar olacak şekilde eğitilmemişlerdi. Vedik medeniyetinde, erkek çocukları hayatın en başından birinci sınıf *brahmacārīler* (cinsel oruç tutan öğrenciler) gibi eğitilirlerdi. Onlar *gurukula*ya, manevi öğretmenin okuluna gittiler. Kendini kontrol etmeyi, temizliği, dürüstlüğü ve diğer birçok bilgelik özelliklerini öğrenmişlerdir. Onların içinde en iyi olanı sonrasında ülkeyi yönetmeye hazır olurdu.

Amerikan Devrimi özel bir anlama sahip değildir. Dikkat çeken nokta şudur ki insanlar mutsuz olduğunda, isyan ederler. Amerika'da yapılmış olan budur. Fransa'da ve Rusya'da da aynı şey yapılmıştır.

BTG: Amerikan devrimcileri, eğer bir devlet insanları doğru yönetmeyi başaramıyorsa, o zaman insanların bu devleti yok etmeye hakkı var demiştir.

Śrīla Prabhupāda: Evet. Tıpkı Nixon'un durumu gibi: onu aşağı indirdiler. Fakat Nixon'u bir başka Nixon ile yer değiştirirlerse, o zaman ne kıymeti var ki? Nixon yerine nasıl aziz bir lider yerleştireceklerini bilmeliler. İnsanlar bu eğitime ve kültüre sahip olmadıklarından, yeni bir Nixon arkasından bir diğerini seçmeye devam edecek ve asla mutluluğu yakalayamayacaklar.

İnsanlar mutlu olabilir. Mutluluk formülü orada *Bhagavad-gītā*'dadır. Bilmeleri gereken ilk şey arazinin Tanrı'ya ait olduğudur. Amerikalılar bu arazinin kendilerine ait olduğunu iddia ediyorlar. İlk yerleşenler Amerika'ya gittiğinde, "Bu arazi Tanrı'ya ait; bu yüzden burada yaşamaya hakkımız var" dediler. Peki, şimdi neden başkalarının bu araziye yerleşmesine izin vermiyorlar? Felsefeleri nedir? Nüfus fazlası olan birçok ülke var. Amerikan devleti bu insanların Amerika'ya gitmesine izin vermelidir ve toprak işlemek ve tahıl yetiştirmek için onlara olanaklar sunmalıdır. Bunu neden yapmıyorlar? Başkalarının arazisini zorla ele geçirdiler ve oradan gidenleri zorla kontrol ediyorlar. Bunun arkasındaki felsefe nedir?

BTG: Felsefe yok.

Śrīla Prabhupāda: Onların felsefesi zorbalık. Araziyi zorla alırlar ve sonra başka birisinin zorla bir diğerinin arazisini elde edemeyeceği bir kanun yaparlar. Bu yüzden onlar hırsız. Tanrı'nın çocuklarının oturduğu Tanrı'nın arazisini yasaklayamazlar. Amerika ve Birleşmiş Milletlerdeki diğer ülkeler her nerede yeterli arazi varsa, bu arazi insan toplumu tarafından yiyecek üretmek için kullanılabilir olduğunu kabul etmiştir. Devlet, "Pekâlâ, nüfusunuz normalden fazla. İnsanlarınız buraya gelebilir. Onlara toprak vereceğiz ve onlar yiyecek üretebilirler" diyebilir. Harika bir sonuç görebilirdik. Fakat bunu yapacaklar mı? Hayır. O zaman felsefeleri ne? Zorbalık. "Araziyi zorla ele geçireceğim ve sonra diğerlerinin buraya gelmesine izin vermeyeceğim."

BTG: Bir Amerikan sloganı "Tanrı altında tek ulus"tur.

Śrīla Prabhupāda: Evet, bu Kṛṣṇa bilincidir. Tanrı altında tek ulus ve tek dünya devleti de olmalıdır. Her şey Tanrı'ya aittir ve hepimiz O'nun çocuklarıyız. Bu aranan felsefedir.

BTG: Fakat Amerika'da insanlar merkezi bir devletten çok fazla korkuyorlar çünkü her ne zaman güçlü bir devlet olursa, orada her zaman zorbalık yönetimi olacağını düşünürler.

Śrīla Prabhupāda: Eğer liderler layıkıyla eğitilirse, zorbalık olamaz.

BTG: Fakat Amerikan devlet sisteminin mantığından birisi, eğer bir lider çok güçlü ise kaçınılmaz olarak ahlaksız olacaktır.

Śrīla Prabhupāda: Onu öyle bir şekilde eğitmelisiniz ki bir ahlaksız olamasın!

BTG: Bu eğitim yöntemi nedir?

Śrīla Prabhupāda: Bu eğitim *varṇāśrama-dharma*'dır. Yeteneklere göre toplumun sınıflanması, insanları her şeyin Tanrı'ya ait olduğu ve Tanrı'nın hizmetinde kullanılması prensibi içerisinde eğitmesidir. O zaman gerçekte "Tanrı altında tek ulus" olabilir.

BTG: Fakat eğer toplum farklı değişik gruplara bölünürse, kıskançlık olmaz mı?

Śrīla Prabhupāda: Hayır, hayır. Tıpkı vücudumdaki değişik parçaların birlikte çalışması gibi, toplum değişik parçalara sahip olarak aynı amaç için çalışabilir. Elim ayağımdan farklıdır. Fakat elime, "Bir bardak su getir" dediğimde ayak yardım edecektir. Ayak gereklidir ve el gereklidir.

BTG: Fakat Batı dünyasında çalışan bir sınıf ve kapitalist bir sınıf var ve bu ikisi arasında daima devam eden bir mücadele var.

Śrīla Prabhupāda: Evet. Kapitalist sınıf gereklidir ve çalışan sınıf da gereklidir.

BTG: Fakat kavga ediyorlar.

Śrīla Prabhupāda: Çünkü eğitime sahip değiller, ortak bir amaca sahip değiller. El ve ayak farklı şekilde çalışır, fakat ortak amaç bedeni devam ettirmektir. Bu yüzden kapitalistler ve işçiler ortak amacın farkına varırlarsa, o zaman kavga olmayacaktır. Fakat ortak amacı bilmezseniz, o zaman hep zaman kavga olacaktır.

BTG: Devrim?

Śrīla Prabhupāda: Evet.

BTG: O zaman en önemli şey insanların üzerinde birleşebileceği ortak bir amaç bulmaktır?

Śrīla Prabhupāda: Evet, tıpkı bizim Kṛṣṇa bilinci toplumuzdaki gibi, her aktivite hakkında danışmak için bana geliyorsunuz çünkü ben size ortak bir amaç verebilirim. Yoksa kavga olacaktır. Devlet hayatın amacını bilmekte çok uzman olmalıdır ve insanları ortak amaç için çalışmakta eğitmelidir. İnsanlar o zaman mutlu ve huzurlu olacaklardır. Fakat insanlar sadece Nixon gibilerini seçerse, asla ortak bir amaç bulamayacaklar. Herhangi birisi bazı ayarlamalarla oy toplayabilir ve sonra devletin başına geçer. Adaylar rüşvet verirler, aldatırlar, oy toplamak için propaganda yaparlar. Öyle ya da böyle oyları alırlar ve başlıca görevi ele geçirirler. Bu sistem kötü.

BTG: Eğer liderlerimizi popüler seçimlerle seçmezsek, toplum nasıl yönetilecektir?

Śrīla Prabhupāda: Sizin *Brāhmaṇalar*a, *kṣatriyalar*a, *vaiśyalar*a ve *śūdralar*a ihtiyacınız var. Tıpkı bir bina inşa etmek istediğinizde, mühendislere ihtiyacınız olduğu gibi. Elektrik süpürgeleri istemezsiniz.

Öyle değil mi? Elektrik süpürgesi ne yapacak? Hayır, mühendisler olmalı. Bu yüzden *varṇāśrama* bölümünü takip ederseniz, sadece *kṣatriyaların* yönetimine izin verilir. Ve kanun koyucu meclis için senatörler sadece yetenekli *brāhmaṇalardır*. Şu anda kasaplar kanun koyucu meclis içerisindedir. Kasabın kanun düzenleme ile ne alakası var? Bir kasap oy toplayarak senatör olur. Günümüzde, halkın sesi ilkesiyle kasap yasama kuruluna gider. Bu şekilde her şey eğitime bağlıdır. Kṛṣṇa bilinci toplumumuzda aslında bunu yapıyoruz, fakat siyasetçilerin durumunda onlar bunu unutuyorlar. Sadece bir sınıf olamaz. Bu aptallıktır, çünkü değişik sınıftan insanları farklı aktivitelerle meşgul etmeliyiz. Eğer biz bu sanatı bilmiyorsak o zaman başarısız olacağız, çünkü çalışmanın bir bölümü eksik olursa hasar olacaktır. *Śrīmad-Bhāgavatam*'da kralın bütün sorumluluklarını tartıştık. Toplumdaki değişik sınıflar aynen bedenin değişik parçalarının yaptığı gibi birlikte hareket etmelidir. Her parça değişik bir amacı ifade etmesine rağmen, tek tek hepsi bir amaç için çalışırlar: bedeni gerektiği gibi devam ettirmek.

BTG: Devletin gerçek görevi nedir?

Śrīla Prabhupāda: Tanrı'nın ne istediğini anlamak ve görmek için, toplum bu amaca doğru çalışır. O zaman insanlar mutlu olacaklardır. Fakat insanlar yanlış şekilde çalışırlarsa, nasıl mutlu olabilirler ki? Devletin görevi onların doğru şekilde çalıştığını görmektir. Doğru yön Tanrı'yı bilmek ve O'nun talimatlarına göre hareket etmektir. Fakat liderlerin kendileri, Tanrı'nın büyüklüğüne inanmazlar ve eğer Tanrı'nın ne yapmak istediğini veya ne yapmamızı istediğini bilmezlerse, o zaman orada nasıl iyi bir devlet olabilir? Liderler yanlış yönlendirilmiş ve onlar da diğerlerini yanlış yönlendirmektedirler. Günümüz dünyasının kaotik durumu budur.

BTG: Birleşik Devletler'de geleneksel olarak devlet ve kilise ayrı olmuştur.

Śrīla Prabhupāda: Kilise hakkında konuşmuyorum. Kilise var ya da yok; konu bu değil. Ana konu liderlerin bir yüce yönetmen olduğunu kabul etmek zorunda olmasıdır. Bunu nasıl inkâr edebilirler? Doğadaki her şey Yüce Rabb'in kontrolünde devam etmektedir. Liderler doğayı kontrol edemiyorken neden bir yüce yönetmenin varlığını kabul etmezler ki? Bu toplumdaki eksikliktir. Her bakımdan, liderler yüce bir yönetmen olmak zorunda olduğunu hissediyorlar ve yine de Tanrı'yı inkâr ediyorlar.

BTG: Fakat düşünün ki devlet ateist...

Śrīla Prabhupāda: O zaman iyi bir devlet olamaz. Amerikalılar Tanrı'ya güvendiklerini söylerler. Ancak Tanrı'nın bilimi olmadan, bu güven sadece uydurmadır. Önce Tanrı bilimini çok ciddiye alın, sonra ona güveninizi gösterin. Tanrı'nın ne olduğunu bilmiyorlar, fakat biz biliyoruz. Gerçekte biz Tanrı'ya güveniyoruz. Onlar yönetimde kendi yollarını üretiyorlar. Bu onların kusuru. Asla başarılı olamayacaklar. Hatalılar ve eğer kendi yollarını ve yöntemlerini üretmeye devam ederlerse kusurlu bir halde kalacaklar. Daima ard arda devrimler olacak. Barış olmayacak.

BTG: İnsanların takip etmesi gereken dinin düzenleyici ilkelerini kim tayin eder?

Śrīla Prabhupāda: Tanrı. Tanrı mükemmeldir. O, bunu yapar. Vedik anlayışına göre, Tanrı bütün canlıların lideridir (*nityo nityānāṁ cetanaś cetanānām*). Biz O'ndan farklıyız çünkü O bütünüyle mükemmeldir ve biz değiliz. Biz çok küçüğüz. Biz Tanrı'nın özelliklerine sahibiz, fakat çok küçük bir miktarda. Bu sebeple sadece küçük bir bilgiye sahibiz; hepsi bu. Küçük bilgiyle Boeing 747 uçaklar üretebilirsiniz ancak bir sivrisinek üretemezsiniz. Tanrı sivrisineğin vücudunu yaratmıştır, bu da bir uçaktır. Bu Tanrı ile bizim aramızdaki farktır: bizim bilgimiz var fakat bu Tanrı'nınki gibi mükemmel değildir. Bu yüzden devlet liderleri Tanrı'yı göz önünde bulundurmalıdır; o zaman mükemmel bir şekilde yöneteceklerdir.

BTG: Tanrı ayrıca en mükemmel devleti de tasarladı mı?

Śrīla Prabhupāda: Oh, evet. *Kṣatriyalar* Vedik zamanlarda devleti yönettiler. Bir savaş olduğunda, kral savaşan ilk kişiydi. Tıpkı sizin George Washington'unuz gibi: savaş olduğunda dövüştü. Fakat şimdi ne çeşit bir başkan yönetiyor? Bir savaş olduğunda, güvenle oturur ve telefon açarak emir verir. Başkan olmaya uygun değildir. Savaş olduğunda, başkan en öne gelip savaşa önderlik etmesi gereken kişidir.

BTG: Fakat insan küçük ve hatalı ise, mükemmel bir devlet için Tanrı'nın mükemmel talimatlarını nasıl uygulayabilir?

Śrīla Prabhupāda: Hata yapsanız bile, benim birçok talimatımı yerine getirdiğinizden mükemmel oluyorsunuz. Beni lideriniz olarak kabul ettiniz ve ben de Tanrı'yı liderim olarak kabul ediyorum. Bu şekilde toplum mükemmel bir şekilde yönetilebilir.

BTG: Bu şekilde iyi devlet, her şeyden önce Yüce Varlık'ı devletin gerçek yöneticisi olarak kabul etmek anlamına mı gelir?

Śrīla Prabhupāda: Yüce Varlık'ı direkt olarak kabul edemezsiniz. Yüce Varlık'ın hizmetkarlarını; *brāhmaṇaları* veya *Vaiṣṇavaları* (Tanrı'nın adananları) rehberleriniz olarak kabul etmelisiniz. Devlet adamları *kṣatriyalardır;* ikinci sınıf. *Kṣatriyalar,* kanunları uygunca yapmak için *brāhmaṇalardan* veya *Vaiṣṇavalardan* fikir almalıdır. *Vaiśyalar, kṣatriyaların* emirlerini uygulamada yerine getirmelidir ve *śūdralar* bu üç düzen altında çalışmalıdırlar. O zaman toplum mükemmel olacaktır.

Barış Formülü

"Bu dünya Tanrı'nın arazisidir, fakat biz canlı varlıklar özellikle de sözde medeni insanlar, bireysel ve kolektif olarak yanlış bir anlayışla Tanrı'ya ait olan arazinin kendimizin olduğunu iddia ediyoruz. Huzur istiyorsanız bu yanlış anlayışı dünyadan ve zihninizden çıkarmalısınız..."

Modern medeniyetin büyük hatası kendisine aitmiş gibi, başkalarının mülküne tecavüzde bulunmak ve bu suretle de doğanın yasalarına gereksiz bir şekilde ihlal etmektir. Bu yasalar çok güçlüdür. Hiçbir canlı bozamaz. Sadece Kṛṣṇa bilincinde olan kişi kolayca doğa kanunlarının üstesinden gelebilir ve böylece mutlu ve huzurlu olabilir.

Bir devletin kanun ve düzenlemelerle korunması gibi Evren'in sadece ufak bir bölümü olan bu dünya da doğa yasalarıyla korunur. Bu maddi doğa her şeyin gerçek sahibi olan Tanrı'nın farklı yayılımlarından birisidir. Bu dünya, bu yüzden Tanrı'nın arazisidir fakat biz canlı varlıklar özellikle de sözde medeni insanlar, bireysel ve kolektif olarak yanlış bir anlayışla Tanrı'nın arazisinin kendimizin olduğunu iddia ederiz. Huzur istiyorsanız, bu yanlış anlayışı dünyadan ve zihninizden çıkarmalısınız. Dünyadaki insan ırkının bu yanlış mal sahipliği iddiası kısmen veya tamamen dünya üzerindeki barışı rahatsız eden etmendir.

Budala ve sözde medeni insanlar Tanrı'nın arazisi üzerinde tescilli haklar iddia ediyorlar çünkü onlar artık Tanrı tanımaz olmuşlardır. Tanrı tanımaz bir toplum içerisinde mutlu ve huzurlu olamazsınız. *Bhagavad-gītā*'da Rab Kṛṣṇa der ki, "O, canlıların tüm aktivitelerinin gerçek keyif alıcısıdır, O, bütün evrenlerin Yüce Rabbi'dir ve tüm canlıların iyiliğini isteyen arkadaşıdır. Dünyadaki insanlar bunu barış formülü olarak bildiklerinde, o zaman orada barış hâkim olacaktır.

Bu sebeple tam bir barış istiyorsanız sadece Tanrı'nın kutsal ismini söyleyerek hem bireysel hem kolektif bilincinizi Kṛṣṇa bilinci ile değiştirmelisiniz. Bu, dünyada barışa ulaşmanın standart ve tanınmış bir yöntemidir. Bu yüzden herkese Hare Kṛṣṇa, Hare Kṛṣṇa, Kṛṣṇa Kṛṣṇa, Hare Hare / Hare Rāma, Hare Rāma, Rāma Rāma, Hare Hare maha *mantra*sını söyleyerek Kṛṣṇa bilinçli olmalarını tavsiye ediyoruz. Bu pratik, basit ve son derece muhteşemdir. Bu formül, dört yüz seksen yıl önce Rab Śrī Caitanya tarafından Hindistan'da tanıtıldı ve şimdi sizin ülkenizde de mevcuttur. Yukarıda bahsedildiği gibi bu basit *mantra* söyleme yöntemi ile *"Özgün Bhagavad-Gītā"* okuyarak gerçeklere dayanan pozisyonunuzun farkına varın ve Kṛṣṇa, Tanrı ile kaybolan ilişkinizi yeniden kurun. Barış ve refah bu durumun dünya genelindeki hızlı sonucu olacaktır.

239

Spiritüel Komünizm

Śrīla Prabhupāda'nın dönemin Sovyetler Birliği'ni ziyaretinde, SSCB Bilim Akademisi Hindistan Bölümü Başkanı Profesör Grigory Kotovsky ile sohbet ediyor: "Monarşiye, demokrasiye, aristokrasiye veya diktatörlüğe de teslim olsanız, bir şeye teslim olmak zorundasınız. Bu gerçektir. Teslimiyet olmadan yaşam yoktur. Mümkün değildir. Bu yüzden insanları tamamen koruma altına alınacağı durum olan Yüce'ye teslim olmaları için eğitiyoruz... Diğer teslimiyetleri devrim yaparak değiştirmelisiniz. Ancak Kṛṣṇa bilincine geldiğinizde artık bu yeterlidir. Tatmin olursunuz."

Śrīla Prabhupāda: Önceki gün *Moscow News* gazetesini okuyordum. Komünist kongresi vardı ve Başkan, "Biz gelişmek için diğerlerinin deneyimini almaya hazırız" diye bildirmişti. Vedik anlayışlı sosyalizm veya komünizmin, komünizm fikrini çok daha fazla geliştirileceğini düşünüyorum. Örneğin sosyalist bir devlette temel düşünce kimsenin aç kalmamasıdır. Herkesin yiyeceği olmalıdır. Benzer olarak, Vedik anlayışında *gṛhastha* (evlilik yaşamı) hayatında tavsiye edilen şey ev sahibinin, kendi evinde yaşayan bir kertenkele ve sineğin bile aç kaldığını görmemesidir. Bu daha düşük canlılara bile yemek verilmesi gerekirken, elbette tüm insanlara da kesinlikle yemek verilmelidir. Bir *gṛhastha*ya, öğle yemeğini yemeden önce kapının önüne çıkarak "Hala aç olan kimse varsa, lütfen buyurun gelin! Yemek hazır!" diye ilan etmesi tavsiye edilir. Cevap yoksa ancak o zaman ev sahibi öğle yemeğini yer. Modern toplum, insanları bütün olarak belirli bir devletin sahibi olarak alır, ancak Vedik anlayış *īśāvāsyam idaṁ sarvam*dır. Her şey *īśaya* yani yüce yönetmene aittir. *Tena tyaktena bhuñjīthāḥ;* O'nun tarafından size ne verildiyse bunun keyfini çıkarabilirsiniz. *Mā gṛdhaḥ*

240

kasya svid dhanam: fakat başkalarının mülküne tecavüz etmeyin. Bu *Īśopaniṣad; Veda'*dır. Aynı görüş farklı *Purāṇalar* içerisinde de açıklanmıştır. Vedik edebiyatında komünizm ile ilgili birçok iyi kavram vardır. Bu yüzden buradaki görüşlerin sizin en düşünceli insanlarınıza iletilmesi gerektiğini düşündüm. Bundan dolayı konuşmak için çok arzuluydum.

Prof. Kotovsky: Şu anda ülkemizde eski tarihe, eski düşüncelere büyük bir ilgi olması ilginç. Bu bakımdan, Enstitümüz büyük Hint kültürünün birçok edebi eserini Rusça'ya çevirdi ve yayınladı. Bazı *Purāṇalar* ve *Rāmāyana'nın* bölümlerini yayınlamış olduğumuzu görmek ilginizi çekecektir. Rusça *Mahābhārata* ciltleri mevcuttur ve ayrıca *Mahābhārata'*nın tamamı çevrilmiş ikinci baskısı çıkmıştır. Ayrıca *Manu-smṛti'*nin de Sanskrit dilindeki yorumlarıyla tam çevirisini yayınladık. Bu yayınlara ilgi o kadar büyüktü ki baskı bir haftada tükendi. Stoklar tamamen tükendi. Bu kitapları bir ay sonra kitapçılardan almak imkânsız oldu. Burada Moskova ve Sovyetler Birliği'nde insanlar arasında kadim Vedik kültürünü okumaya ilgi çok büyük ve bu noktadan yola çıkarak birçok kitap yayınladık.

Śrīla Prabhupāda: Bu *Purāṇalar* arasında, *Śrīmad-Bhāgavatam Mahā-Purāṇa* olarak adlandırılır.

Prof. Kotovsky: *Mahā-Purāṇa.*

Śrīla Prabhupāda: Evet. Bütün metni çevirdik. Önce orijinal Sanskrit kıtayı sunuyoruz, onun Latin alfabesindeki yazılışını, her kelimenin İngilizce karşılığını, sonra çevirisi ve sonra bir yorum ya da kıtanın açıklaması. Bu şekilde, *Śrīmad-Bhāgavatam'*da on sekiz bin kıta bulunmaktadır. Her şeyi harfi harfine çeviriyoruz. Görebilirsiniz. Tüm *Bhāgavata Purāṇa* için her bir kıta bu şekilde hazırlanır. *Ācāryaların, Bhāgavata* felsefesini yayan büyük aziz bilgelerin düşüncesi, *nigama-kalpataror galitaṃ phalam'*dır: Bu Vedik dilek ağacının olgunlaşmış meyvesidir [*Śrīmad-Bhāgavatam* 1.1.3]. Bütün Hintli bilginler tarafından kabul edilmiştir ve Rab Caitanya özellikle *Bhāgavatam'*ı yaymıştır. Böylece tüm *Bhāgavatam'*ın İngilizce çevirisine sahibiz. Görmek isterseniz size gösterebilirim.

Prof. Kotovsky: Bana öyle geliyor ki *Vedalar*dan başlayarak kadim Hint kültürüne ait Sanskrit dilindeki başlıca metinler, Moskova

Benlik İdraki Bilimi

ve Leningrad'daki kütüphanelerimizde bulunmaktadır. Örnek olarak, Enstitümüzün Leningrad şubesinde *Manu-smṛti*'nin altı veya sekiz baskısı mevcut. Bu Enstitü Rusya İmparatorluğu zamanında Leningrad'da kurulmuştur. Bu sebeple şimdi Leningrad'daki Enstitümüz Asya'ya özgü kültürün tarihi ile ilgilenen başlıca bir şubesidir. Bu röportajda şu anda neyin tercüme edilmekte olduğunu ve Hint dini ile ilgili ne çalışmalar yapıldığı ve ayrıca Hint dini olan Hinduizm'in Hindistan'daki bugünkü durumunu bulacaksınız.

Śrīla Prabhupāda: Hinduizm çok karmaşık bir konu.

Prof. Kotovsky: Ah, evet. (*Gülüşmeler.*) Gerçekten benim anlayışıma göre Hinduizm bir din değil. Avrupalı anlayışına göre din yaşamın bir yolu, felsefe, bir yaşam biçimidir, ne demek isterseniz.

Śrīla Prabhupāda: *Hindu* kelimesi Sanskrit dilinde bir sözcük değildir. Müslümanlar tarafından verilmiştir. Biliyorsunuz ki Sanskrit dilinde Sindhu olarak adlandırılan Indus isminde bir nehir vardır. Müslümanlar *s* yi *h* olarak telaffuz ederler. *Sindhu* yerine, *Hindu* yapmışlardır. Bu yüzden *Hindu* terimi Sanskrit sözlükte bulunmaz fakat kullanıma girmiştir. Ancak gerçek kültürel kurum *varṇāśrama* olarak adlandırılır. Dört *varṇa* (sosyal bölüm) bulunmaktadır; *brāhmaṇa, kṣatriya, vaiśya* ve *śūdra* ve dört *āśrama* (spiritüel bölüm); *brahmacārī, gṛhastha, vānaprastha* ve *sannyāsa* bulunmaktadır. Vedik yaşam tarzına göre, insanlar bu dört *varṇa* ve dört *āśrama*nın sistemi veya kurumunu benimsemedikçe, gerçekte medeni insanlar olmazlar. Kişi bu sosyal ve spiritüel düzenin dört bölümünün yöntemini almalıdır; buna *varṇāśrama* denir. Hindistan'ın kültürü bu kadim Vedik sistemine dayanır.

Prof. Kotovsky: *Varṇāśrama.*

Śrīla Prabhupāda: *Varṇāśrama* ve *Bhagavad-gītā*'da, muhtemelen *Bhagavad-gītā*'yı okudunuz?

Prof. Kotovsky: Evet.

Śrīla Prabhupāda: *Bhagavad-gītā*'da [4.13], *cātur-varṇyaṁ mayā sṛṣṭaṁ* ifadesi vardır: Bu sistem Viṣṇu (Tanrı) tarafından yaratılmıştır. Bu yüzden, *varṇāśrama* Yüce'nin yarattığı bir şey olduğundan değiştirilemez. O her yere yayılır. Güneş gibidir. Güneşi Yüce olan yaratmıştır. Güneş ışığı Amerika'da, Rusya'da ve Hindistan'da, her

242

yerde bulunur. Benzer olarak, bu *varṇāśrama* sistemi de her yerde şu veya bu şekilde yaygındır. Örnek olarak *brāhmaṇaları* alın, en zeki insan sınıfı. Onlar toplumun beynidir. *Kṣatriyalar* idari sınıftır; sonra *vaiśyalar* üretken sınıftır ve *śūdralar* işçi sınıfıdır. Bu dört insan sınıfı her yerde değişik isimler altında yaygındır. Çünkü orijinal yaratıcı tarafından yaratılmıştır, bu yüzden *varṇāśrama-dharma* her yerde yaygındır.

Prof. Kotovsky: İlginçtir ki bazı Avrupalı ve Rus bilginlerinin düşüncesine göre, bu *varṇāśrama* sistemi sonradan çıkmış bir oluşumdur. Vedik edebiyatının eski metinlerini okursanız çok daha basit yaşayan ve tarımla uğraşan bir toplum bulursunuz. Bu bilginlerin düşüncesi *varṇāśrama* sisteminin Hint toplumuna Vedik çağın başında değil de son yıllarında buluştuğudur. Ve eğer eski metinleri incelediyseniz, bunun eski klasik Hindistan'da çok yaygın olmadığını bulmuşsunuzdur.

Śrīla Prabhupāda: Bizim ilgilendiğimiz kadarıyla, *Bhagavad-gītā*'da [4.13] şöyle der: *Cātur-varṇyaṃ mayā sṛṣṭam. Bhagavad-gītā* beş bin yıl önce anlatılmıştır ve *şöyle* der, *"Bhagavad-gītā*'nın bu sistemi Benim tarafımdan güneş tanrısına söylenmiştir." Bu periyodu hesap ederseniz kırk milyon yıl önceye tekabül eder. Avrupalı alimler beş bin yıl öncesinin tarihini saptayabilirler mi? Kırk milyon yıl önceye gidebilirler mi? Bu *varṇāśrama* sisteminin en az beş bin yıl önce var olduğuna dair kanıtımız var. *Varṇāśrama* sisteminden *Viṣṇu Purāṇa*'da (3.8.9)'da bahsedilmiştir. *Varṇāśramācāra-vatā puruṣeṇa paraḥ pumān.* Bu *Viṣṇu Purāṇa*'da belirtilmiştir. *Varṇāśrama-dharma* modern çağda hesaplanan tarihsel bir periyodun olağanüstülüğü değildir. O doğaldır. *Śrīmad-Bhāgavatam*'da şöyle bir karşılaştırma verilmiştir. Tıpkı bedende beyin, kol, bel ve bacaklardan oluşan dört bölüm olması gibi, doğal olarak toplum bedeninde de bu dört bölüm vardır. Beyin olarak düşünülen bir insan sınıfı vardır, devletin kolları olarak düşünülen bir insan sınıfı vardır, üretken sınıf olarak adlandırılan bir insan sınıfı vardır ve böylece devam eder. Tarihin saptanmasına gerek yoktur; bu doğal olarak yaradılış gününden beri vardır.

Prof. Kotovsky: Her toplumda dört bölüm olduğunu söylediniz, ancak onları ayırt etmek çok kolay değil. Örneğin, birisi değişik sosyal sınıfları birlikte gruplayabilir ve profesyonel grupları herhangi bir toplumda dörde bölebilir; zorluğu yoktur. Tek zorluk, örneğin sosyalist toplumda, ülkemizde ve diğer sosyalist topluluklarda üretken grubu işçilerden nasıl ayırt edebilirsiniz?

Śrīla Prabhupāda: Örnek olarak, biz aydın insan sınıfına aitiz. Bu bir bölümdür.

Prof. Kotovsky: Zeki sınıf, *brāhmaṇalar*dır. Bütün zeki kişileri bu bölümde toplayabilirsiniz.

Śrīla Prabhupāda: Evet.

Prof. Kotovsky: Ve sonra idari sınıf.

Śrīla Prabhupāda: Evet.

Prof. Kotovsky: Fakat *vaiśyalar* ve *śūdralar* kimlerdir? Zorluk burada. Çünkü diğer herkes işçidir; fabrika işçileri, ortak tarım alanlarında çalışan işçiler ve bunun gibi. Bence bu bakış açısıyla, sosyalist toplum ve sosyalizmden önceki bütün toplumlar arasında büyük bir fark vardır, çünkü modern Batı toplumunda bütün sosyal ve profesyonel sınıfları bu belirli bölümlerde gruplandırabilirsiniz; *brāhmaṇalar, kṣatriyalar, vaiśyalar* ve *śūdralar:* aydınlar, üretken sınıf, üretken sistemin sahipleri (örneğin, fabrika sahipleri) ve küçük işçiler. Ancak siz burada *vaiśyalar*a sahip olamazsınız çünkü fabrikalarda idari personel var ve siz onlara *kṣatriyalar* diyorsunuz ve sonra kendiliğinden çalışan *śūdralar* var, fakat orta sınıf yok.

Śrīla Prabhupāda: Bu belirtilir. *Kalau śūdra-sambhavaḥ.* Bu çağda pratikte tüm insanlar *śūdra*dır. Ancak toplumda sadece *śūdralar* bulunursa sosyal düzen bozulacaktır. Sizin *śūdra* tespitinize rağmen, *brāhmaṇa* burada bulunur ve bu ihtiyaçtır. Toplumsal düzeni böyle bir yolla bölmezseniz, bu kargaşa yaratır. Bu *Vedalar*ın bilimsel takdiridir. Siz *śūdra* sınıfına ait olabilirsiniz, fakat sosyal düzeni devam ettirmek için, bazı *śūdralar*ı *brāhmaṇalar* olmaları için eğitmelisiniz. Toplum *śūdralar*a ya da *brāhmaṇalar*a bağlı olamaz. Bedenin ihtiyaçlarını yerine getirmek için, bir beyin, kollar, bir mide ve bacaklar olmalıdır. Bacaklar, beyin ve kollar tüm vücudun görevini yerine getirilmesinde iş birliği içinde çalışmalıdır. Bu sebeple herhangi bir toplumda dört bölüm olmadıkça kargaşa olacağını göreceksiniz. Yerli yerinde çalışmayacaktır. *Māyā* olacaktır ve rahatsızlıklar olacaktır. Beyin orada olmak zorundadır ama şu anda beyin kıtlığı vardır. Sizin durumunuz veya benim durumum hakkında konuşmuyorum; dünyayı bir bütün olarak alıyorum. Eskiden Hint yönetimi bir monarşiydi. Örneğin, Mahārāja Parīkṣit bir *kṣatriya* kraldı. Ölümünden hemen önce, kraliyetteki düzenini terk etti. Benlik idraki hakkında duymak için ormana geldi. Tüm dünya toplumunda barışı ve refahı devam ettirmek istiyorsanız, çok zeki, yönetimde uzman ve üretimde uzman olmak ve çalışmak için bir insan sınıfı yaratmak zorundasınız. Bu gereklidir; bundan kaçamazsınız. Bu Vedik anlayışıdır, *mukha-bāhūru-pāda jāḥ* (*Śrīmad-Bhāgavatam* 11.17.13). *Mukha* "surat", *bāhū* "kollar", *ūru* "bel" ve *pāda* "bacaklar" demektir. O veya bu devleti göz önüne alırsanız, yaşamın bu sorunsuz, sistematik kuruluşun dört düzeni olmadıkça devlet veya toplum problemler olmadan fonksiyon göstermeyecektir.

Prof. Kotovsky: Bana öyle geliyor ki, genelde bu tüm *varṇāśrama* sistemi bir yere kadar çok eski toplumda doğal bir iş bölümüdür. Fakat şimdi herhangi bir toplumda insanlar arasındaki iş bölümü çok daha fazla karmaşık ve dünyevi. Bu yüzden onları dört sınıfta gruplandırmak oldukça karışık.

Śrīla Prabhupāda: Karışıklık daha sonraki günlerde gelmiştir çünkü Hindistan'da *brāhmaṇalar*ın çocukları, brāhmaṇik özelliklerine sahip olmadan bir *brāhmaṇa* olduğunu iddia ettiler ve insanlar batıl inançla veya geleneksel bir yol olarak onu bir *brāhmaṇa* olarak kabul ettiler. Bu sebeple Hint toplum düzeni alt üst olmuştur. Fakat Kṛṣṇa bilinci hareketimizde her yerde *brāhmaṇalar* yetiştiriyoruz, çünkü dünyanın bir *brāhmaṇa*nın beynine ihtiyacı var. Mahārāja Parīkṣit bir kral olmasına rağmen, bir *brāhmaṇalar* heyetine ve danışacağı bilgelere, yol gösterici bir kurula sahipti. Krallar bağımsızdır diye bir şey yoktur. Tarihte, bazı kralların düzenden saptığında danışman *brāhmaṇalar* komisyonu tarafında tahttan indirildikleri yer almaktadır. *Brāhmaṇalar* politikanın bir parçası olmamalarına rağmen, krala kraliyet işlerinin nasıl devam ettireceğini söylerlerdi. Bu çok uzak tarih değildir. Aśoka ne kadar zaman önceydi?

Prof. Kotovsky: Bu bizim terminolojimizde adlandırdığımız, kadim ve orta çağ Hindistan'ı ile aynı olabilir.

Śrīla Prabhupāda: Evet.

Prof. Kotovsky: Eski ve feodal Hindistan'da, haklısınız bu çok açıktı ve kanun koyan şubenin yüksek idari kısmındaki ana bölümü *brāhmaṇalardı*. Hatta Moğol çağında bile Müslüman imparator ve yöneticilere akıl veren *brāhmaṇalar* vardı.

Śrīla Prabhupāda: Bu gerçek. *Brāhmaṇalar* kabul edildi. Onlar Kralın danışman kurulunu oluştururlardı. Örneğin, Hindu kralı Candragupta, Büyük İskender zamanında yaşadı. Candragupta'dan hemen önce, Büyük İskender Yunanistan'dan Hindistan'a gitti ve küçük bir bölümü işgal etti. Candragupta imparator olduğunda, Cāṇakya onun başbakanıydı. Muhtemelen Cāṇakya ismini duymuşsunuzdur?

Prof. Kotovsky: Evet.

Śrīla Prabhupāda: Evet, o büyük bir *brāhmaṇa* politikacıydı ve bütün yabancı elçiliklerin bir araya toplandığı Yeni Delhi'nin bir bölgesi, onun ismiyle Cāṇakya Puri olarak adlandırılır. Cāṇakya Paṇḍita büyük bir politikacı ve *brāhmaṇaydı*. Çok engin bir bilgiye sahipti. Onun ahlaki talimatları hala değerlidir. Hindistan okullarında çocuklara Cāṇakya Paṇḍita'nın talimatları öğretilir. Başbakan olmasına rağmen, Cāṇakya Paṇḍita *brāhmaṇa* ruhunu devam ettirdi. Hiçbir şekilde maaş almayı kabul etmedi. Eğer bir *brāhmaṇa* maaş alırsa onun artık bir köpek olduğu anlaşılır. Bu *Śrīmad-Bhāgavatam*'da belirtilir. O danışmanlık yapabilir ancak istihdam kabul edemez. Cāṇakya Paṇḍita bir kulübede yaşıyordu fakat gerçekte bir başbakandı. Brāhmaṇik kültür ve brāhmaṇik beyin Vedik medeniyetinin standardıdır. *Manu-smṛti* brāhmaṇik kültürün standardının bir örneğidir. *Manu-smṛti* yazıldığında, tarihin izlerinin dışına çıkamazsınız ancak Hindu kanununun çok mükemmel olduğu düşünülür. Sosyal düzeni ayarlamak için günlük olarak yeni bir kanunu geçirmek için yasama kuruluna ihtiyaç yoktur. Manu tarafından verilen yasa o kadar mükemmeldir ki tüm zamanlarda uygulanabilir. Sanskrit dilinde "geçmiş, şimdiki zaman ve gelecek için iyi" anlamına gelen *tri-kālādau* olarak ifade edilir.

Prof. Kotovsky: Sizi böldüğüm için üzgünüm, bildiğim kadarıyla Hint toplumunun tümü on sekizinci yüzyılın ikinci yarısında, İngiliz idaresinin emriyle Hindu yasasından farklı bir yasa altına girdi. Birçok değişiklikler oldu. Hindular tarafından kullanılan güncel Hindu yasası orijinal *Manu-smṛti*'den farklıydı.

Śrīla Prabhupāda: Şimdi değişiklikler yaptılar. Hatta bizim sonraki Paṇḍita Jawaharlal Nehru kendi Hindu kanununu tanıttı. Evlilikte boşanma hakkını getirdi fakat bu *Manu-saṁhitā*'da yoktur. Değişen birçok şey var, fakat bu modern çağdan önce tüm insan toplumu *Manu-smṛti* tarafından yönetiliyordu. Açıkçası, modern Hindular Hindu yazıtlarını sıkıca takip etmiyorlar.

Ancak bizim anlatmak istediğimiz, eski tip Hindu toplumunu geri getirmeye çalışmak değil. Bu mümkün değil. Düşüncemiz orijinal düşünceden en iyi fikirleri almaktır. Örneğin, *Śrīmad-Bhāgavatam*'da komünist düşüncenin bir tanımı vardır. Mahārāja Yudhiṣṭhira'ya tarif edilmiştir. Eğer iyi bir şeyler varsa, iyi bir deneyim varsa neden kabul etmiyorsunuz ki? Bu bizim bakış açımız. Bunun yanında, modern uygarlık önemli bir noktayı daha gözden kaçırıyor: insan yaşamının amacı. Bilimsel olarak insan yaşamının amacı *ātma-tattva* yani benlik idrakidir. İnsan topluluğunun üyeleri benlik idraki noktasına gelmedikçe her ne yapıyorlarsa bozguna uğrayacakları söylenir. Gerçekte tüm ekonomik ve diğer ilerlemelere rağmen, modern toplumda bu olmaktadır: huzuru ve sakinliği korumak yerine, insanlar bireysel toplumsal, politik ve ulus olarak kavga ediyorlar. Eğer sakin kafayla düşünürsek, birçok bilgi dalındaki bir sürü gelişmeye rağmen, daha düşük hayvan toplumunda görülen aynı zihniyeti koruduğumuzu görürüz. *Śrīmad-Bhāgavatam*'a göre bizim ulaştığımız sonuç, insan bedeninin duyu tatmini için çok çalışmasını ifade etmediğidir. Fakat insanlar bundan başka bir şey bilmiyorlar. Gelecek hayat hakkında bilmiyorlar. Bu beden sona erdikten sonra ne olduğu hakkında çalışma yapan bir bilim dalı yok. Bu büyük bir bilgi dalıdır.

Bhagavad-gītā'da [2.13], *dehino 'smin yathā-dehe* denilir. *Deha* "bu beden" demektir. *Dehinaḥ* "bu bedene sahip olan kimse" demektir. *Dehino 'smin yathā dehe kaumāraṁ yauvanaṁ jarā. Dehī*, bedenin içindeki sahibidir ve beden bir biçimden diğerine değişmektedir. Çocuk yaşlandığında başka bir tipe bürünen belirli bir bedene sahiptir. Fakat bedenin sahibi başından sonuna kadar mevcuttur. Benzer olarak, bu beden tamamıyla değiştiğinde, başka bir beden kabul ediyoruz. İnsanlar bunu anlamıyorlar. Biz değişik bedenler kabul ediyoruz, hatta bu yaşamımızda bile bebeklikten, çocukluğa, ergenliğe, gençliğe

Benlik İdraki Bilimi

geçiyoruz. Bu herkesin bildiği bir gerçek. Ben bir çocuktum, fakat artık o çocuk bedenim yok. Şimdi farklı bir bedenim var. Bu beden artık var olmadığında, sonra yeni bir beden kabul etmek zorunda olduğumu anlamanın nesinde zorluk var? Bu büyük bir bilimdir.

Prof. Kotovsky: Bildiğiniz gibi, bu probleme birbirilerine oldukça zıt iki yaklaşım bulunmaktadır. Bu yaklaşımlar değişik dinlere göre fazla dikkate alınmayacak farklılıklar gösterir ancak aynı zamanda, her din yer değişimi deneyimini veya ruh göçünü araştırır ve tanır. Hristiyanlıkta, Musevilikte, ...

Śrīla Prabhupāda: Ben sizinle din konuşmuyorum. Ben bilim ve felsefe konuşuyorum. Bir din bir yolu kabul edebilir, biz bununla ilgilenmiyoruz. Biz bedenin sahibinin, farklı bedenlere geçmesine rağmen daimî olduğu noktasıyla ilgileniyoruz. Bu beden tümüyle değiştiğinde, bedenin sahibinin diğer bir bedene sahip olacağını anlamada bir zorluk olmamalıdır.

Prof. Kotovsky: Bir başka yaklaşım da ayrım olmamasıdır. İki tane fenomen yoktur; beden ve bedenin sahibi aynıdır.

Śrīla Prabhupāda (vurguyla): Hayır.

Prof. Kotovsky: Beden öldüğünde, sahibi de ölür.

Śrīla Prabhupāda: Hayır, hayır. Yani üniversitelerde bu gerçeği bilimsel olarak araştıracak bir bilim dalı niçin bulunmamaktadır? Bu benim teklifim; onlar bu konuda eksikler. Sizin dediğiniz gibi veya benim dediğim gibi olabilir, ancak bunu araştıracak bir bilim dalı olmalıdır. Son zamanlarda Toronto'daki bir kardiyolog doktor, ruhun var olduğunu kabul etti. Onunla bazı yazışmalarım oldu ve o şiddetle ruhun varlığına inanıyor. Başka bakış açıları da var ancak bizim yöntemimiz bilgiyi otoriteden kabul etmektir. Bu konu üzerine Kṛṣṇa'nın açıklamasına sahibiz ve O otoritedir. Kṛṣṇa tüm *ācāryalar* tarafından yetkili kabul edilmiştir. *Bhagavad-gītā* tüm dünyadaki felsefî ve ilim çevrelerinde kabul edilmektedir. Kṛṣṇa şöyle söyler:

dehino 'smin yathā dehe
kaumāraṁ yauvanaṁ jarā
tathā dehāntara-prāptir
dhīras tatra na muhyati

248

"Ruhun çocukluk bedenini terk etmesi ve delikanlılık bedenine, sonra da gençlik bedenine geçmesi gibi, ruh da bu bedeni terk eder ve bir başka beden kabul eder." *[Bhagavad-gītā* 2.13] Bu, geleneksel bilgimize göre en büyük otorite olan Kṛṣṇa tarafından ifade edilmiştir. Böyle bir ifadeyi tartışma olmadan kabul ederiz. Vedik anlayış tarzı bu şekildedir.

Prof. Kotovsky: Buradaki zorluk yaklaşımımızın tartışmadan hiçbir şeye inanamayışımızdır. Biz sadece tartışmaya dayalı şeylere inanabiliriz.

Śrīla Prabhupāda: Evet, buna izin verilir. Bu *Bhagavad-gītā*'da [4.34] belirtilir. *Tad viddhi praṇipātena pariprasnena sevayā. Pariprasna,* tartışma izinlidir fakat yarış ruhu içerisinde değil, bunun yerine anlayış ruhu ile. Tartışma inkâr edilmez. Fakat Vedik ifadeler söz konusu oldukça, onlar şaşmaz olanlardır ve *Veda* bilginleri onları bu yolla kabul ederler. Örneğin, inek pisliği bir hayvanın dışkısıdır. Şimdi, Vedik yaklaşıma göre herhangi bir hayvanın dışkısına temas eder etmez, kendi dışkınız olsa bile artık temiz değilsiniz ve banyo yaparak temizlenmelisiniz. Hindu sistemine göre bir kimse tuvalete gittikten sonra banyo yapmalıdır.

Prof. Kotovsky: Bu oldukça anlaşılır hijyenik bir bilgidir.

Śrīla Prabhupāda: Evet.

Prof. Kotovsky: Evet, bu doğru.

Śrīla Prabhupāda: Fakat başka bir yerde inek pisliğinin, bir hayvan dışkısı olmasına rağmen temiz olduğu belirtilir. O dışkıyı temiz olmayan bir yere bile sürseniz, o yer temizlenir. Bu görünüşte çelişkidir. Bir yerde, bir hayvanın dışkısının temiz olmadığı ve temas eder etmez temizlenmeniz gerektiği söylenir ve bir başka yerde inek dışkısının temiz olduğu söylenir. Bizim bilgimize göre, çelişkilidir; fakat *Veda*ların takipçileri tarafından yine de kabul edilir. Ve gerçek şudur ki, eğer inek dışkısını analiz ederseniz, bütün antiseptik özellikleri içerdiğini göreceksiniz.

Prof. Kotovsky: Bunu bilmiyorum.

Śrīla Prabhupāda: Evet, bir profesör tıbbi bir üniversitede bunu analiz etti ve antiseptik özelliklerle dolu olduğunu buldu. Böylece Vedik ifadeler çelişkili bulunsa bile, dikkatle gözden geçirildiğinde gerçeği ispatlayacaktır. Bir istisna olabilir. Fakat o kabul edilir ve bilimsel

Benlik İdraki Bilimi

analiz ve araştırma yapıldığında, doğru olan bulunur.

Prof. Kotovsky: Evet, eğer bilimsel görüş noktasında analiz
ederseniz bu doğrudur.

Śrīla Prabhupāda: Diğer örnekler de var. Deniz kabuğu gibi. Deniz
kabuğu bir hayvanın kemiğidir ve Vedik talimata göre bir hayvanın
kemiğine temas ederseniz kirlenirsiniz ve banyo yapmak zorundasınız.
Ancak deniz kabuğu *Mūrti* odasında tutulur, çünkü *Vedalar* tarafından saf
olarak kabul edilmiştir. Söylemek istediğim şey Vedik yasaları tartışma
olmadan kabul edilir. Bu bilgeler tarafından takip edilen bir ilkedir. Eğer
görüşlerinizi *Vedalar*dan alıntılarla ispatlayabilirseniz, o zaman onlar kabul
edilir. Onları başka yollarla ispat etmeye ihtiyacınız yoktur. *Pramāṇaların*
veya kanıtların değişik çeşitleri vardır. Vedik alıntılarla ispat *śruti-pramāṇa*
olarak adlandırılır. Yasal bir mahkemedeyken eğer kanun kitabından
demeçler verebilirseniz ifadeniz kabul edilir. Böylece verdiğiniz tüm
ifadeler, *śruti-pramāṇalar* ile kanıtlanırsa bilgeler tarafından kabul edilir.
Sanırım *Vedaların śrutiler* olarak bilindiğini biliyorsunuz.

Prof. Kotovsky: Evet.

Śrīla Prabhupāda:

śruti-smṛti-purāṇadi
pañcarātra-vidhiṁ vinā
aikāntikī harer bhaktir
utpātāyaiva kalpate
[Brahma-yāmala]

Kabul ettiğimiz herhangi bir sistem, *śruti, smṛti, Purāṇalar* ve
Pañcarātra kanıtlarıyla desteklenmek zorundadır. *Pramāṇalar* ile
ispatlanmayanlar bir kargaşadır.

Prof. Kotovsky: Sadece bir şey söyleyebilir miyim? *Vedalar*da
olup da bilimsel yolla ispatlanabilen bir şey var mı? Bugün, bilimsel bir
laboratuvar olduğunu varsayın. Bu laboratuvar tarafından ne söylenirse
doğrudur. Bu fikrin sahibi ile tartışmaya girmeden kabul ettiğiniz
gerçektir. Bilimsel bir atölyeniz veya müesseseniz olduğunu düşünün;
eğer bu atölye veya bilimsel müessese derse ki, "Bu iyi değil," halkın
geneli bunu kabul edilmiş olarak alacaktır "Evet. Bilimsel heyet söyledi

bu yüzden anlaşılır."

Śrīla Prabhupāda: Benzer olarak, güvenilir Vedik ifadeler *Ācāryalar* (büyük öğretmenler) tarafından kabul edilir. Hindistan *Ācāryalar* tarafından yönetilir; Rāmānujācārya, Madhavācārya, Śaṅkarācārya. Onlar *Vedaları* kabul eder, onarın takipçileri de kabul ederler. Bunun faydası, inek dışkısının saf olup olmadığını araştırmakla vakit kaybetmeyerek, *Vedalar*da saf olduğu belirtildiği için kabul etmektir. *Śruti-pramāṇa*'yı kabul ederek vakit kazanıyorum. Bu türde *Vedalar*da sosyoloji ve politika veya herhangi bir şey için değişik ifadeler bulunmaktadır, çünkü *veda* "bilgi" demektir.

sarvasya cāham hṛdi sanniviṣṭo
mattaḥ smṛtir jñanam apohanaṃ ca
vedaiś ca sarvair aham eva vedyo
vedānta-kṛd veda-vid eva cāham
[Bhagavad-gītā 15.15]

Prof. Kotovsky: Bir soru sorabilir miyim? Dünyada topluluğunuzun birçok şubesi var mı?

Śrīla Prabhupāda: Evet.

Prof. Kotovsky: Ana merkez nerede ve Kṛṣṇa bilinci topluluğunun şubeleri nerede?

Śrīla Prabhupāda: Tabii ki, ilkeleri kabul etmiş altmış beşten fazla şubem var.

Prof. Kotovsky: Altmış beş şube.

Śrīla Prabhupāda: Ana merkezi Los Angeles'ta oluştur lum ve şimdi Caitanya Mahāprabu'nun doğduğu yer Māyāpura'da önemli bir merkez kuruyoruz. Hiç Hindistan'da bulundunuz mu?

Prof. Kotovsky: Altı veya yedi defa. Şimdi Kalküta'da Bangladeş'ten gelen mültecilerin istilası nedeniyle zorluklar var.

Śrīla Prabhupāda: Evet, fakat orada on gün boyunca *saṅkīrtana*mızı yaptık ve mükemmel geçti. Günlük buluşma otuz bin kişiden az değildi. *Śrīmad-Bhāgavatam* ve *Bhagavad-gītā* dersleri verdik ve çok ilgililerdi. Dünya'nın her yerinden insanlar özellikle de Amerikalı gençler karşılık verdiler. Onlar özel olarak ilgilendiler ve İngiltere, ayrıca Almanya ve

Fransa. Buradan Paris'e gitmeyi planlıyorum. O yerin ismi neydi?
Öğrenci: Paris'teki mi? Ah, Fontenay-aux-Roses?
Śrīla Prabhupāda: Evet, onlar çok hoş bir ev aldılar. Bizim uygulamamız çok basit. Öğrencilerimize dört yasaklanan ilkeyi takip etmelerini söyleriz; evlilik dışı cinsel ilişki yok, et, balık veya yumurta yemek yok, kumar yok ve sigara, çay ve kahve de dahil bağımlılık yapan maddeler yok. Kişi bu dört ilkeye uymalı ve Hare Kṛṣṇa *mahā-mantra*sını söylemeli ve sadece bu uygulamayla bu gençlerin hızlıca ilerlediğini göreceksiniz. Bu yöntem çok basit. Bununla birlikte ciltlerce kitaptan oluşan *Śrīmad-Bhāgavatam* ve *Bhagavad-gītā* gibi kitaplarımız mevcut. Yıllar boyunca yaklaşık bir düzine, dört yüz sayfadan oluşan kitaplar yazdım; *Kṛṣṇa, Tanrı'nın Yüce Şahsiyeti* iki bölüm, *Śrīmad-Bhāgavatam* altı bölüm, *Rab Caitanya'nın Öğretileri* bir bölüm, *Adanmanın Nektarı* bir bölümdür. Böylece biz Kṛṣṇa bilincini yaygınlaştırmaya çalışıyoruz. Kṛṣṇa, Lenin kadar tarihsel bir şahsiyettir. Sizin onun felsefesini anlamaya çalıştığınız gibi bizler de Kṛṣṇa'nın felsefesini anlamaya çalışıyoruz.

Prof. Kotovsky: Altmış beş şubenizde çok katılımcı var mı?
Śrīla Prabhupāda: Ah, evet, binden fazla inisiyasyon almış olan ve dışarıdan birçok kimse. Bin kişi bu ilkeleri kabul ettiler, tıpkı bu çocuklar gibi. (Śrīla Prabhupāda iki öğrencisini işaret eder.)
Prof. Kotovsky: Fakat bu, öğrencilerin normal Batılı, Avrupalı üniversitelerdeki eğitimden kaçtığı anlamına gelmiyor değil mi? Örneğin, derslere normal yolla katılan diğer çeşitli üniversitelerin öğrencileri de inisiye olabilir ve cemiyetinize kabul edilebilir mi?
Śrīla Prabhupāda: Eğer bizim cemiyetimiz içerisinde yaşamak ve inisiye olmak istiyorsanız, sizi memnuniyetle karşılarız. Bunu istemiyorsanız felsefemizi anlamaya çalışmak, kitaplarımızı okumak için gelin. Birçok kitap, dergi, soru ve cevaplar var. Felsefeyi anlamaya çalışın. Hemen aniden bir öğrenci gelip, bizim öğrencimiz olacak diye bir şey yok. Her şeyden önce gelir, birlikte olur ve anlamaya çalışır. Biz reklam yapmıyoruz. O gönüllü bir şekilde öğrenci olmak istediğini söyler.
Prof. Kotovsky: Örneğin, eğer kişi, bir öğrenci değil de genç bir çalışan veya bir çiftçinin genç oğlu olursa ne olur? Tüm hayatından

vazgeçerek, verilen bir merkezde sizin cemiyetinize mi katılır? Maddi dünyada günlük yaşamını nasıl devam ettirir?

Śrīla Prabhupāda: Size söylediğim gibi, bu propaganda tüm dünyada *brāhmaṇalar* meydana getirmeyi ifade eder, çünkü *brāhmaṇa* unsuru noksandır. Bize ciddi olarak gelen kişi bir *brāhmaṇa* olmalıdır, böylece o bir *brāhmaṇanın* meşguliyetini benimseyerek, *kṣatriya* veya *śūdra* meşguliyetlerini bırakmalıdır. Fakat eğer kişi mesleğini devam ettirmek istiyorsa ve aynı zamanda bizim hareketimizi anlamaya çalışıyorsa, buna izin verilir. Hareketimizi takip eden birçok profesör bulunmaktadır. Ohio Devlet Üniversitesi'nde görevli bir profesör olan Howard Wheeler, benim öğrencim. Profesörlüğüne devam ediyor, fakat kazandığı paranın neredeyse tümünü Kṛṣṇa bilinci için harcıyor. *Gṛhasthalar,* dışarıda yaşayan aile reislerinden, gelirlerinin yüzde ellisini bizim topluluğumuza bağışlaması beklenir, yüzde yirmi beşi aile için ayrılır ve diğer yüzde yirmi beş şahsi acil durumlar için tutulur. Fakat Rab Caitanya Mahāprabhu kişi *gṛhastha* (aile reisi) de olsa, feragat düzeninde de olsa veya bir *brāhmaṇa* veya bir *śūdra* da olsa fark etmediğini söylemiştir. Rab Caitanya şöyle söyler, "Kṛṣṇa bilimini anlayan kişi benim manevi öğretmenim olur." Bengal dilindeki gerçek sözler: *kibā vipra, kibā nyāsi, śūdra kene naya.* Bengal dilini anlıyor musunuz?

Prof. Kotovsky: Biraz.

Śrīla Prabhupāda: Evet, bir titreşim olarak. *Yei kṛṣṇa -tattva-vettā, sei 'guru' haya.* "Kṛṣṇa bilimini anlayan herhangi bir kimse manevi öğretmen olabilir." [*Caitanya-caritāmṛta, Madhya* 8.128]

Prof. Kotovsky: Fakat toplumun değişik sosyal sınıflarından *brāhmaṇalar* meydana getirerek, eski Hindu kutsal yazıtlarının tavsiyelerini inkâr ediyorsunuz.

Śrīla Prabhupāda: Hayır, onu kuruyorum.

Prof. Kotovsky: Bütün kutsal yazıtlara göre; *Purāṇalar,* vb. *varṇaların* bu dört sınıfının her üyesi, bunun içerisinde doğmalıdır.

Śrīla Prabhupāda: Hayır, hayır, hayır, hayır.

Prof. Kotovsky: Bu bütün *varṇaların* temelidir...

Śrīla Prabhupāda: Hayır, hayır. Üzgünüm.

Prof. Kotovsky: Bütün *varṇaların* temeli...

Benlik İdraki Bilimi

Śrīla Prabhupāda: Yanlış söylediniz. Büyük saygıyla, yalvararak yanlış söylediğinizi ileri sürüyorum. *Bhagavad-gītā*'da [4.13] *cātur-varṇyaṃ mayā sṛṣṭaṃ guṇa-karma-vibhāgaśaḥ* belirtilir. "Bu *brāhmaṇalar, kṣatriyalar, vaiśyalar* ve *śūdraların* düzeni Benim tarafımdan, nitelik ve çalışmaya göre yaratılmıştır." Doğumun bahsi yoktur.

Prof. Kotovsky: Ben size katılıyorum, bu nitelikleri devam ettirmeye çalışan *brāhmaṇaların* sonradan yaptığı bir ilave.

Śrīla Prabhupāda: Bu Hint kültürünü öldürmüştür. Yoksa Hindistan'ın bir parçasının Pakistan'a bölünmesine gerek olmazdı. Sadece bu değil, tarihsel bakış açısından bütün bu gezegen Bhārata-varşaydı ve Mahārāja Parīkṣit zamanına kadar tek bir bayrak altında yönetildi. Sonra yavaş yavaş bölündü. Bu tarihtir. Sonradan Pakistan'ı ayırdılar. Böylece Bhārata-varṣa şu anda küçük arazi parçalarına ayrıldı. Aksi takdirde, kutsal Vedik yazıtlarına göre, bütün bu gezegen Bhārata-varṣa olarak adlandırılır. Eskiden adı Ilāvṛta-varṣaydı. Fakat İmparator Bhārata'nın bu gezegeni yönetmesinden beri, Bhārata-varṣa olarak anılır. Bu yüzden bu kültür yani Kṛṣṇa bilinci hep vardı. Herhangi bir dini düşünün; Hristiyanlık, Müslümanlık, Yahudilik. Bunlar en fazla iki bin, üç bin yaşındalar. Fakat kutsal Vedik yazıtlarının başlangıcını tespit edemezsiniz. Bundan dolayı vedik yazıtlar *sanātana* yani ebedi olarak anılır. Bu kültür bütün insan toplumu içindir. Bu dini bir inanç değildir. Dini inancı değiştirebilirsiniz, fakat gerçek *dharma*yı değiştiremezsiniz. Kṛṣṇa'yı anlamaya çalışın. *Bhagavad-gītā*'da [18.66] Kṛṣṇa şunu söylüyor, *sarva-dharmān parityajya mām ekaṃ śaraṇaṃ vraja:* "Dinin bütün teferruatlarını bırakın ve sadece bana teslim olun." Bu gerçek bilgidir; Yüce'ye teslim olmak. Sen veya ben, herhangi biri başka birine teslim olur. Bu gerçek. Hayatımız teslim olacaktır, öyle değil mi? Bu konuya katılmıyor musunuz?

Prof. Kotovsky: Bir ölçüde teslim oluyorsunuz.

Śrīla Prabhupāda: Evet, tamamen.

Prof. Kotovsky: Örneğin, topluma teslim olmalısınız. Tüm insanlara.

Śrīla Prabhupāda: Evet, bütün insanlara veya eyalete ya da krala veya devlete veya her ne derseniz. Bu teslimiyet orada olmak zorundadır.

Prof. Kotovsky: Tek zorluk bizim bir krala veya devlete yarım

254

teslim olamayacağımızdır. İlke farkı, bir krala, bir kişiye veya topluma teslim olmaktır.

Śrīla Prabhupāda: Hayır, bu sadece rengin değişmesidir. Fakat teslimiyet ilkesi oradadır. Monarşiye, demokrasiye, aristokrasiye veya diktatörlüğe de teslim olsanız, teslim olmak zorundasınız. Bu gerçektir. Teslimiyet olmadan, yaşam yoktur. Mümkün değildir. Bu yüzden insanları tamamen koruma altında olacakları Yüce'ye teslim olmaları için eğitiyoruz, tıpkı Kṛṣṇa'nın dediği gibi (*sarva-dharmān parityajya mām ekaṃ śaraṇaṃ vraja*). Kimse, "Hayır, ben kimseye teslim olmuyorum" diyemez. Tek bir kişi bile. Fark nereye teslim olduğundadır. Teslimiyetin esas amacı Kṛṣṇa'dır. Bu yüzden *Bhagavad-gītā'da* [7.19] Kṛṣṇa der ki, *bahūnāṃ janmanām ante jñanavān māṃ prapadyate:* "Birçok doğum ve yaşama teslimiyetten sonra, kişi gerçekten irfan sahibi olduğunda, bana teslim olur." *Vāsudevaḥ sarvam iti sa mahātmā sudurlabhaḥ:* "Böyle bir *mahātmā* çok nadirdir."

Prof. Kotovsky: Fakat aynı zamanda, bana öyle geliyor ki teslimiyete ayaklanma ile birlikte olmalıdır. İnsanlık tarihi, insanlığın sadece teslimiyetin bazı çeşitleri karşısında ayaklanma ile geliştiğini ispat eder. Orta çağda Fransız İhtilali vardı. İhtilal teslimiyete karşı ayaklanmaydı. Fakat bu ihtilalin kendisi askeri rütbeye teslimiyet ve insanların dosyalanmasıydı. Katılıyor musunuz?

Śrīla Prabhupāda: Evet.

Prof. Kotovsky: Bu yüzden bir noktaya gelmek yeterli değildir. Teslimiyet ayaklanma ile birlikte bazılarına karşı olmak ve diğer insanlara teslimiyettir.

Śrīla Prabhupāda: Fakat teslimiyet Kṛṣṇa'ya olduğunda tamamıyla sona erecektir.

Prof. Kotovsky: Ah, ah.

Śrīla Prabhupāda: Bu son noktadır; daha fazla teslimiyet yoktur. Bir başka teslimiyeti ayaklanma ile değiştirmelisiniz. Fakat Kṛṣṇa'ya geldiğinizde, o zaman bu yeterlidir. Tatmin olursunuz. Size bir örnek vereceğim. Bir çocuk ağlarken diğer insanlar onu bir kucaktan diğerine alırlar. Ah, çocuk durmaz. Fakat bebek annesinin kucağına gelir gelmez...

Prof. Kotovsky: Durur.

Benlik İdraki Bilimi

Śrīla Prabhupāda: Evet, tam tatmin. Böylece bu teslimiyet, bu değişimler farklı kategorilerde devam edecektir. Fakat tüm bu teslimiyetin toplamı *māyā*ya teslimiyettir. Bu sebeple *Bhagavad-gītā*'da bu teslimiyet, Kṛṣṇa'yı ihmal etmek tümüyle *māyā*dır denir. Şuna veya buna teslimiyet, fakat son teslimiyet Kṛṣṇa'ya teslimiyettir; o zaman mutlu olacaksınız. Teslimiyet yöntemi oradadır, fakat Kṛṣṇa'ya teslimiyet kişiyi transandantal olarak memnun kılar.

Prof. Kotovsky: Öğretilerinize Hindistan'daki *brāhmaṇalar*dan veya Ortodoks Hindulardan gelen saldırılarla karşılaşmadınız mı?

Śrīla Prabhupāda: Onları bastırdık.

Prof. Kotovsky: Ah.

Śrīla Prabhupāda: Herhangi bir Ortodoks Hindu gelip bize meydan okuyabilir, fakat silahlarımız var; Vedik yazınlar. Bu yüzden kimse gelmedi. Amerika'daki Hristiyan papazlar bile beni seviyor. Bana, "Bu çocuklar Amerikalı, Hristiyan, Yahudiler ve şimdi Tanrı'nın peşindeler. Fakat biz onları kurtaramadık" diyorlar. Bunu itiraf ediyorlar. Onların babaları ve aile fertleri bana gelip hürmetlerini sunarlar ve derler ki, "Svāmīji, buraya Tanrı bilincini öğretmek için gelmeniz bizim için büyük bir şans." Bu sebeple aksine, iyi karşılandım. Hindistan'da ise, Hindistan'ı sorguladığınızdan, diğer bütün mezhepler benden önce çeşitli *svāmīler*in Batılı ülkelere gittiğini, fakat tek bir kişiyi bile Kṛṣṇa bilincine döndüremediğini kabul ediyorlar. Bunu kabul ediyorlar. Kendim söz konusu oldukça da hiçbir övgüyü kabul etmiyorum ancak şundan eminim ki, Vedik bilgiyi özgün haliyle ekleme olmadan sunduğumdan dolayı etkisi oluyor. Bu benim güvencem. Eğer doğru ilacınız varsa ve onu bir hastaya uygularsanız, hastanın tedavi olacağından emin olmalısınız.

Prof. Kotovsky: Bin öğrenciniz dışında Hindistan'ın kendisinde kaç tane öğrenciniz var? Topluluğunuzun ne kadarı Hindistan'da?

Śrīla Prabhupāda: Hindistan'da?

Prof. Kotovsky: Evet.

Śrīla Prabhupāda: Hindistan'da bir sürü, yüzlerce, binlerce milyonlarca Kṛṣṇa bilinçli insan var. Hindistan'da soru yok. Kṛṣṇa bilinçli olmayan tek bir Hindu yoktur.

Prof. Kotovsky: Evet, anlıyorum.

Śrīla Prabhupāda: *Vaiṣṇavalar.* Buna *Vaiṣṇava* kültü denir. Hindistan'da bulundunuz, herkesçe bilindiği gibi, milyonlarca *Vaiṣṇava* vardır. Örneğin, bu beyefendi (Hintli bir beyefendi oradadır) Hindistan Havayolları'nın şefidir. Benim öğrencim değil, fakat Kṛṣṇa bilinçli bir *Vaiṣṇava*dır. Benzer olarak, Hindistan'da milyonlarca Kṛṣṇa bilinçli kişi vardır. Hatta Kṛṣṇa bilinçli Müslümanlar bile vardır. Gorakhpur Üniversitesi'nde Rab Kṛṣṇa'nın adananı olan büyük bir profesör var. Böylece bu doğal. *Caitanya-caritāmṛta*'da Kṛṣṇa bilincinin her yerde, herkesin kalbinde olduğu söylenir. Sadece bu yöntemle uyandırılması gerekiyor. Hepsi bu. Orada sizin de kalbinizde. Size yabancı değildir. Herkesin kalbinde Kṛṣṇa bilinci vardır. Bu yöntemle onu uyandırmalıyız. Aynı Güneş'in yükselmesi gibi. Güneş aniden hiçbir yerden çıkmaz. Oradadır, fakat sabah yükselir. Benzer şekilde, bu Kṛṣṇa bilinci her yerdedir, fakat şimdi o ya da bu şekilde örtülmüş durumda. Bu yöntemle ve birliktelikle tekrar uyandırılır.

Prof. Kotovsky: Moskova'ya dün geldiniz. Burada Moskova'da bir şeyler gördünüz mü?

Śrīla Prabhupāda: Hayır, turistik yerleri gezmekle çok fazla ilgilenmiyorum.

Prof. Kotovsky: Ama herhalde çok insan olmayan, sadece eski tarz bir otelde kalmak ilginç değil. Ve yarından sonraki gün ayrılıyorsunuz?

Śrīla Prabhupāda: Programım bu.

Prof. Kotovsky: Birleşik Devletlere mi yoksa Avrupa'ya mı gideceksiniz?

Śrīla Prabhupāda: Evet, Avrupa. Paris. Ve bizim Londra ve San Francisco'da iki tane büyük seremonimiz var. Ratha-yātrā Araba Festivali için hazırlık yapıyorlar. Bu araba festivali Jagannātha Puri'de takip edilir. Jagannātha Puri'de bulundunuz mu?

Prof. Kotovsky: Evet, araba festivaliniz hatırlanamayacak kadar eski zamanlardan beri yapılıyor. Çok eski bir gelenek. Büyük arabalar.

Śrīla Prabhupāda: Evet ve şimdi Londra ve San Francisco'da Batılı ülkelere tanıştırılıyor ve yavaş yavaş diğer ülkelerle de tanıştırabiliriz.

Prof. Kotovsky: Londra'da büyük bir Hint topluluğu var.

Śrīla Prabhupāda: Hayır, hayır. Bu İngiliz ve Amerikalılar tarafından organize ediliyor. Londra ve San Francisco'daki Hint toplulukları... Olmaya çalışıyorlar; şu kelimeyi biliyor musun? *Sahīb?* **Prof. Kotovsky:** *(Gülüşmeler)* Batılılaşmış. *(Her ikisi de güler.)* Üniversitedeki büyük bir sosyal antropolog çok ilginç bir şeyler yazmıştı.

İki yöntem olduğunu söylüyor; esas daha yüksek sınıf *brāhmaṇalar* arasındaki batılılaşma yöntemi ve sözde daha düşük sınıflar hatta dokunulamayanlar tarafından, *brāhmaṇa* ritüelleri benimsenen, Sanskritleşme denen yöntem, vb. Şu anda bu Hindistan'da çok ilginç bir yöntemdir. Fakat Hindistan'ın pozisyonu, maalesef problemli.

Śrīla Prabhupāda: Problem Hindistan'ın hiçbir yerde olmamasıdır. Batılı yaşamı taklit etmeye çalışıyorlar, fakat materyalist veya teknik bir bakış açısıyla yüz yıl gerideler.

Prof. Kotovsky: Evet, bu doğru. Fakat Hindistan için ne yapılmalı?

Śrīla Prabhupāda: Deneyimlediğim bir şey var. Hindistan'ın spiritüel niteliği yayılırsa, bu Hindistan'ın ününü arttıracaktır. Çünkü gittiğim her yerde, insanlar hala Hint kültürüne hayranlık duyuyorlar. Eğer bu Hindistan'ın spiritüel bilgi evi hazinesi uygun şekilde yayılırsa, en azından Hindistan dışındaki insanlar, Hindistan'dan bir şeyler edindiklerini anlayacaklar.

Prof. Kotovsky: Elbette haklısınız. Hint kültürel mirası herkesçe bilinmelidir. Ancak aynı zamanda, Hint halkına bu ne şekilde faydalı olacak? Hindistan'da oturuyorlar ve Hint kültürel mirasının tüm dünya üzerine yayılmasından elde edecekleri hiçbir şey yok. Hint köylerinin gübreleri, traktörleri, vb. olması gerekir.

Śrīla Prabhupāda: Evet, biz buna karşı çıkmıyoruz.

Prof. Kotovsky: Evet, karşı çıkabileceğinizi düşünmüyorum, fakat aynı zamanda Hindistan'da bir şeyler yapılmalıdır. Birisi buna Batılılaşma diyebilir, fakat endüstriyel teknolojik bir ihtilale, bu girişime tarım, endüstri, vb. gibi Hint yaşamının tüm alanlarında ihtiyaç vardır.

Śrīla Prabhupāda: Arjuna, *Bhagavad-gītā*'yı anlamadan önce, bir savaşçıydı ve *Bhagavad-gītā*'yı anladıktan sonra da bir savaşçı olarak kaldı. Bu yüzden pozisyonu değiştirmek istemiyoruz. Örneğin, siz saygıdeğer bir profesör ve öğretmensiniz. Pozisyonunuzu değiştirmenizi istemiyoruz. Sizi felsefemiz hakkında ikna etmek için gelmeliyiz. Hepsi bu. Arjuna savaşmayı reddediyordu. "Kṛṣṇa, akrabalarımı öldürmek istemiyorum. Bu krallığı istemiyorum." Ancak ona *Bhagavad-gītā öğretildi* ve sonunda Kṛṣṇa "Şimdi kararın nedir?" diye sorduğunda, "*kariṣye vacanaṃ tava*" *dedi.* "Evet, söylediğin gibi hareket edeceğim" [*Bhagavad-gītā* 18.72]. Bu bilincinin değiştiği anlamına gelir. Bir savaşçıydı ve bir savaşçı olarak kaldı, fakat bilincini değiştirdi. Biz bunu istiyoruz. Toplumun şu anki şartlarını rahatsız etmek istemiyoruz. Teknolojiye karşı değiliz. Hayır, ancak insanların Kṛṣṇa bilincini anlamasını deniyoruz. Programımız bu.

Prof. Kotovsky: Elbette, aynı zamanda herhangi bir bilincin nihai hedefi toplumu değiştirmek, daha iyi bir toplum meydana getirmektir.

Śrīla Prabhupāda: Bu otomatiktir.

Prof. Kotovsky: Aslında nihai hedefin toplumu rahatsız etmek olmamasından, çok mutlu değilim. Çünkü modern toplumda bilinç vasıtasıyla değiştirilecek bir sürü şey var.

Śrīla Prabhupāda: Bu ön değişim kuralları takip etmek ve basit bir yaşam için düzenlemelerdir. Örneğin, bağımlılık yapan maddeleri kullanmayın.

Prof. Kotovsky: Hayır, bağımlılık yapan maddelerden sakınmak, sadelik, vb.

Śrīla Prabhupāda: Bu sebeple eğer kişi bu yöntemi kabul ederse...

Prof. Kotovsky: O zaman diğerleri otomatik olarak gelecektir.

Śrīla Prabhupāda: Kişinin tüm hayatı değişecektir, çünkü bu dört şey; evlilik dışı cinsel hayat, bağımlılık yapan maddeler, et yemek ve kumar oynamak sosyal gelişim önündeki çok büyük engellerdir.

Prof. Kotovsky: Bu, hayatı otomatik olarak daha basit yapacaktır, çünkü evlilik dışı cinsellik, bağımlılık yapan maddeler ve bu gibi diğer şeylerden uzak duran bir kişi nispeten basit bir yaşam sürebilir.

Śrīla Prabhupāda: Geçen gün Bombay'da saygıdeğer bir beyefendi ile konuşuyordum. O'na Kṛṣṇa'nın söylediklerini anlatıyordum:

māṃ hi pārtha vyapāśritya
ye 'pi syuḥ pāpa-yonayaḥ
striyo vaiśyās tathā śūdrās
te 'pi yānti parāṃ gatiṃ

"Aşağı tabakadan doğanlar bile (*pāpa-yonayaḥ*); *strī, vaiśyalar* ve *śūdralar* da beni kabul ederek dahil olabilirler. Bana sığınarak onlar da transandantal pozisyona yükselirler." [*Bhagavad-gītā* 9.32] Şimdi Hindu toplumunun daha yüksek sınıfları neden *Bhagavad-gītā*'nın bu talimatına aldırmıyor? Birisinin *pāpa-yonayaḥ*, aşağı tabaka olduğunu varsayın. Kṛṣṇa, "Beni kabul ederse transandantal pozisyona yükselebilir" der. Bu mesaj neden insanların daha yüksek sınıfı tarafından yayılmadı, böylelikle sözde aşağı tabakadan doğanlar yükseltilebilirdi? Neden onları kabul etmediler? Sonuç, Hintlilerin Müslümanları kabul etmek yerine onları reddetmesiydi ve şimdi onlar bölünmüş durumdalar. Hindistan'ın ebedi düşmanları oldular. Bu yüzden ilk olarak biz insanları aşağı tabakadan doğsalar bile, Kṛṣṇa bilincinin daha yüksek pozisyonlarına yükseltmeyi deniyoruz. Çünkü ruh saftır. *Vedalar*da ruha hiçbir maddi kirlilik tarafından dokunulamayacağı söylenir; sadece geçici olarak örtülmüştür. Bu örtü kaldırılmalıdır. O zaman kişi temiz olur. Bu insan hayatının görevidir; kendimizi bu maddi çevreden çıkarmak, spiritüel anlayışa gelmek ve Kṛṣṇa'ya teslim olmak. O zaman hayat mükemmel olur.

Modern Bilimin Küçük Dünyası

1973'ün Nisan ayında, Los Angeles, Venice Sahilinde bir sabah yürüyüşü sırasında, Śrīla Prabhupāda modern bilimi ve yüksek uygulayıcıları hakkında konuşur: "Onlar milyonlarca dolar değerinde bilgiye sahip olduklarını iddia ediyorlar, ancak onlara bir soru soracak olsanız, size sadece ileri tarihli bir çek vereceklerdir. Biz niçin bunu kabul edelim ki? Onlar biyolojik veya kimyasal deneyleriyle bir çimen filizi bile üretemezler. Yine de yaratılışın bazı kimyasal veya biyolojik yöntemden meydana geldiğini iddia ediyorlar. Neden hiç kimse bütün bu saçmalığı sorgulamıyor?"

Śrīla Prabhupāda: Bilim ve teknolojinin tüm dünyası, hayatın maddeden doğduğunun yanlış düşüncesi üzerinde devam ediyor. Bu saçma teorinin tartışmasız bir şekilde kalmasına izin veremeyiz. Hayat maddeden gelmez. Madde hayattan hasıl oluşmuştur. Bu teori değil, gerçektir. Bilim yanlış bir teori üzerine temellenmiştir; bu yüzden bilimin hesaplamaları ve sonuçları yanlıştır ve insanlar bunun yüzünden acı çekmektedirler. Bütün bu yanlış modern teoriler düzeltildiğinde, insanlar mutlu olacaktır. Bu yüzden bilim insanlarına meydan okumalı ve onları alt etmeliyiz. Aksi takdirde tüm toplumu yanıltacaklar.

Madde altı safhada değişir: doğma, büyüme, işleme, ürünlerin üretimi, küçülme ve ölüm. Fakat madde içerisindeki can olan ruh ebedidir ve bu gibi etmenlerle değişmez. Yaşam gelişir ve azalır görünür, ancak yaşam gerçekte sadece maddi dünya artık devam edemeyecek duruma gelene kadar bu altı safhadan geçmektedir. O zaman yaşlı beden ölür ve ruh yeni bir bedene girer. Elbisemiz eski ve yıpranmış ise onu değiştiririz. Benzer olarak, bir gün bedenlerimiz yaşlı ve işe yaramaz olur ve yeni bir bedene geçeriz.

261

Kṛṣṇa'nın *Bhagavad-gītā'da* [2.13] dediği gibi, *dehino 'smin yathā dehe kaumāraṃ yauvanaṃ jarā / tathā dehāntara-prāptiḥ:* "Bedenlenmiş ruhun bu beden içerisinde devamlı çocukluktan, gençliğe, yaşlılığa geçmesi gibi, benzer olarak ruh da ölüm anında başka bir bedene geçer." Ve hemen sonrası [2.18]: *antavanta ime dehā nityasyoktāḥ śarīriṇaḥ.* Bu, yok edilemez ve ebedi varlığın sadece maddi bedeninin yok olması demektir. Bu maddi beden bozulabilir, fakat beden içerisindeki yaşam *nitya,* ebedidir.

*Vedalar*a göre, beden içerisindeki ruhun boyutu bir saç teli ucunun on binde biri kadardır. Bu çok küçüktür; gerçekte atomiktir. Fakat bu atomik spiritüel enerji sebebiyle vücudum çalışmaktadır. Anlaması çok mu zor? Bir adamın kendisini çok güçlü ve yapılı olduğunu düşündüğünü varsayın. Neden yapılı ve güçlüdür? Sadece bedenindeki küçük spiritüel kıvılcımdan dolayı. Ancak spiritüel kıvılcım gider gitmez bedeni ölür ve gücü, enerjisi yok olur. Eğer bilim insanları yaşamın kaynağının ve sebebinin madde olduğunu söylerlerse, o zaman ölü bir adamın bedenine kimyasallar enjekte ederek onu tekrar hayata geri döndürsünler. Fakat bunu yapamazlar.

Dr. Singh: Bilim insanları ruhu göremedikleri için, ruhun varlığının çok şüpheli olduğunu söylerler.

Śrīla Prabhupāda: Ruhu nasıl görebilirler? Görmek için çok küçüktür. Böyle bir görme gücü nerededir?

Dr. Singh: Yine de bazı ifadeler vasıtasıyla, hissetmek istiyorlar.

Śrīla Prabhupāda: Eğer bir kimseye sadece bir parça öldürücü zehir enjekte ederseniz, hemen ölür. Hiç kimse zehri veya zehrin nasıl etki ettiğini göremez. Fakat zehir yine de etkisini gösterir. Aynı şekilde, *Vedalar* bedenin içindeki ruh denilen küçücük parçacığın, bütün bedeni güzelce çalıştırdığını söyler. Eğer kendimi çimdiklersem hemen hissederim, çünkü tüm bedenimin bilincindeyim. Ancak ruh yok olur olmaz, bedenin öldüğündeki durumda aynı deriyi kesip parçalayabilirsiniz, hiç kimse itiraz etmeyecektir. Neden bu kadar basit bir şeyi anlamak çok zor ki? Bu, ruhu keşfetmiyor mu?

Dr. Singh: Bu ruh. Peki ya Tanrı?

Śrīla Prabhupāda: Her şeyden önce ruhu anlayalım. Ruh küçük bir Tanrı'dır. Örneği anlarsanız, o zaman bütünü de anlayabilirsiniz. Şimdi madde burada. (*Śrīla Prabhupāda ölü bir ağacı bastonuyla işaret eder.*) Eskiden yapraklar ve dallar bu ağaçtan yetişiyordu. Şimdi neden yetişmiyorlar? Bilim insanları bu soruya cevap verebilirler mi?

Karandhara dāsa: Onlar kimyasal bileşimin değiştiğini söylerlerdi.

Śrīla Prabhupāda: Pekâlâ, o zaman onlar kimya bilgisinde çok ileriyseler, dalların ve yaprakların tekrar yetişmesi için uygun kimyasalları tedarik etmelidirler.

Brahmānanda Svāmī: Bilgi, bir kimsenin teorisini ispatlayabilmesi gerektiği anlamına gelir. Laboratuvarlarında yaşamın kimyasalların kombinasyonu ile oluştuğunu bize gösterebilmelidirler.

Śrīla Prabhupāda: Evet, bilimsel metodun anlamı önce gözlem, sonra varsayım ve daha sonra da ispattır. Fakat bu bilim insanları varsayımlarını ispatlayamazlar. Onlar sadece gözlemler ve sonra saçma sapan konuşurlar.

Bilim insanları kimyasalların yaşamın sebebi olduğunu söylüyorlar. Ancak ağaç orada canlı iken mevcut olan tüm kimyasallar hala oradaydı ve yaşam enerjisi de hala orada. Ağaçta binlerce mikrop vardır ve hepsi yaşayan canlılardır. Kimse bu ağacın bedeninde yaşam enerjisinin eksik olduğunu iddia edemez.

Dr. Singh: Fakat ağacın kendisinin yaşam enerjisine ne dersiniz?

Śrīla Prabhupāda: Evet, fark budur. Yaşam gücü kişiseldir ve kişisel canlı varlık olan ağaç oradan ayrılmıştır. Durum bu olmalıdır, yaşamı desteklemek için gerekli tüm kimyasallar orada olmasına rağmen ağaç ölüdür.

Bir başka örnekte ise bir apartman dairesinde yaşadığımı ve sonra orayı terk ettiğimi varsayın. Giderim, fakat karıncalar, örümcekler ve benzerleri gibi yaşayan birçok diğer canlı orada kalır. Sadece apartman dairesini terk ettiğim için, oranın yaşam barındırmayacağı doğru değildir. Diğer canlı varlıklar hala orada yaşamaya devam eder. Sadece ben, bir bireysel canlı olarak oradan ayrılmış oluyorum. Ağaçtaki kimyasallar, apartman dairesi gibidir; çevre, bireysel yaşam gücü, ruhun içinde hareket etmek içindir. Bu sebepten bilim insanları asla kimyasal laboratuvarda yaşam üretemeyeceklerdir.

Sözde bilim insanları yaşamın kimyasallardan başladığını söyler. Fakat gerçek soru "Kimyasalların nereden geldiğidir?" Kimyasallar yaşamdan gelir ve bu yaşamın mistik gücü olduğu anlamına gelir. Örneğin, bir portakal ağacı üzerinde birçok portakal olabilir ve her portakal kimyasallar, sitrik asit ve diğerlerini içerir. Peki, bu kimyasallar nereden gelmiştir? Açıkça, onlar ağacın içerisindeki yaşamdan gelmişlerdir. Bilim insanları kimyasalların kökenini gözden kaçırırlar. Araştırmalarına kimyasallardan başlamışlardır fakat kimyasalların kökenini tanımlayamazlar. Kimyasallar yüce canlı varlık olan Tanrı'dan gelir. Tıpkı yaşayan bir insanın bedeninin birçok kimyasal üretmesi gibi, yüce canlı (Yüce Tanrı) atmosferdeki, sudaki, insanlardaki, hayvanlardaki ve dünyadaki tüm kimyasalları üretir. Ve buna mistik güç denir. Yüce Tanrı'nın mistik gücü kabul edilmedikçe, yaşamın kaynağı sorusuna yanıt yoktur.

Dr. Singh: Bilim insanlarının cevabı, mistik güce inanamayacakları şeklinde olacaktır.

Śrīla Prabhupāda: Fakat kimyasalların kökenini açıklamalıdırlar. Herhangi birisi sıradan bir ağacın bir sürü kimyasal ürettiğini görebilir; bunu inkâr edemezler. Fakat ağaç kimyasalları nasıl üretir? Buna cevap veremediklerinden, yaşam gücünün mistik gücü olduğunu kabul etmelidirler. Tırnağımın parmağımın ucundan dışarı doğru nasıl uzadığını açıklayamam; bu benim beyin gücümün üzerindedir. Başka bir deyişle, anlaşılmaz güç veya *acintya-śakti* ile büyür. Bu yüzden eğer *acintya-śakti* sıradan bir varlığın içinde var olursa, Tanrı'nın ne kadar *acintya-śakti*ye sahip olduğunu tahmin edin.

Tanrı ile benim aramdaki fark, Tanrı ile aynı güçlere sahip olmama rağmen ben sadece küçük bir miktar kimyasal üretebilirken, O'nun çok büyük miktarlar üretebilmesidir. Ben ter şeklinde küçük bir su üretebilirim, fakat Tanrı denizleri meydana getirir. Deniz suyunun bir damlasının analizi size hiçbir hata olmadan denizin niteliksel özelliklerini verir. Benzer olarak, yaşayan sıradan canlı Tanrı'nın bir parçası ve bölümüdür, bu yüzden yaşayan canlıları analiz ederek Tanrı'yı anlamaya başlayabiliriz. Tanrı'da büyük mistik bir güç vardır. Tanrı'nın mistik gücü aynen bir elektrik makinesi gibi süratle çalışır. Makineler belirli bir enerji ile çalışır ve o kadar güzelce yapılmışlardır ki bütün iş sadece bir düğmeye basarak bitirilir. Benzer olarak, Tanrı "Yaratılışa izin verin" der ve yaratılış oradadır. Bu yolla düşünüldüğünde, doğanın çalışmalarının anlaşılması pek zor değildir. Tanrı öyle harika kudrete sahiptir ki, yalnız O'nun talimatı ile hemen olur.

Brahmānanda Svāmī: Bilim insanları Tanrı'yı veya *acintya-śakti*yi kabul etmezler.

Śrīla Prabhupāda: Bu onların ahmaklıklarıdır. Tanrı vardır ve O'nun *acintya-śaktisi* de vardır.

Karandhara dāsa: Bilim insanları hayatın biyokimyasal olarak yaratıldığını söyler.

Śrīla Prabhupāda: Ve ben onlara: "Neden yaşam meydana getirmiyorsunuz? Biyolojiniz ve kimyanız çok ileri, peki neden yaşamı meydana getirmiyorsunuz?" derim.

Karandhara dāsa: Onlar gelecekte yaşamı yaratacaklarını söylüyorlar.

Śrīla Prabhupāda: Gelecekte ne zaman? Eğer bilim insanları yaratıcı yöntemini biliyorlarsa, şimdi neden yaşam meydana getiremiyorlar? Eğer hayatın biyokimyasal bir kökeni varsa ve biyologlar ve kimyagerler çok ileriyseler, o zaman onlar neden laboratuvarlarında hayat meydana getiremiyorlar? Bu önemli nokta söz konusu olduğunda, "Gelecekte onu yapacağız" derler. Neden gelecekte? Bu saçmalık. Geleceğe itimat yoksa samimiyet de yoktur. Onların ilerlemesinin anlamı nedir? Saçmalıyorlar.

Karandhara dāsa: Yaşamı meydana getirmenin eşiğinde olduklarını söylüyorlar.

Śrīla Prabhupāda: Ama bu da gelecektir, başka bir deyişle. Hala yaşamın kökeni hakkındaki gerçeği bilmediklerini kabul etmek zorundalar. Gelecekte yaşam meydana getirebileceklerini umduklarından, şu andaki bilgileri noksan demektir. Önerileri birisine vadeli bir çek vermek gibidir. Size on bin dolar borcum olduğunu ve benim de, "Evet, toplam miktarı bu vadeli çek ile ödeyeceğim. Tamam mı?" dediğimi varsayın. Zekiyseniz somut bir şeyler olduğunu göreceksiniz. Benzer olarak, bilim insanları biyokimya ile tek bir yaprak bile meydana getiremezler, yine de hala yaşamın maddeden meydana geldiğini iddia ederler. Bu saçmalık nedir? Kimse bunun hakkında sorgulamıyor mu? Biz yaşamın yaşamdan başladığını ispatlayabiliriz. Kanıt burada: bir baba bir çocuğa neden olduğunda, baba canlıdır ve

Benlik İdraki Bilimi

çocuk da canlıdır. Fakat bilim insanlarının yaşamın maddeden geldiğini gösteren kanıtı nerede? Biz yaşamın yaşamdan geldiğini ispatlayabiliriz ve ayrıca Kṛṣṇa'nın orijinal yaşam olduğunu da kanıtlayabiliriz. Fakat bir çocuğun bir taştan doğduğunu gösteren bir kanıt var mı? Bilim insanları yaşamın maddeden geldiğini ispatlayamazlar. Onlar bunu gelecek için bir kenara koyuyorlar.

Karandhara dāsa: Bilim insanlarının "bilimsel bütünlük" dediği temel, duyularıyla deneyimledikleri hakkında konuşmalarıdır.

Śrīla Prabhupāda: O zaman onlar bizim "Kurbağa Doktorun felsefesi" dediğimiz şeyden acı çekiyorlar. Bir zamanlar bütün hayatını bir kuyu içerisinde geçiren bir kurbağa varmış. Bir gün bir arkadaşı onu ziyarete gider ve onu Atlantik Okyanusu'nun varlığı hakkında bilgilendirir.

"Oh, bu Atlantik Okyanusu nedir?" diye sormuş kuyudaki kurbağa.

"Engin bir su kitlesi" diye yanıtlamış arkadaşı.

"Nasıl engin? Bu kuyunun iki katı mı?"

"Oh, hayır, çok daha büyük," demiş arkadaşı.

"Ne kadar büyük? On katı mı?"

Kurbağa bu şekilde hesaplamaya devam etmiş. Fakat okyanusun derinlikleri ve uzantılarını anlamasının olasılığı neydi? Bizim tahmini duyularımız, deneyimimiz ve güçlerimiz daima sınırlıdır. Kurbağa daima kuyudaki su ile kıyaslayarak düşünüyordu. Başka türlü düşünmeye gücü yoktu. Benzer olarak, bilim insanları Mutlak Hakikat, tüm sebeplerin sebebini, noksan duyuları ve zihinleriyle tahmin etmektedirler ve bu yüzden kesin olarak şaşırırlar. Sözde bilim insanlarının esas hatası, kendi sonuçlarına ulaşmak için tümevarımsal yöntemi benimsemesidir. Örneğin, bir bilim insanı, tümevarım yöntemiyle bir adamın ölümlü olup olmadığını saptamak istiyorsa bazılarının veya birisinin ölümsüz olup olmadığını ortaya çıkarmak için herkes üzerinde çalışmalıdır. Bilim insanı der ki, "Bütün insanların ölümlü olduğu savını kabul edemem. Ölümsüz olan bazı insanlar olabilir. Daha bütün insanları görmedim. Bu sebeple insanın ölümlü olduğunu nasıl kabul ederim?" Buna tümevarım yöntemi denir. Ve tümdengelim yönteminin anlamı babanız, öğretmeniniz veya *guru*nuzun, insanın ölümlü olduğunu söylemesi ve sizin onu kabul etmenizdir.

Dr. Singh: Böylece bilginin edinildiği bir tümevarım yöntemi ve bir tümdengelim yöntemi mi var?

Śrīla Prabhupāda: Evet. Tümevarım yöntemi asla başarılı olmayacaktır, çünkü bu duyular aracılığıyla edinilen bilgiye bağlıdır ve duyular noksandır. Bu yüzden tümden gelim yöntemini kabul edin. Tanrı tümevarım yöntemi ile bilinemez. Bu yüzden O'na "doğrudan algı ile tanınamaz" anlamına gelen *adhokṣaja* denir. Bilim insanları Tanrı'nın olmadığını söylerler, çünkü onlar doğrudan algı ile anlamaya çalışırlar. Fakat O *adhokṣaja*dır; bu yüzden bilim insanları Tanrı'dan bihaberdir çünkü O'nu tanıma yönteminden mahrumdurlar. Transandantal bilimi anlamak için, kişi gerçek bir manevi öğretmene ulaşmalı, itaatle dinlemeli ve ona hizmet etmelidir. Rab Kṛṣṇa *Bhagavad-gītā*'da [4.34] şöyle açıklar: *tad viddhi praṇipātena paripraśnena sevayā.*

Dr. Singh: *Nature* olarak adlandırılan bilimsel bir dergi var. İçinde bitkiler ve hayvanlar gibi doğal ürünleri anlatan yazılar bulunuyor. Fakat sadece tabiattan bahseder, Tanrı'dan bahsetmez.

Śrīla Prabhupāda: Bitkilerin tabiat tarafından üretildiğini doğruca gözlemleyebiliriz, fakat şunu sorgulamalıyız, "Tabiatı ne üretti?" Bu soruyu sormak zekicedir.

Dr. Singh: Bilim insanları bunun hakkında düşünmezler.

Śrīla Prabhupāda: Bu yüzden onlar ahmaklardır. Tabiattan konuştuğumuzda bir sonraki soru, "Kimin tabiatı?" olmalıdır. Örneğin, Ben tabiatımı konuşurum ve sen senin tabiatını konuşursun. Bu yüzden, tabiattan bahsedildiğinde bir sonraki sorgu "Kimin tabiatı?" olmalıdır.

Tabiat enerji demektir ve enerjiden bahsettiğinizde, bu enerjinin bir kaynağının olduğunu kabul etmelisiniz. Örneğin, elektrik enerjisinin kaynağı elektrik santralidir. Elektrik otomatik olarak üretilmemektedir. Bizim bir elektrik santrali veya jeneratör yerleştirmemiz gerekir. Benzer olarak, *Vedalar*da maddi tabiatın Kṛṣṇa'nın yönetiminde çalıştığı söylenir.

Dr. Singh: Yani bilimin orijinal noktadan değil de ortadaki bir noktadan başladığını mı ifade ediyorsunuz?

Śrīla Prabhupāda: Evet, kesinlikle. Kökeni hakkında bilgileri yoktur. Bilim insanları bir noktadan başlıyor, fakat bu nokta nereden geliyor? Muazzam araştırmalara rağmen bilmiyorlar. Kişi orijinal kaynağın, tüm mistik güçlerle dolu ve her şeyin ondan meydana geldiği, Tanrı olduğunu kabul etmelidir. Kendisi *Bhagavad-gītā*'da [10.8] der ki: *aham sarvasya prabhavo mattaḥ sarvam pravartate,* "Ben tüm spiritüel ve maddi dünyaların kaynağıyım. Her şey benden meydana gelir." Bizim sonuçlarımız kör inanca dayanmıyor, aksine en bilimsel olandır. Madde, yaşamdan gelir. Yaşamın kökeninde yaratılışın sırrı olan sınırsız maddi kaynaklar bulunmaktadır.

Modern bilimsel araştırma tıpkı maddi elementleri analiz eden *Sāṅkhya* felsefesi gibidir." *Sāṅkhya*, "saymak" demektir. Biz de bazı boyutta *Sāṅkhya* filozoflarıyız, çünkü biz maddi elementleri sayar ve analiz ederiz. Bu toprak, bu su, bu hava, bu güneş ışığı, bu ateş deriz. Bundan başka, zihnimi, zekamı ve egomu sayabilirim. Egomun ötesinde, sayamam. Fakat Kṛṣṇa egodan başka bir varlığın var olduğunu ve bu varlığın da yaşam gücü olan ruh can olduğunu söyler. Bu bilim insanlarının bilmedikleri bir şeydir. Onlar yaşamın sadece maddi elementlerin bir kombinasyonu olduğunu düşünürler, fakat Kṛṣṇa bunu *Bhagavad-gītā*'da [7.5] reddeder. *Apareyam itas tv anyāṃ prakṛtim viddhi me parām:* "Bu ikinci derece enerjiden başka, benim daha üstün bir enerjim vardır." İkinci derece enerji maddi elementlerdir ve üstün enerji canlı varlıktır.

bhūmir āpo 'nalo vāyuḥ
khaṃ mano buddhir eva ca
ahaṅkāra itiyaṃ me
bhinnā prakṛtir aṣṭadhā
[Bhagavad-gītā 7.4]

"Toprak, su, ateş, hava, eter, zihin, zekâ ve sahte ego; bunların sekizinin tümü Benim ayrı maddi enerjilerimden oluşur." Kṛṣṇa burada *Bhagavad-gītā*'da *vāyu* (havanın) kendisinden geldiğini açıklar ve havadan daha üstün olan *kham*dır (eter). Eterden daha üstünü zihindir, zihinden daha üstünü zekadır ve zekadan daha üstün olan ruhtur. Fakat bilim adamları bunu bilmez. Sadece kaba şeyleri algılayabilirler. *Vāyu*'dan bahsederler, fakat *vāyu* nereden gelir? Hava nereden gelir?

Dr. Singh: Bunu cevaplayamazlar.

Śrīla Prabhupāda: Fakat biz cevaplayabiliriz. Havanın *kham*dan veya eterden ve eterin zihinden, zihnin zekadan ve zekanın Kṛṣṇa'nın üstün enerjisi, ruhtan geldiği bilgisine sahibiz.

Dr. Singh: İkinci derece ve üstün enerjilerin ikisi de Sāṅkhya felsefesinde irdelenir mi?

Śrīla Prabhupāda: Hayır. Sāṅkhya filozofları üstün enerjiyi bilmezler. Onlar sadece tıpkı bilim insanlarının yaptığı gibi maddi elementleri analiz ederler. Ne bilim insanları ne de Sāṅkhya filozofları ruh hakkında hiçbir şey bilmezler. Sadece Kṛṣṇa'nın maddi enerjisini analiz ederler.

Dr. Singh: Yaratıcı maddi elementleri analiz ediyorlar mı?

Śrīla Prabhupāda: Maddi elementler yaratıcı değildir! *Ruh* yaratıcıdır. Hiç kimse sadece madde ile yaşam yaratamaz ve madde kendisini meydana getiremez. Siz canlı bir varlık olarak hidrojen ve oksijeni birleştirerek su meydana getirebilirsiniz. Fakat maddenin kendisinin yaratıcı bir enerjisi yoktur. Bir hidrojen şişesini bir oksijen şişesinin yanına koyarsanız, yardımınız olmadan otomatik olarak birleşecekler mi?

Dr. Singh: Hayır. Karıştırılmalıdırlar.

Śrīla Prabhupāda: Evet, üstün enerji olan canlı varlık gereklidir. Oksijen ve hidrojen ikinci derece enerjidir, ancak üstün enerji onları karıştırdığında su olabilirler.

Üstün enerji ilişkili olmaz ise, ikinci derece enerjinin gücü yoktur. Bu deniz (*Pasifik Okyanusu'nu işaret ederek*) sessiz ve sakindir. Fakat üstün güç, hava onu iterse, yüksek dalgalar meydana gelir. Deniz üstün güç olmadan, güce sahip değildir. Benzer olarak, havaya da en üstün olan bir başka güç vardır ve bir diğerine ve bir diğerine, biz Kṛṣṇa'ya, üstün güce ulaşana kadar. Bu gerçek araştırmadır. Bir demiryolu treninin henüz hareket etmeye başladığını varsayın. Motor bir diğerini iten bir vagonu iter ve benzer şekilde, tüm treni hareket ettirene kadar devam eder. Bütün devinim bir canlı varlık olan mühendisten kaynaklanır. Benzer olarak, kozmik yaratılışta Kṛṣṇa ilk itişi yapar ve sonra ard arda gelen birçok itme kuvveti vasıtasıyla, tüm kozmik oluşum varoluşa gelir. Bu *Bhagavad-gītā*'da [9.10] açıklanır: *mayādhyakṣeṇa prakṛtiḥ sūyate*

Benlik İdraki Bilimi

sa-carācaram. "Ey Kuntī'nin oğlu! Bu maddi doğa benim idaremde işler ve tüm hareketli hareketsiz varlıkları üretir." Ve hemen sonra:

sarva-yoniṣu kaunteya
mūrtayaḥ sambhavanti yāḥ
tāsāṃ brahma mahad yonir
ahaṃ bīja-pradaḥ pitā
[*Bhagavad-gītā* 14.4]

"Yaşamın bütün türleri maddi dünyada doğumla mümkün kılınmıştır ve ben tohum veren babayım." Örneğin, bir banyan tohumu ekersek, er geç kocaman bir ağaç büyür ve milyonlarca yeni tohumlar üretir. Bu tohumların her biri zamanla milyonlarca tohuma sahip başka bir ağaç üretir ve bu şekilde devam eder. Bu yüzden Kṛṣṇa orijinal tohumu veren babadır.

Maalesef, bilim insanları sadece yakın sebepleri gözlemlerken uzaktaki sebepleri algılamazlar. İki sebep vardır; yakın sebep ve uzak sebep. Kṛṣṇa *Vedalar*da, *sarva-kāraṇa-kāraṇam,* bütün sebeplerin sebebi olarak tanımlanır. Eğer bütün sebeplerin sebebini anlarsanız, o zaman her şeyi anlarsınız. *Yasmin vijñāte sarvam evaṃ vijñātaṃ bhavati:* "Eğer asıl sebebi bilirseniz, sonrasında, ikincil sebepler otomatik olarak bilinir." Bilim insanları asıl sebebi araştırmalarına rağmen, mükemmel bilgiyi içeren *Vedalar,* asıl sebebi verdiğinde, onu kabul etmeyeceklerdir. Onlar kısmi, noksan bilgilerine bağlı kalırlar.

Dr. Singh: Bilim insanları enerji kaynakları hakkında endişe duyuyorlar ve şimdi güneş enerjisini yemek pişirmede, aydınlanmada ve çeşitli diğer amaçlarda kullanmak için çalışıyorlar. Bütün diğer enerji kaynaklarını tükettiklerinde, güneş enerjisini kullanabileceklerini ümit ediyorlar.

Śrīla Prabhupāda: Bu yeni bir teori değil. Herkes, ağaç köklerinin güneşin enerjisini depoladığından, bir ağaçtan ateş elde etmenin mümkün olduğunu bilir. Bu bilim insanları minicik yaratıklardır fakat çok kibirliler. Biz onlara itimat etmiyoruz, çünkü sadece herkesin bildiği şeyleri ortaya koyuyorlar. Bir ağacı keser kesmez, ondan ateş elde edemezsiniz. Ağaç güneşte kurutulmalıdır. Enerji güneşten toplandığında, ağaç ateş için kullanılabilir. Gerçekte her şey güneşin

270

enerjisi ile devam etmektedir, fakat bilim insanları güneşin enerjisinin nereden geldiğini bilmezler. *Bhagavad-gītā*'da [15.12] Kṛṣṇa şöyle söylemektedir:

yad āditya-gataṃ tejo
jagad bhāsayate 'khilam
yac candramasi yac cāgnau
tat tejo viddhi māmakam

"Tüm dünyanın karanlığını dağıtan, Güneş'in parlaklığı benden gelir. Ve Ay'ın parlaklığı ve ateşin parlaklığı da benden gelir."

Tekrar, Kṛṣṇa der ki, *jyotiṣām ravir aṃśumān:* "Işıklardan, parlak güneşim." [*Bhagavad-gītā* 10.21] Ayrıca, *Bhagavad-gītā*'nın on birinci *bölümünde* Arjuna, Kṛṣṇa'ya şöyle söyler; *śaśi-sūrya-netram:* "Güneş ve Ay senin büyük sınırsız gözlerinin arasındadır." Bu bilgi *Bhagavad-gītā* içerisinde bulunmaktadır, ancak bilim insanları tahminleri ile bu bilgiye ulaşamazlar. Ulaşabilirler mi?

Dr. Singh: Bu mümkün değil.

Śrīla Prabhupāda: Ve onların bilgisi nedir? Kutsal metinler, dünyadaki bütün kum tanelerini saysanız bile, yine de Tanrı'yı anlayamayacağınızı söyler. Bütün bu maddi hesaplamalar, limitsizi anlamak için kapasiteniz olduğu anlamına gelmez. Ancak bu onların bütün maddi şeyleri sayma kapasitelerinin üzerindedir. Bilim insanları neden enerjileri ve kapasiteleri ile çok gurur duyarlar? Onlar maddi şeyleri bile bilmiyorken, spiritüel olanı konuşmaya ne gerek var. Bilim insanları ve diğer canlı varlıklar söz konusu oldukça, onların bilgileri sınırlıdır. Fakat bu Kṛṣṇa için böyle değildir. Eğer bilgiyi Kṛṣṇa'dan alırsak, bu bilgi mükemmeldir. Kutsal metinlerden okyanusta dokuz yüz bin yaşam türü olduğunun bilgisini alırız. Kutsal metinlerde verilen bilgiler kesindir, çünkü bilgi Kṛṣṇa'dan gelir ve Kṛṣṇa bizzat şöyle der: "Tanrı'nın Yüce Şahsiyeti olarak, geçmişte, şu anda ve henüz olmamış olan her şeyi bilirim." [*Bhagavad-gītā* 7.26]

Dr. Singh: Bilgiyi yüce bilenden almalıyız.

Śrīla Prabhupāda: Mükemmel bilgi için üstün bir kişiye, bir *guru*ya ulaşılmalıdır. Kişi evde kitaptan okuyarak bir konuyu öğrenmeye çalışabilir, fakat üniversiteye giderek ve bir profesöre ulaşarak çok daha iyi öğrenebilir. Aynı şekilde, bir *guru*ya ulaşmalıyız. Tabi ki, yanlış bir *guru*ya rastlarsak, edindiğimiz bilgi de yanlış olur. Fakat *guru*muz mükemmel ise, bilgimiz de mükemmeldir. Kṛṣṇa'yı *guru*muz olarak kabul ederiz. O, bilgide mükemmel ise bizim bilgimiz de mükemmeldir. Biz söz konusu olduğumuzda kendimiz için de mükemmel olmak zorunda değiliz, fakat eğer mükemmelden bilgi alırsak bilgimiz mükemmel olur. Okyanus içerisinde, tüm okyanusu incelediğimizden dolayı dokuz yüz bin canlı türü olduğunu anlıyoruz diyemeyiz. Bunun yerine, bu bilgiyi kutsal metinlerden aldığımızı söyleriz ve bu yüzden de mükemmeldir. Bu Vedik yöntemdir.

Bilim insanları birçok araştırma çalışmasını üstlenebilirler, bir kişi büyük bir bilim insanı da olabilir ancak duyuları mükemmel değildir. Bu sebeple mükemmel bilgiye sahip olamaz. Gözlerimizin değeri nedir? Güneş ışığı olmadan veya küçük şeyleri bir mikroskop olmadan göremeyiz. Gözlerimiz kusurludur ve aletler de gözlerimizin kusurlu olduğunu ortaya çıkarmıştır. O zaman, mükemmel bilgiyi almak nasıl mümkün olur? Canlı varlık sınırlı olduğundan sahip olduğu bilgi de sınırlıdır. Bir çocuk iki ile ikinin toplamının dört olduğunu bilebilir, fakat daha ileri matematikten konuştuğunda onu ciddiye almayız. Bir bilim insanının mükemmel olmayan ve sınırlı duyularıyla elde ettiği bilgi sınırlıdır ve mükemmel değildir. Cehaletle her şeyi bildiğini iddia edebilir, fakat bu sadece saçmalıktır.

Kör bir adam diğer bir kör adama liderlik edebilir, fakat her ikisi de bir kanala düştüklerinde bu neye yarar ki? Doğa yasaları bizim elimizi ve ayağımızı bağlamasına rağmen, biz hala tahmin etmekte özgür olduğumuzu düşünüyoruz. Bu yanılgıdır. Doğanın bir sürü yasası ile koşullanmış olmasına rağmen, ahmaklar özgür olduklarını düşünürler. Eğer bir bulut varsa, güneşi göremezler. Görmek için ne güce sahibiz? Sadece doğa yasası bize imkân verdiğinde görebiliriz. Gerçekte, biz sadece belli koşullar altında deneyimleyebiliriz ve eğer şartlar müsait değilse, deneylerimiz başarısız olur. O halde deneysel bilgi ile neden gurur duyuyoruz?

Neden deney? Bu şeylerin tümü zaten orada. Tanrı tarafından bize kullanmamız için verilen Güneş'in enerjisi orada. Daha fazla bilinecek

Günümüzün Sosyal Hastalıklarına Tedaviler Bulmak

ne var ki? Bir sürü elma ağaçtan düşüyor. Yer çekimi kanunu açıklamak için daha fazla neye ihtiyaç var? Gerçekte bilim insanları ortak duyudan mahrumdur. Onlar sadece "bilimsel" açıklamalar ile ilgilenirler. Yer çekimi kanununun sadece kesin koşullar altında çalıştığını söylerler, fakat bu koşulları kim yapmıştır? Kṛṣṇa, Rab Rāmacandra olarak belirdiğinde suya taşlar attı ve taşlar su üzerinde yüzdü. Bu durumda yer çekimi kanunu işe yaramadı. Bu yüzden yer çekimi kanunu sadece Yüce Rabb'in yönetiminde çalışır. Yasa kendi içerisinde bir son değildir. Bir kral bir yasa koyabilir, fakat bu yasayı derhal değiştirebilir. Esas kanun koyucu Kṛṣṇa'dır ve bir kanun sadece onun iradesi ile işler. Bilim insanları Tanrı'nın iradesini birçok şekilde açıklamaya çalışırlar, fakat *māyā* yani yanılgı tarafından koşullandırıldıkları için, sadece hayaletler tarafından çarpılmış bir kişi gibi konuşabilirler. Bana tüm ağaçların değişik türlerini açıklayan bilimsel açıklamanın ne olduğunu söyleyin?

Karandhara dāsa: Onlar doğanın değiştirdiğini ve bu değişik türleri oluşturduğunu söylerler.

Śrīla Prabhupāda: O zaman doğanın iradesi olmak zorundadır. Ve bu irade nedir? Toprağın bir iradesi var mıdır?

Karandhara dāsa: Evet, bu noktada oldukça şüpheliler.

Śrīla Prabhupāda: Bu onların mükemmel bilgiye sahip olmadığı anlamına gelir. Tabiatın arkasında Kṛṣṇa'nın iradesi olduğunu bilmiyorlar.

Dr. Singh: Farklı bitkilerin kimyasal bileşiminin farklı olduğunu söylüyorlar.

Śrīla Prabhupāda: Bu çok iyi, fakat bu kimyasal bileşimleri kim yaptı? "Kimyasal bileşim" der demez, derhal bir Tanrı'ya ihtiyacınız var.

Karandhara dāsa: Bir Tanrı'ya ihtiyaç olmadığını söylüyorlar, çünkü eğer iki kimyasalı birleştirirseniz...

Śrīla Prabhupāda: Tanrı veya değil, bir irade olmak zorundadır. Bir bilinç olmalıdır. İki kimyasal karışır ve şu ve bunu üretir. Onları kim karıştırır? Bilinç oradadır. Pekâlâ, bu bilinç Kṛṣṇa'dır. Her yerde bilinç vardır ve siz bu bilinci kabul eder etmez, bilinci bir kişi olarak kabul etmelisiniz. Bu yüzden, biz Kṛṣṇa bilincini konuşuruz. *Bhagavadgītā*'da bilincin her yere nüfuz ettiği söylenir. Sizin bilinciniz olabilir ve benim bilincim olabilir, fakat her yere yayılan bir başka bilinç vardır. Benim bilincim vücudumla sınırlıdır ve senin bilincin seninki ile sınırlıdır, fakat sizin içinizde, benim içimde ve herkesin içinde bulunan bir başka bilinç daha vardır. Bu da Kṛṣṇa bilincidir. Gerçekte maddi dünyadaki her şey görecelidir. Bu bilimsel bir gerçektir. Bedenlerimiz, yaşamlarımız, zekâmız ve diğer her şey görecelidir. Bize bir karıncanın hayatı çok kısa gelebilir, fakat bir karıncaya göre onun hayatı yaklaşık yüz yıl uzunluğundadır. Bu yüz yıl bedene göre görecelidir. Benzer olarak, bizim görüşümüze göre akıl almaz derecede uzun yaşayan Brahmā, kendi bakış açısından sadece yüz yıl yaşar. Bu izafiyettir.

Karandhara dāsa: O zaman izafiyet bizim kişisel durumumuza dayanır.

Śrīla Prabhupāda: Evet. Bu yüzden birisi için yiyecek olan şey, bir diğeri için zehirdir denilir. İnsanlar Ay'da hayatta kalamadıklarından diğer canlıların da orada yaşayamayacaklarını düşünüyor. Herkes bir şeyleri kendi açısından, göreceli bir şekilde değerlendiriyor. Bu "kurbağa felsefesinin" anlamıdır. Kurbağa her şeyi daima kuyusu ile bağlantılı olarak düşünür. Atlantik Okyanusu'nu anlamak için bir güce sahip değildir, çünkü tek deneyimi içinde yaşadığı kuyudur. Tanrı büyüktür, fakat biz Tanrı'nın büyüklüğünü göreceli büyüklük açısından kendi açımızdan değerlendiriyoruz. Bazı böcekler gece doğar; gece büyür, gece çocukları olur ve gece ölür. Asla güneşi görmezler; bu yüzden gündüz diye bir şeyin olmadığı sonucuna varırlar. Eğer böceğe sabah hakkında sorsaydınız, "Sabah olamaz" derdi. Benzer olarak, insanlar kutsal metinlerden Brahmā'nın uzun yaşam süresini, duyduklarında, buna inanmazlar. "Bir kişi nasıl böyle uzun bir süre yaşayabilir?" derler. *Bhagavad-gītā*'da [8.17] Kṛṣṇa belirtir:

sahasra-yuga-paryantam
ahar yad brahmaṇo viduḥ
rātriṃ yuga-sahasrāntāṃ
te 'ho-rātra-vido janāḥ

"İnsan hesabına göre, Brahma'nın bir günü, bin çağın toplamıdır ve onun bir gecesinin süresi de aynıdır."

Böylece Brahma, bu hesaplamalarla, birçok milyonlarca ve trilyonlarca yıl yaşar. Kanıtı kutsal metinlerde verilmesine rağmen, buna inanamayız. Başka bir deyişle, biz otorite olarak konuşurken, Kṛṣṇa'nın mantıksızca konuştuğu soncuna varırız. Hatta büyük bilginler bile bu kutsal demeçlerin tümünün zihinsel tahminler olduğunu söylerler. Bu adamlar ahmaktan başka hiçbir şey olmamasına rağmen, saygın bilgeler olarak kabul edilirler. Bildirilen kutsal metinleri inkâr etmeye veya yalanlamaya çalışarak, kendilerini Tanrı'nın pozisyonu üzerine yerleştirirler. Bu şekilde bilgin görünümlü birçok aptal, bilim insanları ve filozoflar dünyayı yanlış yönlendirmektedirler.

Dr. Singh: Elbette, Darvin'in teorisi hakkında çok yazılıyor. Herhangi bir kütüphanede teorileri ile ilgili yüzlerce kitap vardır.

Śrīla Prabhupāda: Onları kabul mü ediyorlar, ret mi ediyorlar?

Dr. Singh: Genelde Darvin'i kabul ediyorlar, fakat çok eleştirel olan bazı kimseler de var.

Śrīla Prabhupāda: Darvin canlı türlerinin evrimi hakkında konuşur, ancak spiritüel evrim hakkında gerçek bilgiye sahip değil. O, ruh canın düşük canlı formundan, yüksek canlı formuna ilerleyişi hakkında hiçbir şey bilmez. İnsanın maymunlardan evrildiğini iddia eder, ancak maymunların neslinin de tükenmediğini görüyoruz. Eğer maymun insanın şimdiki atası ise, neden hala maymunlar var?

Dr. Singh: Darvin türlerin bağımsızca yaratıldığını değil, birbirlerinin soyundan geldiklerini söyler.

Śrīla Prabhupāda: Eğer bağımsızlığın bahsi yok ise, birdenbire kesin bir tür ile nasıl başlayabilir? Orijinal türlerin nasıl oluştuğunu açıklamalıdır.

Karandhara dāsa: Bilim insanları dünyanın biyolojik kimya tarafından yaratıldığını iddia ediyorlar ve Tanrı'nın dünyayı yarattığını öğretmeyi inkâr ediyorlar çünkü herkesin onları aptal olarak göreceğini düşünüyorlar.

Śrīla Prabhupāda: Eğer onların biyoloji ve kimyası çok ileri ise, neden bir şeyler yaratmıyorlar? Gelecekte yaşam yaratabileceklerini iddia ediyorlar, fakat neden gelecekte? Yaşam zaten yaratılmıştır. Bilim geleceğe mi dayanır? Geleceğe güvenmemeliyiz, fakat olacağını düşünebiliriz. Herkes geleceğin çok hoş olacağını düşünüyor, fakat bununla ilgili olan güvencemiz nedir? Gerçek hakikatin ne olduğunu bilmediklerini kabul etmeliler. Onlar biyolojik veya kimyasal deneyleriyle bir çimen filizi bile üretemezler. Yine de yaratılışın bazı kimyasal veya biyolojik yöntemden meydana geldiğini iddia ediyorlar. Neden hiç kimse bütün bu saçmalığı sorgulamıyor?

Dr. Singh: Esas analizde, yaşamın kökenini göz önüne aldıklarında, her şeyin maddeden başladığını söylüyorlar. Başka bir deyişle, canlı madde, cansız maddeden gelir.

Śrīla Prabhupāda: Şimdi bu canlı madde nereden geliyor? O geçmişte şimdi var olmayan cansız olan bir maddeden mi geldi? Karınca nasıl meydana geliyor? Tozdan mı maddeleşiyor? Bir karınca bile hareketsiz maddeden gelmez. Böyle bir teori ile ilgili nasıl kanıtları var? Darvin uzak geçmişte gerçekten zeki bir insanın var olmadığını insanın maymundan evrildiğini iddia ediyor. Eğer geçmişte zeki bir beyin olmasaydı, binlerce ve binlerce yıl önce bu kutsal Vedik metinler nasıl yazıldı? Vyāsedeva gibi bir bilgeyi nasıl açıklayabilirler?

Dr. Singh: Açıklamaları yok. Sadece bunların bilinmeyen orman bilgeleri olduğunu söylüyorlar.

Śrīla Prabhupāda: Vyāsadeva onlar için bilinmez olabilir ama yine de oradaydı. Nasıl böyle bir beyni var? O, sen veya ben için bilinmez olabilir fakat yine de zihin çalışması, felsefesi, dili, dilbilimi, şiirsel düzenlemeleri ve konuşma gücü mevcuttu. Kişiyi tanımayabilirsiniz, ancak beynini anlayabilirsiniz.

Dr. Singh: Hayvanların tüm türleri başlangıçtan beri yok muydu?

Śrīla Prabhupāda: Evet. Eşzamanlı yaratılış *Bhagavad-gītā* tarafından doğrulanır. Hayvanların ve insanların bütün türleri yarı tanrılarla birlikte başlangıçtan beri vardı. Canlı bir varlık belirli bir beden tipi ister ve Kṛṣṇa bunu ona verir. Çünkü arzuları belirli bir şekildedir, madde de tabiatın belirli özellikleri ile birlikte olur. Birlikteliğine göre, belirli bir beden tipi alır. Psikolojik güçler, zihin, düşünme, hissetme ve içten gelen azim, durumun belirli bir tipini ve bedeni canlı varlık alır. Evrimsel yöntem oradadır fakat bu türlerin evrimi değildir. Bir canlı türünün bir diğerinden gelişmesi değildir, Kṛṣṇa'nın belirttiği gibi:

Günümüzün Sosyal Hastalıklarına Tedaviler Bulmak

avyaktād vyaktayaḥ sarvāḥ
prabhavanty ahar-āgame
rātry-āgame pralīyante
tatraivāvyakta-saṃjñake

"Brahmā'nın gününün başlangıcında, bütün canlı varlıklar, tezahür dışı bir durumdan tezahür etme durumuna geçerler ve gece olduğu zaman tekrar tezahür dışı durumlarına geri dönerler." [*Bhagavad-gītā* 8.18] Evrim, bireysel canlı varlığın çeşitli canlı türleri vasıtasıyla geçirdiği ruhsal evrimdir. Kişi bir balık vücuduna girerse, evrimsel ilerlemenin sıkıntısını adım adım çekmek zorundadır. Kişi merdivenin tepesindeyse ve bir şekilde aşağı düşerse, tekrar adım adım evrimsel merdivene tırmanmalıdır. Elbette, bilim adamları bir sürü araştırma yapmakla o kadar meşguller ki, bunu anlayamıyorlar. Onlara bir dahaki yaşamlarında ağaç olacaklarını söylerseniz, saçma konuştuğunuz düşüneceklerdir. Hepsinden öte, araştırma ile ne öğrenebiliriz? Bütün sebeplerin sebebi bilindiğinde, o zaman bilinmez olan her şey bilinir ve hiçbir şey bilinmez olarak kalmaz. *Vedalar*ın belirttiği gibi: *yasmin vijñate sarvam evaṃ vijñātaṃ bhavati.* Eğer Mutlak Hakikat'i bilirsek, diğer bütün hakikatler bilinir olur, ancak Mutlak Hakikat'i bilmezsek, cehalet içinde oluruz. Kişi resmi olarak bir bilim insanı veya filozof olmayabilir, ancak sadece tek şeyi, Kṛṣṇa'yı biliyorsa herhangi birisine meydan okuyabilir ve cesaretle konuşabilir.

Bu çağdaş medeniyet, bağımsızlığı ile çok gurur duymaktadır ancak gerçekte baktığımızda petrole çok fazla bağımlıdır. Petrol üretimi durdurulursa, o zaman bu ahmak bilim insanları ne yapacaklar? Hiçbir şey yapamazlar. Deney tüplerinde, medeniyetlerini devam ettirmelerine yetecek petrolü üretmeyi denesinler. Günümüzde, Hindistan'da su kıtlığı var. Bilim insanları bunun hakkında ne yapabilir? Suyun kimyasal formülünü bilebilirler ama büyük bir kıtlık olduğunda su üretemezler. Bulutların yardımına ihtiyaçları var ve bütün bunlar Tanrı'nın idaresinde olur. Aslında hiçbir şey yapamazlar. Ay'a gittiler, ancak bütün çalışmaları sadece biraz toz ve kaya almak oldu. Devlet zorla vergi alır ve gereksizce para harcar. Bu onların zekasıdır. Bu eşekler devletidir, hepsi bu. Politikacıların sempatisi veya acıması yoktur. Toplumdan

277

gelen zor kazanılmış parayı düşünmezler ve bunu diğer gezegenlere büyük roketler göndererek harcarlar. Bütün yaptıkları daha fazla toz getirmek için söz vermektir. Başlangıçta bir avuç dolusu toz alabilirler, sonra tonlarca toz getirmek için söz verirler. Bütün bunların anlamı ne? **Karandhara dāsa:** Mars'ta hayat olabileceğine inanıyorlar.

Śrīla Prabhupāda: İnanabilirler veya inanmayabilirler; bunun faydası ne? Bizim bildiğimiz burada yaşam olduğudur. Bunu biliyorlar ama hala kavga etmekle ve öldürmekle uğraşıyorlar. Yaşam burada. İnsanoğlu burada. Elbette hayat burada. Fakat onlar bunu büyük bombalarıyla yok etmeye çalışıyorlar. Bu onların bilimsel ilerlemesidir.

Dr. Singh: Diğer gezegenlerde ne olduğunu öğrenmeye çok meraklılar.

Śrīla Prabhupāda: Bunun anlamı, çocuksu merakları için bir sürü para harcamalarıdır. Meraklarını gidermek için bir sürü para harcayabilirler, fakat birçok yoksul, fakir ülkeler yardım istediğinde, paraları olmadığını söylerler. Ay'a gitmekten çok gurur duyarlar, fakat neden Kṛṣṇa'nın Goloka Vṛndāvana'sına nasıl gidileceği konusundaki bilgiyi edinmezler? Oraya giderlerse, bütün merakları son bulacaktır. Bu ikincil derece enerjinin üzerinde, kesinlikle yüce bir spiritüel enerjinin olduğunu öğrenecekler. Bu maddi enerji bağımsız olarak çalışamaz. Spiritüel enerji ona eşlik etmelidir. Maddi elementler kendi kendilerine meydana gelmezler. Yaratıcı olan ruhtur. Madde ile bir şeyler yapmayı deneyebiliriz, fakat madde kendisini meydana getiremez. Hidrojen ve oksijen sadece üstün enerji tarafından hareket ettirildiklerinde temas edecektir. Madde olan tüm kozmik oluşumun, otomatik olarak oluşmasını sadece aptallar beklerler. Hoş bir arabamız olabilir, ancak içinde sürücü yoksa ne işe yarar? Bir insan bir makineyi nasıl çalıştıracağını bilmedikçe, bir düğmeye basmayı bilmedikçe makine çalışmaz. Benzer olarak, üstün enerji olmadan maddi enerji hareket edemez. Bu harika kozmik oluşumun arkasındaki üstün bir enerjinin idaresidir. Bütün bu bilgi kutsal metinlerde verilmiştir, fakat insanlar hala inanmıyorlar.

Gerçekte her şey Tanrı'nın malıdır ama insanlar bu arazilerin veya ülkelerinin onlara ait olduğunu iddia ediyorlar. Şimdi nüfus artışı problemi hakkında konuşuyorlar ancak gerçek olan Tanrı'nın yeteri kadar her şeyi tedarik ettiğidir. Eğer uygunca kullanılırsa aslında yeterli arazi ve yiyecek vardır. İnsanlar yapay problemler yaratıyorlar ve bilim insanları zararlı yöntemler önererek buna yardım ediyorlar. Onlar sadece Tanrı'nın arazisini kullanmaya çalışan, ahmakları ve hilekarları cesaretlendirirler. Eğer bir katile veya hırsıza yardım ederseniz siz de bir suçlu olursunuz. Öyle değil mi? Dünyada bir sürü bela var çünkü bilim insanları bütün bu hırsızlara ve hilekarlara yardım ediyorlar. Bu yüzden hepsi suçlu. *Stena eva saḥ.* Yüce Rabb'in mal sahipliğini tanımayan kimse bir hırsızdır.

Görevimiz bu ahmakları kendilerine getirmektir. Artık insanlar bunu yapmak için uygun yolun farkına varmalıdır. Ahmaklar acı çekiyorlar, ama Tanrı'nın çocukları olduklarından acı çekmemeliler. Tanrı'nın var olduğunu veya mutluluk olduğunu bilmiyorlar. Mutlak mutluluk veya ebedi hayat hakkında hiçbir şey bilmiyorlar. Elli, altmış veya yetmiş yıl boyunca devam eden bir sürü araştırmayı devam ettiriyorlar. Bundan sonra ne olacağını bilmiyorlar. Hayatın ebedi olduğunun bilgisine sahip değiller. Gerçekte onların pozisyonu bir hayvandan farksız. Hayvanlar ölümden sonra ne olduğunu bilmez ya da aslında ölümü düşünmez. Ne, neden burada olduğunu bilir ne de hayatın anlamını bilir. *Māyā*nın etkisi altında hayvanlar sadece yemek yemeye, uyumaya, savunma yapmaya, çiftleşmeye ve ölmeye devam eder. Hepsi bu. İnsanlar çok çalışıyorlar, fakat hangi amaç için? Gelecek nesle hazırlık yapmak için çok çabaladıklarını söylüyorlar, fakat hazırlıklar ne içindir? Bunu cevaplayamazlar. Bu Kṛṣṇa bilinci hareketi, Kṛṣṇa yani Tanrı tarafından her şeyin merkezi olarak belirlenen gerçek amacı hayata geçirmeyi ifade eder. Bu yüzden bu önemli hareketi anlamak bilim insanlarının yararınadır.

7. Bölüm

Ebedi Dine Dönüş

Śrīla Prabhupāda'nın
Amerika'ya Varışı

18 Eylül 1965'te Hint kargo gemisi Jaladuta, Boston'un Commonwealth Limanı'na yaklaşırken, Śrīla Prabhupāda Rab Kṛṣṇa'ya bir şiir yazar. "...Ey Rabb'im, sadece senin merhametin için dua ediyorum ki böylece onları senin mesajın hakkında ikna edebileyim..."

1

Sevgili Rabb'im Kṛṣṇa, sen bu işe yaramaz ruha karşı çok naziksin, fakat beni neden buraya getirdiğini bilmiyorum. Artık benimle her ne istersen yapabilirsin.

2

Fakat sanırım senin burada bir işin var, aksi takdirde neden beni bu berbat yere getiresin ki?

3

Buradaki nüfusun çoğu cehalet ve ihtirasın bağlayıcı güçleri ile örtülmüş durumda. Maddi hayatla yoğrulmuş bir şekilde kendilerini çok mutlu ve tatmin olmuş hissediyorlar ve bu sebeple Vāsudeva'nın transandantal mesajına bir çekim duymuyorlar. Bunu nasıl anlayabileceklerini bilmiyorum.

4

Fakat, senin sebepsiz merhametinin her şeyi mümkün kılabileceğini biliyorum, çünkü sen en usta mistiksin.

5

Adanma hizmetinin keyfini nasıl anlayacaklar? Ey Rab, sadece merhametin için dua ediyorum ki böylelikle onları mesajın hakkında ikna edebileyim.

6

Bütün canlı varlıklar senin arzunla yanıltıcı enerjinin kontrolü altına girdi ve bu yüzden eğer sen istersen, onlar yanılgının pençesinden yine senin arzun ile kurtulabilirler.

7

Dilerim onları kurtarırsın. Böylece, eğer onların kurtuluşunu arzularsan, onlar ancak o zaman senin mesajını anlayabilecekler.

8

Śrīmad-Bhāgavatam'ın kelimeleri senin enkarnasyonundur ve aklı başında bir insan uysallık içinde işitsel algı ile tekrar tekrar duyarsa, o zaman senin mesajını anlayabilecektir.

9

Śrīmad-Bhāgavatam [1.2.17-21]'de şöyle denir: "Herkesin kalbindeki Paramātmā (Süper ruh) ve doğru sözlü adananın velinimeti olan Tanrı'nın Şahsı Śrī Kṛṣṇa, doğru şekilde duyulduğu ve şarkı olarak söylendiklerinde erdemli olan, onun mesajlarını duyma arzusu geliştirmiş adananının kalbinden maddi zevk alma arzusunu arındırır...

Düzenli olarak *Bhāgavatam* sınıflarına katılarak ve saf adanana hizmet ederek, kalbe sıkıntı veren her şey neredeyse tümüyle yok olur ve transandantal şarkılarla övülen Tanrı'nın Şahsı'na aşk hizmeti geri dönülmez bir gerçek olarak pekişir.

Kalbe geri dönülmez bir şekilde aşk hizmeti yerleştirildiğinde, şehvet, arzu ve özlem gibi doğanın ihtiras ve cehalet hallerinin etkileri kalpten temizlenir. O zaman adanan erdem haline yerleşir ve tümüyle mutlu olur.

Böylece saf iyilik halinde yerleşmiş, Rabb'e sunduğu adanma

hizmetiyle temasla zihni canlandırılmış kişi maddi bağlardan özgürleşme aşamasında Tanrının Şahsı hakkında pozitif bilimsel bilgiye sahip olur.

Böylece kalpteki düğüm açılır ve tüm kuşkular parçalanır. Kişi özünü efendi olarak gördüğünde meyve veren eylemler zinciri sonlandırılır."

10
Cehalet ve ihtiras bağlayıcı güçlerinin etkisinden kurtulacaktır ve kalbinin özünde biriken tüm uğursuz şeyler yok olacaktır.

11
Kṛṣṇa bilincinin bu mesajını anlamalarını nasıl sağlayacağım? Ben çok talihsiz, niteliksiz ve en düşmüş olanım. Bu sebeple senin takdislerini arıyorum ki böylelikle onları ikna edebileyim. Zira benim bunu kendi başıma yapmaya gücüm yok.

12
Ey Rab, öyle ya da böyle beni buraya Senden bahsetmem için getirdin. Rabb'im, şimdi sen istersen başarılı ya da başarısız olabilirim.

13
Ey tüm dünyaların manevi öğretmeni! Ben yalnızca senin mesajını tekrarlayabilirim, öyleyse eğer sen istersen benim konuştuklarımı onların anlayacağı uygun hale getirebilirsin.

14
Sözlerim sadece senin sebepsiz merhametinle arınacaktır. Eminim ki bu transandantal mesaj kalplerine nüfuz ettiği zaman kesinlikle mutlu olacaklar ve böylece yaşamın tüm mutsuz koşullarından kurtulacaklar.

15
Ey Rab, ben Senin ellerinde tıpkı bir kukla gibiyim. Öyleyse beni buraya dans etmem için getirdiysen, o halde beni dans ettir, beni dans ettir. Ey Rab, beni istediğin gibi dans ettir.

16

Ne adanmaya sahibim ne de bilgim var. Ancak Kṛṣṇa'nın kutsal ismine olan güçlü inancım var. Bhaktivedanta olarak isimlendirildim ve şimdi eğer sen istersen Bhaktivedanta'nın gerçekte ne demek olduğunu gösterebilirsin.

İmza — En talihsiz, önemsiz dilenci
A. C. Bhaktivedanta Svāmī,
Jaladuta Gemisi güvertesi, Commonwealth Limanı,
Boston, Massachusetts, U.S.A.
18 Eylül 1965

Ulusunuzu Spiritüel Platformda Kurun

Śrīla Prabhupāda Nairobi Üniversitesi'nde bir nutuk verir:
"Siz kendinizi geliştirmeye çalışıyorsunuz, lütfen spiritüel olarak geliştirin, spiritüel bir gelişim etkili gelişimdir. Kedi ve köpekler gibi yaşayan Amerikalı ve Avrupalıları taklit etmeyin... Atom bombası zaten var ve bir sonraki savaş çıkar çıkmaz tüm gökdelenler ve diğer her şey yok olacak. İnsan yaşamının gerçek bakış açısını, spiritüel bakış açısını anlamaya çalışın..."

Bayanlar ve baylar, Kṛṣṇa bilincini yaymak üzere hazırlanan bu toplantıya katılma nezaketinde bulunduğunuzdan ötürü çok teşekkür ederim. Kṛṣṇa bilinci hareketi insan toplumunu herkesin yaşamının başarılı olabileceği bir noktaya getirmeye çalışmaktadır. Bugünkü konu insan yaşamının gerçek anlamıdır. Biz tüm dünyayı bu kavrayış hakkında eğitmeye çalışmaktayız.

Padma Purāṇa'ya göre insan yaşam formu milyonlarca yıl süren bir evrim sonucu elde edilir. Hayat su canlılarıyla başlamıştır, zira Vedik edebiyatından yaradılışın başlangıcında tüm gezegenin suya karışmış olduğunu öğreniyoruz. Bu maddi dünya beş kaba elementten oluşmaktadır: toprak, su, ateş, hava ve eter. Bunların yanı sıra üç tane de ince element mevcuttur: zihin, zekâ ve ego. Bu perdelerin arkasında bu sekiz unsurla kaplanmış olan ruh can vardır. Bu bilgi *Bhagavad-gītā*'da verilmektedir.

İnsanlar ruh canı olan tek canlı varlıklar değillerdir. Biz hepimiz ruh canlarız. Hayvanlar, kuşlar, sürüngenler, böcekler, ağaçlar, bitkiler, su canlıları ve bunun gibileri. Ruh yalnızca farklı giysilerle örtülmüştür, tıpkı bazılarınızın kırmızı kıyafetler giymiş olması gibi. Ancak biz elbiseyle ilgilenmiyoruz. Biz sizinle ruh can olarak ilgileniyoruz. Bu bilgi *Bhagavad-gītā*'da [5.18] verilir:

> *vidyā-vinaya-sampanne*
> *brāhmaṇe gavi hastini*
> *śuni caiva śva-pāke ca*
> *paṇḍitāḥ sama-darśinaḥ*

"Alçakgönüllü bilge kişi, doğru bilginin fazileti aracılığıyla bilgili ve kibar bir *brāhmaṇa*yı, bir ineği, bir fili, bir köpeği ve köpekleri yiyeni birbirine eşit görür."

Bilge kişi renk, zekâ ya da tür temelinde hiçbir ayırım yapmaz. O yaşayan her canlı varlığı ruh canın küçük bir parçası olarak görür. Şöyle belirtilmiştir:

> *keśāgra-śata-bhāgasya*
> *śatāṁśa-sādṛśātmakaḥ*
> *jivaḥ sūkṣma-svarūpo 'yaṁ*
> *saṅkhyātīto hi cit-kaṇaḥ*

"Bir saç telinin ucunun on binde biri olarak ölçeklendirilen sayısız ruhsal atom parçacığı bulunmaktadır". Ruhun boyutlarını ölçecek bir aletimiz olmadığı için minik ruh parçacığı bu şekilde ölçülendirilir. Diğer bir deyişle, ruh öylesine miniktir ki bir atomdan bile daha küçüktür. Bu küçük parçacık sizin içinizde, benim içimde, filin içinde, devasa hayvanların içinde, tüm insanlarda, ağaçta ve her yerdedir. Buna karşın, bilimsel bilgi ne ruhun boyutlarını tahmin edebiliyor ne de bir doktor beden içerisindeki ruhun yerini saptayabiliyor. Sonuç olarak materyalist bilim insanları ruh olmadığı sonucuna varıyor ama bu gerçek değil. Ruh vardır. Ruhun varlığı canlı bir bedenle ölü bir beden arasındaki farkı yaratır. Ruh bedenden ayrılır ayrılmaz, beden ölür. Bedenin hiçbir değeri yoktur. Kişi ne kadar büyük bir bilim insanı ya da filozof olursa olsun, ruh bedenden ayrıldığı zaman bedenin öldüğünü kabul etmelidir. Bedenin o zaman hiçbir değeri kalmaz ve atılmalıdır.

Biz bunu anlamaya çalışmalıyız. Beden değil, ruh değerlidir. Ruhun göç ettiği gerçeği *Bhagavad-gītā* [2.22]'de açıklanır;

> *vāsāṁsi jīrṇāni yathā vihāya*
> *navāni gṛhṇāti naro 'parāṇi*
> *tathā śarīrāṇi vihāya jīrṇāny*
> *anyāni saṁyāti navāni dehī*

"Bir kişinin eskilerini bırakarak yeni giysiler giymesi gibi, benzer şekilde ruh da eski ve işe yaramaz bedenleri bırakarak yeni maddi bedenleri kabul eder".

Bir takım elbise eskidiği zaman, onu bırakır ve yeni bir takım elbiseyi giyeriz; benzer şekilde ruh da arzulara göre kıyafet değiştirir. Ruh Tanrı'nın parçası ve bölümü olduğundan, tanrısal niteliklere sahiptir. Tanrı yüce iradedir, yüce güçtür, yüce bağımsız olandır ve biz O'nun öz parçaları ve bölümleri olarak çok küçük miktarda bu niteliklerin hepsine sahibiz. Bizim irademiz, düşüncelerimiz, hislerimiz ve arzularımız bulunmaktadır. *Vedalar*da Tanrı'nın tüm yaşam güçleri arasında yüce yaşam gücü olduğu belirtilir *(cetanaś cetanānām)*. O aynı zamanda tüm canlı varlıkların gereksinimlerini de karşılar.

Biz canlı varlıklar sayısız yani sayımızın limiti yok. Oysa Tanrı tektir. Bizim gibi O da canlıdır ama biz bu yaşam gücünün çok küçük parçalarıyız. Örneğin, bir altın parçacığı bir altın madeniyle aynı niteliktedir. Eğer kimyasal olarak küçük bir su damlacığındaki bileşenleri analiz edersek, bileşenlerin tümünün uçsuz bucaksız okyanusta da bulunduğunu keşfederiz. Aynı şekilde, biz O'nun öz parçaları ve bölümleri olarak Tanrı'yla biriz. Bu tanrısal parçacık, ruh ya da yaşam gücü, su canlılarından ağaçlara ve bitkilere sonra da ağaçlardan ve bitkilerden böceklere, ondan sonra sürüngenlere, sonra kuşların ve hayvanların bedenine göç eder. Darvin'in evrim teorisi, ruhun göçünün kısmi bir açıklamasından başka bir şey değildir. Darvin bu bilgiyi Vedik yazınlardan almıştır ancak onda bir tek ruh kavramı bulunmamaktadır. Fark, ruhun su canlıları yaşamından bitkilere ve ağaçlara, sonra böceklere, sonra kuşlara, sonra hayvan yaşamına ve sonra da insan yaşamına göç ettiği ve insan yaşamı içerisinde vahşi yaşamdan medeni yaşama geçmesidir. Bir insanın medeni yaşamı evrimin doruk noktasını temsil eder. Bağlantı buradadır. Bu noktadan tekrar evrimin döngüsel sürecine kayıp gidebiliriz ya da kendimizi tanrısal bir yaşama yükseltebiliriz. Seçim bize kalmıştır. Bu *Bhagavad-gītā*'da belirtilir.

Bu insan yaşamı gerçekte gelişmiş bilinç anlamına gelir; bu yüzden yaşamımızı kediler, köpekler ve domuzlar gibi boşa harcamamalıyız. Tavsiye budur. Bu beden tıpkı bir köpeğinki ya da kedininki gibi fani olduğu halde, kişinin bu yaşamın en yüksek mükemmeliyetine erişebilmesi açısından farklıdır. Biz Tanrı'nın öz parçası ve bölümüyüz ama öyle ya da böyle bu maddi varoluşa düştük. Şimdi öyle bir şekilde gelişmeliyiz ki tekrar yuvaya, Tanrı'ya geri dönebilelim. Bu en yüksek mükemmeliyettir.

Aslında spiritüel bir dünya olarak bilinen başka bir dünya mevcuttur. *Bhagavad-gītā*'da [8.20] ifade edildiği gibi:

paras tasmāt tu bhāvo 'nyo
'vyakto 'vyaktāt sanātanaḥ
yaḥ sa sarveṣu bhūteṣu
naśyatsu na vinaśyati

"Bununla birlikte bu tezahür dışı ve tezahür eden maddeye aşkın ve ebedi olan bir başka tezahür dışı doğa vardır. Bu doğa yücedir ve asla yok edilemez. Bu dünyadaki her şey yok edilse bile o doğa olduğu gibi kalır."

Bu maddi doğada her şey yaratılır, bir süre kalır, bazı ürünler meydana getirir, ufalır ve sonunda yok olur. Bedenlerimiz belli bir anda cinsel ilişki vasıtasıyla yaratılır. Babanın spermi yayılır ve bir bezelye formunu alır ve canlı varlık ya da ruh bu form içine sığınır ve sığındığı için eller, bacaklar, gözler vb. geliştirir. Bu gelişim yedi ayda tamamlanır ve dokuzuncu ayda insan rahimden dışarı çıkar. Ruh orada bulunduğu için çocuk gelişir. Ruh orada bulunmasaydı, gelişme olmazdı ve çocuk ölü doğardı. Bu ölü bedeni alıp kimyasallarda koruyabiliriz ama yine de gelişmeyecektir. Gelişim bedenin değişimi anlamına gelir. Hepimiz bebek bedenlerimize sahip olduk ama bu bedenler artık mevcut değil. Bir bebeğin bedeni bir çocuğun bedenine gelişir ve bu beden bir delikanlının bedenine gelişir ve o beden de sonunda yaşlı bir adamın bedenine dönüşecek olan bir gencin bedenine gelişir. Sonunda, beden tamamen yok olur. Tüm kozmik tezahür, bu maddi dünyanın devasa formu da aynı sürece göre işler. Belli bir noktada yaratılır, gelişir, devam ettirilir ve belli bir aşamada eriyip gider. Bu maddi dünyanın doğasıdır. Belli bir aralıkta görünür ve tekrar yok olur (*bhūtvā bhūtvā pralīyate*). *Bhāva* kelimesi "doğa" anlamına gelir. Asla yok olmayan ebedi olan başka bir doğa vardır. *Jīvalar*, ruh canlar olarak biz de ebediyiz. Bu, *Bhagavad-gītā*'da [2.20] doğrulanır:

na jāyate mriyate vā kadācin
nāyaṁ bhūtvā bhavitā vā na bhūyaḥ
ajo nityaḥ śāśvato 'yaṁ purāṇo
na hanyate hanyamāne śarīre

"Ruh için hiçbir zaman ne doğum vardır ne de ölüm. O var edilmemiştir, var edilmez ve var edilmeyecektir. O doğmamıştır, ebedidir, hep var olandır ve kadimdir. Vücut öldüğü zaman ruh ölmez."

Tıpkı Tanrı'nın ne doğumunun ne de ölümünün olmaması gibi biz ruh canların da ne doğumu ne de ölümü olabilir. Fakat "Ben bu bedenim" diye düşündüğümüz için doğduğumuzu ve öldüğümüzü düşünüyoruz. Bu şekilde düşünmeye *māyā* ya da yanılgı denir ve ruhu bedenle birlikte tanımlama yanılgısından çıkar çıkmaz *brahma-bhūta* aşamasına erişiriz. Kişi, *ahaṁ brahmāsmi*, "Ben bu beden değilim; ben ruhum, Yüce Brahman'ın öz parçasıyım" diye fark ettiği zaman Brahman farkındalığına ulaşır. Brahman farkındalığına erişir erişmez mutlu olur.

Bu gerçek değil mi? Eğer açıkça doğum ve ölümün olmadığını, ebedi olduğunuzu anlarsanız mutlu olmayacak mısınız? Evet, kesinlikle. Böylece kişi Brahman idrakli, spiritüel olarak idrakli olduğunda, daha fazla özlem ya da üzüntü duymaz. Tüm dünya yalnızca özlem duyuyor ve üzüntü içindeler. Siz Afrikalılar şu an Avrupalı ve Amerikalılar gibi olmanın özlemini duyuyorsunuz ama Avrupalılar da imparatorluğunu kaybettiğinden dolayı şimdi üzüntü duyuyorlar. Yani bu şekilde bir taraf özlem duyuyor ve diğeri de üzüntü duyuyor. Benzer şekilde bu maddi yaşam yalnızca özlem ve üzüntünün birleşimidir. Biz sahip olmadığımız şeyler için özlem duyuyoruz ve kaybetmiş olduğumuz şeyler için üzülüyoruz. Bu bizim maddi işimizdir. Bununla birlikte, eğer Tanrı'nın Yüce Şahsiyeti'nin (Para-brahman) öz parçaları ve bölümleri olduğumuzu ve bizim Brahman olduğumuzu fark edersek o zaman bu özlem ve üzüntüyü aşmış olacağız.

Bu sözde evrensel kardeşlik ya da Birleşmiş Milletler'in başarmaya çalıştığı birlik yalnızca siz spiritüel platforma veya Brahman farkındalığına geldiğinizde mümkündür. Brahman idraki insan yaşamının amacıdır. Kişi kedi, köpek ya da domuzlar gibi çalışmamalıdır. Domuz gece gündüz dışkı bulmak için her zaman meşguldür ve bulduğu zaman da onu yiyip cinsel anlamda tahrik olur, sonra da ayrım yapmadan seks yapar. Bir domuz annesi, kız kardeşi ya da herhangi biriyle cinsel ilişkiye girecektir ve bu domuzun yaşamıdır. Bununla birlikte kutsal kitaplar yaşamın insan formunun kedi, köpekler ve domuzlar gibi duyusal tatmin için çok çalışmak anlamına gelmediğine işaret eder. "Ben bu maddi dünyaya ait değilim. Ben ruhum ve ebediyim, ama öyle ya da böyle bir şekilde bu doğumun, yaşlılığın, hastalığın ve ölümün koşullu hayatına düştüm" diye fark etmek içindir. İnsan yaşamının amacı budur. Sadece insan yaşamının domuzlar gibi çok çalışıp sonra da bazı duyusal tatmin ve arkasından ani bir ölüm için olmadığını anlamaya çalışın.

Ruha inanmayan insanlar en talihsiz durumda olanlardır. Nereden geldiklerini ya da nereye gittiklerini bilmezler. Ruh bilgisi en önemli bilgidir, ama hiçbir üniversitede tartışılmamaktadır. Peki nedir bu bedenin bileşimi? Ölü bir bedenle canlı bir beden arasındaki ayrım nedir? Beden neden yaşıyor? Bedenin durumu nedir ve onun değeri nedir? Şimdilerde kimse bu soruları incelemiyor, fakat biz Kṛṣṇa bilinci hareketiyle insanları, bu bedenler değil de ruh canlar olduklarını anlayabilmeleri için eğitmeye çalışıyoruz. İnsan yaşamının işlevi kedi ve köpeklerinkinden farklıdır. Bizim mesajımız budur.

Ruh söz konusu olunca, evrimsel süreç devam ediyor ve biz var oluş için çabalıyoruz, ebedi yaşam noktasına gelmek için çabalıyoruz. O ebedi yaşam mümkündür. Bu insan yaşam formunda elinizden gelenin en iyisini denerseniz, bir sonraki yaşamınızda spiritüel bir beden alabilirsiniz. Spiritüel bedeniniz zaten sizin içinizde ve siz bu maddi mevcudiyetin kirliliğinden kurtulur kurtulmaz gelişecektir. İnsan yaşamının amacı budur. İnsanlar asıl kişisel çıkarlarının ne olduğunu bilmiyorlar. Bu kendini anlamaktır. "Ben Tanrı'nın öz parçası ve bölümüyüm ve Tanrı ile bir araya gelmek için Tanrı'nın krallığına dönmek zorundayım" kavramını anlamaktır.

Tıpkı burada bir sosyal hayatımız olduğu gibi, Tanrı'nın da spiritüel krallıkta bir sosyal hayatı vardır. Orada O'na katılabilirsiniz. Bu bedeniniz yok olduktan sonra sizin bir boşluk haline geleceğiniz anlamına gelmez. Hayır. Bu yanlış bir kavrayış, *Bhagavad-gītā*'da [2.12] Kṛṣṇa, Kurukṣetra savaş alanında Arjuna'ya şöyle dedi:

na tv evāhaṁ jātu nāsaṁ
na tvaṁ neme janādhipāḥ
na caiva na bhaviṣyāmaḥ
sarve vayam ataḥ param

"Benim, senin ve bütün bu kralların var olmadığı bir zaman asla olmadı, gelecekte de olmayacak.".

Ebedi yaşama erişme süreci çok kolay ve aynı zamanda yine çok zordur. Zordur çünkü insanlar başlangıçta ruh göçünün varlığına inanmıyorlar. Bununla birlikte, sadece otorite sahibi kişilerden bilgi alırsak, süreç çok kolaylaşır. Bizim Kṛṣṇa bilinci yöntemimiz bilgiyi, maddi doğanın yasaları tarafından koşullanmış sıradan bir varlıktan değil de en mükemmel varlık olan Kṛṣṇa'dan almaktadır. Koşullanmış bir varlıktan alınan bilgi mutlaka kusurludur.

Koşullanmış ruhun eksikleri nelerdir? Kesinlikle hata yapar, kesinlikle yanılgı içindedir, mutlaka başkalarını kandırır ve elbette kusurlu duyulara sahiptir. Bilgiye tam olarak erişemeyiz çünkü başkalarını kandırmak isteriz ve duyularımız mükemmel değildir. Duyularımız mükemmel olmadığı halde gözlerimizle gurur duyar ve her şeyi görmek isteriz. Bu yüzden biri, "Bana Tanrı'yı gösterebilir misin?" dediğinde aslında cevap 'evettir. Neden her zaman Tanrı'yı göremiyorsunuz? Kṛṣṇa der ki, *raso 'ham apsu kaunteya:* "Ben suyun tadıyım". Herkes su içer ve tadına varır. Öyleyse bu tadı Tanrı olarak düşünürsek, Tanrı'yı idrak sürecine başlamış oluruz. Kṛṣṇa aynı zamanda şöyle söyler: *prabhāsmi śaśi-sūryayoḥ.* "Ben Güneş ışığıyım ve Ben Ay ışığıyım." Biz hepimiz Güneş ışığını ve Ay ışığını her gün görüyoruz ve eğer Güneş'le Ay'ın nasıl ışık yaydığını düşünecek olursak sonunda Tanrı'ya ulaşırız. Birçok benzer örnek vardır. Tanrı bilinçli olmak ve Tanrı'yı kendiniz anlamak isterseniz bu çok zor olur. Siz sadece öngörülen metotları takip etmelisiniz. *Bhagavad-gītā*'da [18.55] ifade edildiği gibi, *ato mām tattvato jñātvā.* Biz sadece Tanrı'yı gerçekten anlamaya çalışmalıyız ve O'un görünümü, gözden kayboluşu ve fonksiyonlarını anlamaya çalışmalıyız. O'nu gerçekten anladığımızda derhal Tanrı'nın krallığına gireriz. Tanrı'yı yani Kṛṣṇa'yı anlayan kişi, bu bedeni terk ettikten sonra tekrar bir diğer maddi bedeni kabul etmek için geri gelmez. Kṛṣṇa der ki, *mām eti:* "Bana gelir." Bizim amacımız budur.

Bu yüzden zamanımızı kedi ve köpekler gibi boşa harcamamalıyız. Rahat yaşamalıyız ama aynı zamanda Kṛṣṇa bilinçli veya Tanrı bilinçli olmalıyız. Bu bizim mutlu olmamıza yardım edecektir. Tanrı'yı anlamaksızın ya da Tanrı bilinçli olmaksızın huzur ve mutluluk ihtimali yoktur. Huzur ve mutluluk yolunun ana hatları *Bhagavad-gītā*'da çizilir.

Eğer siz gerçekten Tanrı'yı anlamak istiyorsanız, O'nu anlamak çok kolaydır. Tanrı her şeyin sahibidir. *Īśāvāsyam idaṁ sarvam.* Ne yazık ki, "Ben bir şeylerin sahibiyim" diye düşünüyoruz. Sizin ülkenizde, mesela bir ara İngilizler mülk sahibi olduklarını iddia etmişlerdir ve şimdi siz mülk sahibi olduğunuzu iddia ediyorsunuz. Ancak gelecekte ne olacağını kim bilir ki? Aslında kimse gerçek sahibin kim olduğunu bilmiyor. Toprak orada ve o Tanrı'nın mülkü, ancak biz sadece "Mülk sahibi benim. Ben buna sahibim, ben şuna sahibim" diye düşünüyoruz. Gerçekte Amerika, Avrupalılar gelmeden önce de vardı ama şimdi Amerikalılar "Mülk sahibi" olduklarını sanıyorlar. Benzer şekilde, onlardan önce de Kızılderililer, "Mülk sahibi bizleriz" diye düşünüyorlardı. Gerçek şu ki hiçbir insan gerçek mülk sahibi değildir. Mülk sahibi Tanrı'dır.

Ebedi Dine Dönüş

īśāvāsyam idaṁ sarvaṁ
yat kiñca jagatyāṁ jagat
tena tyaktena bhuñjīthā
mā gṛdhaḥ kasya svid dhanam

"Bu evren içerisindeki canlı ya da cansız her şey Rab tarafından kontrol edilir ve her şeyin sahibi O'dur. Kişi, bu nedenle sadece hissesi olarak kenara ayrılan kendisi için gerekli şeyleri kabul etmelidir ve kime ait olduklarını iyi bildiği diğer şeyleri kabul etmemelidir."
[Īśopaniṣad 1]

Bu idrake ulaşmak beklenir. Kṛṣṇa gerçek sahip ve yüce Baba olduğundan Amerikan suretinin, Afrikalı suretlerin, kedi suretlerinin, köpek suretlerinin, ağaç suretlerinin vs. dahil olduğu tüm formların sahibi olduğunu iddia eder. Biz yalnızca bunu kavrarsak Tanrı idrakine erişiriz. Gerçekte Tanrı'yı yetkin kitaplarda ve Vedik edebiyatında tavsiye edildiği gibi anlarsak, şu ya da bu taraf arasında daha fazla çekişmeler olmayacağını göreceğiz. Her şey huzurlu olacaktır.

Herkesin Tanrı'nın mülkiyetini kullanmaya hakkı vardır. Bu bir evladın babasının yanında yaşama hakkına sahip olmasına benzer. Kutsal kitaplarda, evdeki yaşayan küçük hayvanlara bile yemek verilmesi gerektiği yer alır. Bu spiritüel komunizimdir. Kimse aç kalmamalıdır, bir yılan bile. Her zaman yılanlardan korkarız ancak evimizde yaşayan bir yılan bulursak, yılanı da beslemek görevimizdir. Bu Tanrı veya Kṛṣṇa bilincinin anlayışıdır: *samaḥ sarveṣu bhūteṣu*. Transandantal olarak yerleşik olan, her canlıya eşit şekilde tanzim edilmiştir. Böylelikle, *Bhagavad-gītā* kişinin her şeyi eşit, Üstün Rabb'in öz parçaları ve bölümleri olarak gördüğünde adanma yaşamına gerçekten başladığını vurgular. Kṛṣṇa bilinci hareketi yetkin bir yolla, herkesin ne olduğunu ve yaşamın amacının ne olduğunu anlayabilmesi için çalışır. Bu kalbi arıtma yöntemi çok kolaylıkla tanımlanır. Kişi sadece bu *mahā-mantra*yı söylemelidir: Hare Kṛṣṇa, Hare Kṛṣṇa, Kṛṣṇa Kṛṣṇa, Hare Hare / Hare Rāma, Hare Rāma, Rāma Rāma, Hare Hare. Bunu bu hareket içinde görebilirsiniz. Farklı ülkelerden ve bölgelerden gençler bulunuyor ancak hiç kimse hiçbir bölge, ülke veya dini kurum ile ilgili değildir. Biz sadece kendimizi ve Tanrı ile olan ilişkimizi bilmekle ilgileniyoruz.

295

Tanrı yüce sahiptir ve her birimiz O'nun evlatları veya hizmetkarlarıyız. Bu sebeple *Bhagavad-gītā*'da tavsiye edildiği gibi kendimizi Rabb'in hizmetiyle meşgul edelim. Tanrı'nın her şeyin sahibi olduğunu anlar anlamaz, dünyadaki tüm sıkıntılar bir anda çözülecektir. Bu belki zaman alabilir. Herkesin bu yüksek felsefeyi anlaması beklenemez ancak her ülkedeki zeki insanlar onu anlamaya çalışırsa bu yeterli olacaktır. *Bhagavad-gītā*'da [3.21] şöyle denir:

yad yad ācarati śreṣṭhas
tat tad evetaro janaḥ
sa yat pramāṇaṁ kurute
lokas tad anuvartate

"Önemli bir kişi hangi eylemde bulunursa sıradan kişiler onun adımlarını takip eder. Ve örnek hareketleriyle hangi standartları belirlerse, tüm dünya onu izler."

Biz bu yüzden dünyadaki en akıllı insanları bu Kṛṣṇa bilinci felsefesini anlamaya ve bunu tüm dünyaya yaymaya davet ediyoruz. Şimdi Afrika ülkelerine geldik ve ben tüm akıllı Afrikalıları gelip bu felsefeyi anlamaya ve yaymaya davet ediyorum. Kendinizi geliştirmeye çalışıyorsunuz, öyleyse lütfen spiritüel olarak gelişin çünkü spiritüel gelişim sağlam gelişimdir. Kedi köpekler gibi yaşayan Amerikalıları ve Avrupalıları taklit etmeyin. Duyusal tatmin bilinci üzerine kurulmuş böyle uygarlıklar ayakta kalamaz. Atom bombası uzun zamandır var ve yakında bir sonraki savaş patlak verince, onların tüm gökdelenleri ve diğer her şey yok olacak. Bunu insan yaşamının gerçek bakış açısından, ruhsal bakış açısından anlamaya çalışın. Bu Kṛṣṇa bilinci hareketinin ne hakkında olduğu ile ilgilidir. Bu yüzden sizden bu felsefeyi anlamaya çalışmanızı rica ediyoruz. Çok teşekkürler.

Bir Adanan Daima
Merhamet Hisseder

"Efendi İsa kendini gösterdiğinde, o hangi ülkeye ya da mezhebe ait olduklarına bakmadan insanların sefil durumlarına çok üzülmüştü. Tüm Vaişṇavalar veya adananlar, Tanrı bilinçli ya da Kṛṣṇa bilinçli olan herkes bu yüzden merhametlidir..."

Bugün size Tanrı'nın kutsal adının yüceltilmesi üzerine konuşacağım. Bu, Mahārāja Parīkṣit ve Śukadeva Gosvāmī arasında geçen, çok düşük ve her tür günahkâr eylemlere bağımlı olan fakat yalnızca kutsal ismi zikretmekle kurtulmuş olan bir *brāhmaṇa* ile ilgili bir konuşmadır. *Śrīmad-Bhāgavatam*'ın altıncı kantosunda anlatılır.

Evrensel gezegen sistemleri *Śrīmad-Bhāgavatam* beşinci kantoda güzel bir şekilde açıklanır. Evren içerisinde cehennemsi bazı gezegenler vardır. Aslında, yalnızca *Bhāgavatam* değil tüm dini kutsal kitaplar cehennem ve cennet kavramları içerir. *Śrīmad-Bhāgavatam*'da tıpkı modern astronomiden bilgi edinebileceğiniz gibi, bu cehennemsi gezegenlerin nerede olduğunu ve bizim gezegenimizden ne kadar uzak olduğunu bulabilirsiniz. Astronomlar ayın buradan ne kadar uzak olduğunu ve bu gezegenle Güneş arasında ne kadar mesafe olduğunu hesaplamıştır. Aynı şekilde *Bhāgavatam* cehennemsi gezegenlere ait tanımlamalar içerir.

Bu gezegen üzerinde bile farklı atmosferik koşullara ait deneyimimiz bulunmaktadır. Kuzey Kutbu'na yakın Batı ülkelerinde iklim ekvatora yakın olan Hindistan'dakinden farklıdır. Tıpkı atmosferde ve bu gezegendeki hayat koşullarında farklılıklar olması gibi, benzer şekilde farklı atmosferleri ve hayat koşulları olan birçok gezegen mevcuttur.

Śukadeva Gosvāmī'den cehennemsi gezegenlere ait bir tanımlamayı
duyduktan sonra, Parīkṣit Mahārāja şöyle söyledi:

adhuneha mahā-bhāga
yathaiva narakān naraḥ
nānogra-yātanān neyāt
tan me vyākhyātum arhasi

"Efendim, sizden cehennemsi gezegenleri işittim. Çok günahkâr
olan insanlar bu gezegenlere gönderilir. [*Śrīmad-Bhāgavatam* 6.1.6]
Parīkṣit Mahārāja bir *vaiṣṇava*dır (adanan) ve bir *vaiṣṇava* daima
diğerlerinin çektiği acılara merhamet duyar. Diğerlerinin ıstırapları
onu üzer. Örneğin, Efendi İsa kendini gösterdiğinde, o hangi ülkeye
ya da mezhebe ait olduklarına bakmadan insanların sefil durumlarına
çok üzülmüştü. Tüm *vaiṣṇavalar* veya adananlar, Tanrı bilinçli ya da
Kṛṣṇa bilinçli olan herkes böyle merhametlidir. Bu yüzden Tanrı'nın
yüceliklerini yayan bir *vaiṣṇava*ya karşı kötü sözler söylemek büyük
bir kabahattir.

Kṛṣṇa yani Tanrı asla bir *vaiṣṇava*nın lotus ayaklarına karşı işlenmiş
kabahatlere karşı hoşgörülü değildir. *Kṛpāmbudhi:* Bir *vaiṣṇava*
merhamet okyanusudur. *Vāñchā-kalpa-taru:* herkesin arzuları
vardır ancak bir *vaiṣṇava* tüm arzuları yerine getirebilir. *Kalpa-taru*
"dilek ağacı" demektir. Spiritüel dünyada dilek ağacı denen bir ağaç
bulunmaktadır. Bu maddi dünyada, belli bir ağaçtan belirli bir çeşit
meyve alırsınız ama Kṛṣṇaloka'da ve ek olarak diğer tüm Vaikuṇṭha
gezegenlerinde ağaçların tümü spiritüeldir ve bütün arzularını yerine
getirebilir. Bu *Brahma-saṁhitā'da* açıklanır: *cintāmaṇi-prakara-*
sadmasu kalpa-vṛkṣa.

Bir *vaiṣṇava*ya "talihli" anlamına gelen *mahā-bhāga* olarak hitap
edilir. Bir *vaiṣṇava* haline gelen ve Tanrı bilinçli olan kişinin çok talihli
olduğu kabul edilir.

Caitanya Mahāprabhu canlı varlıkların evrenin her tarafında
farklı gezegensel sistemlerde farklı yaşam türleri şeklinde dolaştığını
açıklamıştır. Bir canlı varlık istediği ve kendisini hazırladığı her yere,
cehenneme ya da cennete gidebilir. Birçok cennetsel gezegen, birçok

Ebedi Dine Dönüş

cehennemsel gezegen ve birçok yaşam türü bulunmaktadır. 8,400,000 yaşam türü vardır. Canlı varlık bu türlerden geçerek ve şu anki yaşamındaki zihniyetine göre bedenler yaratarak sırayla yer değiştirir. Ne ekersen, onu biçersin.

Caitanya Mahāprabhu, maddi dünyada gezen tüm bu sayısız canlı varlık arasından herkesin değil, birinin talihli olduğunu söyler. Eğer herkes talihli olsaydı, hepsi Kṛṣṇa bilincini benimserdi. Bu her yerde bedava dağıtılır. Fakat neden insanlar kabul etmiyor? Çünkü onlar talihsiz. Bu sebeple Caitanya Mahāprabhu, sadece talihli olanların bu Kṛṣṇa bilincini kabul ettiğini ve umut veren, memnuniyet verici, saadet dolu yaşama, bir yaşam bilgisine sahip olduğunu söyler.

Kapı kapı dolaşarak talihsiz insanları talihli yapmak bir *vaiṣṇava*nın görevidir. Bir *vaiṣṇava* şöyle düşünür: "Bu insanları cehennemsi yaşamlarından nasıl kurtarabilirim?" Parīkṣit Mahārāja'nın sorguladığı şey buydu. "Efendim, kişinin günahkâr eylemlerinden ötürü cehennemsi yaşam konumuna ya da cehennemsi gezegensel sistemlere yerleştirildiğini açıkladınız. Şimdi böylesi kişilerin kurtulabileceği yöntemler nelerdir?" Soru buydu. Bir *vaiṣṇava* geldiği zaman, Tanrı geldiği zaman ya da Tanrı'nın oğlu veya O'nun çok güvenilir adananları geldiğinde onların tek görevi ıstırap çeken günahkâr insanları kurtarmaktır. Onlar bunu nasıl yapacaklarını bilirler.

Prahlāda Mahārāja, Nṛsiṁha-deva ile karşılaştığında şöyle söyledi;

naivodvije para duratyaya-vaitaraṇyās
tvad-vīrya-gāyana-mahāmṛta-magna-cittaḥ
śoce tato vimukha-cetasa indriyārtha-
māyā-sukhāya bharam udvahato vimūḍhān

Prahlāda der ki *"Benim sevgili Rabb'im*, kendi kurtuluşum için çok endişeli değilim." [*Śrīmad-Bhāgavatam* 7.9.43] *Māyāvādī* filozofları kişisel kurtuluşlarının kesintiye uğramaması için çok dikkatlidirler. Şöyle düşünürler: "Eğer başkaları ile beraberken bu bilgiyi yaymaya gidersem düşebilirim ve farkındalığım sona erer." Bu yüzden gelmezler. Sadece *vaiṣṇavalar* düşme riski pahasına gelir, ama onlar düşmez. Koşullanmış ruhları kurtarmak için cehenneme bile gidebilirler.

299

Bu Prahlāda Mahārāja'nın vazifesiydi. O, şöyle der, *naivodvije*: "Ben bu maddi dünyada yaşamaya çok hevesli değilim."

Prahlāda Mahārāja şöyle devam eder, "Ben kendim için endişelenmiyorum çünkü bir şekilde daima Kṛṣṇa bilinçli olmak için yetiştirildim". Kṛṣṇa bilinçli olduğu için bir sonraki yaşamında Kṛṣṇa'ya gideceğinden emindi. *Bhagavad-gītā*'da eğer bir kişi Kṛṣṇa bilinçli düzenleyici ilkeleri dikkatlice yerine getirirse bir sonraki yaşamında en yüce varış yerine erişeceğinin kesin olduğu belirtilir.

Prahlāda Mahārāja şöyle devam eder: "Benim için yalnızca tek bir endişe kaynağı bulunuyor." Sadece anlamaya çalışın. Kendi için kaygısı olmadığı halde yine de kaygılanıyordu. Şöyle demişti, *śoce tato vimukha-cetasaḥ*: "Kṛṣṇa bilinçli olmayan insanlar için kaygılıyım. Benim kaygım budur. Kendim için kaygılanmıyorum ama Kṛṣṇa bilinçli olmayanları düşünüyorum." Niçin Kṛṣṇa bilinçli değiller? *Māyā-sukhāya bharam udvahato vimūḍhān.* Bu ahmaklar geçici mutluluk uğruna hilekâr bir medeniyet yarattı.

Māyā-sukhāya. Aslında bu gerçek. Biz hilekâr bir uygarlığa sahibiz. Her yıl bir sürü araba üretiliyor ve bu amaçla bir sürü yol kazılıp hazırlanmak zorunda. Bu problem ardına problem yaratıyor. Bu yüzden bu *māyā-sukhāya*, yanıltıcı mutluluktur ve yine de bu şekilde mutlu olmaya çalışıyoruz. Mutlu olmak için bir yol üretmeye çalışıyoruz ancak bu sadece başka problemler yaratıyor.

En çok araba sizin ülkenizde var ama bu hiçbir problemi çözmüyor. Yaşamın problemlerini çözmesine yardımcı olması için arabalar ürettiniz fakat ben bunun daha da çok sorun yarattığını deneyimledim. Öğrencim Dayānanda beni Los Angeles'ta bir doktora götürmek istediğinde ben daha bir doktora danışamadan otuz mil yol gitme sıkıntısını çekmek zorunda kaldım. Bir kez araba yarattınız mı o zaman arkadaşınızla görüşmek için otuz ya da kırk mil yol gitmek zorundasınız.

New York'tan Boston'a bir saatte uçabilirsiniz ama yalnızca havaalanına varmak bundan daha uzun sürüyor. Bu duruma *māyā-sukhāya* denir. *Māyā* "sahte", "yanıltıcı" anlamına gelir. Çok rahat bir durum yaratmaya çalışıyoruz ama biz başka bir rahatsız durum yaratmış oluyoruz. Bu maddi dünyanın tarzıdır. Tanrı tarafından sunulan doğal rahatlıklardan tatmin olmuyorsak ve yapay rahatlık yaratmak istiyorsak bu durumda biraz rahatsızlık da yaratmak zorundayız. Çoğu insan bunu bilmiyor. Çok rahat bir durum yarattıklarını düşünüyorlar fakat aslında geçimlerini kazanmak üzere ofise gitmek için elli mil yol ve geri gelmek için de elli mil yol kat etmek zorundalar. Böyle koşullar yüzünden, *Prahlāda Mahārāja* bu *vimūḍhaların* yani materyalist insanların, bu budalaların yalnızca geçici mutluluk uğruna kendileri üzerinde gereksiz bir yüke neden olduklarını söyler. *Vimūḍhān / māyā-sukhāya bharam udvahataḥ*. Bu nedenle Vedik medeniyetinde kişinin kendini bu maddi yaşamdan özgür bırakıp *sannyāsa* olması, feragat yaşamını seçip hiçbir kaygı olmadan spiritüel yaşamı yerine getirmesi önerilir.

Kişi Kṛṣṇa bilincini aile hayatı içerisinde gerçekleştirebilirse bu çok iyidir. Bhaktivinoda Ṭhākura bir aile reisiydi, bir sulh hakimiydi ve yine de adanma hizmetini çok güzel uyguladı. Dhruva Mahārāja ve Prahlāda Mahārāja *gṛhasthalardı* yani aile yaşamındaydılar ama onlar kendilerini öyle bir şekilde eğittiler ki aile reisi olarak bile hizmetlerinde hiçbir kesintiyle karşı karşıya kalmadılar. Bu yüzden Prahlāda Mahārāja şöyle söyler, "Ben daima Kṛṣṇa bilincinde kalmanın sanatını öğrendim". Nedir bu sanat? *Tvad-vīrya-gāyana-mahāmṛta-magna-cittaḥ*. Sadece Rabb'in zafer eylemlerini ve oyunlarının yüceltilmesidir. *Virya* "çok kahramanca" anlamına gelir.

Kṛṣṇa'nın faaliyetleri kahramancadır. Bunları, *Kṛṣṇa, Tanrı'nın Yüce Şahşiyeti* kitabında okuyabilirsiniz. Kṛṣṇa'nın adı, O'nun ünü, O'nun faaliyetleri, O'nun beraberlikleri ve O'nunla ilgili olan diğer her şey kahramancadır. Prahlāda Mahārāja bu bağlamda şöyle der, "Nereye gidersem gideyim, Senin kahramanca faaliyetlerini yüceltip güvende olabileceğime eminim. Benim düşmem söz konusu değil. Ancak ben yalnızca, daima sıkı çalışmakla meşgul oldukları bir çeşit medeniyet yaratan bu insanlar için endişeleniyorum".

Sonra Prahlāda ekler:

prāyeṇa deva munayaḥ sva-vimukti-kāmā
maunaṁ caranti vijane na parārtha-niṣṭhāḥ
naitān vihāya kṛpaṇān vimumukṣa eko
nānyaṁ tvad asya śaraṇaṁ bhramato 'nupaśye

Benlik İdraki Bilimi

"Sevgili Rabb'im, kendi kurtuluşu ile ilgilenen bir sürü aziz kişi ve bilge bulunmaktadır". [*Śrīmad-Bhāgavatam* 7.9.44] *Munayaḥ*, "aziz kişiler" ya da "filozoflar" anlamına gelir. *Prāyeṇa deva munayaḥ sva-vimukti-kāmāḥ:* onlar kendi kurtuluşlarıyla çok ilgililer. Himalaya Dağları gibi ıssız yerlerde yaşamaya çalışıyorlar. Kimseyle konuşmuyorlar ve şehirdeki sıradan insanlara karışıp rahatsız edilmekten ya da belki hatta düşmekten her zaman korkuyorlar. "En iyisi ben kendimi kurtarayım" diye düşünüyorlar.

Prahlāda Mahārāja bu gibi azizlerin, insanların bütün gün ve gece çok sıkı bir çalışma medeniyeti yarattığı şehirlere gelmemelerinden pişmanlık duyar. Bu azizler pek merhametli değildir. O der ki, "Yalnızca duyu tatmini için gereksiz yere bu kadar çok çalışan düşmüş insanlar için kaygılıyım."

Çok çalışmanın bir anlamı olsaydı bile insanlar bunun ne olduğunu bilmiyorlar. Tek bildikleri cinsellik. Ya bir çıplaklar dansına ya da bir çıplaklar kulübüne veya şunu ya da bunu yapmaya gidiyorlar. Prahlāda Mahārāja şöyle der: *naitān vihāya kṛpaṇān vimumukṣa ekaḥ.* "Rabb'im, benim tek başıma kurtuluşa ihtiyacım yok. Tüm bu budalaları beraberimde götürmedikçe gitmeyeceğim." Tüm bu düşmüş ruhları beraberinde götürmeden Tanrı'nın krallığına gitmeyi reddeder. Bu bir *vaiṣṇava*dır. *Nānyaṁ tvad asya śaraṇaṁ bhramato 'nupaśye:* "Ben yalnızca onlara sana nasıl teslim olacaklarını öğretmek istiyorum. Hepsi bu. Benim amacım bu."

Vaiṣṇava, bir kişinin teslim olur olmaz, yolunun açıldığını bilir. *Naivodvije para duratyaya-vaitaraṇyās tvad-vīrya-gāyana-mahāmṛta-magna-cittaḥ:* "Öyle ya da böyle, bırakın Kṛṣṇa'nın önünde eğilsinler". Bu basit bir yöntemdir. Tek yapmanız gereken inançla Kṛṣṇa'nın önünde eğilip şöyle demektir, "Rabb'im Kṛṣṇa, ben bu kadar uzun zamandır, birçok yaşamlar boyunca seni unuttum. Şimdi bilinçlendim; lütfen beni kabul et". Hepsi bu. Kişi sadece bu tekniği öğrenirse ve içtenlikle kendini Rabb'e teslim ederse onun yolu hemen açılır. Bunlar bir *vaiṣṇava*nın felsefi düşünceleridir. Bir *vaiṣṇava* daima düşmüş ruhların nasıl kurtarılabileceğini düşünür. Her zaman o yönde, tıpkı *Gosvāmīler* gibi planlar yapmayla yoğrulur. Doğrudan Rab Caitanya'nın öğrencileri olan Vṛndāvana'nın altı *Gosvāmīleri'*nin işi neydi? Śrīnivāsa Ācārya tarafından belirtilir:

nānā-śāstra-vicāraṇaika-nipuṇau sad-dharma-saṁsthāpakau
lokānāṁ hita-kāriṇau tri-bhuvane mānyau śaraṇyākarau
rādhā-kṛṣṇa-padāravinda-bhajanānandena mattālikau
vande rūpa-sanātanau raghu-yugau śrī-jīva-gopālakau

"Altı *Gosvāmīler* yani Śrī Sanātana Gosvāmī, Śrī Rūpa Gosvāmī, Śrī Raghunātha Bhaṭṭa Gosvāmī, Śrī Raghunātha dāsa Gosvāmī, Śrī Jīva Gosvāmī, ve Śrī Gopāla Bhaṭṭa Gosvāmī tüm insanların yararı için ebedi dini ilkeleri kurmak gayesiyle ortaya çıkmış kutsal metinleri dikkatlice gözden geçirerek çalışmakta çok ustaydılar. Onlar daima *gopīler*in ruh haliyle yoğrulmuş şekilde ve Rādhā ile Kṛṣṇa'nın transandantal aşk hizmetiyle meşguldür". [*Ṣaḍ-gosvāmy-aṣṭaka* 2]

Benzer bir *vaiṣṇava* merhametiyle Parīkṣit Mahārāja da Śukadeva Gosvāmī'ye der ki: "Yaşamın farklı türde cehennemsi koşullarını tanımladın. Şimdi bana bu acı çekenlerin nasıl kurtarılabileceğini anlat. Lütfen bunu bana açıkla."

adhuneha mahā-bhāga
yathaiva narakān naraḥ
nānogra-yātanān neyāt
tan me vyākhyātum arhasi

Nara, düşmüş olan insanlar anlamına gelir. *Narakān naraḥ / nānogra-yātanān neyāt tan me:* "Onlar şiddetli ıstıraplarından ve korkunç acılarından nasıl kurtarılabilirler?" Bu bir *vaiṣṇava*nın yüreğidir. Mahārāja Parīkṣit şöyle der: "Öyle ya da böyle bu cehennemsi koşullara düştüler. Ama onların bu durumda kalmaları gerektiği anlamına gelmez. Kurtarılabilecekleri bir yol olmalı, öyleyse lütfen bana bunu açıkla."

Śukadeva Gosvāmī yanıt verdi:

na ced ihaivāpacitiṁ yathāṁhasaḥ
kṛtasya kuryān mana-ukta-pāṇibhiḥ
dhruvaṁ sa vai pretya narakān upaiti
ye kīrtitā me bhavatas tigma-yātanāḥ

"Evet, farklı cehennemsi koşulları ve çok haşin, ıstırap dolu yaşamı zaten anlattım lakin kişi buna karşı koymalı". *[Śrīmad-Bhāgavatam* 6.1.7]

Bu nasıl yapılabilir? Günahkâr eylemler çeşitli şekillerde işlenir. "Şu adamı öldürmeliyim" diye düşünerek günahkâr eylemlerde bulunabilir ya da bunun için bir plan yaparız. Her iki şekilde de bu günahtır. Zihin düşündüğü, hissettiği ve arzuladığı zaman bu durumda eylem de vardır.

Geçen gün bir kitapta eğer birinin köpeği siz yoldan geçerken size havlarsa, bunun yasalara göre köpeğin sahibinin işlediği bir suç olduğunu okuyordum. Hiç kimse havlayan köpekler tarafından korkutulmak zorunda kalmamalı, öyleyse kişi köpeğiyle ilgilenmeli. Bunu okudum. Bu sizin ülkenizde yasadır. Köpek sadece havlıyor ama bu günah. Köpek sorumlu değil çünkü o bir hayvan ama köpeğin sahibi köpeği en iyi arkadaşı yaptığı için kanunlara göre o sorumludur. Eğer yabancı bir köpek sizin evinize girerse öldürülemez ama köpeğin sahipleri aleyhinde dava açılabilir.

Tıpkı köpeğin havlamasının kanuna aykırı olması gibi, siz de başkalarının aleyhinde çirkin bir şey konuştuğunuz zaman bu bir günahtır. Bu tıpkı havlamak gibidir. Bu nedenle günahkâr eylemler birçok şekilde işlenir. İster günahkâr eylemler hakkında düşünelim ister günahkâr bir şey konuşalım ya da gerçekten günahkâr bir eylemde bulunalım, bunların hepsi günahkâr eylemler varsayılır. *Dhruvaṁ sa vai pretya narakān upaiti.* Kişi böylesi günahkâr eylemlerinin cezasını çekmek zorundadır.

İnsanlar bir sonraki yaşama inanmıyor çünkü bu can sıkıcı durumdan kaçınmak istiyorlar. Ancak bundan kaçamayız. Yasaya göre hareket etmeliyiz yoksa cezasını çekeriz. Benzer şekilde, Tanrı'nın yasasından kaçamam. Bu mümkün değildir. Başkalarını kandırabilirim, hırsızlık yapabilir ve kendimi devlet yasasının cezasından kurtaracak şekilde saklayabilirim, fakat kendimi yüce kanun olan doğanın yasasından kurtaramam. Bu çok zor. Birçok tanık bulunmaktadır. Gün ışığı tanıktır, ay ışığı tanıktır ve Kṛṣṇa yüce tanıktır. "Ben bu günahı işliyorum ama kimse beni göremez" diyemezsiniz.

Kṛṣṇa kalbinizde oturan yüce tanıktır. Ne düşündüğünüzü ve ne yaptığınızı kaydeder. Aynı zamanda size olanak da verir. Eğer duyularınızı tatmin etmek için bir şey yapmak isterseniz, Kṛṣṇa o iş için size olanak verir. *Bhagavad-gītā*'da belirtilir. *Sarvasya cāhaṁ hṛdi sanniviṣṭaḥ:* "Ben herkesin kalbinde oturuyorum". *Mattaḥ smṛtir jñānam apohanaṁ ca: [Bhagavad-gītā* 15.15] "Hatırlama, bilgi ve unutkanlık benden gelir."

Kṛṣṇa bize bu şekilde bir şans verir. Kṛṣṇa'yı istiyorsanız, o zaman size O'na sahip olmak için bir şans verecektir ama Kṛṣṇa'yı istemiyorsanız o halde size unutmak için bir şans verecektir. Kṛṣṇa'yı yani Tanrı'yı unutarak hayattan zevk almak isterseniz o zaman da size unutabilmeniz için tüm olanakları verecektir ve eğer Kṛṣṇa bilinciyle hayattan zevk almak isterseniz o zaman size Kṛṣṇa bilincinde ilerleme kaydetme şansını verecektir. Bu size kalmıştır.

Kṛṣṇa bilinci olmadan mutlu olabileceğinizi düşünüyorsanız, Kṛṣṇa'nın buna itirazı yoktur. *Yathecchasi tathā kuru.* Arjuna'ya nasihat verdikten sonra Kṛṣṇa şöyle dedi: "Şimdi sana her şeyi açıklamış oldum. Ne diliyorsan onu yapabilirsin." Arjuna hemen cevap verdi, *kariṣye vacanaṁ tava: [Bhagavad-gītā* 18.73] "Şimdi talimatını yerine getireceğim". Bu Kṛṣṇa bilincidir.

Tanrı sizin az miktardaki bağımsızlığınıza karışmaz. Eğer Tanrı'nın talimatlarına göre hareket etmek isterseniz o zaman Tanrı size yardım edecektir. Bazen düşseniz bile eğer samimi olarak "şu andan itibaren Kṛṣṇa bilincinde kalayım ve O'nun talimatlarını yerine getireyim" derseniz o zaman Kṛṣṇa size yardım edecektir. Her koşulda yani düşseniz bile O sizi mazur görecek ve size daha çok zekâ verecektir. Zekânız size, "Bunu yapma. Şimdi vazifene devam et" diyecektir. Ama eğer Kṛṣṇa'yı unutmak ve Kṛṣṇa olmadan mutlu olmak isterseniz, O size yaşamlar boyunca Kṛṣṇa'yı unutacağınız bir sürü fırsat verecektir.

Parīkṣit Mahārāja burada şöyle der: "Tanrı yok dersem bu Tanrı'nın var olmadığı ya da yaptığım şeyden sorumlu olmayacağım demek değildir." Bu ateist bir teoridir. Ateistler Tanrı'yı istemez çünkü onlar daima günahkârdır. Eğer Tanrı olduğunu düşünselerdi o zaman cezalandırılma fikriyle tüyleri diken diken olmaya zorlanırlardı. Bu nedenle Tanrı'nın varlığını inkâr ederler. Onların yolu budur. Onlar Tanrı'yı kabul etmezlerse ceza olmadığını ve ne isterlerse onu yapabileceklerini düşünürler.

Tavşanlar büyük hayvanlar tarafından saldırıya uğradıklarında gözlerini kapatır ve "öldürülmeyeceğim" diye düşünürler. Ama her halükârda öldürülürler. Benzer şekilde, biz Tanrı'nın varlığını ve Tanrı'nın kanununu inkâr edebiliriz ama yine de Tanrı ve O'nun kanunu oradadır. Yüksek mahkemede "devlet kanunlarını umursamıyorum" diyebilirsiniz ama devletin yasasını kabul etmeye zorlanırsınız. Devletin kanununu inkâr ederseniz o zaman hapse girip, ıstırap çekeceksiniz. Benzer şekilde budalaca "Tanrı yok" ya da "Ben Tanrıyım" diyerek Tanrı'nın varlığını inkâr edebilirsiniz, ama yine de hem iyi hem kötü tüm hareketlerinizden sorumlu olursunuz. İyi ve kötü olamk üzere iki çeşit eylem vardır. Eğer incelikle hareket eder ve erdemli eylemlerde bulunursanız o zaman iyi talihiniz olur ve eğer günahkârca hareket ederseniz o zaman da ıstırap çekmek zorunda kalırsınız. Bu nedenle Śukadeva Gosvāmī şöyle söyler:

tasmāt puraivāśv iha pāpa-niṣkṛtau
yateta mṛtyor avipadyatātmanā
doṣasya dṛṣṭvā guru-lāghavaṁ yathā
bhiṣak cikitseta rujāṁ nidāna-vit
[*Śrīmad-Bhāgavatam* 6.1.8]

Farklı çeşitlerde kefaretler vardır. Bir günah işler ve başka bir şeyle onun etkisini gidermek isterseniz, o kefarettir. Hristiyan İncil'inde bunun örnekleri bulunur. Śukadeva Gosvāmī der ki: "Sorumlu olduğunuzu bilmelisiniz ve günahkâr yaşamın ağırlığına göre *śāstralar*da, kutsal metinlerde tarif edilen belirli bir kefareti kabul etmelisiniz".

Aslında, tıpkı kişinin hastalandığında bir doktora gitmek zorunda olup kefaret olarak muayene faturasını ödemesi gibi, Vedik yaşam yoluna göre kişinin işlediği günahlara göre öngörülmüş kefaret için gitmesi gereken bir *brāhmaṇa* sınıfı vardır. Śukadeva Gosvāmī, bir kimsenin öngörülmüş kefareti kişinin günahkâr yaşamının ağırlığına göre ödemek zorunda olduğunu söyler. Örneğe devam eder: *doṣasya dṛṣṭvā guru-lāghavaṁ yathā bhiṣak cikitseta rujāṁ nidāna-vit*. Bir hekime danıştığınız zaman, hastalığın ağırlığına göre ucuz ya da pahalı bir ilaç yazar. Sadece baş ağrınız varsa bir aspirin yazabilir ama eğer çok şiddetli bir hastalığınız varsa, hemen binlerce dolar tutacak cerrahi bir ameliyat yazabilir. Benzer şekilde, günahkâr yaşam hastalıktır, dolayısıyla kişi sağlıklı olmak için öngörülen tedaviyi takip etmelidir. Doğum ve ölüm zincirinin kabul edilmesi ruhun hastalıklı bir durumudur. Ruhun doğumu ve ölümü, hastalığı yoktur çünkü o bir ruh candır. Kṛṣṇa, *Bhagavad-gītā*'da [2.20] şöyle söyler: *na jāyate,* ruhun doğumu yoktur ve *mriyate,* ölümü yoktur. *Nityaḥ śāśvato 'yaṁ purāṇo/ na hanyate hanyamāne śarīre.* Ruh ebedi ve ölümsüzdür. Bu bedenin bozulmasıyla kaybolmaz. *Na hanyate hanyamāne śarīre. Na hanyate,* bu bedenin yok edilmesinden sonra bile öldürülemez ya da yok edilemez anlamına gelir.

Modern uygarlığın eksik noktası ölümden sonra ne olacağı üzerine insanları eğiten hiçbir eğitim sisteminin olmamasıdır. Bu nedenle en noksan eğitim sistemine sahibiz çünkü ölümden sonra ne olduğu bilgisine sahip olmadan kişi bir hayvan gibi ölür. Hayvan başka bir beden alacağını bilmez, böyle bir bilgisi yoktur.

İnsan yaşamı hayvanlaşmak için değildir. Bir kimse sadece yemek, uyumak, cinsellik ve kendini savunmakla ilgilenmemelidir. Yemek için çok hoş bir düzenlemeye ya da uyumak için bir sürü güzel binaya, ya da cinsel hayat için çok iyi bir düzene veya sizi koruyacak iyi bir savunmaya sahip olabilirsiniz ama bu sizin bir insan olduğunuz anlamına gelmez. Bu bir çeşit hayvan medeniyet yaşamıdır. Hayvanlar da yemekle, uyumakla ve seks hayatıyla ilgileniyor ve kendi yöntemlerine göre onlar da savunma yapıyorlar. Eğer kendinizi sadece bedensel doğanın bu dört ilkesiyle meşgul ederseniz, o halde insan yaşamı ile hayvan yaşamı arasındaki ayrım nerede?

Ayrım, bir insan sorgulama yaptığında ortaya çıkar. "Neden bu sefil durumun içindeyim? Bunun bir çaresi var mı? Kalıcı ebedi bir yaşam var mı? Ölmek istemiyorum. Ben mutlu ve huzurlu yaşamak istiyorum. Bunun için bir şans var mı? O yöntem nedir? O bilim nedir?" Ne zaman bu sorular oluşursa ve cevapları bulmak için adım atılırsa, buna insan medeniyeti diyebiliriz. Yoksa köpek gibi bir medeniyet, yani hayvan medeniyetidir.

Hayvanlar eğer yiyebilirse, uyuyabilirse, biraz cinsel hayatı olursa ve biraz kendilerini savunabilirse tatmin olurlar. Gerçekte savunma

Benlik İdraki Bilimi

diye bir şey yoktur çünkü kimse kendini zalim ölümün pençelerinden koruyamaz. Örneğin, Hiraṇyakaśipu sonsuza dek yaşamak istedi ve bunun için ağır feragatlerde bulundu. Şimdi sözde bilim insanları bilimsel yöntemlerle ölümü durduracağız diyorlar. Bu da bir diğer çılgın laf. Bu mümkün değil. Bilimsel bilgide büyük ilerleme kaydedebilirsiniz fakat yaşamın dört problemi olan doğum, ölüm, yaşlılık ve hastalığın bilimsel çözümü yoktur. Akıllı olan kimse bu başlıca dört sorunu çözmeye hevesli olacaktır. Kimse ölmek istemez. Ancak bunun bir çaresi bulunmaz. Ölmeye mecburum. Herkes bir sürü doğum kontrol metodu kullanarak nüfus artışını durdurmaya çok meraklıdır ama hala doğumlar devam etmektedir. Dolayısıyla ölümü ve doğumu engelleme söz konusu değildir. Bilimsel metotlarınızla güncel ilaçlar bulabilirsiniz ama hastalığı durduramazsınız. Sadece bir tablet alarak hastalığa son vermek mümkün değildir.

Bhagavad-gītā'da denir ki, *janma-mṛtyu-jarā-vyādhi-duḥkha-doṣānudarśanam:* kişi yaşamın tüm problemlerini çözmüş olduğunu düşünebilir ancak doğum, ölüm, yaşlılık ve hastalık problemlerinin çözümü nerede? O çözüm Kṛṣṇa bilincidir.

Kṛṣṇa ayrıca aynı kitapta şöyle der:

> *janma karma ca me divyam*
> *evaṁ yo vetti tattvataḥ*
> *tyaktvā dehaṁ punar janma*
> *naiti mām eti so 'rjuna*
> *[Bhagavad-gītā 4.9]*

Her birimiz her an bedenlerimizi bırakıyoruz. Bu bedeni bırakmanın en son safhasına ölüm denir. Ama Kṛṣṇa, "Bir kimse benim belirişimi ve gözden kayboluşumu ve faaliyetlerimi yüzeysel olarak değil, gerçekten anlarsa, bu bedeni bıraktıktan sonra tekrar asla bir maddi beden almaz" der.

Böyle bir kişiye ne olur? *Mām eti* – Kṛṣṇa'ya geri döner. Eğer Kṛṣṇa'ya gideceksiniz, o halde spiritüel bedeninizi hazırlamak zorundasınız. Bu Kṛṣṇa bilincidir. Kendinizi Kṛṣṇa bilincinde tutarsanız o zaman yavaş

yavaş sizi derhal Kṛṣṇaloka'ya, Kṛṣṇa'nın mekânına taşıyacak olan bir sonraki bedeniniz, spiritüel bedeninizi hazırlarsınız ve siz mutlu olacaksınız. Orada ebediyen huzurlu olarak yaşayacaksınız.

Onlar Kṛṣṇa İçin Her Şeylerini Verdiler Ve Bu Asla Bir Hata Değildir

Lynne Ludwig'e yazmış olduğu bu mektupta, Śrīla Prabhupāda şöyle diyor: "Lütfen sevgili öğrencilerimi yaptıkları herhangi bir şefkatsizlik veya düşüncesizlik için affedin. Her şeyden önce, bir kimsenin yaşamını Rabb'e hizmet etmek için tamamen bırakması hiç kolay bir şey değildir. Māyā veya yanılgı olan maddi enerji, onun hizmetinden ayrılıp adanan olan kimselere karşı tekrar tuzağa düşürmek için özellikle çok sıkı bir şekilde çalışır... Onlar māyānın aşkından veya şehvetinden biraz özgürleştiler ve Kṛṣṇa'nın aşkını veya sonsuz, tam değerli aşkı istiyorlar ancak henüz bu noktaya tam ulaşmış değiller, hepsi bu."

Ekselansları:

Lütfen bu mektubu Sevgiyle kabul edin... K-Mart; Zan Fernando. Farklı zamanlarda oğullarınızdan ikisiyle konuştuk. Her ikisinin de karşılaştıkları insanlara karşı çok negatif bakış açıları vardı.

Bunun hiçbir şekilde olması gerektiği gibi olduğunu zannetmeyin.

Bu delikanlılar Tanrı'yı temsil etmek için değişmişler. Bu içten gelir. Bakış açıları merhametli olmalıdır. Biz bunu fark ettik; bu sebepten bu küçük cennet parçalarını bu insanların ortasına yerleştirmeden önce dikkatle seçin. Aksi halde sizin amacınızı bozguna uğratacaktır.

Aşkı olduğu gibi... Olduğu gibi bırakın; Aşkla ya da asla.

Dualarım sizinle olsun... Ve sizin dualarınızın da benimle olmasını dilerim.

Tanrı ile kalın, kutlu olun,
Lynne Ludwig

310

Sevgili Lynne Ludwig,

Lütfen hayır dualarımı kabul edin. Califorıya'dan mektubunuzun ulaştığını ve içeriğini dikkatlice not ettiğimi bilgilerinize sunarım. Bununla birlikte Hindistan'da geniş çapta bir seyahat ve vaaz turunda olduğumdan dolayı, şimdiye kadar size cevap verme şansım olmadı. Şikâyetiniz, Kaliforniya'da genç öğrencilerimden ikisiyle karşılaştığınız ve "karşılaştıkları insanlara karşı çok negatif bir bakış açıları" olduğunu gözlemlemeniz. Tabi ki olayı ve koşulların ne olduğunu bilmiyorum ancak şefkatsiz ve düşüncesiz tavırları için lütfen sevgili öğrencilerimi affedin. Her şeyden önce, bir kimsenin yaşamını Rabb'e hizmet etmek için tamamen bırakması hiç kolay bir şey değildir. *Māyā* veya yanılgı olan maddi enerji, onun hizmetinden ayrılıp adanan olan kimselere karşı tekrar tuzağa düşürmek için özellikle çok sıkı çalışır. Bu sebeple *māyā*nın saldırılarına göğüs germek ve baştan çıkarıcılığın tüm koşulları altında güçlü kalmak için, genç veya tecrübesiz adananlar adanma hizmetinin acemilik aşamasında bazen onların hassas adanma sarmaşığına zararlı veya tehditkâr olabilecek şeylere veya kişilere karşı davranışlar sergileyeceklerdir. Bu hisler içinde sadece kendilerini korumak için aşırı düşkünlük gösterebilirler ve böylece muhtemelen hala kendileri *māyā*nın maddi enerjisi tarafından çok fazla aklı başından alınmış, negatif veya karamsar olan adanmamış kişiler gibi gözükeceklerdir.

Ancak asıl gerçek, bu maddi dünyanın sefil, olumsuz bir yer olması ve her adımda tehlikelerle dolu olmasıdır: *duḥkhālayam asāsvatam*. Ölüm, doğum, hastalık ve yaşlılığın geçici mekânı, sadece ıstırap ve acının yuvasıdır. Bu şeyleri anlama mertebesine ulaşmak çok yaygın değildir ve bu sebeple buraya ulaşan kişiler "yüce ruhlar" olarak tanımlanır.

mām upetya punar janma
duḥkhālayam aśāśvatam
nāpnuvanti mahātmānaḥ
saṁsiddhiṁ paramāṁ gatāḥ

Benlik İdraki Bilimi

Bu dizelerin anlamı, maddi dünyanın mutsuzluk ve geçici bir yer olduğunu anlayan kişilerin (*duḥkhālayam asāsvatam*), buraya asla geri dönmeyecekleri ve onların *māhātmānaḥ* yüce ruhlar olduklarıdır. Kṛṣṇa her zaman onları himayesi altına alır çünkü onlar O'nun saf adananı olarak bu kirli yerden kurtulmak için kendilerini vasıflandırırlar. Bu kıta *Bhagavad-gītā*'da [8.15] Kṛṣṇa'nın, Tanrı'nın kendisi tarafından söylenmiştir. Kim ondan daha nihai otorite olabilir ki? Önemli nokta spiritüel yaşamda ilerleme kaydetmektir. Kişi maddi olan her şeyi Kṛṣṇa'nın hizmetine ve memnuniyetine sunmadıkça karamsar bir şekilde görmelidir. Bizim, bu kaba madde diyarı içinde herhangi şehvet zevkleri veya derin arzu memnuniyeti için çok ümidimiz yok. Mektubunuzda birkaç defa "aşk" kelimesini işaret ettiniz ancak asıl gerçek bu maddi dünyada aşkın olmamasıdır. Bu yanlış bir propagandadır. Burada aşk diye isimlendirdikleri şey sadece şehvet ve kişisel duyu tatmini için olan arzulardır:

kāma eṣa krodha eṣa
rajo-guṇa-samudbhavaḥ
mahāśano mahā-pāpmā
viddhy enam iha vairiṇam

Kṛṣṇa, öğrencisi Arjuna'ya şöyle der: "Bu sadece şehvettir... bu dünyayı yiyip yutan, günahkâr bir düşman." [*Bhagavad-gītā* 3.37] Vedik dilde, günümüzde adlandırdığımız materyalist "aşk" kelimesi için bir kelime bulunmamaktadır. *Kāma* kelimesi aşk değil, şehvet veya maddi arzuyu tanımlar ancak *Vedalar*da gerçek aşk için kişinin sadece Tanrı'ya olan aşkı olan *premā* kelimesini buluruz. Tanrı aşkının dışında, başka bir aşkın olma ihtimali yoktur. Daha çok şehvet arzusu bulunur. Bu maddi atmosfer içinde, sadece insanlar değil, tüm canlıların faaliyetleri geniş çapta dişi ve erkek arasındaki çekim üzerine kurulur, güdüler takip edilir ve böylece seks arzusu ile kirlenir. Tüm evren cinsel hayat etrafında dönüyor ve acı çekiyor! Bu acı bir gerçektir. Sözde aşk kelimesi burada "benim duyularımı tatmin et, ben de senin duyularını tatmin edeceğim" demektir ve bu tatmin biter bitmez hemen boşanma, ayrılma, şiddet ve kin oluşur. Bu yanlış aşk kavramı altında birçok şey olur biter. Hakiki aşk, Tanrı yani Kṛṣṇa aşkıdır.

Herkes sevme eğilimini kendince değerli olan bir nesneye yönlendirmek istiyor. Ancak mesele sadece cehalettir, çünkü insanların gerçekten kabul etmeye ve sevgisinin karşılığını vermeye değecek o yüce sevilesi nesneyi nerede bulacağına dair yeterli bilgisi bulunmamaktadır. İnsanlar sadece bilmiyorlar. Düzgün bir bilgi mevcut değil. Herhangi maddi bir şeye bağlandığınızda sizin yüzünüze tekme atacak, durumunuzu kötüleştirecek ve de hayal kırıklığına uğratacaktır. Sizi küstürmeye ve hüsrana uğratmaya mecburdur. Bu gerçektir. Ancak ülkenizdeki ve dünyanın diğer yerlerindeki bu genç delikanlılar bunu benimsiyorlar, "Evet, bu hakikat" diyorlar ve doğru bilgiyi Kṛṣṇa'dan ediniyorlar:

bahūnāṁ janmanām ante
jñānavān māṁ prapadyate
vāsudevaḥ sarvam iti
sa mahātmā su-durlabhaḥ

"Birçok doğum ve ölümlerden sonra, gerçekten akıllı olan kişi Bana teslim olur, Beni tüm sebeplerin sebebi olarak bilir ve her şey olarak görür. Böyle bir ruh çok nadirdir." [*Bhagavad-gītā* 7.19] Kṛṣṇa tekrar *mahātmā*, yüce ruh kelimesini kullanır. Bu sebepten karşılaştığınız adananlarımız sıradan delikanlılar ve kızlar değiller. Hayır. Onlar aslında akıllı, yüce ruhlar olarak düşünülür çünkü birçok doğumlarında maddi hayatın acı hastalıklarını tecrübe etmişler ve artık bundan bıkmışlardır. Bu sebeple daha yüksek bir bilgi, daha iyi bir şeyler arıyorlar ve Kṛṣṇa'yı bulduklarında ve O'na teslim olduklarında, bilgide konumlanmış *mahātmālar* oluyorlar. Bu maddi dünya bir hapishane gibidir; bizleri bezdirme noktasına getirmek, en sonunda Kṛṣṇa'ya teslim olmak ve mutlu, bütün bilgi içindeki ebedi hayatta orijinal doğamıza dönüş için bir cezalandırma yeridir. Bu sebeple, *sudurlabhaḥ* diye adlandırılan şeyi yaptıkları için insan toplumu içindeki en nadide olan bu adananların kredisidir.

Krsna'ya teslim olmakla kişi aşkını vereceği, nihai hedefi Tanrı'yı bulacaktır. Tanrı aşkı herkeste mevcuttur, tıpkı yanmamış bir kibritteki ateş gibidir ancak üstü örtülüdür. Ama kişi öyle ya da böyle uykudaki Tanrı aşkını geliştirirse ve Kṛṣṇa onun yüce çekici amacı, yüce arkadaşı, yüce ustası ya da yüce aşığı haline gelirse o zaman kişi asla hayal kırıklığına veya mutsuzluğa uğramaz. Aksine, aşk dolu eğilimi haklı olarak yerleşir:

mac-cittā mad-gata-prāṇā
bodhayantaḥ parasparam
kathayantaś ca māṁ nityaṁ
tuṣyanti ca ramanti ca

Hayatını Kṛṣṇa'ya teslim etmiş olan adanan kişi daima "büyük bir memnuniyet ve saadetin" keyfini çıkarır ve devamlı aydınlanır. Daima olumludur, sizin dediğiniz gibi negatif değildir. İleri düzeyde bir adanan herkesin arkadaşıdır. *Yoga-yukto viśuddhātmā*, Kṛṣṇa'ya aşk dolu adanma hizmetiyle meşgul olan saf ruh *sarva-bhūtātma-bhūtātmā*'dır, herkesin dostudur ve herkes de onun için dosttur. Başka bir yerde Kṛṣṇa şöyle hitap eder, *yo mad-bhaktaḥ sa me priyaḥ*, Onun için çok değerli olan adananı, *adveṣṭā sarva-bhūtānāṁ maitraḥ karuṇa eva ca*, kıskanç değil tüm canlı varlıkların candan bir arkadaşıdır. Üstelik bir adananın herkese eşit olması beklenir (*paṇḍitāḥ sama-darśinaḥ*). O, asla "Bu iyi, bu kötü" diyerek ayrım yapmaz. Hayır.

Kṛṣṇa bilincinin daha ileri aşamadaki adanan tarifi, adananların olgunlaşan bilgilerinin gelişimiyle kazanılır. Şu zamanda bizim birçok öğrencimizin çoğu genç delikanlılar. Onlar yavaş yavaş öğreniyorlar ve yöntem çok etkili, kesin ve yetkindir. Onlar sıkı sıkıya bağlanırlarsa, doğru noktaya yani sizin de söylediğiniz gibi aşk noktasına geleceklerdir. Ancak bu aşk maddi değildir, yani yanlış sıradanlığın duygusal platformunda, sıradan ilişkiler gibi değerlendirilmemelidir. Bizim noktamız bu. Bu sebeple, maddi bakış açısıyla bakıldığında onların sevmediği doğru olabilir. Onlar aile, arkadaşlar, eş, ülke, ırk vs. gibi hayatın bedensel kavramı üzerine kurulu ve geçici duyu memnuniyetine olan her düşkünlüğü bıraktılar. Onlar *māyā*nın aşkından veya şehvetinden biraz özgürleştiler ve Kṛṣṇa'nın aşkını veya sonsuz, tam değerli aşkı istiyorlar ancak henüz bu noktaya tam ulaşmış değiller. Hepsi bu. Birçok kötü alışkanlığa sahip olan ülkeniz insanlarının tümünün, et yemeyi, bağımlılık yapan maddeleri, evlilik dışı cinsel

---

Ebedi Dine Dönüş

yaşamı ve diğer birçok çirkin şeyleri aniden bırakmalarını ve bir gecede mükemmel, benlik idrakine varmış ruhlar olmalarını beklemiyoruz. Bu mümkün değil, ütopiktir. Ancak, sadece Kṛṣṇa'nın adananı olarak inisiyasyon almış olmaları onları insan toplumunda en üst kategoriye koyar. *Sa buddhimān manuṣyeṣu sa yuktaḥ kṛtsna-karma-kṛt:* "O, insan toplumundaki en zeki insandır. Sıradan aktivitelerle meşgul olsa bile, o transandantal pozisyondadır." Ve böyle bir adanan spiritüel anlayışın henüz en yüksek seviyesine ilerlememiş olsa bile, onun geçici zayıflığına bakmaksızın en yüksek kişi olarak kabul edilir.

> *api cet su-durācāro*
> *bhajate mām ananya-bhāk*
> *sādhur eva sa mantavyaḥ*
> *samyag vyavasito hi saḥ*

"Bir adanan en berbat hareketi yapmış olsa bile, o uygun yerde bulunduğundan dolayı aziz bir kimse olarak kabul edilir." [*Bhagavad-gītā* 9.30] Sizin de söyleyeceğiniz gibi, "Hata insana mahsustur." Bu sebeple, acemilik döneminde her zaman bazı olumsuzlukları bekleyebiliriz. Lütfen, olaylara bu bakış açısından bakarak onların ufak hatalarını affedin. Büyük olan şey onların her şeyi, hayatlarını Kṛṣṇa'ya bırakmalarıdır ve bu asla bir hata değildir.

En iyi dilekçiniz,
A.C. Bhaktivedanta Svāmī

315

En İyi ve En Güzel
Olanın Farkındalığı

1974'te, Śrīla Prabhupāda tanınmış İrlandalı şair Desmond James Bernard O 'Grady ile Roma'da buluşur: "Benim sizden ricam bu. Siz bir şairsiniz, sadece Tanrı'yı anlatın. Siz anlatmakta uzmansınız ve bu yüzden sizden nazikçe mesleğinizde Tanrı'yı anlatmanızı rica ediyorum. Bu durumda hayatınız başarılı olacaktır..."

Bay O'Grady: *Bhagavad-gītā* baskısı çok güzel.

Śrīla Prabhupāda: Bu, iki yıl içinde beşinci baskımız.

Bay O'Grady: Hare Kṛṣṇa hareketi en çok hangi ülkede başarılı oldu?

Śrīla Prabhupāda: Her yerde. Afrika'da, Amerika'da, Kanada'da, Japonya'da, Çin'de. Ama aslında en çok Amerika'da başarılı oldu. Birçok Amerikalı Kṛṣṇa bilincini benimsedi.

Bay O'Grady: Peki ya burada Roma'da? Polisle sorun yaşadınız mı?

Śrīla Prabhupāda: Her yerde problemlerimiz oluyor. Polis bazen bizi rahatsız ediyor ama genellikle onlar yoruluyor ve sonunda hiçbir şey yapmıyorlar. (Gülüşmeler)

Bay O'Grady: Sistem vazgeçti mi? Bu olağanüstü. Ben bizzat sistemden usandım. Günümüz devlet işleriyle ilgili bir şeyler yanlış. Belki siz bana sistemi nasıl yeneceğime dair tavsiyede bulunabilirsiniz.

Śrīla Prabhupāda: Siz İrlandalılar! Asla savaşmaktan yorulmazsınız.

Bay O'Grady: Hayır. (Gülüşmeler) Bizim içimizde var.

Śrīla Prabhupāda: Aslında kavga hiç durmadan devam ediyor.

Bay O'Grady: Peki siz bu konuda ne yapmamızı önerirsiniz? Demek istediğim, benim burada oturuyor olmam ahlaki olarak doğru mu?

Śrīla Prabhupāda: Yaşamın bedensel kavramıyla, bu bedenler olduğumuzu düşünerek, yanılgı içinde kaldığımız sürece; bir adam "Ben İrlandalıyım", bir diğeri "Ben İtalyanım", "...Ben Amerikanım", ...Ben Hinduyum" ve bunun gibi düşünüyoruz. Bu devam ettiği sürece kavga da devam edecektir. Kedi ve köpekler arasındaki kavgayı durduramazsınız. Onlar niye kavga ederler? Köpek sadece "Ben büyük bir köpeğim" ve kedi de "Ben büyük bir kediyim" diye düşünür. Benzer şekilde eğer biz de "Ben İrlandalıyım" ya da "Ben İngilizim" diye düşünürsek o zaman kedi ve köpeklerden daha iyi bir durumda değiliz. Yaşamın bedensel kavramı içinde kaldığımız sürece kavga olacaktır.

Bay O'Grady: Mahātmā Gandhī Avam Kamarası'nda ne için kavga ediyordu?

Śrīla Prabhupāda: Bu da bir başka hayvanlık. Hiçbir fark yok. Bir köpek, "Ben bir köpeğim" diye düşünür çünkü bir köpek bedenine sahiptir. Eğer ben, bu beden Hint topraklarında doğduğum için Hintliyim diye düşünürsem o zaman köpekten ne farkım kalır? Yaşamın bedensel kavrayışı sadece hayvanlıktır. Bu bedenler değil de ruh canlar olduğumuzu anladığımız zaman barış olacaktır. Başka türlü barış olamaz. *Sa eva go-kharaḥ.* Vedik edebiyatı yaşamın bedensel anlayışında olan bir kişinin aynen bir inek ya da bir eşek gibi olduğunu ifade eder. İnsanlar benliğin bu bayağı anlayışını aşmak zorunda. Bu nasıl yapılır?

> *māṁ ca yo 'vyabhicāreṇa*
> *bhakti-yogena sevate*
> *sa guṇān samatītyaitān*
> *brahma-bhūyāya kalpate*

"Katışıksız adanma hizmetinin spiritüel faaliyetleriyle meşgul olan kimse, hemen maddi doğanın bağlayıcı güçlerini aşar ve spiritüel platforma yükselir." [*Bhagavad-gītā* 14.25]

Bizim toplumumuzda birçok Meksikalı, Kanadalı, Hint, Yahudi ve Müslüman var ancak onlar artık kendilerini Müslüman, Hristiyan, Yahudi ya da her neyse öyle görmüyor. Hepsi Kṛṣṇa'nın hizmetkârları. Buna Brahman farkındalığı denir.

317

Benlik İdraki Bilimi

Bay O'Grady: Aynı zamanda bu da ona bir isim vermektir.
Śrīla Prabhupāda: Evet, mutlaka bir isim olmalıdır. Ancak, örneğin sizin adınız başka bir İrlandalıdan farklı olduğu halde, siz hepiniz her şeye rağmen İrlandalı olduğunuzu düşünüyorsunuz. Kişinin adı farklı olabilir ama fark etmez. Nitelik bir olmalıdır. Gerekli olan budur. Kṛṣṇa'nın niteliğini kazandığımızda, o zaman farklı isimlere rağmen barış olacaktır. Buna *so'ham* denir. Bir milletteki farklı insanların isimleri farklı olabilir fakat bütün insanlar aynı uyruk gibi görünür. Çeşitlilik bulunabilir ama nitelik aynıysa bu birliktir, *brahma-bhūta* [Śrīmad-Bhāgavatam 4.30.20].

> *brahma-bhūtaḥ prasannātmā*
> *na śocati na kāṅkṣati*
> *samaḥ sarveṣu bhūteṣu*
> *mad-bhaktiṁ labhate parām*

"Böylece transandantal olarak sabitlenmiş kişi, hemen Yüce Brahman'ın farkına varır. O asla ne üzülür ne de bir şeye sahip olmayı arzular. Her canlı varlığı eşit derecede sever. Bu halde Bana saf adanma hizmetine erişir." [*Bhagavad-gītā* 18.54]

Bu dünya, maddiyata bulaşmış kişi için berbattır ancak adanan bir kişi için bir kişi için bütün dünya *Vaikuṇṭha* kadar iyidir. Gayri şahsiyetşiler için Brahman safhasına erişmek, Mutlak ile bir olmak son sözdür.

Bay O'Grady: Mutlak dışsal mı yoksa içsel midir?
Śrīla Prabhupāda: Dışsal ya da içsel yoktur. Mutlak için ikilik yoktur.
Bay O'Grady: Tamam ama bireysel düzeyde...
Śrīla Prabhupāda: Biz mutlak değiliz. Mutlak platforma yerleştiğimiz zaman mutlağız. Buna karşın, şu an göreceli dünyadayız. Aynı zamanda Mutlak Hakikat orada, ama bizim duyularımız bu Mutlak Hakikat'i anlamak için yeteri kadar yüksek niteliğe sahip değil. Biz zamanın kontrolü altında olduğumuz sürece mutlak olmamız söz konusu değildir.
Bay O'Grady: Öyleyse "mutlak" zamanın ötesinde anlamına mı geliyor?
Śrīla Prabhupāda: Bu *Bhagavad-gītā*'da [4.9] ifade edilir:

318

Ebedi Dine Dönüş

janma karma ca me divyam
evaṁ yo vetti tattvataḥ
tyaktvā dehaṁ punar janma
naiti mām eti so 'rjuna

"Benim belirişimin ve faaliyetlerimin transandantal doğasını bilen kişi, bedeni terk ettikten sonra tekrar bu maddi dünyada doğmaz. Benim ebedi mekânıma ulaşır, Ey Arjuna."

Mutlak budur: eve dönmek, Tanrı'ya geri dönmek. Kişi maddi dünyada olduğu ve kendini bu bedenle tanımladığı sürece, bir bedenden diğerine göç eder. Bu mutlak değildir. Burada açıkça ifade ediliyor. Kişi spiritüel dünyaya geri gidince mutlak konuma erişir.

Bay O'Grady: Peki ama benim sorum şu: Bizim burada oturmamız yeterli mi? Siz orada oturuyorsunuz ve biz sizinle arkadaş olarak oturup nazik sohbet sanatıyla meşgulken okyanusun ötesinde...

Śrīla Prabhupāda: Kaçırdığınız nokta şu, siz bir yerde oturuyor ve ben de farklı bir yerde oturuyor olduğum halde bu farklılık bizim asıl mevcudiyetimizi etkilemez. İkimiz de insanız. "İrlandalı", "İngiliz", "Protestan", "Katolik" ve bunun gibi kavramlar farklı elbiselerden başka bir şey değildir. Kişi tüm bu unvanlardan kurtulmalıdır. Kişi özgürleştiği zaman arınır.

sarvopādhi-vinirmuktaṁ
tat-paratvena nirmalam
hṛṣīkeṇa hṛṣīkeśa-
sevanaṁ bhaktir ucyate
[Bhakti-rasāmṛta-sindhu 1.1.12]

Duyularınızı arındırıp bu saf arınmış duyuları, duyuların efendisi Kṛṣṇa'nın hizmetiyle meşgul ettiğiniz zaman yaşamınızı mükemmelleştirmişsinizdir. Bu ikilik olmayan ve Mutlak olandır.

Bay O'Grady: Ama sistem kendinizi Amerikalı veya Hintli veya Afrikalı veya her neyse o şekilde düşünmenizi sağlıyor.

Śrīla Prabhupāda: Evet. Materyalist toplum demek ikilik demektir.

Benlik İdraki Bilimi

Bay O'Grady: Ancak bu kaçınılmaz. Maddi oluşumdan nasıl kaçınabilirsiniz ki?

Śrīla Prabhupāda: Bu Kṛṣṇa bilincinde mümkündür. Lotus çiçeği suda yaşar ama asla suya değmez.

Bay O'Grady: Bir alana ait olayları bir başka taraftan mecazlarla açıklayabileceğinizi sanmıyorum. Politik problemleri belirsiz spiritüel kavramlar bakımından nasıl tartışabilirsiniz? Doğaları tamamen birbirinden farklı.

Śrīla Prabhupāda: Bazen çeşitli örnekler problemi daha iyi anlamamıza ve takdir etmemize yardımcı olur. Vazoda çeşitli çiçekler bulunur ve bu çeşitlilik çiçekler fikrini daha iyi takdir etmemize yardımcı olur. Her bakış açısından, Kṛṣṇa bütün problemleri çözebilir. Neden yalnızca İrlandalı ve İngilizlerin problemleri olsun? Tüm problemleri. Buna çeşitlilikte birlik denir. Bizim öğrencilerimiz farklı altyapılardan geliyor ama hepsi Kṛṣṇa bilincinde olduğu için onlar bütünleşti.

Bay O'Grady: Çok iyi. Evet, bunu kabul ediyorum. Yine de, bilmek istediğim şu, siz "Kṛṣṇa bilinci" dediğinizde bununla İsa bilinci arasında bir fark var mı?

Śrīla Prabhupāda: Hayır, fark yok. İsa, Tanrı'nın mesajını yaymak için geldi. Eğer gerçekten İsa bilinçli hale gelirseniz, Kṛṣṇa bilinçli olursunuz.

Bay O'Grady: Ve Kṛṣṇa bilinçli ya da Tanrı bilinçli olmak benlik bilinçli olmak anlamına mı gelir? Bu gerçekten kim olduğumuzun bilinci midir?

Śrīla Prabhupāda: Evet, Tanrı bilinci benlik-bilincini kapsar ama benlik bilinci ille de Tanrı bilinci değildir.

Bay O'Grady: Ama olabilir?

Śrīla Prabhupāda: Hayır.

Bay O'Grady: Kişi içindeki Tanrı bilincine erişebilir.

Śrīla Prabhupāda: Bu onun Tanrı bilinçli olduğu anlamına gelir. Siz şu an güneş ışığındasınız ve güneş bilinci kendinizi görme yeteneğinizi kapsıyor. Karanlıkta kendinizi göremezsiniz. Gece ellerinizi ve bacaklarınızı bile göremezsiniz ama güneşe çıkarsanız güneşi de aynı zamanda kendinizi de görürsünüz. Güneş ışığı olmadan benlik bilinci eksiktir. Bununla birlikte, Tanrı bilinci benlik-bilincini çok net yapar.

Bay O'Grady: Öğretmenlik mesleğimizde birçok genç insanla karşılaşıyoruz ve onlara ahlaki yönden eğitici hiçbir kurtuluş yolu öğretmiyoruz.

Biz onları daha iyi ve daha güzel olanın ve onlar hakkında dünyada spiritüel anlamda en besleyici olanın farkındalığına yönlendirmeye çalışıyoruz, bu da sistemin bize izin verdiği kadar. Öğrenciler sıklıkla spiritüel bir durumda olacak kadar tarafsız değiller. Onlar daha çok duygusal bir durum içindeler. Bizim sıkça karşılaştığımız temel sorular "Ben kimim?" ya da "Tüm bunların anlamı ne?"

Śrīla Prabhupāda: Evet.

Bay O'Grady: Ya da "Ben niye buradayım?" diye soruyorlar.

Śrīla Prabhupāda: Evet, çok iyi.

Bay O'Grady: Bize, "Niye burada olmalıyım ki? Sen, öğretmen kimsin ki ve bize ne düşüneceğimizi ya da ne olacağımızı veya ne olmayacağımızı söyleme hakkını sana ne veriyor? Neden Shakespeare okumalıyım? Neden Mozart dinlemeliyim ki? Ben Bob Dylan'ı tercih ediyorum." diye soruluyor. Bu tür sorular çok hayal kırıklığına uğramış bir zihinsel durumdan, güvensizlik ve belirsizlikten ve şeylerin bütünsel yapısındaki güvenilirlik eksikliğinden kaynaklanıyor gibi görünüyor. Sık sık bu sorulara bir felaket şeklinde cevap vermeye mecburuz. Direk cevaplar sunmak yerine öğrencileri en başında bu soruları sormaya teşvik eden koşulları hesaba katarak dolaylı yoldan cevaplamak zorundayız. Sizce onlara daha direk olarak ulaşmaya mı çalışmalıyız?

Śrīla Prabhupāda: Sizin bahsettiğiniz sorun…

Bay O'Grady: Modern eğitim.

Śrīla Prabhupāda: Evet. Bu durumda bir sürü sorun var ama onlar modern eğitimle cevaplanmıyor. "Neden buraya geldim? Amaç ne?" Bu sorulara tam olarak cevap verilmeli. Bu nedenle *Vedalar* şöyle buyuruyor: *tad-vijñānārtham sa gurum evābhigacchet.* Tüm bu sorulara cevaplar bulmak için, kişi gerçek bir manevi öğretmene başvurmalıdır.

Bay O'Grady: Ya yoksa? Peki ya bize Bay Nixon'un gerçek manevi öğretmen olduğu söylenirse? Ne yaparız?

Śrīla Prabhupāda: Hayır, hayır. (Gülüşmeler) Gerçek manevi öğretmenler için bir standart vardır. Siz sadece dizenin bir satırını duydunuz. Manevi öğretmen kimdir? Bu bir sonraki dize: *śrotriyam brahma-niṣṭham. Śrotriyam* kelimesi bir diğer gerçek kaynaktan duymuş olan kişiyi işaret eder. Bir manevi öğretmen bir diğer nitelikli manevi öğretmenin mesajını almış olandır. Bu tıpkı tıp bilimini bir diğer tıpçıdan almış olan bir tıp adamı gibidir. Benzer şekilde, gerçek manevi öğretmen birbirini izleyen manevi öğretmenler dizisinden gelmelidir. Orijinal manevi öğretmen Tanrı'dır.

Bay O'Grady: Evet. Kabul edilir.

Śrīla Prabhupāda: Tanrı'dan duyan kişi aynı mesajı öğrencilerine açıklar. Eğer öğrenci mesajı değiştirmezse o gerçek bir manevi öğretmendir. Bizim yöntemimiz budur. Biz Kṛṣṇa'dan, Tanrı'dan duyarak ders alıyoruz ve kimin kusursuz olduğunu O'ndan öğreniyoruz. Ya da O'nun Kṛṣṇa ile çelişmeyen ve O'nun mesajını anlamış olan temsilcilerinden haber alıyoruz. Bu, biz bir şey konuşup bütün saçmalıkları yapıyoruz anlamında değildir. Öyle yapan bir kimse manevi öğretmen değildir.

Bay O'Grady: Şimdi benim zavallı yaşlı babam, İrlanda'nın batısında yaşıyor. Basit bir yaşlı adam, şimdi yetmiş sekiz yaşında, sizin kuşağınız. Bu yaşında şöyle söylediği bir noktaya geldi; "Papazlar, bana, nihai bilenin Tanrı olduğunu söylüyorlar. Ancak ben Tanrı'ya kim söylediğini bilmek istiyorum." Sonra babam bana gelip "Sen okula gittin ve kitaplar okuyorsun. Anlat bana, Tanrı'ya kim söyledi?" diyor. Gerçekten bir cevabım yok. Yetmiş sekiz yaş ile otuz dokuz yaş arasındaki fark bu.

Śrīla Prabhupāda: Hayır, bu yaş farkı değildir. Bilgi farkıdır. *Brahma-sūtra*'da şu soru yöneltilir: Tanrı kimdir? Her şeyden önce bu soru vardır.

Bay O'Grady: Tanrı'ya kim öğretti?

Śrīla Prabhupāda: Hayır. Her şeyden önce Tanrı'nın kim olduğu sorusu gelir. Sonra Tanrı'ya kimin öğrettiğini sorarız. *Vedānta-sūtra* şöyle söyler, *athāto brahma-jijñāsā:* şimdi Tanrı'nın kim olduğunu sorgulamalıyız. Tanrı'nın kim olduğunu bilmedikçe, Tanrı'yı kimin eğittiğinin sorusunu nasıl yöneltebilirsiniz ki? Tanrı'yı tanımıyorsanız, kimin Tanrı'yı eğittiği sorusu yöneltilmez.

Bay O'Grady: Evet.

Śrīla Prabhupāda: Tanrı'nın kim olduğu *Brahma-sūtra*'da açıklanır. *Janmādy asya yataḥ*: Tanrı her şeyin kendisinden yayıldığı kişidir. Bu Tanrı'dır. Yüce Varlık her şeyin ondan yayıldığı kişi.

Ebedi Dine Dönüş

Şimdi, bu Yüce Varlığın doğası nedir? O cansız bir taş mı yoksa canlı bir varlık mıdır? Ayrıca bu da açıklanır. *Janmādy asya yato 'nvayād itarataś cārtheṣv abhijñaḥ sva-rāṭ* [*Śrīmad-Bhāgavatam* 1.1.1]: Yüce Varlık her şeyden tümüyle haberdardır, doğrudan ve dolaylı olarak. Her şeyden tümüyle haberdar olmasaydı O Tanrı olamazdı. Ardından sizin yönelttiğiniz soru gelir, Tanrı'ya kim öğretti? Ve ayrıca bu da cevaplanır. *Svarāṭ*: O tamamen bağımsızdır. Onun kimseden ders almaya ihtiyacı yoktur. O Tanrı'dır. Kişinin başkalarından ders alması gerekiyorsa o Tanrı değildir. Kṛṣṇa *Bhagavad-gītā*'yı konuştu ve onu kimseden öğrenmek zorunda değildi. Ben onu manevi öğretmenimden öğrenmek zorundaydım ama Kṛṣṇa onu kimseden öğrenmek zorunda değildi. Başkalarından ders alması gerekmeyen kişi Tanrı'dır.

Bay O'Grady: İnsan aşkı nereden gelir?

Śrīla Prabhupāda: Her şey Tanrı'dan gelir. Biz Tanrı'nın öz parçaları olarak kısmi aşk ortaya koyuyoruz çünkü orijinal aşk orada O'ndadır. Tanrı'da olmayan hiçbir şey var olamaz; bu nedenle aşk orada Tanrı'dadır.

Bay O'Grady: Ve aşkın tezahürleri Tanrı'nın tezahürleridir?

Śrīla Prabhupāda: Sevme eğilimi Tanrı'da olmadıkça, biz onu nasıl gösterebiliriz? Belli bir babadan doğan bir oğul babanın özelliklerini gösterir. Sevme eğilimi Tanrı'da olduğu için bizde de aynı eğilim bulunmaktadır.

Bay O'Grady: Belki aşk sizdeki ihtiyaçtan ötürü doğuyor?

Śrīla Prabhupāda: Hayır, "belki" meselesi değil. Biz Tanrı'yı mutlak terimlerle tanımlıyoruz. *Janmādy asya yataḥ*: Tanrı her şeyin kendisinden oluştuğu kişidir. Savaşma eğilimi de Tanrı'da var ama O'nun savaşması ve O'nun sevmesi mutlak platformdadır. Maddi dünyada biz savaşmayı sadece sevmenin tersi olarak yaşıyoruz ama Tanrı'da savaşma eğilimi ve sevme eğilimi bir ve aynıdır. "Mutlak"ın anlamı budur. Vedik edebiyatında Tanrı'nın sözde düşmanlarının Tanrı tarafından öldürüldüğü zaman onların özgürlüğe eriştiğini öğreniyoruz.

Bay O'Grady: Tek başına bu Tanrı anlayışına ermek mümkün müdür?

Śrīla Prabhupāda: Hayır. Bu nedenle şu dizeyi örnek gösterdik: *tad-vijñānārtham sa gurum evābhigacchet. Abhigacchet*, "zorunluluk" demektir. Bu tek başına mümkün değildir. Sanskrit dilbilgisinde buna bir eylemin *vidhiliu* hali denir ve bu hal hiçbir seçenek olmadığı zaman kullanılır. *Abhigacchet* kişinin bir *guru*ya yaklaşmak zorunda olduğu anlamına gelir. Bu Vedik yorumdur. Bu yüzden *Bhagavad-gitā*'da Arjuna'yı Kṛṣṇa ile konuşken bulacaksınız ancak Arjuna işlerin yolunda gitmediğini görünce, kendisini Kṛṣṇa'ya teslim etmiş ve onu *guru*su olarak kabul etmiştir.

kārpaṇya-doṣopahata-svabhāvaḥ
pṛcchāmi tvāṁ dharma-sammūḍha-cetāḥ
yac chreyaḥ syān niścitaṁ brūhi tan me
śiṣyas te 'haṁ śādhi māṁ tvāṁ prapannam

"Bu sefil zayıflığım yüzünden görevim konusunda aklım karıştı ve bütün sükunetimi kaybettim. Bu durumda, benim için neyin en hayırlı olduğunu, Senin öğrencin ve Sana teslim olmuş bir ruh olarak yine Sana soruyorum. Lütfen bana talimat ver." [*Bhagavad-gitā* 2.7] Yani burada Arjuna'nın görevi hakkında şaşkın olduğunu görebiliriz.

Bay O'Grady: Bu benliğe karşı, başkalarına karşı veya ulusa karşı vazife mi?

Śrīla Prabhupāda: Bir askerin görevi düşmanla savaşmaktır. Arjuna bir askerdi ve Kṛṣṇa ona şunu öğütledi: "Karşı taraf senin düşmanın ve sen bir askersin. Neden yumuşak olmaya çalışıyorsun? Bu iyi değil." Ardından Arjuna şöyle cevap verdi: "Aslında, aklım karıştı. Bu karışıklık içinde, doğru kararı veremiyorum. Onun için Seni manevi öğretmenim olarak kabul ediyorum. Lütfen bana neyin doğru olduğunu söyle." Karmakarışık bir durumdayken yaşamın şaşkın hali içinde olan kişi, konu hakkında tam bilgisi olan başka birine yaklaşmalıdır. Yasal sorunlar için bir avukata gidiyorsunuz ve tıbbi sorunları çözmek için bir doktora gidiyorsunuz. Maddi dünyada herkes spiritüel kimliği hakkında şaşkın vaziyette. Bu nedenle bize gerçek bilgiyi verebilecek gerçek bir spiritüel öğretmene yaklaşmak bizim görevimiz.

Bay O'Grady: Benim aklım çok karışık.

Śrīla Prabhupāda: Öyleyse bir spiritüel öğretmene yaklaşmalısınız.

Bay O'Grady: Ve o bana bu karışıklığa nasıl son vereceğim konusunda bir fikir verir mi?

Śrīla Prabhupāda: Evet, manevi öğretmen tüm kafa karışıklığına son veren kişidir. Eğer manevi öğretmen öğrencisini karışıklıktan kurtaramıyorsa, o bir manevi öğretmen değildir. Onun da sınavı budur.

saṁsāra-dāvānala-līḍha-loka-
trāṇāya kāruṇya-ghanāghanatvam
prāptasya kalyāṇa-guṇārṇavasya
vande guroḥ śrī-caraṇāravindam

Tüm bu şaşkına dönmüş dünya tıpkı cayır cayır yanan bir orman yangını gibidir. Orman yangınında tüm hayvanlar şaşkınlığa uğrar. Hayatlarını kurtarmak için nereye gideceklerini bilemezler. Cayır cayır yanan maddi dünya yangınında herkes şaşkın haldedir. Bu cayır cayır yanan orman yangını nasıl söndürülebilir? İnsan yapımı itfaiyeden faydalanmak ya da sadece kovalarca su dökmek mümkün değildir. Çözüm bulutlardan ormanın üzerine yağmur düştüğü zaman gelir. Yalnızca o zaman yangın söndürülebilir. Bu yetenek bizim elimizde değil ama Tanrı'nın merhametindedir. Öyleyse insan toplumu şaşkın bir haldedir ve buna bir çözüm bulamamaktadır. Spiritüel öğretmen Tanrı'nın merhametini almış olan kişidir ve şaşkına dönmüş insanlara çözümler sunabilir. Tanrı'nın merhametini almış olan kişi bir manevi öğretmen olabilir ve bu merhameti diğerlerine verebilir.

Bay O'Grady: Sorun bu manevi öğretmeni bulmak.

Śrīla Prabhupāda: Bu problem değil. Sorun samimi olup olmadığınızdır. Sorunlarınız var ama Tanrı sizin kalbinizde. *Īśvaraḥ sarva-bhūtānām.* Tanrı uzakta değildir. Eğer siz ciddiyseniz Tanrı size bir manevi öğretmen gönderir. Bu nedenle Tanrı, *caitya-guru* yani kalpteki manevi öğretmen olarak adlandırılır. Tanrı hem içerden hem de dışarıdan yardım eder. Her şey *Bhagavad-gītā*'da anlatılır. Bu maddi beden bir makine gibidir ama kalbimizin içindeki ruh ve ruh ile birlikte olan talimatlar veren Yüce Ruh Kṛṣṇa'dır. Rab şöyle der, "Bunu yapmak istemiştin, işte şimdi şans geldi. Git ve yap." Sonrasında size talimatlar verecektir. "Evet, şimdi gel ve Beni bu şekilde kabul et." Bu O'nun inceliğidir. Buna karşın eğer başka bir şey istiyorsanız o da olur. O'na sahip olabiliriz. Tanrı çok naziktir. Bir şey istediğim zaman

O kalbimde beni yönlendirir ve O'na nasıl sahip olacağımı söyler. Öyleyse bir manevi öğretmene nasıl sahip olacağımı niye söylemesin ki? Öncelikle tekrardan Tanrı bilincimizi canlandırmak için istekli olmalıyız. O zaman Tanrı bize bir manevi öğretmen verecektir. **Bay O'Grady:** Çok teşekkürler.

Śrīla Prabhupāda: Çok teşekkürler. Benim sizden ricam bu; siz bir şairsiniz, sadece Tanrı'yı anlatın. Siz anlatmakta uzmansınız ve bu yüzden sizden nazikçe mesleğinizde Tanrı'yı anlatmanızı rica ediyorum. Bu durumda hayatınız başarılı olacaktır ve biri sizi duyarsa aynı zamanda onun yaşamı da başarılı olacaktır. Tavsiye şöyledir:

> *idaṁ hi puṁsas tapasaḥ śrutasya vā*
> *sviṣṭasya sūktasya ca buddhi-dattayoḥ*
> *avicyuto 'rthaḥ kavibhir nirūpito*
> *yad uttamaśloka-guṇānuvarṇanam*
> *[Śrīmad-Bhāgavatam 1.5.22]*

Toplumda şair, bilim insanı, dindar, filozof, politikacı ve böyle bir sürü liderler bulunmaktadır. Böylesine uzman olanlar bu tavsiyede belirtilmiştir: Sizin vazifeniz Yüce Varlığın şanını anlatmakla mesleğinizi mükemmelleştirmektir.

Bay O'Grady: Benim tecrübelerime göre, kişi sıra dışı bir nedenden ötürü belli bir şeyi yapmak için seçilmiştir.

Śrīla Prabhupāda: Bunun nedeni burada belirtiliyor. *Avicyutaḥ*. Yanılmaz seçim şudur: "Bırakın Rabb'in şanını anlatsınlar."

Bay O'Grady: Ama siz diyordunuz ki manevi öğretmen seçilmiştir. Manevi öğretmen, şair, papaz Tanrı tarafından seçilmiştir. Bu kişi şiirler yazmak ya da resimler yapmak veya müzik yapmak için seçilmiştir.

Śrīla Prabhupāda: Öyleyse siz müzik bestelediğinizde Tanrı hakkında müzik besteleyin. Bu sizin mükemmeliyetinizdir.

Bay O'Grady: Kişi Tanrı için kendi çizgisinde çalıştığı zaman, bu durumda çizgisi mükemmel olacaktır?

Śrīla Prabhupāda: Evet.

Bay O'Grady: Çok teşekkür ederim.

8. Bölüm

Hayatın Mükemmeliyetine Ulaşmak

İnsan Yaşam Formu
Tanrı Farkındalığı İçindir

Śrīla Prabhupāda, 1969'da Londra Conway Salonu'nda bir konuşma yapar: "Eğer bir kimse şöyle düşünürse: "Ben kimsenin hizmetkarı değilim, benim işim Tanrı'ya hizmet etmek"; o zaman bu kimse özgürdür. Kalbi hemen temizlenir ve özgür olur. Kişi bunu yakaladıktan sonra, bu dünyadaki, tüm tasa ve endişelerin üzerine çıkar, çünkü artık şunu bilir: "Ben Tanrı'nın bir hizmetkarıyım. Tanrı beni koruyacaktır. Herhangi bir şey için neden endişeleneyim ki?"

Bugünün konusu Tanrı ile olan ilişkimiz. Buna benlik idraki denir. *Saṅkīrtana* hareketi benlik idrakinin en kolay yöntemidir çünkü kalbi temizler. Zihnin aynası toz ile kaplandığı için kimliğimizi yanlış anlıyoruz. Toz kaplı bir aynada kişi kendisini göremez. Ancak, ayna çok temiz ise kişi kendisini görebilir. Meditasyon kalbi temizleme yöntemidir. Meditasyon kişinin Tanrı ile olan ilişkisini anlaması demektir.

Bağlantıda olduğumuz her şeyle bir ilişkimiz bulunmaktadır. Şu anda bu minder üzerinde oturduğumdan dolayı, benim oturmam ve minderin beni tutması bir ilişkidir. Sizlerin de ilişkileriniz bulunuyor. İngiliz veya Hintlisiniz ve böylelikle toplumunuzla, ailenizle, arkadaşlarınızla bir ilişkiniz mevcuttur. Peki, bizim Tanrı ile olan ilişkimiz nedir?

Herkese tek tek sorsanız, sadece çok az insan Tanrı ile ilişkisini açıklayabilecektir. "Tanrı nedir? Tanrı ölü. Tanrı'ya inanmıyorum ki ilişkiden bahsedeyim" derler. Bu kirli şeyler onların kalplerini örttüğü için göremezler. Her şey ile bir ilişkimiz varken neden Tanrı ile olan ilişkimizi anlamaya çalışmıyoruz? Bu zekice mi? Hayır. Bu cehalet.

Bu maddi dünyadaki bütün canlılar maddi doğanın üç bağlayıcı gücüyle örtülmüştür. Bu yüzden Tanrı'yı göremezler. Tanrı'yı anlamazlar veya anlamaya çalışmazlar. Fakat Tanrı oradadır. İngiltere'de sabahları sis olur, bu yüzden sisin arkasındaki Güneş'i göremezsiniz. Ama bunun anlamı Güneş'in var olmadığı mıdır? Güneşi gözleriniz örtüldüğünden dolayı göremezsiniz. Ancak, dünyanın başka bir yerine mesaj yolladığınızda onlar "Evet, Güneş burada var. Onu görebiliyoruz. Göz kamaştırıcı, çok parlak" diyeceklerdir. Tanrı'nın varlığını inkâr ettiğinizde ya da Tanrı ile olan ilişkinizi araştıramadığınızda bu sizin bilginizin eksik olduğu anlamına gelir. Tanrı yok değil, biz eksiğiz. Güneş örtülmemiştir, örtülemez. Sis veya bulut veya duman Güneş'i örtecek güce sahip değildir. Güneş ne kadar büyük! Bu dünyadan defalarca kat daha büyüktür. Ve bulutlar sadece on, yirmi veya yüz millik bir alanı kaplar. Böyle bir durumda bulutlar Güneş'i nasıl örtebilir? Hayır. Bulutlar Güneş'i örtemez, sizin gözlerinizi örterler. Bir düşman geldiğinde tavşan kendini savunamaz, gözlerini kapatır ve "düşmanım şimdi gitti" diye düşünür. Benzer olarak, biz de Tanrı'nın harici enerjisi ile örtülüyüz ve "Tanrı ölü" şeklinde düşünüyoruz.

Tanrı üç çeşit enerjiye sahiptir. Yüce Rabb'in enerjileri *Vişnu Purāṇa*'da tanımlanmıştır, ayrıca *Vedalar*da ve *Upaniṣadlar*da, Tanrı'nın enerjilerinin açıklaması bulunmaktadır. *Parāsya śaktir vividhaiva śrūyate* [*Śvetāśvatara Upaniṣad* 6.8]. *Śakti,* "enerji" demektir. Tanrı'nın çoklu enerjileri vardır. *Vedalar,* "Tanrı'nın yapacak bir şeyi yoktur" der. Bizler çalışmalıyız, çünkü bizim için var olmanın başka anlamı yoktur. Yemek yemeliyiz, ondan bundan zevk almayı arzularız ancak Tanrı neden çalışsın ki? O çalışmak zorunda değildir. O zaman bu evreni Tanrı'nın yarattığını nasıl söyleriz? Bu çalışma değil midir? Hayır. Öyleyse nasıl meydana gelmiştir? O'nun çeşit çeşit enerjileri o kadar güçlüdür ki, doğal olarak hareket eder ve bilgi doludur. Bir çiçeğin nasıl açtığını, büyüdüğünü ve sistematik olarak çeşitli renklere büründüğünü görebiliriz. Bir yanda küçük bir nokta, diğer yanda küçük bir nokta, bir yanda beyaz, diğer yanda daha fazla beyaz. Kelebekte böyle bir sanatsal simetri gösterir. Tüm bunlar öylesine mükemmellikte ve çabuklukta boyanır ki nasıl olduğunu göremeyiz. Nasıl olduğunu anlayamayız ama bu Tanrı'nın enerjisi ile olur.

İnsanlar bilgi eksikliği sebebiyle Tanrı ölü, Tanrı yok der ve Tanrı ile ilişkimiz olmaz. Bu düşünceler hayalet görmüş bir insanın düşünceleri ile kıyaslanır. Çünkü hayalet görmüş bir insan mantıksız konuşur, Tanrı'nın yanıltıcı enerjisi ile örtüldüğümüzde Tanrı ölüdür deriz. Fakat bu doğru değildir. Bu nedenle kalbimizi temizlemek için *mantra* söyleme yöntemine ihtiyacımız vardır. Bu basit yöntemi, Hare Kṛṣṇa mantrasını söylemeyi uygulayın. Bu şekilde aile hayatında, kulüplerde, evde, yolda, her yerde, Hare Kṛṣṇa *mantra*sını söyleyin ki kalbinizi, gerçek pozisyonunu kaplayan karanlık ortadan kalksın. Sonrasında asıl durumunuzu anlayacaksınız.

Rab Caitanya Mahāprabhu şöyle tavsiye etmiştir: *ceto-darpaṇa-mārjanam. Mārjanam,* "temizleme" ve *darpaṇam* "ayna" demektir. Kalp bir aynadır. Fotoğraf makinesi gibidir. Fotoğraf makinesi nasıl gece gündüz her türlü resim çekiyorsa, kalbimizde resimler çeker ve onları bilinçaltında tutar. Psikologlar bunu bilir. Kalp bir sürü resim çeker ve bu sebepten örtülür. Ne zaman başladığını bilmeyiz, ancak maddi bağlantıda olduğundan dolayı asıl kimliğimizin örtüldüğü bir gerçektir. Böylece *ceto-darpaṇa-mārjanam:* kişi kalbini temizlemelidir. Kalp temizlemenin farklı yöntemleri vardır; *jñāna* yöntemi, yoga yöntemi, meditasyon yöntemi, dini aktiviteler. *Karma* da kalbi temizler. Eğer kişi çok dindar bir şekilde hareket ederse, kalbi yavaş yavaş temizlenecektir. Fakat bu yöntemler tavsiye edilmesine rağmen, içinde bulunduğumuz çağda gerçekleştirmek çok güçtür. Felsefi bilginin yolunu izleyebilmek için, kişi çok tahsilli olmalıdır, çok kitap okumalıdır, profesörlere ve bilginlere danışmalıdır. Kişi ışığı gören birini aramalıdır. Bunlar, felsefi yöntemlerdir. İlerleme için meditasyon da tavsiye edilir. Kişi sormalıdır, "Ben neyim?" Sadece düşünün: Ben bu beden miyim? Hayır. Bu parmak mıyım? Hayır, bu benim parmağım. Ayağınız üzerinde düşünürseniz, göreceksiniz ki, "Oh, bu benim ayağım." Benzer olarak, her şeyi "benim" olarak bulacaksınız" ve "Ben" nerededir? Her şey benim, fakat "Ben" neredeyim? Kişi "Ben"i aradığında, buna meditasyon denir. Gerçek meditasyonun anlamı bütün duyularımızın bu şekilde konsantre olmasıdır, fakat bu meditasyon yöntemi çok zordur. Kişi duyularını kontrol etmek zorundadır. Duyular kişiyi dış dünyaya çeker ve kişi kendi duygu ve düşüncelerini incelemek için içe yönelmelidir. Bu sebeple yoga sisteminde sekiz basamak mevcuttur. Birincisi, duyuları düzenli prensipler ile kontrol etmektir. Sonra oturma pozları ki, bu zihne konsantre olmaya yardımcı olacaktır. Eğer kişi yana eğilerek oturursa, bu yardımcı olmaz, dik oturursa yardımcı olur. Daha sonra nefes almayı kontrol etmek gelir, sonra meditasyon, sonra *sāmadhi*. Ancak günümüzde bu yöntemleri uygulamak çok zordur. Kimse bunları çabucak uygulamaya geçiremez. Yoga yöntemleri bölüm bölümdür; sadece oturma pozları ve birkaç nefes egzersizleri uygulanır, fakat bu kişiyi mükemmeliyet seviyesine getirmez. Gerçek yoga yöntemi, tavsiye edilen bir Vedik yöntem olmasına rağmen, bu çağda çok zordur. Benzer olarak, kişi kuramsal felsefi yöntemle bilgi sahibi olmayı deneyebilir: "Bu Brahman, bu Brahman değil, peki Brahman nedir? Ruh nedir?" Bu şekilde soru cevap tartışmaları da tavsiye edilir, fakat içinde bulunduğumuz çağda faydasızdır.

Bu sebeple Caitanya Mahāprabhu; sadece Caitanya Mahāprabhu değil Vedik edebiyatı da şöyle der:

harer nāma harer nāma
harer nāmaiva kevalam
kalau nāsty eva nāsty eva
nāsty eva gatir anyathā

Kalau, "bu çağda" demektir. *Nāsty eva, nāsty eva, nāsty eva,* üç defa *nāsty eva. Eva* "kesinlikle" ve *nāsti* "olmaz" demektir. "Kesinlikle olmaz, kesinlikle olmaz, kesinlikle olmaz". Bu "kesinlikle olmayan" nedir? Kişi, özünü *karma* ile fark edemez. Bu ilk "kesinlikle olmaz"dır. Kişi, özünü *jñāna* ile fark edemez. Bu ikinci "kesinlikle olmazdır". Kişi kendi kendini *yoga* ile fark edemez. Kesinlikle olmaz. *Kalau* "bu çağda" demektir. *Kalau nāsty eva nāsty eva nāsty eva gatir anyathā.* Bu çağda, kişi, bu üç yöntemden her hangi biri ile başarı sağlayamaz. Peki, tavsiye edilen yöntem nedir? *Harer nāma harer nāma harer nāmaiva kevalam.* Sadece Hare Kṛṣṇa *mantra*sını söylemek. *Kevalam* anlamı "sadece"dir. Sadece Hare Kṛṣṇa söyle. Bu en kolay ve en muhteşem yöntemdir. Bu tavsiye edilir, pratik ve onaylanmıştır. Bu sebeple onu benimseyin. Hayatın her şartında kabul edin. Söyleyin. Herhangi bir harcama veya kayıp yoktur. Biz bir sır açıklamıyoruz. Hayır. Bu nettir ve bu *mantra*yı söyleyerek kalbinizi temizleyeceksiniz. Bu maddi dünyada kimse sıkıntı istemez, fakat sıkıntı gelir. Beklenmedik olarak başlayan orman yangınları gibi gelir. Kimse savaş istemez, fakat savaş çıkar. Kimse kıtlık istemez, fakat kıtlık gelir. Kimse kavga istemez, fakat kavga vardır. Kimse yanlış anlaşılma istemez, fakat bu da vardır. Neden? Bu büyük bir orman yangını gibidir ve itfaiyeciler tarafından söndürülemez. Bu problemlerin yangını bizim sözde bilgi ilerleyişimizle söndürülemez. Hayır. Mümkün değildir. Nasıl orman yangını bir kişinin su getirmesi veya itfaiye ile söndürülemezse, hayatımızdaki problemler de maddi yöntemler ile çözülemez.

Birçok örnek bulunmaktadır. Prahlāda Mahārāja şöyle söyler, "Sevgili Rabb'im, anne ve baba çocukların gerçek koruyucusu değiller." Anne ve baba çocuklarına bakarlar, bu onların vazifesidir. Fakat onlar mükemmel koruyucular değildir. Doğanın kanunu çocuğu çağırdığında anne ve baba onu koruyamaz. Bu yüzden genelde anne ve babanın gerçekte çocuğun koruyucusu olduğu düşünülse bile, aslında gerçek bu değildir. Eğer birisi okyanusa yelken açtıysa ve çok güzel bir gemiye sahip olduğunu düşünüyorsa, bu onu koruyacak mı? Hayır. Yine de boğulabilir. İyi bir uçak gökyüzünde uçar, herkes güvende, ancak aniden o düşer. Hiçbir maddi şey bizi koruyamaz. Bir kişinin ağır bir hastalığı olduğunu varsayalım. Çok iyi ilaçlar veren bir hekime gidebilir fakat bu yaşayacağını garanti etmez. Peki, mükemmel garanti nedir? Prahlāda Mahārāja şöyle söyler, "Sevgili Rabb'im, eğer Sen bir kişiyi ihmal edersen, onu hiçbir şey koruyamaz".

Bu bizim pratik deneyimimiz. Maddi doğanın kanunlarıyla oluşan problemleri çözmede pek çok yöntem icat edebiliriz ancak bunlar yeterli olmazlar. Bu yöntemler asla bütün problemleri çözmeyecek ve onlar hiçbir zaman hakiki iç rahatlığını vermeyecektir. Bu gerçektir, bu yüzden Kṛṣṇa *Bhagavad-gītā*'da şöyle der, "*Māya*, bu harici enerji çok çok güçlüdür. Kimse ondan üstün olamaz, bu neredeyse olanaksızdır". Kişi bu maddi doğadan nasıl kurtulabilir? Kṛṣṇa, "Sadece bana teslim olarak kişi, maddi doğanın şiddetli saldırısından kurtulabilir" der. Gerçek olan budur. Bu yüzden Tanrı ile olan ilişkimizin ne olduğunu öğrenmek için kalbimizi temizlemeliyiz.

Kaṭha Upaniṣad'da şöyle belirtilir, *nityo nityānaṃ cetanaś cetanānām.* Tanrı'nın Yüce Mutlak Şahsiyeti veya Mutlak Gerçek, sonsuzdur. Tanrı sonsuzdur ve biz de sonsuzuz, ancak *Vedalar* Tanrı'nın yüce canlı varlık olduğunu belirtirler. O ölü değildir. Eğer O, yaşamıyorsa bu dünya nasıl devam eder? *Bhagavad-gītā*'da, Kṛṣṇa, "Her şey benim denetimim altında devam eder" der. İncil'de de "Tanrı yarattı" olarak söylenir ki bu hakikattir. "Zamanın birinde, büyük bir kütle vardı, ondan bu oluştu sonra da..." şeklinde değildir. Hayır. *Vedalar* bize gerçeği söyler, ama biz de gözlerimizi açıp hakikati görmeliyiz. *Ceto-darpaṇa-mārjanam.* Kalplerimizi temizlememizin yöntemi budur. Kalplerimizi temizlediğimizde, Kṛṣṇa'nın ne olduğunu ve *Vedalar*da ne söylendiğini anlayabiliriz. Bizim arınmamız gerekir. Eğer bir adam sarılık hastalığına yakalandıysa ve siz ona bir parça şeker verirseniz, adam şekerin tadının çok acı olduğunu söyleyecektir. Fakat şeker acı mıdır? Hayır, oldukça tatlıdır ve sarılık hastalığının ilacı bu şekerdir. Modern bilim bunu böyle tanımlar ve ayrıca bu Vedik edebiyatında da belirtilmiştir. Böylece eğer büyük bir parça şeker yersek, sarılık hastalığını atlatırız ve tedaviden sonra aynı kişi, "bu çok tatlı" der. Yani modern ateist toplumların sarılık hastalığı Hare Kṛṣṇa *mantra*sını söyleyerek tedavi edilebilir. Başlangıçta acı görünebilir fakat kişi ilerledikçe bunun ne kadar tatlı olduğunu görecektir.

Bir kimse kimliğini, Tanrı ile olan ilişkisini bulur bulmaz hemen mutlu olur. Biz ıstırap doluyuz çünkü kendimizi maddi dünya ile tanımladık. Bu yüzden mutsuzuz. Endişeler ve korkular bizim maddi dünya ile yanlış tanımlanmamızdan dolayıdır. Önceki gün, bu kemik torbası ve deri ile kendisini kimliklendiren kişi bir hayvan gibidir şeklinde açıklama yapıyordum. Bu yüzden Hare Kṛṣṇa söyleyerek bu yanlış anlaşılma ortadan kaldırılacaktır. Kalbi temizlemek demek kişinin bu maddi dünyaya ait olmadığını anlamasıdır. *Ahaṃ brahmāsmi:* Ben ruhum. Kişi kendisini İngiltere, Hindistan veya Amerika ile birlikte tanımladıkça, bu cehalet olur. Bugün siz bir İngiliz'siniz çünkü İngiltere'de doğdunuz, fakat bir sonraki yaşamınızda İngiltere'de doğmayabilirsiniz; Çin veya Rusya veya başka bir ülke de olabilirsiniz. Veya bu insan yaşam formunu alamayabilirsiniz. Bugün bir milliyetçisiniz, ülkenizin çok büyük bir destekçisisiniz, fakat yarın ülkenizde kalıp mezbahaya götürülmeyi bekleyen bir inek olabilirsiniz. Bu yüzden kimliğimizi kusursuz olarak bilmeliyiz. Caitanya Mahāprabhu şöyle der: her canlının gerçek kimliği Tanrı'nın sonsuz hizmetkarı olmasıdır. Eğer kişi şöyle düşünürse; "Ben kimsenin hizmetkarı değilim; benim işim Tanrı'ya hizmet etmektir" o zaman bu kişi özgürleşmiştir. Kalbi hemen temizlenir ve özgür kalır. Kişi buna ulaştıktan sonra, bu dünyadaki bütün kaygı ve endişeleri sona erer çünkü bilir ki; "Ben Tanrı'nın hizmetkarıyım. Tanrı beni koruyacak. Neden herhangi bir şey hakkında endişeleneyim ki?" Bir çocuk gibidir. Bir çocuk bilir ki, annesi ve babası ona bakacaktır. Özgürdür. Eğer ateşe dokunmaya giderse annesi gelecek ve onu koruyacaktır: "Sevgili yavrum, dokunma." Anne her zaman onu gözetler. Bu yüzden Tanrı'ya olan güveninizi niye ortaya koymuyorsunuz? Gerçekte siz Tanrı'nın koruması altındasınız.

İnsanlar kiliseye gider ve dua ederler, "Tanrım, bize günlük ekmeğimizi ver." Aslında, Tanrı bize ekmeğimizi vermeseydi, biz yaşayamazdık. Gerçek budur. *Vedalar*da da der ki: Yüce Şahsiyet tüm yaşayan canlılar için gereken her şeyi sağlar. Tanrı herkes için yiyecek sağlar. Biz insanoğlu ekonomik problemlere sahibiz, fakat insanoğlu dışında herhangi bir toplulukta ekonomik problem söz konusu mudur? Kuş topluluğu ekonomik probleme sahip değildir. Hayvanların ekonomik bir problemi yoktur. 8,400,000 adet yaşam formu vardır, bunlar arasında insan topluluğu çok çok küçük bir yer tutar. Sonuç olarak insanlar ne yenir, nerede uyunur, nasıl arkadaşlık yapılır, nasıl savunma yapılır gibi problemleri yarattılar. Bunlar bize ait problemlerdir fakat canlıların büyük bölümü; su canlıları, balıklar, bitkiler, böcekler, kuşlar, hayvanlar ve milyonlarca çeşit diğer canlıların böyle bir problemi yoktur. Onlar da canlı yaratıklardır. Bizden farklı olduklarını düşünmeyin. Sadece biz insanların yaşayan canlılar olduğu ama diğerlerinin ölü olduğu düşüncesi çok yanlıştır. Hayır. Onların yiyeceğini ve barınağını kim sağlıyor? Tanrı. Bitkiler ve hayvanlar ofise gitmiyorlar. Bitkiler ve hayvanlar para kazanmak için üniversiteye gidip teknolojik eğitim almıyorlar. Peki, nasıl besleniyorlar? Tanrı tedarik ediyor. Fil yüzlerce kilo besin yemektedir, kim tedarik ediyor? Fil için hazırlıklar yapıyor musunuz? Milyonlarca fil var, onların yiyeceğini kim tedarik ediyor? Bu yüzden Tanrı'nın tedarik ettiğini kabul etme yolu, "Tanrı ölü" diye düşünmekten daha iyidir. Neden kiliseye gitmeli ve ekmeğimiz için dua etmeliyiz?" *Bhagavad-gītā*'da, "Dört çeşit insanın Kṛṣṇa'ya geldiğini söyler: acı çekenler, paraya ihtiyacı olanlar, akıllı kimseler ve meraklı kimseler." Meraklı kişiler, akıllı kişiler, acı çekenler ve paraya ihtiyacı olanlar; bu dört sınıf insan Tanrı'ya ulaşır. "Sevgili Tanrım, çok açım. Bana günlük ekmeğimi ver." Bu güzel. Bu şekilde Tanrı'ya ulaşanlar *sukṛtinaḥ* olarak tavsiye edilirler. *Sukṛtī* "dindar" demektir. Dindardırlar. Para veya yiyecek için dua etseler bile, bu kimseler dindar olarak düşünülür çünkü Tanrı'ya ulaşırlar. Bir diğerleri tam zıttıdır. Onlar *duṣkṛtinah*, dinsizdirler. *Kṛti* "çok değerli" demektir, fakat *duṣkṛti* kelimesi onların enerjisinin yıkım yaratmak için yanlış kullanıldığını belirtir. Tıpkı atomik silahları keşfeden insan gibi. O bir beyne sahiptir ancak onu yanlış kullanılmıştır. O, korkunç bir şey yaratmıştır. İnsanların daha fazla ölmemesini sağlayacak bir şeyler yaratın. Milyonlarca insanın çabucak ölmesini sağlayacak şeylerin yapımının ne faydası var? İnsanlar bugün, yarın veya yüz yıl sonra zaten ölecek. Peki, bilim insanları ne yaptılar? İnsanları hemen öldürmeyecek bir şeyler yapın ki, daha fazla hastalık olmasın, daha fazla yaşlılık olmasın. Bunu yaptığınız zaman bir şeyler yapmış olacaksınız. Fakat *duṣkṛtinah* asla Tanrı'ya gitmez. Asla Tanrı'yı anlamaya çalışmazlar, bu yüzden onların enerjileri yanlış yola girmiştir.

Tanrı ile ilişkisini inkâr eden kaba materyalistler *Bhagavad-gītā*'da *mūḍhalar* olarak tanımlanmışlardır. *Mūḍha,* "eşek" anlamına gelir. Para kazanmak için çok fazla çalışanlar, eşekler ile mukayese edilir. Bir günde yiyecekleri miktar aynı yani dört tane *cāpātī*dir (yassı buğday ekmeği), ancak binlerce dolar kazanmak için gereksiz yere çalışırlar. Diğerleri, *narādhama* olarak tanımlanır, "insanoğlunun en düşük seviyesi"dir. İnsan yaşam formu, Tanrı'yı idrak etmek içindir. Tanrı'nın farkına varmaya çalışmak insanın hakkıdır. Brahman'ı, Tanrı'yı anlayan kimse bir *brāhmana*dır; diğerleri değildir. Yani, bu hayatta insan suretinin görevi budur. Her insan toplumunda "din" adı verilen bir sistem vardır ve bununla kişi Tanrı'yı anlamaya çalışabilir.

Bunun Hristiyanlık, İslam veya Hindu dini olması fark etmez. Sistem Tanrı'yı anlamak ve O'nunla olan ilişkimizi anlamaktır. Bu kadar. Bu insanoğlunun görevidir ve bu görev insanoğlu tarafından görmezlikten gelinirse, topluluk hayvan topluluğu olur. Hayvanların Tanrı'nın ne olduğunu anlayacak ve Tanrı ile ilişkilerini anlayacak bir gücü yoktur. Sadece yemek, uyumak, çiftleşmek ve savunmak ile ilgilenirler. Eğer biz de aynı şeylerle ilgilenirsek, bizler ne oluruz? Biz de hayvan oluruz. Bu sebeple *Bhagavad-gītā*; bu şansı görmezlikten gelenlere "en düşük insanoğlu" der. Onlar insan yaşam formunu 8,400,000 yaşam formu içinde evrimleşerek kazanırlar ve yine de bunu Tanrı farkındalığı için değil de sadece hayvani eğilimler için kullanırlar. Bu yüzden bu insanlar en düşük insanoğlu olan *narādhamadır.* Bilgileriyle övünen diğer insanlar vardır. Fakat nedir bu bilgi? "Tanrı yok. Ben Tanrıyım." Onların hakiki bilgileri *māyā* tarafından silinmiştir. Eğer Tanrıysalar, o zaman nasıl köpek oluyorlar? Onlara karşı birçok argüman var fakat onlar sadece Tanrı'ya kafa tutarlar. Ateizm. Çünkü onlar ateizmin yolunu seçtikleri için gerçek bilgi çalınmış, kaybolmuştur. Gerçek bilginin anlamı Tanrı'nın ne olduğunu ve Tanrı ile olan ilişkimizi bilmektir. Eğer kişi bunu bilmiyorsa, bilgisinin *māyā* tarafından uzaklaştırıldığı anlaşılır.

Böylece, Tanrı ile olan ilişkimizi anlamaya çalışırsak, bu amaçta çeşitli yollar ve yöntemler bulunmaktadır. Kitaplar vardır ve bilgi mevcuttur, neden bunların avantajını kullanmayalım ki? Herkes bu bilginin avantajından yararlanmalıdır. *Bhagavad-gītā* ve diğer Vedik edebiyatı içerisinde, her yerde Tanrı'nın büyük olduğu bahsedilir ve biz nitelikte Tanrı ile bir olsak bile yine de çok küçüğüz. Okyanus ve onun bir damlası aynı özelliklere sahiptir, fakat bir damladaki tuz miktarı ile okyanustaki tuz miktarı farklıdır. Nitelikte bir fakat nicelikte farklıdırlar. Benzer olarak, Tanrı mutlak güçtür ve biz biraz güce sahibizdir. Tanrı her şeyi yaratır ve biz ise tıpkı çocukların oynadığı küçük makineler gibi, uçmak için küçük bir makine yaparız. Ancak, Tanrı havada uçan milyonlarca gezegen yaratabilir. Bu Tanrı'nın özelliğidir. Siz hiçbir gezegen yaratamazsınız. Bir gezegen yaratabilseniz bile, bunun faydası nedir? Tanrı tarafından yaratılan milyonlarca gezegen bulunmaktadır. Ancak, siz de yaratıcı özelliğe sahipsiniz. Tanrı'nın gücü var ve sizin de gücünüz var. Fakat O'nun gücü sizinki ile karşılaştırılamayacak kadar çok büyüktür. Eğer, "Ben Tanrıyım" derseniz bu aptallıktır. Tanrı olduğunuzu iddia edebilirsiniz, fakat Tanrı olduğunuzu iddia edebilecek hangi olağan dışı olayları gerçekleştirdiniz? Bu cehalettir. Tanrı olduğunu düşünen kişinin bilgisi *māyā*nın tılsımı tarafından uzaklaştırılmıştır. Böylece bizim ilişkimiz şudur ki, Tanrı büyüktür ve biz çok küçük bir parçayız. *Bhagavad-gītā*'da Kṛṣṇa açıkça der ki, "Tüm canlılar Benim parçam ve bölümümdür. Nitelikte benimle bir, fakat nicelikte farklıdırlar." Böylece biz aynı zamanda hem Tanrı ile biriz hem de ayrıyız. Bizim ilişkimiz budur. Tanrı ile biriz çünkü O'nunla aynı özelliklere sahibiz. Fakat eğer kendimiz üzerinde çalışırsak, çok iyi niteliklere sahip olmamıza rağmen, Tanrı'nın bu özelliklerin tümüne çok büyük miktarda sahip olduğunu göreceğiz.

Tanrı'da olmayan bir şeye sahip olmamız mümkün değildir. Bu yüzden *Vedānta-sūtra*'da sahip olduğumuz her şey Tanrı'da da bulunur. Tanrı'dan oluşur. Bizim ilişkimiz çok küçük olduğumuz için Tanrı'nın ebedi hizmetkarları olduğumuzdur. Bu maddi dünyada da olağan bir davranış olarak, bir adamın başka bir adama ondan daha büyük olduğu ve iyi bir maaş ödeyeceği için hizmet ettiğini görürüz. Bu yüzden doğal olarak sonuç; eğer biz küçük isek görevimiz Tanrı'ya hizmet etmektir. Başka bir işimiz yok. Biz hepimiz Orijinal Mevcudiyet'in başka başka parça ve bölümleriyiz.

Bir makinenin parçası olan vida değerlidir çünkü bütün makineyle birlikte çalışmaktadır. Vida makineden çıkarılırsa, ya da kırılırsa değersizdir. Parmağım bu vücudumun bir parçası olduğu ve bedenime hizmet ettiği sürece milyonlarca dolar değerindedir. Ve parmak vücuttan koparsa, değeri ne olacaktır? Hiçbir şey. Benzer olarak, bizim ilişkimiz Tanrı'nın küçük parçaları olmamızdır; bu yüzden görevimiz, enerjimizi Tanrı ile birleştirmek ve O'nunla iş birliği yapmaktır. Bizim ilişkimiz budur. Aksi takdirde biz değersiziz. Kesilmiş durumdayız. Parmak işe yaramaz hale geldiğinde doktor, "Ah, bu parmağı keselim, yoksa vücudu zehirlenecek" der. Benzer olarak, Tanrı'sız olursak, Tanrı ile olan ilişkimizi keseriz ve bu maddi dünyada acı çekeriz. Eğer Yüce Rabb'e katılmayı denersek, Tanrı ile ilişkimiz tekrar canlanır.

En Yüce Aşk

"Spiritüel hayatın anlamı; Yüce Rab ile beraber olmak ve yüce saadet ve bilgide ebediyen var olmaktır. Bu gibi ebedi beraberliğin anlamı, Kṛṣṇa ile oyun oynamak, dans etmek ve Kṛṣṇa'yı sevmektir. Hatta, Kṛṣṇa sizin çocuğunuz olabilir; her ne isterseniz... Kişi Kṛṣṇa'yı sevmedikçe, kedilere, köpeklere, ülkesine, milliyetine ve toplumuna olan sevgisini bitirmedikçe ve bunların yerine Kṛṣṇa'ya olan aşkına konsantre olmadıkça, mutluluk söz konusu bile olmaz..."

Eğer kişi adanma hizmetinin hassas sarmaşığını güzelce korursa, sonrasında bu yavaş yavaş Tanrı için saf aşkın meyvesini yetiştirecektir. Tanrı için saf aşkın anlamı maddi kazanç için olmayan arzu ile belirtilen sırf felsefi anlayış ya da meyve veren sonuçlar değildir. Tanrı için saf aşk şöyle bilinir, "Tanrı büyüktür, ben O'nun parçası ve bölümüyüm ve bu yüzden O, benim yüce sevilesi varlığımdır" Bu bilinç insan hayatının en yüksek mükemmeliyetidir ve benlik farkındalığının, bütün yöntemlerin en iyisidir. Eğer bir kimse bu noktaya ulaşırsa, "Tanrı benim tek sevgilim, Kṛṣṇa tek sevilesi varlıktır," o zaman bu kişinin hayatı mükemmeldir. Ve kişi Kṛṣṇa ile transandantal ilişkiyi tattığında, gerçek mutluluğu hisseder. Sonra adanma sarmaşığı bu tutunacak yeri yakalayarak çok kuvvetlice korunacaktır ve kişi yüce hedefe ulaşabilecektir. Eğer bir kimse hiç durmadan bir ağaca tırmanırsa sonunda en üst noktaya gelir. Benzer olarak, bir kimse bu adanmanın sarmaşığını yakalayarak Tanrı aşkına ulaşabilirse, mutlaka Kṛṣṇa'nın transandantal meskenine erişecek ve O'nunla bizim burada yaptığımız gibi yüz yüze kişisel arkadaşlık yapacaktır.

Tanrı uydurma veya bir hayal ürünü değildir. Bizler gibi O da gerçektir. Gerçekte bizler yanılgı içindeyiz; bu beden gerçek olmamasına ve geçici bir oluşum olmasına rağmen biz bu bedeni kendi öz benliğimiz olarak görmekteyiz. Biz Tanrı'nın olmadığını veya O'nun suretinin olmadığını farz etmeye cüret ediyoruz. Bu zihinsel varsayımların sebebi zayıf bilgi birikiminden kaynaklanır. Rab Kṛṣṇa ve O'nun mekânı mevcuttur ve bir kimse oraya gidebilir. O'na ulaşabilir ve O'nunla birliktelik yapabilir. Bu gerçek. Spiritüel hayatın anlamı; Yüce Rab ile beraber olmak ve yüce saadet ve bilgide ebediyen var olmaktır. Bu gibi ebedi beraberliğin anlamı, Kṛṣṇa ile oyun oynamak, dans etmek ve Kṛṣṇa'yı sevmektir. Hatta, Kṛṣṇa sizin çocuğunuz bile olabilir; her ne isterseniz.

Kṛṣṇa ile beş temel ilişki şekli vardır: pasif bir adanan olarak, bir hizmetkar olarak, bir arkadaş olarak, bir ebeveyn olarak ve bir sevgili olarak. Kṛṣṇa'nın mekânında bulunan inekler de özgür ruhlardır. Onlara *surabhi* inekleri denir. Kṛṣṇa'nın inekleri nasıl sevdiğini, onlara nasıl sarıldığını ve öptüğünü gösteren birçok popüler resimler vardır. Kṛṣṇa ile kurulan bu pasif ilişkiye *śānta* denir. Onların mükemmel mutluluğuna, Kṛṣṇa geldiğinde ve sadece onlara dokunduğunda ulaşılır.

Diğer adananlar aslında hizmet etmeye eğilimlidirler. Onlar şöyle düşünür, "Kṛṣṇa oturmak istiyor. O'nun için bir yer hazırlayacağım. Kṛṣṇa yemek istiyor. O'na güzel yemekler yapacağım." Onlar bu ayarlamaları yaparlar. Diğer adananlar arkadaş gibi aynı seviyede Kṛṣṇa ile oyun oynarlar. Onlar Kṛṣṇa'nın Tanrı olduğunu bilmezler; onlara göre Kṛṣṇa onların iyi bir arkadaşıdır ve Kṛṣṇa'yı bir an bile unutamazlar. Bütün gün ve bütün gece Kṛṣṇa'yı düşünürler. Gece uykularında bile "Ah, sabah gidip Kṛṣṇa ile oynayacağım" diye düşünürler ve sabah olunca oyun oynamaya gitmeden önce Kṛṣṇa'nın evine giderek, annesi Kṛṣṇa'yı giydirirken orada beklerler. Kṛṣṇaloka'da (Kṛṣṇa'nın mekânı) başka bir aktivite yoktur. Endüstri yoktur, ofise koşuşturma ya da bunun gibi saçma şeyler yoktur. Yeterli süt ve tereyağı vardır ve herkes bolca yer. Arkadaşları Kṛṣṇa'ya çok düşkündür ve bazen Kṛṣṇa onlar için tereyağı çalarak eğlenir. Bir kimse gerçekte böyle yaşayabilir ve bu varoluşun mükemmeliyetidir. Bizler böyle mükemmel bir hayat seviyesi için can atmalıyız. Kṛṣṇa bilinci buna ulaşmanın yöntemidir.

Ancak, kişi bu maddi dünyaya azıcık bir bağlılığa bile sahip olduğu anda, burada kalmak zorundadır. Kṛṣṇa çok prensiplidir. Maddi hayat kavramının zerresine sahip olan bir kişinin, O'nun beraberliğine katılmasına izin vermez. *Bhakti* maddi kirlilikten özgür olmalıdır. "Ben çok eğitimli bir bilgeyim, Mutlak Gerçek'i akıl tahminleriyle bulurum" şeklinde asla düşünmeyin. Bu saçmalıktır. Kişi devam edebilir ve tahminlerde bulunabilir ancak bütün kaynakların kaynağını asla bulamayacaktır. *Brahma-saṃhitā*'da şöyle denir, "Bir kişi Mutlak Gerçek hakkında milyonlarca yıl tahminde bulunmaya devam edebilir, yine de ortaya bir şey çıkmayacaktır." Bu kişi maddi dünyada olduğu gibi çürüyebilir ve yine de tahminlerde bulunmaya devam edebilir, fakat bu doğru yöntem değildir. İşte yöntem burada: *bhakti-yoga*.

Rab Caitanya, "Kṛṣṇa'ya adanma hizmetini sunmak hayatın en yüksek mükemmeliyet seviyesidir" der ve bununla kıyaslayınca, maddi dünya içinde insanların peşinde koştukları arzular, okyanus içindeki köpükler gibi kalır. Genelde insanlar ödül peşindedirler ve bu yüzden dindar olurlar. Onlar, "Ben bir Hinduyum," "ben bir Hristiyanım," "Ben bir Yahudiyim," "Ben bir Müslümanım," "Ben buyum, ben şuyum ve bu yüzden dinimi değiştiremem derler. Ben Kṛṣṇa'yı kabul edemem." Buna dincilik yani *dharma* denir. Böylece dinin materyalist, yobaz düşünceleriyle ritüel ve inançlara saplanarak bu maddi dünya içinde çürürler. Eğer dini vazifelerini takip ederlerse, maddi refaha kavuşacaklarının izlenimine sahiptirler. Tabi ki, eğer bir kişi herhangi bir dinsel adete bağlı ise, maddi yaşam için kolaylıklar kazanacaktır.

İnsanlar neden bu maddi refaha sahip olmak istiyorlar? Duyu tatmini için. Onlar şöyle düşünüyorlar, "Çok hoş bir eşe sahip olabilirim. Çok iyi çocuklarım olabilir. Çok iyi bir işim olabilir. Başkan olabilirim. Başbakan olabilirim." Bu duyu tatminidir. Ve bir kimse hüsrana uğrarsa ve zengin olmak veya başkanlığa sahip olmanın ona mutluluğu vermediğini görürse, cinsel hayatının bütün lezzetlerinden sonra, kişi hayal kırıklığına uğradığında, belki LSD kullanır ve boşluk ile bir olmaya çalışır. Bu saçmalıklar mutluluk veremez. Mutluluk burada: Kişi Kṛṣṇa'ya ulaşmalıdır. Aksi takdirde, bu LSD karmaşası içinde yok olur ve gayri şahsiyetçi boş kavramlarda gezinir. İnsanlar hayal kırıklığına uğruyorlar. Eğer hakiki bir spiritüel yaşamları yoksa hayal kırıklığına uğramaları kaçınılmazdır, çünkü bir kişi doğası gereği spiritüeldir.

Kişi Kṛṣṇa olmadan nasıl mutlu olabilir? Bir kişinin okyanusa

Benlik İdraki Bilimi

atıldığını düşünün. Orada nasıl mutlu olabilir ki? Bu bize göre değil. O kişi çok iyi bir yüzücü olsa bile, ne kadar süre yüzebilir? Sonunda yorulacak ve boğulacaktır. Benzer olarak biz doğamız gereği spiritüeliz. Bu maddi dünyada nasıl mutlu olabiliriz? Bu mümkün değil. Fakat insanlar hayatta kalabilmek için geçici düzenlemeler yaparak, burada kalmaya çalışıyorlar. Bu uydurma iş mutluluk değildir. Eğer bir kimse gerçekten mutluluk istiyorsa, yöntem burada: Kişi Tanrı aşkına erişmelidir.

Kişi Kṛṣṇa'yı sevmedikçe, kedilere, köpeklere, ülkesine, milliyetine ve toplumuna olan sevgisinden vazgeçerek ve bunların yerine Kṛṣṇa'ya olan aşkına konsantre olmadıkça, mutluluk söz konusu bile olmaz. Rūpa Gosvāmī bununla ilgili çok güzel bir örnek vermiştir: İnsanların kafasını düşünceler ve halüsinasyonlar ile dolduran birçok uyuşturucu vardır. Fakat Rūpa Gosvāmī, "kişi en son ilaç, Tanrı aşkını, *kṛṣṇa-prema*'yı tatmadıkça, meditasyon, gayri şahsiyetçi monizm ve diğer birçok vakit geçirici şey ile büyülenecektir" der.

Caitanya Mahāprabhu, "Kṛṣṇa'nın saf aşkına erişmek için, kişi adanma hizmetini ve Kṛṣṇa bilincini yürütmelidir" der. Kişi kendini yalnızca Kṛṣṇa'nın hizmetinde meşgul etmelidir. Saf adanmanın en yüksek mükemmeliyet seviyesi, bütün maddi arzulardan, akli tahminlerden ve meyvesel aktivitelerden sıyrılmaktır. Saf adanmanın ana prensibi kişinin tümüyle Kṛṣṇa bilinçli olmaktan başka bir arzuyu devam ettirememesidir. Bir kimse Tanrı'nın diğer suretlerinin de Kṛṣṇa olduğunu bilse bile, diğer suretlere dua etmemelidir ve Kṛṣṇa suretine konsantre olmalıdır. Kṛṣṇa'nın birçok sureti vardır, fakat insanlar sadece Kṛṣṇa'ya, Rādhā-Kṛṣṇa *Mūrtiler*inde olduğu gibi elinde flüt olan suretine dua etmelidir. Sadece bu forma konsantre olun ve sonrasında bütün akıl oyunları ve meyvesel aktiviteler kaybolacaktır. Kişi Kṛṣṇa bilincini uygun bir şekilde ilerletmeye çalışmalıdır ve bunun anlamı Kṛṣṇa'yı memnun edecek hizmetler yapmaktır. Kṛṣṇa bilincine kişinin kendi ürettiği bir yoldan erişilmez. Ben Kṛṣṇa bilincinde bir şeyler yaptığımı zannedebilirim, fakat bunu kim onaylar? Örnek olarak, *Bhagavad-gītā*'da, Arjuna bazı manevi sebeplerden savaşmaktan kaçınmıştı, fakat o duruma kişinin sonuçtan acı çekeceği veya hoşlanacağı aktivitelerin platformu olarak bakıyordu. Aile fertlerini öldürseydi, birçok tepkiye maruz kalacağını düşünüyordu. Bununla birlikte, bu sonuç, Kṛṣṇa tarafından

342

onaylanmadı. Bu dünyadaki etki tepki kanununa *karma* denir, fakat adanma hizmeti *karmayı* aşar.

Saf aşk, meyvesel faaliyetlerin (*karmanın*) ve akli tahminlerin en ufak zerresinden ve maddi arzulardan arınmış olmalıdır. Bu saf adanma hizmeti uygunca Kṛṣṇa üzerine sabitlenmelidir. "Uygun bir şekilde" demek, Kṛṣṇa'nın arzusuna göre olan demektir. Kṛṣṇa *Kurukṣetra* savaşının olmasını istedi ve her şey O'nun tarafından ayarlandı. Arjuna'ya şöyle dedi: "Sen kendi açından düşünüyorsun, fakat savaşmasan bile ne olacağı belirlendi çünkü her şey benim tarafımdan ayarlandı. Buraya toplanan savaşçılardan hiçbiri evine dönmeyecek. Onlar burada öldürülecekler. Bu çoktan ayarlandı." Tanrı'nın arzusu öyledir ki, değiştirilemez. Kṛṣṇa'nın iki tane vasfı vardır: O koruyabilir ve aynı zamanda öldürebilir. Eğer O birini öldürmek isterse, dünyada o kişiyi koruyabilecek bir kudret yoktur ve eğer O birini korursa, dünyada o kişiyi öldürebilecek herhangi bir kudret yoktur. Kṛṣṇa'nın arzusu yücedir. Bu yüzden, arzularımızı Kṛṣṇa'nın arzuları ile örtüştürmeliyiz. Kṛṣṇa her ne arzularsa, hiç kimse onu geçersiz ve yok sayamaz çünkü O Yüce Tanrı'dır. Böylece bizim vazifemiz, hareketlerimizi Kṛṣṇa'nın arzusu ile örtüştürmek, şöyle bir hareket uydurup, ilan etmek değildir: "Bu hareketi Kṛṣṇa bilincinde yapıyorum." Çok dikkatli olmalıyız ve Kṛṣṇa'nın onu gerçekte isteyip istemediğini araştırmalıyız. Böyle yetkin bir bilgiyi Kṛṣṇa'nın temsilcisi talimat olarak verir. Manevi öğretmenimizi yücelttiğimizi dualarımızda her gün söylüyoruz, "Manevi öğretmen memnun ise, Tanrı da memnun olacaktır. Eğer bir kimse manevi öğretmenini memnun edemezse, o kişi için Tanrı'yı memnun etmenin herhangi bir yolu yoktur."

Bu sebeple bir kimse manevi öğretmeninin talimatlarını mümkün olduğunca uygulamalıdır. Bu, kişinin ilerlemesini sağlayacaktır. Bu uygun Kṛṣṇa bilinci hareketinin özüdür. Yaşlılığımda Amerika'ya geldim ve Kṛṣṇa bilincini öğretmeye çalışıyorum, çünkü manevi öğretmenim bunu yapmamı bana buyurdu. Bu benim görevimdir. Başarılı veya başarısız olacağımı bilmiyorum. Problem değil; benim görevim size manevi öğretmenimden duyduklarımı sunabilirsem tamamlanır. Bu Kṛṣṇa bilincinin uygun esasıdır. Gerçekten ciddi olan kimseler Kṛṣṇa'nın emirlerini, Kṛṣṇa'nın temsilcisi tarafından tüm hayatı ve ruhu olarak almalıdırlar. Bu ilkeye uyan kişinin ilerleyişi kesindir. Caitanya Mahāprabhu bu şekilde konuşmuştur ve benim manevi öğretmenim şöyle derdi, "Manevi öğretmen şeffaflık aracıdır." Örneğin, Ben bu kitabın harflerini bu şeffaf gözlüklerle çok iyi görebiliyorum, onlarsız göremem çünkü gözlerim kusurludur. Benzer olarak, duyularımızın tümü kusurludur. Bu gözlerle Tanrı'yı göremeyiz, Hare Kṛṣṇa *mantra*sını bu kulaklarla duyamayız, manevi öğretmenin vasıtası olmadan hiçbir şey yapamayız. Kusurlu olan gözün gözlük yardımı olmadan göremeyeceği gibi, bir kimse de Yüce Rabb'e manevi öğretmenin şeffaflaştırıcı aracı olmadan yaklaşamaz. "Şeffaf" demek, aracın kirliliğinden arınmış olması demektir. Eğer o, şeffafsa, kişi ondan görebilir.

Tanrı'nın saf aşkında bütün duyularımızı meşgul etmeliyiz; *sarvendriya* tüm duyular. Bu cinselliğin de Kṛṣṇa bilinci ile ilişkilendirilmesi anlamına gelir. Tanrı'yı bir baba veya bir anne olarak kavramak, kişinin Rabb'in hizmetinde cinsellikle meşgul olmasına izin vermez çünkü anne veya baba ile cinsel ilişki olmaz. Fakat Tanrı'yı bir sevgili olarak kavramada, cinsiyetle ilgili meşguliyet de vardır. Bu yüzden Caitanya Mahāprabhu, Yüce Rab ile olan ilişkimizin en mükemmel bilgisini verdi. Diğer dinsel anlayışlarda Tanrı'yı, anne veya baba olarak almak en yüksekteki anlayıştır. Hindistan'da ibadet eden birçok kimse tanrıça Kālī'yi, Tanrı'nın elçisi olarak kabul ederler. Tabi ki bu tasdik edilmez, fakat böyle bir inanç vardır ve Hristiyanlıkta da Tanrı anlayışı bir baba gibidir. Fakat Caitanya Mahāprabhu, kişinin Rab ile cinsiyetle ilgili meşguliyette bulunabileceğini bile söylemiştir. Bu bilgi Caitanya Mahāprabhu'nun eşsiz bağışıdır. Bu maddi dünyada cinsel meşguliyet sapkın bir şekilde olmasına rağmen, en yüksek meşguliyet ve en büyük zevk olarak düşünülür. Fakat hiç kimse, spiritüel dünyada cinsel meşguliyet olabileceğini düşünmemiştir. Tüm dünyanın hiçbir yerinde böyle bir teolojinin tek bir örneği yoktur. Bu bilgi ilk defa Caitanya Mahāprabhu tarafından verilmiştir: bir kişi Tanrı'nın Yüce Şahsiyeti'ne eş, sevgili olarak sahip olabilir. Bu Rādhā ve Kṛṣṇa'nın ibadeti ile mümkündür, fakat hiç kimse, özellikle de gayri şahsiyetçiler, Rādhā Kṛṣṇa'yı anlayamazlar. Gayri şahsiyetçiler bir fikre sahip değillerdir; onlar Tanrı'nın bir forma sahip olduğunu bile düşünemezler. Fakat Caitanya Mahāprabhu, Tanrı'nın sadece suretinin olduğunu değil, cinsel hayata sahip olduğunu da söyler. Bu, Caitanya Mahāprabhu'nun en yüce bağışıdır.

Bir kimse, Yüce Rabb'e çeşitli ilişkiler içerisinde hizmet edebilir, fakat maddi dünyada bu ilişkiler sadece çarpıtılmış yansımalar olarak bulunur. İlişkimiz içerisinde bu maddi dünya ile meşguliyetimiz nedir? Bizim toplum, dostluk ve aşk hakkındaki fikirlerimiz nelerdir? Hepsi, hayatın maddi anlayışı üzerine kurulmuştur. Toplumumuzda, kimi bir çocuğun anne veya babası olarak ve kimi karı ve koca olarak, seven ve sevilen olarak meşgul olurlar. Başka bir kimseyle bir düşman olarak meşgul olmak gibi, diğer *rasalar* da (ilişkiler) vardır. On iki değişik ilişki vardır ve bunlardan beş tanesi baskındır. Diğer yedi tane ilişki dolaylı yolla olur, örneğin bir kimsenin düşmanı olmak. Düşmanlar arasında hatta katil ile öldürdüğü kimse arasında bile genellikle bir ilişki bulunur. Bununla birlikte, Kṛṣṇa ile olan ilişkimiz düşünüldüğünde eğer kişi Kṛṣṇa ile düşmanı olarak bir ilişki geliştirse bile bunun sonucunda hayatı başarılıdır. Bu yüzden, bir kimse duyularını Kṛṣṇa ile meşgul ederse, beşi direk yedisi dolaylı olan on iki ilişkiden biri olan bir ilişki kurulabilir.

Kṛṣṇa, Kaṃsa'nın arenasında belirdiğinde O'nu öldürmek için hazırlanan birçok büyük güreşçiler vardı. Gerçekte oraya öldürülmek için davet edilmişti. Düşmanı Kaṃsa şöyle düşündü, "Yakında o çocuklar gelecek. On altı yıldır onları öldürmeye çalışıyoruz, fakat bu çocuk Kṛṣṇa öldürülemiyor. Fakat şimdi O'nu bir misafir olarak davet ettim ve geldiğinde, bu güreşçilerle dövüşecek ve onlar O'nu öldürecekler." Şeytani veya ateist insanlar her zaman Kṛṣṇa'yı yani Tanrı'yı, öldürmek için düşünürler. Bu sebeple Tanrı'nın ölü olduğu teorilerini sunarlar. Şayet Tanrı ölü olursa, hoşlarına giden şekilde hareket etmede serbest olduklarını düşünürler. Ama onların gerçekte yaptıkları aktivitelerini düşündüğümüzde, Tanrı canlı veya ölü de olsa, Tanrı'nın temsilcisi olan maddi enerji o kadar güçlüdür ki, hiç kimse özgürce yanlış yapamaz. Birisi bir şeyleri yanlış yapar yapmaz, bunun hemen bir cezası vardır. Tanrı'nın varlığına ihtiyaç yoktur. Tanrı ölü veya canlı olabilir, fakat maddi enerji, maddi kuralları çiğneyenleri en ince noktasına kadar cezalandırmak için yeterlidir. Bu koşulları Tanrı oluşturmuştur, fakat aptal insanlar bunu anlamazlar.

Bununla birlikte Rab Caitanya, saf adanmışlık hayatında bütün duyuların Kṛṣṇa'nın hizmetinde uygun bir şekilde meşgul olmasını anlatır. Kişi uygun bir şekilde duyularını meşgul etmeli ve Kṛṣṇa ne isterse onu yapmalıdır. Bir kimse duyularını Kṛṣṇa'nın arzusuna karşı gelecek şekilde meşgul eder ve yine de Kṛṣṇa'yı düşünürse bu da bir avantajdır. Örneğin, İblis Pūtanā Kṛṣṇa'yı öldürmeyi düşünmüştü. Tıpkı dindar insanların işinin Tanrı'ya hizmet olması gibi, iblisler ve ateistler daima Tanrı'yı öldürmeye hazırdırlar. Pūtanā şöyle düşündü, "Kṛṣṇa'yı öldüreyim. O sadece bir çocuk." Bu, iblisin diğer bir hatasıdır. Onlar Kṛṣṇa'yı, Tanrı'yı sıradan bir çocuk veya insan olarak görürler. Bu yüzden Pūtanā şöyle düşünüyordu: "Göğsümü zehirle doldurayım, böylece çocuk sütümü emdiğinde ölecek." Bunu irdelersek Pūtanā, Kṛṣṇa'ya düşmanı olarak yaklaşmıştı, Kṛṣṇa da çok lütufkar olduğu için onu bir arkadaş olarak kabul etti. Düşüncesinin şeytani kısmını almadı, fakat onu kabul etti. Her canlı koşulludur fakat Kṛṣṇa değildir. Bir doktor veya psikolog delirmiş bir insanı tedavi eder, fakat kendisi delirmez. Bazen bir hasta ona sinirlenebilir veya ona kötü hitap edebilir, fakat doktor ölçülüdür ve sadece hastasını tedavi eder. Benzer olarak, bir kimse Kṛṣṇa'ya düşman olarak baksa bile, Kṛṣṇa onun düşmanı olmaz.

Pūtanā, Kṛṣṇa'yı zehirlemeye gelmişti, ancak Kṛṣṇa onu diğer bir şekilde kabul etti ve şöyle düşündü, "Onun göğsünden süt içtim. Bu yüzden o benim annem." Kṛṣṇa onu annesi yerine koydu ve bu şekilde Pūtanā, Kṛṣṇa'nın gerçek annesi olan Yaśodā gibi özgürleşti. Bunun sonucu, en yüce mükemmeliyet Kṛṣṇa ile uygun bir ilişki kurmaktır, fakat kişi kendisini uygun olmayan bir şekilde meşgul etse de, Kṛṣṇa o kadar lütufkardır ki en azından bir tür kurtuluş verir. Kṛṣṇa tarafından öldürülen bütün düşmanları hemen özgürleşmişlerdir.

İki sınıf insan türü gayri şahsiyetçi *brahma-jyoti*rin içine karışabilir: Bilerek gayri şahsiyetçi *brahma-jyoti*re karışmayı arzu edenler ve Kṛṣṇa tarafından öldürülen, Kṛṣṇa'nın düşmanları. Bu yüzden, adanan bu sonuca varabilir, Tanrı'nın düşmanına bile önerilen koşulu neden kabul edeyim ki?

Caitanya Mahāprabhu saf adanma hizmetini tavsiye eder. Kişinin kendi maddi arzularını tatmin etmek için bir arzusu olmamalıdır,

Kṛṣṇa'yı deneysel felsefe ile anlamak için bir girişim olmamalıdır ve Kṛṣṇa'dan maddi faydalar sağlayacak meyvesel aktiviteler olmamalıdır. Tek arzu, Kṛṣṇa'ya uygun bir şekilde, O'nun arzu ettiği gibi hizmet etmek olmalıdır. Kṛṣṇa bir şeyler isterse, biz hemen yapmalıyız. Bir öğrenciye şu soruyu sorduğumu düşünün, "Sevgili öğrencim, lütfen bana bir bardak su ver." Sonrasında onun görevi bana bir bardak su vermektir. Eğer şöyle düşünürse, "Prabhupāda bir bardak su istiyor, ama niçin ona daha iyi bir şeyler vermeyeyim? Neden bir bardak sıcak süt olmasın?" bu hizmet değildir. Onun düşüncesine göre, sıcak süt çok lezzetlidir ve sudan daha iyidir, fakat ben su istediğim için bana süt değil su vermelidir. Uygun hizmet budur. Kişi Kṛṣṇa'nın ne istediğini anlamalıdır. Yakın bir ilişki olduğunda, kişi, Kṛṣṇa'ya en uygun şekilde hizmet eder. Ve yakın bir ilişki henüz yoksa kişi Kṛṣṇa'nın istediklerini şeffaf bir manevi öğretmen aracılığıyla öğrenmelidir.

Bir *Vaiṣṇava* asla Kṛṣṇa ile doğrudan ilişkisi olduğunu düşünmez. Rab Caitanya şöyle der, "Ben hizmetkarın, hizmetkarının, hizmetkarının hizmetkarıyım; yüz defa Kṛṣṇa'nın hizmetkarının hizmetkarıyım." Hizmetkarın, hizmetkarının hizmetkarının hizmetkarı olmayı kabul etmeliyiz. Bu öğretmen öğrenci zincirinin başarı yöntemidir ve bir kimse gerçek, transandantal Tanrı'nın aşkını isterse, bu yöntemi benimsemelidir. İnsanlar bu yöntemi kabul etmediğinden dolayı, gerçek Tanrı aşkını geliştiremezler. Tanrı'yı konuşurlar fakat gerçekte Tanrı'yı sevmezler; çünkü saf adanma hizmetinin tohumları yoktur. Onlar köpekleri severler.

"Tanrı aşkı" diyebiliriz fakat bu yöntemi benimsemedikçe, Tanrı'yı değil köpekleri sevmek zorunda kalacağız. Bu yanlıştır. Caitanya Mahāprabhu, bir kişi gerçekten Tanrı'nın aşkını istiyorsa o zaman saf adanma hizmetinin yöntemini takip etmesi gerektiğini söyler. Bu Caitanya Mahāprabhu'nun kendi zihinsel uydurması değildir. İfadeleri *Nārada-pañcarātra* ve *Śrīmad-Bhāgavatam* gibi Vedik edebiyatında onaylanmıştır. Bu iki kitap ve *Bhagavad-gītā*, adananlara hitap eden çok güvenilir yazınlardır. Caitanya Mahāprabhu, *Nārada-pañcarātra*'nın bir bölümden şu alıntıyı yapar: *Hṛṣīkeṇa hṛṣīkeśa-sevanaṃ bhaktir ucyate* [*CC. Madhya* 19.170]. Bu saf adanma hizmetinin tanımıdır. *Hṛṣīkeṇa hṛṣīkeśa-sevanaṃ. Hṛṣīkeṇa* "kişinin duyularıyla" demektir. Bizler, duyularımızı meşgul etmeliyiz. Bu sadece zihinlerimizi meşgul etmek değildir. Eğer birisi şöyle derse: "Daima Kṛṣṇa'yı düşünüyorum," bu saf adanma hizmeti değildir. Meditasyon düşünmektir ancak hiç kimse Kṛṣṇa'yı düşünmez; boşluğu veya gayri şahsi bir şeyleri düşünürler. Eğer bir kimse, Vedik edebiyatında tanımlanan şekilde Kṛṣṇa, Nārāyaṇa veya Viṣṇu'yu düşünürse bu gerçek yogadır. Yoga, meditasyon kişinin zihninin Üstün Ruha odaklanması demektir. Üstün Ruh, Kṛṣṇa'nın dört elli şekli olan temsili Nārāyaṇa'dır. Yoga sisteminde bir otorite olan Patañjali bile, Viṣṇu üzerine meditasyonu tavsiye eder. Fakat tıpkı insanların sahte dinsel yöntemler üretmesi gibi, bugünün sözde *yogīleri* boş şeyleri düşünmek için kendi yöntemlerini üretmişlerdir.

Ancak *Nārada-pañcarātra* söyler; *Hṛṣīkeṇa hṛṣīkeśa-sevanam:* kişi sadece zihni ile değil duyuları ile de meşgul olmalıdır. Duyuların efendisinin hizmetinde duyular ile meşgul ol. Bu üç Sanskrit kelime çok anlamlıdır. *Hṛṣīkeśa* "duyuların efendisi demektir." Bu yüzden *bhakti-yoga* duyular ile duyuların efendisi olan Rabb'e hizmet etmek demektir. Duyuların Efendisi Kṛṣṇa'dır. Bu maddi dünyanın keyfini çıkarmayı istediğimizden dolayı, bu duyulara sahip olduğumuzu her zaman hatırlamalıyız ve bu sebeple Rab, keyif almamız için bize belli bir duyular takımı vermiştir. Domuz, dışkı yemekle zevk almayı istediğinden dolayı kendine has bir bedene ve duyulara sahiptir. Benzer olarak, bir insan kendine has bir bedene ve duyulara sahiptir çünkü başka bir şeylerden zevk almak istemiştir. Bu maddi dünyanın keyfini çıkarmak için, kendine has koşullanmış duyular setine sahibiz ve bizim arındırmamız gereken şey budur. Duyularımız orijinaldir, fakat maddi arzular ile örtülmüşlerdir. Kendimizi tedavi etmeli bu tip arzulardan arınmalıyız. Kişinin duyuları artık maddi duyu tatminine yönelmiyorsa, o kişinin durumu saf adanma olarak adlandırılır.

Nārada-pañcarātra'nın bu kıtasından, ruh-canın orijinal duyuları olduğunu anlayabiliriz. Bununla birlikte ruh, küçük bir bedene girmiş olabilir. Ruh can gayri şahsi değildir; duyuları vardır. Belki bir kimse birisinin kitabı üzerinde bir böcek bulabilir. Çok küçüktür, noktadan bile küçüktür ama yine de hareket eder; bütün duyulara sahiptir. Küçük bir bakteri de hareket eder ve onun da duyuları bulunmaktadır. Özgün olarak tüm canlıların duyuları bulunmaktadır. Bu duyular belirli maddi koşullar altında gelişmez. Ateist teori, maddi şartlar altında duyularımızı geliştirdiğimizi, spiritüel koşullar içerisinde duyuların olmadığını ve bizim gayri şahsi olduğumuzu söyler. Mantık ve akıl yoluyla bunun böyle olamayacağı anlaşılır. Bir atomdan bile küçük, spiritüel kuvvetin zerresi, kendi duyularına sahiptir. Maddi elementlerle örtülü bu duyular, kendilerini çarpık bir yolla ortaya çıkarırlar. Duyuları arındırmalıyız ve duyular arındığında duyuların efendisinin keyfiyle meşgul olabiliriz. Kṛṣṇa, duyuların efendisi ve sahibidir. Bu yüzden, Yüce Tanrı'nın parçası olduğumuz için duyularımız O'ndan ödünç alınmıştır; kiradadırlar. En iyi şey, duyuları kendimizin değil, O'nun memnuniyeti için kullanmaktır. Saf Kṛṣṇa bilinci yolu budur.

Rab Caitanya saf adanma hakkında *Śrīmad-Bhāgavatam*'dan bir örnek verir: *Bhāgavatam*'da Kṛṣṇa'nın herkesin kalbinde yerleşik olduğundan bahsedilir. Bu yüzden, tıpkı nehirlerin akması ve doğal eğilimlerinin denize ulaşmak olması gibi, bir kimse Tanrı'nın yüceliklerini duyar duymaz ruhu Yüce Tanrı'ya doğru çekilir. Bu saf adanma hizmetinin başlangıcıdır. Hare Kṛṣṇa *mantra*sı titreşimleri söylendiği anda, hemen Kṛṣṇa'nın özel eşyaları, Kṛṣṇa'nın adı, Kṛṣṇa'nın şöhreti, Kṛṣṇa'nın mekânı, Kṛṣṇa'nın arkadaşları; her şey aniden ortaya çıkar çünkü O, içimizde zaten mevcuttur. Bu kişinin Kṛṣṇa bilincinin başlangıcıdır. Bir bağlantının anlamını referansla hatırlamak, kişinin bir şifre kelime duyar duymaz bu şifre ardındaki bütün bilgiyi hatırlaması gibidir. Benzer şekilde, zihinlerimiz Kṛṣṇa ile cezp olduğunda ve sadece O'nun niteliklerinin küçük bir övgüsünü duyarak, saf Kṛṣṇa bilincinin başlangıcı oluşur. Sonrasında daha fazla *gati* veya zihnin hareketi olmaz.

Tıpkı *gopī*lerle olduğu gibi: *Gopīler*, Kṛṣṇa'nın flütünün sesini duyar duymaz her şeyi bırakırlardı. Bazıları yatarken, bazıları aile mevzularıyla uğraşırken, bazıları çocuklarına bakarken Kṛṣṇa'nın flütünün sesini duyar duymaz her şeyi unutup O'na koşuyorlardı. Kocaları, erkek kardeşleri ve babaları, "İşlerinizi bırakıp, neden gidiyorsunuz?" diye soruyorlardı. Ancak *gopīler* hiç umursamadan her şeyi bırakıyorlardı. Zihnin Kṛṣṇa ile bütünleşmesinde tökezleme ve engel yoktur. Bu saf adanmanın başlangıcıdır.

Puruṣottama, Kṛṣṇa demektir. *Puruṣa* kelimesi "keyif alan" anlamındadır. Koşullanmış varlıklar keyif almayı taklit eden sahte keyifçidirler. Bu maddi dünyada, bütün canlı varlıklar *puruşalar* olarak hareket ederler. *Puruşa*'nın daha belirgin anlamı "erkek"tir. Erkek keyif alan, dişi keyif alınan olarak düşünülür. Maddi dünyada, kişi dişi veya erkek vücuduna sahip olsa da herkes zevk alma eğilimine sahiptir ve bu yüzden herkes *puruşa* olarak adlandırılır. Ancak gerçekte tek *puruşa*, Yüce Tanrı'dır. Biz, canlı varlıklar O'nun enerjisiyiz ve O Yüce keyifçidir. Biz *puruşa* değiliz. Enerjiler keyif için tahsis edilmiştir ve bizler Yüce Şahsın enerjisi, araçlarıyız. Bu sebeple, *Puruşottama* Yüce transandantal şahıs olan Kṛṣṇa'dır. Saf adanmamız Tanrı'nın Yüce Şahsiyeti için tahsis edildiğinde ve tökezleme ve engeller olmadığında bu saf Kṛṣṇa bilincinin belirtisidir.

Saf Kṛṣṇa bilincinde hırs ve dürtü bulunmaz. Diğer her transandantal işlev veya ibadet hali bir motivasyon ile desteklenmiştir: Bazıları özgürlük ister bazıları maddi başarı ister, bazıları daha yüksek bir gezegene gitmek ister, bazıları Kṛṣṇaloka'ya gitmek ister. Bu hırslar orada olmamalıdır. Saf bir adananın bu tip hırsları yoktur. Saf bir adanan Kṛṣṇa'nın yüce mekanına bile gitmeyi arzulamaz. Elbette oraya gider, fakat arzusu yoktur. Sadece kendisini tamamen Kṛṣṇa'nın hizmeti ile meşgul etmek ister.

Özgürlüğe ulaşmanın değişik şekilleri vardır. Yüce Tanrı ile aynı gezegende yaşamak olan, *sālokya* özgürlüğü bulunmaktadır. Vaikuṇṭha gezegenlerinin sakinleri, Tanrı'nın Yüce Şahsiyeti ile aynı gezegende yaşarlar. *Sārṣṭi* özgürlüğünün anlamı, Nārāyaṇa ile hemen hemen aynı zenginliğe sahip olmaktır. Özgür bireysel ruh tıpkı Nārāyaṇa gibi dört elli, dört simgeli, hemen hemen aynı bedensel özellikler ile aynı zenginlikle, aynı takılarla, aynı binalarla, her şeyle aynı tezahür edebilir. *Sārūpya* aynı şekle veya özelliklere sahip olmak demektir. *Sāmīpya,* hiçbir zaman çok uzaklaşmadan fakat daima Yüce Tanrı ile beraber olmaktır. Örneğin beraber oturmamız gibi, kişi Tanrı ile beraber olabilir. Buna daha yakın olmanın özgürlüğü *sāmīpya-mukti* denir. Bununla birlikte saf adananlar bu çeşitli özgürlük şekillerini kabul etmezler. Onlar sadece Kṛṣṇa'nın hizmeti ile meşgul olmak isterler. Hiçbir özgürlük şekline ilgi duymazlar. Gerçekte Kṛṣṇa bilinçli olanlar Yüce Tanrı ile birlikteliği elde ederler, ancak bunu arzu etmezler. Tek tutkuları Tanrı'nın transandantal aşk hizmeti ile meşgul olmaktır. Yüce

Tanrı'dan herhangi bir fayda veya kar etmeyi kabul etmediğinde, adanma hizmetinin en yüksek mükemmeliyeti veya Kṛṣṇa bilinci, ortaya çıkar. Prahlāda Mahārāja'ya ne seviyorsa sunulmuştu, sadece istemesi yeterdi fakat o şöyle dedi: "Tanrım, ben senin ebedi hizmetkarınım. Vazifem sana hizmet etmek, bu sebeple bundan herhangi bir faydayı nasıl kabul edebilirim? O zaman, Sen'in hizmetkarın olamazdım; bir tüccar olurdum." O bu şekilde cevaplamıştır. Bu saflığın göstergesidir. Kṛṣṇa o kadar naziktir ki, bir adanan maddi kazanç istese bile tüm arzularını yerine getirir. Eğer bir adananın kalbinin bir köşesinde biraz arzu varsa, Kṛṣṇa onu da yerine getirir. Çok naziktir. Fakat *bhakti-yoga*nın veya adanma hizmetinin yüce pozisyonu, saf bir adananın özgürlüğün çeşitli yöntemlerini Yüce Tanrı tarafından sunulsa bile kabul etmemesidir.

Eğer kişinin içinde maddi arzuları veya dürtüleri varsa ve bu arzuları yerine getirmek için kendisini adanma hizmeti ile meşgul ediyorsa, asla saf Tanrı aşkına sahip olamayacaktır. Kişi, "Kṛṣṇa'ya adanma hizmetinde Kṛṣṇa bilinici ile meşgul oluyorum, çünkü şu ve bu gibi bir zenginlikleri istiyorum," diye düşünüyorsa bu arzu belki yerine getirilir ancak bu kişi asla *gopīler* gibi saf Kṛṣṇa aşkına sahip olamaz. Adanma hizmetini yerine getirmese bile kişi bir dürtüye sahipse, yine saf Tanrı aşkı seviyesine ulaşamayacaktır. *Bhakti-rasāmṛta-sindhu'*dan bir kıtada, Rūpa Gosvāmī şöyle der, "Kişi bazı maddi çıkarlar (*bhukti*) arzuladıkça veya kurtuluş (*mukti*) istiyorsa bu hayali temsilcileri almalıdır." Kişinin kalbinde *māyā* var oldukça, kişi nasıl saf Tanrı aşkından gelen spiritüel mutluluk ile eğlenebilir ki? Başka bir deyişle, kişinin maddi arzuları varsa veya kurtuluş için bir arzuya bile sahip olsa, saf Tanrı aşkına ulaşamaz. Saf adanma bütün arzulardan yoksun olmaktır; sadece aşk hizmetini kendi hatırı için icra etmektir.

Rūpa Gosvāmī'nin hayatında güzel bir örnek vardır. Rūpa Gosvāmī ve kardeşi Sanātana Gosvāmī, Vṛndāvana'da ayrı ayrı yaşıyorlardı ve kendi adanma hizmetlerine, *bhajanalar*ına devam ediyorlardı. Rūpa ormanda yaşıyordu ve etrafta güzel yemek pişirmek için tesis veya yemek için bir *cāpati* dileneceği bir köy yoktu. Rūpa Gosvāmī küçük olan kardeşti ve bir gün şöyle düşündü, "Biraz yiyecek bulabilseydim, güzel tabaklar hazırlar ve onları Kṛṣṇa'ya sunar ve ağabeyimi davet ederdim." Bu arzuya sahipti. Hemen sonrasında yaklaşık on iki yaşında hoş bir kız geldi ve süt, un, ghī, vb. bolca yiyecek getirdi. Bu Vedik sistemdir. Bazen ev sahipleri dilencilere ve feragat yaşamındaki bilgelere yiyecek bağışlar. Kṛṣṇa'nın birçok şey göndermesiyle Rūpa Gosvāmī çok memnun olmuştu ve şimdi bir ziyafet hazırlayabilirdi. Bir ziyafet hazırladı ve büyük kardeşini davet etti. Sanātana Gosvāmī geldiğinde, hayrete düştü. "Bu şeyler nereden geldi? Ormanda böyle harika bir ziyafet hazırlamışsın. Bu nasıl mümkün olur?"

Rūpa Gosvāmī açıkladı, "Sabahleyin bunu arzu ettim ve tesadüf eseri Kṛṣṇa bütün bu gördüklerini yolladı. Hoş bir kız geldi ve bunları bana sundu." Kızı şöyle tanımlıyordu: "Çok hoş bir kız."

Sonra, Sanātana, "Bu hoş kız Rādhārani, Tanrı'nın ebedi eşi olan Rādhārani'nin hizmetini aldın. Bu büyük bir gaf" dedi. Onların felsefesi budur. Onlar Tanrı'dan hizmet kabul etmezlerdi. Onlar sadece hizmet etmek isterlerdi. Fakat Kṛṣṇa o kadar zekidir ki, O da adananına hizmet etmek ister. Adananına hizmet etmek için bir fırsat kollar. Bu spiritüel yarıştır. Saf bir adanan Kṛṣṇa'dan hiçbir şey istemez; sadece O'na hizmet etmek ister. Ve Kṛṣṇa da adananına hizmet edebilmek için fırsat kollar. Kṛṣṇa daima adananının O'nu memnun etmesindeki endişenin aynısını, adananını memnun etmek için duyar.

Bu transandantal dünyadır. Mutlak platformda, istismar yoktur. Herkes hizmet etmek ister; kimse hizmet kabul etmeyi istemez. Transandantal dünyada, herkes hizmet etmek ister. Sen bana hizmet etmek istersin ve ben sana hizmet etmek isterim. Bu çok hoş bir tutumdur. Bu, maddi dünya senin cebini soymak istiyorum demektir ve sende beni soymak istiyorsun demektir. Hepsi bu. Bu maddi dünyadır. Bunu anlamaya çalışmalıyız. Maddi dünyada, herkes arkadaşını, babasını, annesini ve herkesi kullanmak ister. Fakat transandantal dünyada, herkes hizmet etmek ister. Herkes hizmetinin merkez noktası olarak Kṛṣṇa'ya sahiptir ve bütün adananlar Kṛṣṇa'nın arkadaşları, aile fertleri, hizmetkarları veyahut aşıkları olarak hepsi O'na hizmet etmek ister. Aynı zamanda, Kṛṣṇa da onlara hizmet etmek ister. Bu transandantal bir ilişkidir; herkes tatmin olsa da hizmete gerek olmasa da temel vazife hizmettir. Açlık yoktur, yemek yemeye ihtiyaç yoktur fakat yine de herkes yemek için güzel şeyler sunarlar. Bu transandantal dünyadır. Kṛṣṇa'ya veya O'nun adananına sadece hizmet etme seviyesine ulaşmazsak, transandantal hizmet zevkini tadamayız. Eğer herhangi bir dürtümüz varsa, bu anlayış asla uyandırılmayacaktır. Yüce Tanrı'ya ve O'nun adananlarına dürtü olmadan, kişisel duyu tatmini arzusu olmadan hizmet edilmelidir.

Kṛṣṇa'ya Aşkla Yaklaşmak

"Formül şudur; ayrı bir şekilde kendi duyularımızı tatmin etmeye çalışmamalı, Kṛṣṇa'nın duyularını tatmin etmeye çalışmalıyız. O zaman doğal olarak tatmin olmuş olacağız. Kṛṣṇa bilinçli bir kişi, her zaman Kṛṣṇa'yı memnun etmeye çalışır..."

Kṛṣṇa bu dünyada olduğu sırada Vṛndāvana'nın tüm sakinleri O'nu sevdi. Hakikatten, Kṛṣṇa dışında başka hiçbir şey bilmiyorlardı. Ne Kṛṣṇa'nın Tanrı olup olmadığını biliyorlardı, ne de "Kṛṣṇa Tanrı ise O'nu seveceğim" gibi düşüncelerle zihinleri rahatsız edilmişti. Tutumları saf aşktı ve "Tanrı olabilir veya olmaz; hiç fark etmez. Kṛṣṇa'yı seviyoruz, hepsi bu" şeklinde düşündüler. Bu gerçek saf aşk platformudur. Kişi, "Kṛṣṇa Tanrı ise, O'nu seveceğim" diye düşündüğünde bunun saf aşk platformu değil de koşullu sevgi olduğu bilinmelidir. Dünya üzerindeyken, Kṛṣṇa olağanüstü güçlerini sergiledi ve *vraja-vāsīler* yani Vṛndāvana sakinleri genelde şöyle düşünüyorlardı: "Ah, Kṛṣṇa ne harika bir çocuk. O Yarı Tanrı olabilir". Bu şekilde düşündüler çünkü insanlar yarı tanrıların çok güçlü olduğunu düşünüyorlardı. Bu maddi dünyada yarı tanrılar güçlüdür, fakat insanlar Kṛṣṇa'nın onların üzerinde olduğunun farkında değiller. Yarı tanrıların en yücesi olan Brahmā, bu konu hakkındaki görüşünü şu dizelerde vermiştir; *īśvaraḥ paramaḥ kṛṣṇaḥ sac-cid-ānanda-vigrahaḥ:* "Kṛṣṇa yüce yönetmendir ve O'nun bedeni bilgi, mutlak mutluluk ve ebediyet doludur." Vṛndāvana sakinlerinden küçük bir kısmı Kṛṣṇa'nın gücünü en büyük yönetmen ve yarı tanrıların efendisi olarak biliyordu. Dikkate değer olan şey onların Kṛṣṇa'ya olan aşkının bu gibi düşüncelere konu olmayışıydı.

Vṛndāvana sakinlerinin Kṛṣṇa'yı koşulsuz olarak sevmesi gibi, benzer olarak Kṛṣṇa da onları koşulsuz olarak sevmişti. *Vraja-jana-*

vallabha, giri-vara-dhāri. Vṛndāvana sakinleri cennetlerin baş yarı tanrısı olan Rab İndrā'ya adaklarını durdurduklarında, kendilerini çok tehlikeli bir pozisyon içerisine soktular. *İndrā* çok kızdı ve Vṛndāvana üzerine yedi gün boyunca kesintisiz yağmur yağdıran çok kuvvetli bulutlar gönderdi. Bütün bölgeyi su basmaya başladı ve sakinler çok rahatsız oldu. Sadece yedi yaşında olmasına rağmen, Kṛṣṇa Govardhana Tepesi'ni kaldırıp onu bir şemsiye gibi köyün üzerine kalkan yaparak, Vṛndāvana sakinlerini kurtarmıştı. Rab Kṛṣṇa, böylece yarı tanrı *İndrā*'ya verdiği rahatsızlıkların kendi serçe parmağıyla basitçe durdurulabileceğini öğretti. Bunu gören Rab *İndrā*, Kṛṣṇa'nın önünde yere eğildi.

Bu sebeple Kṛṣṇa, O'nun görevinin sadece *gopī-janaları* korumak olduğunu belirten, *Gopījana-vallabha* olarak da bilinir. Kṛṣṇa bilinci hareketi insanlara nasıl *gopī-janalar* veya Kṛṣṇa'nın saf aşıkları olunacağını öğretmeyi amaçlar. Saf Tanrı aşkı seviyesine ulaştığımızda, Tanrı bizi, bir tepeyi veya dağı kaldırmak pahasına bile her türlü tehlikeden koruyacaktır. Kṛṣṇa, Govardhana Tepesi'ni kaldırmak için hiçbir yoga sistemini uygulamak zorunda değildi. Tanrı olarak, O bir çocuk bile olsa, en güçlüdür. Bir çocuk gibi oyun oynadı ve diğerleri ile bir çocuk olarak birlikte oldu, fakat ihtiyaç olduğunda, kendini her şeye gücü yeten Tanrı olarak gösterdi. Bu, Kṛṣṇa'nın yani Tanrı'nın doğasıdır. O, Tanrı olmak için meditasyon yapmak veya yoganın bazı sistemlerini takip etmek zorunda değildir. O, Tanrı'nın üretilmiş bir tipi değil, ebedi olan Tanrı'dır.

Tanrı olmasına rağmen, adananları ile sevgi ilişkisinin keyfini çıkarır ve adananlarını memnun etmek için, sık sık yardımcı gibi görünen roller alır. Kṛṣṇa genelde bir adananın oğlu olur ve böylece Yaśodā-nandana olarak Yaśodā'nın sevgili oğlu oldu. Tanrı olduğundan ve herkes O'na ibadet ettiğinden, kimse O'nu cezalandırmaz. Fakat, Kṛṣṇa, adanan anne ve babası tarafından cezalandırılmaktan hoşlanır ve Kṛṣṇa cezalandırılmaktan zevk aldığı için, adananlar o rolü alır, "Pekâlâ, Sen'in baban olacak ve seni cezalandıracağım" der. Benzer olarak, Kṛṣṇa kavga istediğinde, adananlarından biri İblis Hiraṇyakaśipu olur ve O'nunla mücadele eder. Bu şekilde Kṛṣṇa'nın bütün aktiviteleri, adananları ile bağlantılı olarak yerine getirilir. Eğer Kṛṣṇa ile böyle bir

Benlik İdraki Bilimi

beraberlik istiyorsak, Kṛṣṇa bilincimizi, farkındalığımızı geliştirmeliyiz. *Yaśodā-nandana vraja-jana-rañjana.* Kṛṣṇa'nın tek işi *vraja-janaları* memnun etmektir ve onların tek işi de Kṛṣṇa'yı memnun etmektir. Bu karşılıklı aşk alışverişidir. *Yamunā-tīra-vana-cārī:* Kṛṣṇa, Tanrı'nın Yüce Şahsiyeti, Yamunā'nın kıyılarında *gopīler*i, çobanları, kuşları, arıları, inekleri ve buzağıları memnun etmek için gezinir. Bunlar sıradan kuşlar, arılar, inekler, buzağılar veya insanlar değildir. Bütün hepsi benlik idrakinin zirvesine ulaşmış ve bu yüzden birçok yaşam sonucunda Kṛṣṇa ile oyun oynayabilecekleri bir pozisyona ulaşmışlardır.

Kṛṣṇa bilinci hareketi, herkesin Kṛṣṇaloka'ya gitmesine imkân verir ve Kṛṣṇa'nın arkadaşı, hizmetkarı, babası veya annesi olarak O'nunla beraberliği olur. Kṛṣṇa adananı ile ilişkide olmak için, bu pozisyonlardan herhangi birisini almaya razıdır. Nasıl razı olduğu *Rab Caitanya'nın Öğretileri* (*Teachings of Lord Caitanya*) isimli kitabımızda tanımlanmıştır. Kṛṣṇa ile ilişkimizin farkına varmak için, Rab Caitanya ve O'nun baş birliktelikleri olan altı Gosvāmīler'in yani Śrī Rūpa, Sanātana, Śrī Jīva, Gopāla, Raghunātha dāsa ve Raghunātha Bhaṭṭa'nın ilerlediği yoldan gitmeliyiz. Bu Gosvāmīler daima Hare Kṛṣṇa *mantra*sını söylüyor ve coşku içerisinde dans ediyorlardı. Kişinin, *Kṛṣṇa-kīrtana* ile bütünleştiğinde veya Kṛṣṇa'nın isimlerini söylediğinde, Kṛṣṇa'nın aşk okyanusunda bütünleşeceğini öğretmişlerdir. Kṛṣṇa'nın ismi titreşir titreşmez, kişi aşk okyanusunda bütünleşir. Bu saf adanmanın işaretidir. Bu yüzden altı Gosvāmīler, *kīrtanalar*da hemen Tanrı'nın sevgi okyanusunda bütünleşirdi.

Altı Gosvāmīler, sadece Rab Caitanya Mahāprabhu'nun adananlarına olduğu kadar, adanmayanlara da merhametlidirler. Saf bir adananın durumu, kimseye haset etmediğinden dolayı düşmanının olmamasıdır. Saf bir adanan daima herkese açıktır ve herkesin Hare Kṛṣṇa söylemesine izin verilir, şu kişi söyleyemez şeklinde fark gözetmez. İkilik platformu olan maddi platform üzerinde, yüksek ve alçak, erkek ve kadın ve bu veya şu arasında farklar vardır, fakat spiritüel platformda böyle ayırımlar yoktur. Bu sebeple her şeyi eşit bir zihinle gören saf adanan kıskanç değildir. Kıskanç olmadığı için, ona ibadet edilebilir. Gerçekten eğer bir kimse kıskanç değilse, bu kimseye

356

ibadet edilebilir bile denebilir çünkü haset etmemek sadece spiritüel platformda mümkündür. Bu *Bhagavad-gītā*'nın [5.18-19] da hükmüdür:

vidyā-vinaya-sampanne
brāhmane gavi hastini
śuni caiva śvapāke ca
paṇḍitāḥ sama-darśinaḥ

ihaiva tair jitaḥ sargo
yeṣāṃ sāmye sthitaṃ manaḥ
nirdoṣaṃ hi samaṃ brahma
tasmād brahmaṇi te sthitāḥ

"Alçakgönüllü bilge, gerçek bilginin fazileti ile, bilgili ve nazik bir *brāhmana* ile bir ineği, bir fili, bir köpeği ve bir köpek yiyeni eşit görür. Zihinleri eşitlik ve sakinlik üzerine kurulanlar, hali hazırda ölüm ve doğumun koşullarını yenmiştir. Onlar Brahman gibi kusursuzdurlar ve bu yüzden onlar zaten Brahman'da yerleşmişlerdir."

Böyle bir pozisyon Rab Caitanya'nın merhametini kazanan birisi tarafından elde edilebilir. O'nun merhametini elde eder etmez, kişi insanlığı maddi kirlilikten kurtarabilir. Altı Gosvāmīler bu gibi adananlar olduğu için onlara şu *mantra* ile hürmetlerimizi sunmalıyız: *vande rūpa-sanātanau raghu-yugau śrī-jīva-gopālakau*. Altı Gosvāmīler, gerçek dini tüm dünyada yerleştirmek için bütün kutsal yazınlar üzerinde dikkatle çalışmada uzmandılar. Bize rehberlik edecek birçok kitap bıraktılar. Bu kitaplar içinde en meşhur olanı yeni başlayan bir adanana ilk yönlendirmeyi yapan Śrī Rūpa Gosvāmī'nin *Bhakti-rasāmṛta-sindhu*'sudur [*The Nectar of Devotion – Adanmanın Özü*]. Gosvāmīler daima gece-gündüz çok sıkı çalıştılar ve işleri sadece kitap yazmak, *mantra* söylemek ve dans etmekti. Gerçekte, uygulamada yemek yeme, uyuma, çiftleşme ve korkusuzca kendilerini savunma gibi bedensel ihtiyaçlardan kurtulmuşlardır. Çiftleşmenin veya korkunun veya savunmanın lafı bile geçmediği için tamamıyla Kṛṣṇa ile yoğrulmuşlardı. Her gün en fazla bir buçuk saat uyurlardı ve hemen hemen hiçbir şey yemezlerdi. Ne zaman açlık hissetseler bir eve gider ve bir, iki parça yiyecek için dilenirlerdi.

Böyle kutsal kişilerin görevi acı çeken insanları, herkesi spiritüel bilince yükselterek mutlu etmektir. Maddi dünyada herkes bir diğerini kullanmaya çalışmaktadır. Bir millet diğer bir milleti kullanmaya çalışmakta, bir toplum diğer bir toplumu kullanmaya çalışmakta, bir iş insanı bir diğerini vb. kullanmaya çalışmaktadır. Buna yaşam mücadelesi denir ve bunun dışında mücadele eden insanlar bir kanun icat etmişlerdir "Benimki doğru," ancak güncel dünyanın durumunda olduğu gibi, en güçlü olanın bile mücadele etmek zorunda olduğunu görebiliriz. Amerika, Rusya ve Çin arasında büyük bir mücadele devam etmektedir. Böyle bir mücadele sebebiyle herkes acı çekiyor. Hakikatten, yaşam için mücadelenin anlamı acı çekmektir. Kṛṣṇa'nın saf adananları her nasılsa, diğerlerini kullanmakla değil, onların mutlu olması için yardım etmekle ilgilenirler ve bu yüzden bütün gezegenler üzerinde ibadet edilenlerdir. Hatta Cāṇakya Paṇḍita zengin bir adamla bilgili bir adamın karşılaştırılamayacağını söylemiştir, çünkü zengin bir adam kendi ülkesinde veya gezegeninde ünlenebilir fakat, bilgili bir adam, Tanrı'nın bir adananı nereye giderse ünlenir.

Bir adanan için cennet ve cehennem arasında fark yoktur, çünkü Kṛṣṇa her iki yerde de onunla beraberdir. Kṛṣṇa'nın olduğu yerde, cehennemin lafı bile geçmez. Onun için her yer Vaikuṇṭha'dır. Örneğin Haridāsa Ṭhākura Müslüman bir ailede doğduğu için, Purī'deki Jagannātha tapınağına giremedi. Hindular Müslümanların tapınağa girmesine karşıydı. Haridāsa Ṭhākura bu durumun onu rahatsız etmesine izin vermedi. "Neden gidip onları rahatsız edeyim ki, burada *mantra* söyleyeceğim" diye düşündü. Sonuç olarak Yüce Jagannātha'nın ta kendisi olan Yüce Rab Caitanya, hergün Haridāsa'yı görmeye geldi. Bu saf bir adananın gücüdür: Jagannātha'ya gitmek zorunda değildir; Jagannātha ona gelir. Rab Caitanya Mahāprabhu denizde yıkanmaya gideceği zaman, her gün Haridāsa Ṭhākura'yı ziyaret ederdi. Rab Caitanya Haridāsa'nın kulübesine gelir ve sorardı, "Haridāsa, ne yapıyorsun?" ve Haridāsa cevaplardı, "Lütfen içeri gelin, Rab Caitanya." Gerçekte bir adananın hakiki pozisyonu budur. Bu yüzden Kṛṣṇa adananına ibadetin kendisine ibadetten daha değerli olduğunu söyler.

Adanan Kṛṣṇa bilinci bilimini, Kṛṣṇa'nın sözlerini duymanın bilimini, *Kṛṣṇa praśada* yemeyi ve Kṛṣṇa'dan hoşlanmayı bildiği için gerçekte Kṛṣṇa'ya ulaşabilir. Gayri şahsiyetçiler ve hiçlikçiler *ahaṃ brahmāsmi*, "Ben ruhum" üzerine kuru felsefi tezleri yaygınlaştırabilirler, fakat sonuçta bundan kim etkilenecek? "Ben bir taşım" olarak düşünen ve "Ben bir hiçim" olarak düşünen kişi arasındaki fark nedir? Biz neden taş, odun veya hiç olalım ki? Gerçek pozisyonumuz Kṛṣṇa ile sevgi alışverişinde olmak olmalıdır.

Kṛṣṇa aşkı kıvılcımı, saf adanan olan manevi öğretmen tarafından ateşlenir. Benim için, manevi öğretmenim, Śrī Śrīmad Oṃ Viṣṇupāda Bhaktisiddhānta Sarasvatī Gosvāmī Prabhupāda, bana Batı dünyasında Kṛṣṇa bilincini yayma sorumluluğunu almamı emretti. Śrī Śrīmad, Yüce Caitanya'nın mesajını batıda yaygınlaştırmak için büyük bir arzuya sahipti ve benim başarım onun lütfudur. Manevi öğretmenim ile ilk tanıştığımda, Hindistan'da çok genç bir adam, bir milliyetçi, sorumluluğu çok olan bir ofiste çalışan biriydim. Gitmek istememiş olmama rağmen, hala Kalküta'da yaşayan arkadaşlarımdan birisi, zorla beni Śrī Śrīmad'a götürdü. O'nu görmeye isteksizdim çünkü babam evimize birçok *sannyāsī*leri davet ederdi ve ben onların davranışlarından çok memnun değildim. Bhaktisiddhānta Sarasvatī Gosvāmī Mahārāja'nın da benzer bir adam olabileceğini düşündüm ve öyleyse, onu görmek ne işime yarayacaktı ki? Fakat arkadaşım beni zorla götürdü. "Neden görmeyesin ki?" diye sordu. Sonunda yumuşadım ve onunla birlikte gittim ve ben kazandım.

İlk ziyaretimde, Śrī Śrīmad benim gibi eğitimli erkeklerin yabancı ülkelere gitmesinin ve Caitanya Mahāprabhu'nun mesajını yaymasının gerekli olduğunu söyledi. Ben Hindistan'ın yabancı buyruğu altında bir millet olduğunu, mesajlarımın kimse tarafından duyulmayacağını söyledim. Gerçekte o zamanlarda yabancılar Hintlerin çok değersiz olduğunu düşünüyorlardı çünkü birçok bağımsız ülkenin gözünde Hindistan hala sömürgeydi ve İngiltere'nin buyruğu altındaydı. O zamanlarda uygar olmayan milletler bile bağımsızken, Hindistan'ın İngiltere sömürgesi olmasından yakınan bir Bengali ozan vardı. Śrī Śrīmad beni bağımlılık ve bağımsızlık konularının geçici şeyler olduğu hakkında hemen ikna etti ve insanlığın ebedi faydası ile ilgilendiğimizden, Caitanya Mahāprabhu'nun misyonunu yürütmemiz gerektiğini vurguladı. Śrī Śrīmad, benim Guru Mahārāja'm ile bu görüşmem, 1922 yılında yarım yüzyıl önce gerçekleşti. Resmi olarak 1933 yılında inisiye edildim. Guru Mahārāja'mın bu fani dünyadan göçmesinden sadece 3 yıl önce. Son anda bu dünyadan göçmesinden önceki gece, bana talimatlarını yinelediği bir mektup yazdı. Bu mesajı özellikle İngilizce konuşan insanlar arasında yaygınlaştırmaya çalışmamı söylemişti. Bu mektubu aldıktan sonra, bazı zamanlarda rüyalarımda Guru Mahārāja'm beni çağırıyordu, ben de evi terk edip, O'nu takip ediyordum. Bu rüyayı görüyor ve şöyle düşünüyordum, "Evimi terk etmeliyim. Guru Mahārāja'm evimi terk etmemi ve *ve sannyāsin* olmamı istiyor." Aynı zamanda şöyle düşünüyordum, "Bu korkunç bir şey. Evimi nasıl bırakırım? Karımı? Çocuklarımı?" Buna *māyā* denir. Gerçekte ev hayatımı terk etmek istemedim, fakat Guru Mahārāja'm bırakmamı sağladı. O'nun buyruklarını izleyerek, birkaç çocuktan oluşan evimi terk ettim, fakat şimdi Guru Mahārāja'm bana dünyanın her yerinden birçok çocuk verdi. Bu sebeple Kṛṣṇa'ya hizmet ederek hiç kimse kaybeden olmaz ve bu benim kendi yaşantımdan deneyimlediğim bir örnektir.

1965'te Hindistan'ı tek başıma terk ettiğimde, başıma bir sürü bela gelecek diye korkuyordum. Hint hükümeti ülke dışına para çıkarmama izin vermiyordu bu yüzden sadece birkaç kitap ve kırk rupi ile geldim. New York şehrine bu şartlarda ulaştım fakat, bütün bunlar Kṛṣṇa ve Guru Mahārāja'mın lütfuydu. Her şey Kṛṣṇa ve manevi öğretmenin birleşmiş merhameti ile oluşur. *Caitanya-caritāmṛta*'da, Kṛṣṇa ve *guru*nun merhametlerinin birleştiği belirtilir. Bu Kṛṣṇa bilinci hareketinin başarısının sırrıdır. Kṛṣṇa daima içimizdedir ve sonuçta O amaçlarımızla ilgili her şeyi bilir ve bize karar verdiğimiz gibi çalışma imkânı verir. Maddi dünyadan keyif almak istiyorsak, Kṛṣṇa bize çok kurnaz bir iş adamı veya popüler bir politikacı veya marifetli bir adam olmak için zekâ verir böylelikle para kazanabilir ve kendimizi eğlendirebiliriz. Maddi hayatın standartlarına göre, birçok insan büyük insan olur. Çok fakir bir adam olarak başlarlar ve yakın zamanda, iyi bir talihle, milyoner olurlar. Fakat biz onların böyle bir başarıya kendi cılız gayretleriyle ulaştığını düşünmemeliyiz. Zekâ olmadan, kimse gelişemez ve bu zekâ Kṛṣṇa tarafından verilir. *Bhagavad-gītā*'da, Kṛṣṇa'nın Üstün Ruh olarak herkesin kalbinde oturduğu belirtilir ve O'nun isteğiyle bir kişi ya hatırlayabilir ya da unutabilir. Kṛṣṇa canlı varlığın arzusuna göre unutkanlığı veya hatırlamayı sağlar. Kṛṣṇa'yı unutmak ve maddi dünyanın tadını çıkarmak istersek, O bize gereken zekâyı verecektir. Böylelikle biz O'nu unutabileceğiz.

Birçok insan, "Bu maddi dünyada çok güzel eğlenebilirim. Herkes çok iyi vakit geçiriyor. Onlar kadar iyi vakit geçirmemem için herhangi bir neden yok." diye düşünür. Bu fikir yanılgıdır çünkü maddi dünyada gerçek eğlence yoktur. Başkan Kennedy gibi çok yüksek bir pozisyona ulaşabiliriz. Çok iyi görünümlü, çok ünlü, çok zeki ve çok iyi eğitimli, çok zengin, çok güçlü olabiliriz ve çok güzel bir eşimiz ve çocuklarımız da olabilir ve hatta ülkedeki en yüksek pozisyonda da olabiliriz, fakat bir anda birisi tarafından silahla öldürülebiliriz. Bu maddi dünyanın doğasıdır. Her adımda bir tehlike ile yüzleşebiliriz. Engeller olmadan zevk almak söz konusu değildir. Zevkler alınsa bile, büyük uğraş ve fedakarlıklar sonucu bu noktaya ulaşılır ve elde edilen zevkler geçicidir. Maddi dünyada hiçbir zevk bize kalıcı ve bitmeyen bir keyif vermez. Bunu bize sadece Kṛṣṇa verebilir.

Bu yüzden Kṛṣṇa *Bhagavad-gītā*'da, her canlı varlığın kendi refahı için saçma maddi aktiviteleri bırakmasını ve sadece O'na teslim olması talimatını verir. Maalesef günümüzde insanlar maddi dünyanın parıltısı, yanılgı veya *māyā*dan çok etkilendiğinden bununla çok ilgilenemezler. Hatta Kṛṣṇa eğer bir kimse O'na teslim olursa, onu tüm günahkâr tepkilerden koruyacağını beyan etmiştir. Fakat insanlar hala çok bağımlı olduklarından bunu yapamazlar. İnsanlar daima Kṛṣṇa'ya teslim olarak bir şeyler kaybedeceklerini düşünürler, tıpkı benim batılı ülkelere giderek bu mesajı yaygınlaştırarak ailemi kaybetmekten korktuğum gibi. Fakat Kṛṣṇa O kadar naziktir ki O bir şeyi bizden alsa bile, bizi bin kat fazla ödüllendirecektir.

Manevi öğretmen de bunda çok naziktir. Kapı kapı, ülke ülke, kasaba kasaba yalvarır: "Sevgili baylar ve hanımlar, sevgili evlatlarım, lütfen Kṛṣṇa bilincini benimseyin." Bu yolla Kṛṣṇa'ya çok mahrem bir şekilde hizmet eder. Kṛṣṇa talimatları veren Yüce Tanrı'dır ve manevi öğretmen de bu talimatları uygulayan kişidir. Bu yüzden manevi öğretmen Kṛṣṇa

Benlik İdraki Bilimi

için çok değerlidir. Kṛṣṇa onu cennete veya cehenneme gönderse de onun için bir fark yoktur. Manevi öğretmen yani saf bir adanan için Kṛṣṇa bilinci yoksa cennet ve cehennem aynıdır. Cehennemde insanlar farklı şekillerde acı çeker ve cennette de birçok yolla duyularını tatmin eder. Fakat Tanrı'nın bir adananı, Kṛṣṇa bilincinin olduğu herhangi bir yerde yaşayabilir ve bu bilinci kendisiyle birlikte getirdiği için, her zaman tatmin halindedir. Cehenneme gönderilirse, sadece Hare Kṛṣṇa *mantra*sını söyleyerek tatmin olacaktır. Gerçekte, cehenneme değil Kṛṣṇa'ya inanır. Benzer olarak, duyu tatmini için birçok fırsat olan cennete gönderilirse, duyuları Kṛṣṇa'nın kendisi tarafından tatmin edilmesi için yine de her şeyden uzakta dururdu. Bu yüzden Tanrı'nın hizmeti için bir adanan her yere gitmeye hazırdır, bu sebeple Kṛṣṇa için çok değerlidir.

Feragat etmiş gayri şahsiyetçi filozoflar bu dünyanın sahte olduğunu ve gayrişahsi Brahman'ın hakikat olduğunu söylerler. Fakat maddi duyu tatminin hâkim olduğu toplum içerisine girmeleri söylenirse, bu şartlardan etkileneceklerinden korktukları için kabul etmezler. Kṛṣṇa bilinçli bir kişi için, böyle bir zorluk yoktur. Çünkü o Kṛṣṇa'ya sığınmıştır ve O'nun kontrolü altındadır, o hiçbir yere gitmekten korkmaz.

Sonuçta, adananlar Kṛṣṇa bilinci olmayan bir yerde toplandıklarında, Hare Kṛṣṇa söyleme şansını ele geçirdikleri ve o yere Kṛṣṇa bilincini aşıladıkları için bir bunun bir zararı yoktur. Bu fırsat her zaman değerlendirilmelidir. Bu kişinin kendisini bir odaya kapatıp yalnız başına *mantra* söylemesi demek değildir. Büyük bilge Nārada, bütün evren boyunca gezen bir uzay adamıdır. Birçok yüksek yerde ikamet edebilmesine rağmen, bazen cehenneme gider ve orada vaaz verir. Bu Tanrı'nın hizmetkarının güzelliğidir. Her zaman Kṛṣṇa'ya ve O'nun parçası ve bölümlerine sevgi ile hareket eder.

Adanma hizmetinin altında yatan prensip Kṛṣṇa için saf sevgidir. Belirli bir adananın durumuna bakmaksızın Kṛṣṇa'nın arkadaşı, hizmetkarı, aile bireyi veya sevgilisi olarak sunduğu hizmet koşulsuzdur. Çünkü Kṛṣṇa bilinci herhangi maddi bir koşula bağlı değildir. Transandantaldır ve maddi doğanın bağlayıcı güçleriyle yapacak bir şeyi yoktur. Bir adanan herhangi bir yere gitmekten korkmaz ve bu sebepten bütün maddi şartları eşit olarak görür. Dünyada, şurası gitmek için güzel bir yer ve şurası kötü bir yer diyebiliriz, fakat, daha önce vurgulandığı gibi adanan bu zihinsel karışıklıklara konu olmaz. Onun için maddi varoluşun temel prensibi kötüdür, maddi oluşumun anlamı Kṛṣṇa'yı unutmaktır.

Adanmanın nötr aşamasında kişi Tanrı'nın gayrişahsi haline ve kalpteki Üstün Ruh'a daha çok önem verebilir, fakat Kṛṣṇa bilinci gerçekte kişi şöyle düşündüğünde gelişir, "Kṛṣṇa benim çok gizli ilişkilerimin mahrem efendisidir." Başlangıçtaki gayrişahsi idrak ve Üstün Ruh'uh farkındalığı Kṛṣṇa bilincinin parçasıdır. Gayrişahsi veya Üstün Ruh yönünde Tanrı'nın kısmi farkındalığı, kişinin Tanrı'ya kutsal saygısını geliştirmesini mümkün kılar, ancak kişinin Kṛṣṇa ile çok yakın bir arkadaş, efendi, evlat veya sevgili olarak samimi bir ilişkisi varsa, bu kutsal saygı ortadan kaybolur.

Bu kişisel ilişki platformu kesinlikle gayrişahsi platformdan veya Üstün Ruh veya Paramātmā farkındalığının platformundan daha yüksektir. Nötr kavram içerisinde, kişi basitçe kendisi ve Mutlak Hakikat'in nitelikte bir olduğunun farkına varır veya Yüce Tanrı'nın bir parçası ve bölümü olduğunun farkına varır. Bu kişinin Kṛṣṇa ile hizmetkar olarak kişisel bir ilişki geliştirdiğinde, Yüce Tanrı'nın tüm zenginliğinin değerini anlamaya başladığı kesin bir bilgidir. Tanrı'nın altı zenginliğin tümüne sahip olduğunu idrak edenler gerçekte ona hizmet etmeye başlarlar. Kişi Kṛṣṇa'nın büyüklüğünden haberdar olur olmaz ve Kṛṣṇa'nın yüceliğini anlar anlamaz, hizmeti başlar. Tanrı'nın farkındalığı transandantal hizmet verildiğinde artar. Tanrı'nın duyularını tatmin etmek için, Tanrı'ya hizmet eden kişi tatmin olur, çünkü Kṛṣṇa Üstün Ruh'tur ve bireysel canlı varlık O'nun parçası ve bölümüdür. Eğer O memnunsa, canlı varlık memnundur. Mide memnun ise, vücudun bütün organları mide vasıtasıyla besin alacağı için memnundur. Can kardeşlerimden birisi çok sıcak bir günde Guru Mahārāja'mı (manevi öğretmen) yelpazelemeye başladığında, Guru Mahārāja sordu: "Niçin birdenbire beni yelpazelemeye başladın?" Kardeşim cevapladı, "Çünkü siz memnunsanız, biz hepimiz memnunuz." Formül budur. Duyularımızı ayrı bir şekilde tatmin etmeye çalışmamalı, Kṛṣṇa'nın duyularını tatmin etmeye çalışmalıyız. Sonrasında doğal olarak tatmin olacağız.

Kṛṣṇa bilinçli bir kimse daima Kṛṣṇa'yı tatmin etmek ister ve bu Kṛṣṇa bilincinin başlangıcıdır. Gayrişahsi kavramda Tanrı'nın bir sureti olmadığından, O'nun duyularını tatmin etme şansı yoktur. Fakat, Kṛṣṇa'yı efendi olarak gören kişi hizmet edebilir. *Bhagavad-gītā*'da, Kṛṣṇa'dan Hṛṣīkeśa, duyuların efendisi olarak bahsedilir. Mutlak Hakikat'ın duyuların efendisi, bizim duyularımızın O'nun duyularının ürünü olduğu ve bu sebepten duyuların Kṛṣṇa'nın memnuniyeti için kullanılması gerektiği anlaşıldığında, herkesin içinde uykuda olan Kṛṣṇa bilinci uyanmaya başlar. Bir defasında Caitanya Mahāprabhu sordu, "Kṛṣṇa ile ilişkideki nötr durum ve bir efendi ile hizmetkarı arasındaki fark nedir?" Her iki durumda da kişi Kṛṣṇa'nın en yüce olduğunu anlayabilir, fakat doğal durumda hizmet için eğilim yoktur. Bu yüzden Kṛṣṇa ile canlı varlık arasındaki efendi hizmetkar ilişkisi daha yüksektir. Sonrasında kişi Kṛṣṇa ile arkadaşlığa ulaştığında, buna transandantal nitelik ilave edilmiş olur. Tanrı'nın büyük olduğu ve O'na hizmet sunulması gerektiği gibi bir genel kavram mevcuttur ancak şöyle ekstra bir duyguda vardır: "Kṛṣṇa benim arkadaşım. Bu sebeple O'nu mutlu edecek şekilde hareket etmeliyim." Bir arkadaşa sadece onu hoşnut etmek için hizmet etmeyiz ancak aslında onu mutlu ve memnun etmeye çalışırız. Böyle bir ilişkide eşitlik de vardır. Kṛṣṇa ve adanan için şartlar eşittir. Bu yüzden bu durumdaki adananlar gerçekte Kṛṣṇa'nın yüceliğini unuturlar. Kṛṣṇa'nın arkadaşları, O'nun omuzlarındayken oynadıklarında, Kṛṣṇa'dan büyük olduklarını düşünmediler. Saf aşk üzerine kurulan ilişki için, duyu tatmini veya kendi kendini övme söz konusu değildir. Adananın tek arzusu Kṛṣṇa'ya haz vermektir ve Kṛṣṇa da onlardan haz almak için arkadaşlarını omuzlarına alır. Bazen bir kişi sadece arkadaşının suratına bir tokat atacağı gerçeğini kabul eder fakat böyle bir harekette aşağılamanın sözü geçmez. Arkadaşlık ve karşılıklı zevk ilişkinin temelleri olduğu zaman, hakaret ve aşağılama orada söz konusu bile olamaz.

Kṛṣṇa bilincinin ve Kṛṣṇa ile ilişkinin bütün temeli, Kṛṣṇa'nın Kendisinin zevk potansiyelidir. Śrīmatī Rādhārāṇī, Vraja'nın soylu bekar kızları ve Kṛṣṇa'nın çoban arkadaşları Kṛṣṇa'nın zevk enerjisinin yayılımıdır. Hepimizin zevke doğru eğilimi vardır, çünkü bizim meydana geldiğimiz kaynak tamamıyla zevk ile doludur. Gayri şahsiyetçiler, zevk enerjisini reddettiklerinden bu şartlarda düşünemez. Bu yüzden gayri şahsiyetçi felsefe tam değildir ve daha aşağıdadır. Kṛṣṇa bilinçli olanlar Kṛṣṇa'daki zevk enerjisini ve O'nun arkadaşlarını, hizmetkarlarını, babasını, annesini ve eşini yani tüm donanımlarını tanırlar. Kṛṣṇa ile, Kṛṣṇa'nın duyularını tatmin etmeyi amaçlayan tüm ilişkiler, Kṛṣṇa'nın zevk potansiyelinden ortaya çıkar.

Bireysel ruh söz konusu oldukça, orijinalde bu zevk potansiyeli O'nun zevk deposunun bir parçasıdır. Ancak, maddi doğa ile bağlantı sebebiyle, ruh hakiki pozisyonunu unutmuştur ve bir bedenden başka bir bedene evrimsel göç sürecinde sıkışmıştır. Bu yüzden kişi var oluş için sıkı bir şekilde mücadele eder. Şimdi biz bu mücadelenin sonuçları olan doğum, yaşlılık, hastalık ve ölümün ıstıraplarını çekmeye zorlayan sayısız ruh göçlerinden kendimizi kurtarmalı ve Kṛṣṇa bilincindeki ebedi yaşamımız noktasına gelmeliyiz. Bu ebedi yaşam mümkündür. Eğer kişi yaşamın bu insan formunda elinden gelenin en iyisini denerse, bir sonraki yaşamında spiritüel bir beden alacaktır. Spiritüel beden zaten kaba maddi beden içerisindedir, fakat sadece kişi maddi oluşumun kirliliğinden arınır arınmaz gelişecektir. İnsan yaşamının ve bütün insanlığın gerçek şahsi ilgisi ve amacı budur. Şahsi ilgi gerçekte, "Tanrı'nın parçası ve bölümüyüm. Tanrı'nın krallığına geri dönmeliyim ve O'na katılmalıyım" şeklindedir. Tıpkı burada sosyal hayatımız olması gibi, Tanrı spiritüel krallıkta sosyal hayata sahiptir ve O'na orada katılabiliriz. Bu bedenimiz sona erdiğinde bir hiç olmayacağız. *Bhagavad-gītā*'da [2.12], Kṛṣṇa Arjuna'ya şöyle demiştir: "Benim, senin veya tüm bu kralların var olmadığı veya gelecekte var olmaya son vereceğimiz bir zaman yoktur." Varoluşumuz bu sebeple ebedidir ve ölüm ve doğumdaki değişimler sadece geçici maddi bedenlerin değişimidir.

Ebedi hayata ulaşmak için gerçek yöntem hiç zor değildir. Kṛṣṇa bilincinin bu yöntemi, en mükemmel varlık, Kṛṣṇa'dan alınan bilgiye dayanır. Diğerlerinden alınan bilgi hatalıdır çünkü koşullu ruh muhakkak hata yapar, yanılır, aldatır, kusurlu duyulara sahiptir. Kṛṣṇa'dan alınan bilgi, gerçekte Kṛṣṇa'yı görmemizi sağlar. Bazı kimseler şu şekilde meydan okuyabilir: "Bana Tanrı'yı gösterebilir misin?" ve bizim cevabımız da şu şekildedir: "Evet. Tanrı her an görülebilir."

Benlik İdraki Bilimi

Kṛṣṇa der ki: *raso 'ham apsu kaunteya*: "Ben suyun lezzetiyim."
Her gün su içeriz ve suyun tadı oradadır, bu yüzden bu lezzeti Kṛṣṇa
olarak düşünürsek her gün Tanrı'nın farkına varmaya başlamış olacağız.
Bhagavad-gītā'da başka bir yerde Kṛṣṇa şöyle söyler: *prabhāsmi śaśi-
sūryayoḥ*. "Ben Güneş ve Ay'ın ışığıyım." Her gün güneş ışığını alırız
ve akşam ay ışığı vardır. Bu yayılımların kaynağını düşünürsek, sonuçta
Tanrı bilinçli oluruz. *Bahagavad-gītā*'da bunun gibi verilen birçok
örnek vardır, Kṛṣṇa tüm belirtilerin başı, ortası ve sonudur ve özümüzü
anlamak çok zor değildir. Gerçekte sadece Tanrı'yı anlamalıyız.
Nasıl belirir, nasıl gözden kaybolur ve görevleri nelerdir? Sonrasında
Tanrı'nın krallığına girebiliriz. Bu maddi bedeni terk ettikten sonra,
Kṛṣṇa'yı anlayan bir kişi, tekrar maddi bir beden almak için dünyaya
dönmez. Peki, nereye gider? Kṛṣṇa der ki: *mām eti*. "O, bana gelir." Bu
herhangi zeki bir insanın amacı olmalıdır.

Ekler

Yazar Hakkında

Śrī Śrīmad A.C. Bhaktivedanta Svāmī Pabhupāda 1896 yılında Kalküta, Hindistan'da belirdi. Spiritüel öğretmeni Śrīla Bhaktisiddhānta Sarasvatī Gosvāmī ile ilk kez 1922 yılında Kalküta'da karşılaştı. Meşhur dini alim ve altmış dört Gauḍīya Maṭhaların (Vedik kurumlar) kurucusu olan Bhaktisiddhānta Sarasvatī, bu eğitimli genç adamı sevdi ve onu yaşamını Vedik bilgi öğretisine adamaya ikna etti. Śrīla Prabhupāda onun öğrencisi oldu ve on bir yıl sonra, 1933'te resmen inisiye olmuş takipçisi oldu.

1922'de ilk karşılaşmalarında Śrīla Bhaktisiddhānta Sarasvatī Thākura, Śrīla Prabhupāda'dan Vedik bilgiyi İngilizce aracılığıyla yaymasını istedi. Takip eden yıllarda Śrīla Prabhupāda Gauḍīya Maṭha'nın yardımıyla *Bhagavad-gīta*'ya yorum yazdı ve 1944'te iki haftada bir çıkan İngilizce dergi *Tanrı'ya Geri Dönüş'ü (Back to Godhead)* çıkarmaya başladı. Śrīla Prabhupāda yazıları tek başına düzenledi, müsveddeleri daktiloda yazdı, prova baskıları kontrol etti, hatta kopyalarını dağıttı. Dergi şu anda öğrencileri tarafından basılmaya devam ediyor.

Śrīla Prabhupāda 1950'de, elli dört yaşındayken çalışmalarına ve yazmaya daha çok zaman ayırmak için evlilik yaşamından çekilerek, *vānaprastha* (emekli) aşamasını kabul etti. Śrīla Prabhupāda kutsal Vṛndāvana şehrine gitti. Orada tarihi orta çağ tapınağı Rādhā Dāmodara'da son derece mütevazı şartlarda yaşadı. Orada birkaç yıl derin çalışmalarla ve yazmakla meşgul oldu. 1959'da yaşamın feragat düzenini (*sannyāsa*) kabul etti. Rādhā-Dāmodara'da, Śrīla Prabhupāda yaşamının başyapıtı on sekiz bin kıtalık *Śrīmad-Bhāgavatam*'ın (*Bhāgavata-Purāna*) çok ciltli açıklamalı tercümesi üzerinde çalışmaya başladı. Ayrıca Diğer *Gezegenlere Kolay Yolculuk'u (Easy Journey to Other Planets)* yazdı.

Bhāgavatam'ın üç cildini bastıktan sonra, 1965'te Śrīla Prabhupāda spiritüel öğretmeninin misyonunu gerçekleştirmek için Amerika Birleşik Devletleri'ne geldi. Sonrasında Hindistan'ın felsefi ve dini klasiklerinin altmış ciltten fazla yetkili yorumlu tercümesini ve özet çalışmasını yaptı.

Śrīla Prabhupāda New York Şehri'ne şileple ilk vardığında hemen hemen meteliksizdi. Neredeyse bir yıl süren büyük zorluklardan sonra 1966'nın Temmuz'unda Uluslararası Kṛṣṇa Bilinci Topluluğunu (ISKCON) kurdu. 14 Kasım 1977'de aramızdan ayrılana kadar, Topluluğu o yönetti ve yüzden fazla *āśrama*, okul, tapınak, enstitü ve çiftlik topluluğundan oluşan dünya çapında bir birliğe dönüştüğünü gördü.

Śrī Śrīmad 1972'de Dallas Texas'ta *Gurukula* Okulu kurarak Batıda Vedik sistem ilk ve orta öğretimi sundu. O zamandan beri onun gözetimi altında, takipçileri Birleşik Devletler ve dünyanın geri kalanında çocuk okulları kurdular.

Śrīla Prabhupāda Hindistan'da birkaç uluslararası kültür merkezinin kurulmasının da ilhamı oldu. Batı Bengal'de Śrīdhāma Māyāpur'da adananlar yapımı uzun yıllar alacak, merkezinde muhteşem bir tapınak olan spiritüel bir şehir inşa etmekteler. Vṛndāvana Hindistan'da, harika Kṛṣṇa-Balarāma Tapınağı, Uluslararası Pansiyon ve Śrīla Prabhupāda Anıtı ve Müzesi bulunmaktadır. Bombay, Yeni Delhi, Ahmedabad, Siliguri ve Ujjain'da da önemli kültür ve eğitim merkezleri vardır. Hindistan'da önemli yerlerde başka merkezler de planlanmaktadır.

Bununla birlikte Śrīla Prabhupāda'nın en önemli katkısı kitaplarıdır. Akademik çevrelerde kitapları otorite, derinlik ve netlik konusunda büyük saygı görür. Ayrıca sayısız üniversitede standart ders kitabı olarak kullanılmaktadırlar. Yazıları elli dilden fazlasına tercüme edilmiştir. 1972'de Śrī Śrīmad'ın kitaplarını basmak için kurulan Bhaktivedanta Kitap Vakfı (Bhaktivedanta Book Trust) Hint din ve felsefesi alanında kitap basan dünyanın en büyük yayıncısı haline gelmiştir.

Śrīla Prabhupāda sadece on iki yılda, ilerlemiş yaşına rağmen onu altı kıtaya götüren konferans turlarıyla dünyayı on dört kez dolaşmıştır. Śrīla Prabhupāda bu tür enerjik bir programa rağmen üretken bir şekilde yazmaya devam etmiştir. Onun yazıları Vedik felsefesi, dini, literatürü ve kültürü üzerine gerçek bir kütüphane oluşturur.

Sözlük

A

Ādhibhautika — diğer canlılar ile çatışma sonucu ortaya çıkan sıkıntılar.

Ādhidaivika — doğanın güçlerinin sebep olduğu sıkıntılar.

Ādhyāmika — kişinin kendi zihninin ve bedeninin sebep olduğu sıkıntılar.

Advaita Ācārya — Rab Caitanya Mahāprabhu'nun başlıca dostlarından biri olarak ortaya çıkan Rabb'in diğer bir enkarnasyonu.

Akrūra — Rab Kṛṣṇa'nın amcası.

Ānandagiri — Śaṅkarācārya'nın başlıca takipçisi.

Apavarga — Bakınız; *mukti.*

Arjuna — Beş Pāndava kardeşlerden biri; Rab Kṛṣṇa, Kurukṣetra savaş alanında onun savaş arabasının sürücüsü olmuş ve *Bhagavad-gītā*'yı ona anlatmıştır.

Āśrama — (1) kişiyi spiritüel mükemmeliyete yükseltmek için insan yaşam döngüsünün dört Vedik gelişimsel bölümü; bunlar *Brahmacarya* (bekarlık ve öğrencilik) ile başlıyor, *gṛhastha* (evlilik hayatı) ile devam ediyor, sonra *vānaprastha* (emeklilik) ve sannyāsa (aile yaşamı ve maddi yükümlülüklerden bütünüyle feragat etme) ile sonuçlanıyor. Ayrıca bakınız: *Varṇāśrama-dharma.* (2) Spiritüel yaşamın uygulandığı yer.

Aṣṭāṅga-yoga — sekiz basamaklı meditasyon yöntemi, oturma pozisyonlarıyla ve nefes-kontrolü ile başlıyor ve Rabb'in suretini kalpte idrak etme ile sonuçlanıyor.

Aśvatthāma — büyük askeri öğretmen Droṇa'nın kötü oğlu. O, Pāṇḍava kardeşlerin çocuklarını öldürmüştür.

Ātmā — Bakınız; *Jīva.*

Avatāra — ede. "aşağı inen", Yüce Rabb'in veya O'nun temsilcilerinin yeryüzünde belirmesi.

B

Bādarāyaṇa — Bakınız: Vyāsadeva.

Baladeva — Bakınız: Jagannātha, Baladeva ve Subhadrā.

Bhagavad-gītā — Vedik Metinlerin en üstün kutsal kitabı, Rab Kṛṣṇa'nın öğrencisi olan Arjuna'ya öğretilerinin somutlaşmış hali ve Yüce Rabb'e hem ilkeler anlamında hem de spiritüel mükemmeliyetin en son noktası olarak adanmayı açıklıyor.

Bhagavān — tüm zenginliklerin nihai sahibi olan Yüce Rab.

Bhāgavatam, Bhāgavata Purāṇa — Bakınız: *Śrīmad-Bhāgavatam.*

Bhakta — Yüce Rabbin adananı.

Bhakti (bhakti-yoga) — Yüce Rabb'e adanma hizmetinin uygulaması.

Bhakti-rasāmṛta-sindhu — Rūpa Goswāmī'nin Yüce Rabb'e adanma hizmetinin eksiksiz açıklaması, başlangıç uygulamaları ile başlar, Tanrı ile kişisel ilişkinin nihai mükemmelliği ile biter.

Bhaktisiddhānta Sarasvatī — (1874-1936) Uluslararası Kṛṣṇa Bilinci Topluluğu'nun "büyükbabası"; Śrī Śrīmad A.C. Bhaktivedānta Svāmī Prabhupāda'nın manevi öğretmeni.

Bhaktivedānta — kelime anlamı olarak "Yüce Rabb'e adanma hizmetinin tüm bilginin sonu olduğunu bilen kişi".

Bhaktivinoda Ṭhākura — (1838-1915) Uluslararası Kṛṣṇa Bilinci Topluluğu'nun "büyük-büyükbabası"; Srīla Bhaktisiddhānta Sarasvatī'nin manevi öğretmeni.

Bhārata — Hindistan'ın geleneksel ismini (Bhārata-varṣa) aldığı eski bir kral.

Bharata Mahārāja — spiritüel görevlerini ihmal ettiğinden dolayı bir geyik olarak doğan Tanrı'nın büyük bir adananı; sonraki doğumunda insan olarak doğdu ve mükemmelliğe erişti.

Bhārata-varṣa — Hindistan'ın geleneksel ve kutsal kitaplardaki ismi.

Bhīṣma — Kurukṣetra savaş alanındaki en güçlü ve en yaşlı savaşçı; Tanrı'ya adanma hizmetinde lider otoritelerden biri olarak tanınır.

Brahmā — evrende yaratılan ilk canlı varlık; Yüce Rabb'in denetimi

Sözlük

altında türlü yaşam suretlerini, gezegenleri ve yaşam koşullarını yaratır.

Brahmacārī, brahmacarya — Bakınız: *āśrama*.

Brahma-jyotir — Yüce Rabb'in bedensel ışıltısı.

Brahman — Her şeye nüfuz eden Yüce Rabb'in gayri şahsi özelliği.

Brāhmaṇa — Bakınız: *varṇa*.

Brahma-saṁhitā — Rabb'in yüceliklerinin tanımının bir özeti, Brahmā tarafından Tanrı'ya sunulan duaları içerir.

Bṛhan-nāradīya Purāṇa — Bakınız; *Purāṇalar*.

Buddha — *Vedaların* hayvan kurban etmek için izin verilen ritüelistik adakların, o zamanlarda yanlış kullanımından insanları vazgeçirmek için, ateizmi yayan Yüce Tanrı'nın bir enkarnasyonu.

C

Caitanya-caritāmṛta — Kṛṣṇadāsa Kavirāja Gosvāmī tarafından yazılmış, Rab Caitanya Mahāprabhu'nun yaşamını ve felsefesini anlatan sunumu.

Caitanya Mahāprabhu — Tanrı'nın kutsal isimlerinin hep beraber söylenmesi yöntemiyle Tanrı sevgisini öğreten, Yüce Rabb'in Kendi adananı kılığındaki enkarnasyonu.

Caitya-guru — Kalbin içinden spiritüel rehber olarak hareket eden Yüce Tanrı.

Cāṇūra — güçlü bir güreşçi ve şeytan Kaṁsa'nın bir hizmetkarı; Rab Kṛṣṇa genç bir delikanlıyken onu öldürmüştür.

Cārvāka — sloganı "Dilen, ödünç al veya çal ama bir şekilde yaşamdan zevk al" olan ateist filozof.

Chāndogya Upaniṣad — Bakınız: *Upaniṣadlar.*

D

Daridra-nārāyaṇa — "fakir Nārāyaṇa"; Yüce Rabb'in herkesin kalbinde bulunmasından dolayı herkesin Tanrı gibi kabul edilebileceği ve böylece Rabb'e ibadet eder gibi ibadet edileceği yanlış anlayışını ifade eder.

Devakī — Vasudeva'nın eşi ve Rab Kṛṣṇa'nın annesi.

Devī — Bakınız: Durgā.

Dharma — yaşayan varlığın ebedi fonksiyonu.

Dhṛtarāṣṭra — oğullarıyla birlikte iş birliği yaparak Pāṇḍava kardeşleri krallıklarını almak için kandıran ve Kurukṣetra savaş alanında onlara karşı savaşan kişi.

Droṇa — Kurukṣetra Savaş alanında Pāṇḍavalara karşı savaşmaya mecbur kalan, Pāṇḍavaların askeri öğretmeni.

Durgā — Rabb'in şahıslanmış maddi enerjisi ve yarı tanrı Śiva'nın karısıdır.

Duryodhana — Dhṛtarāṣṭra'nın oğlu ve Kurukṣetra Savaşında Pāṇḍava kardeşlere karşı savaşı yöneten lider.

G

Gadādhara Paṇḍita — Rab Caitanya Mahāprabhu'nun başlıca takipçisi, dostu.

Gaṇeśa — Maddi zenginlikten sorumlu yarı tanrı.

Ganj (Gaṅgā) — Hindistan'ın en kutsal nehri.

Gargamuni — Yadu Hanedanlığının aile keşişi, hanedanlık Kṛṣṇa'nın enkarne olmak için seçtiği hanedanlıktır.

Gauḍīya Maṭha (Gauḍīya Misyonu) — Śrīla Bhaktisiddhānta Sarasvatī tarafından yirminci yüzyılın ilk yarısında kurulan Kṛṣṇa Bilinci Topluluğu tapınak ve yaygınlaştırma enstitüleri.

Gaurāṅga — Bakınız: Caitanya Mahāprabhu.

Goloka — Spiritüel dünyadaki yüce gezegen, Vaikuṇṭha.

Gopāla Bhaṭṭa Gosvāmī — Doğrudan Rab Caitanya Mahāprabhu'yu takip eden ve O'nun öğretilerini sistematik olarak sunan altı *Vaiṣṇava* manevi öğretmenlerinden biri.

Gopiler — Rab Kṛṣṇa'nın Vṛndāvana'daki, O'nun en teslim olmuş ve en güvenilir adananları olan çoban kız arkadaşları.

Gosvāmī — Bakınız: *svāmī*.

Govinda — Anlamı "toprağa, ineklere ve duyulara zevk veren" olan Tanrı'nın Yüce Şahsiyeti'nin bir ismi.

Gṛhastha — Bakınız: *āśrama*.

Guru — Mükemmel şekilde Tanrı idrakine sahip olan ve sadece kutsal kitaplara göre hareket eden ve konuşan manevi öğretmen.

Gurukula — Vedik öğrenim okulu; çocuklar beş yaşında başlar ve gençlikleri süresince bekar olarak yaşarlar, bir manevi öğretmen rehberlik eder.

H

Hare (Harā) — Bakınız: Rādhā.

Hari — Tanrı'nın Yüce Şahsiyeti'nin bir ismi. "Spiritüel ilerlemede tüm engelleri ortadan kaldıran" anlamına gelir.

Haridāsa Ṭhākura — her gün Tanrı'nın ismini üç yüz bin defa zikretmesiyle ünlü Rab Caitanya Mahāprabhu'nın büyük bir adananı.

Hari-kīrtana — Bakınız: kīrtana.

Hari-vaṁśa — Mahābhārata'ya bir ilavedir.

I

Indra — cennet gezegenlerin kralı ve yarı tanrıların baş yöneticisi.

Īśopaniṣad — Bakınız: Upaniṣadlar.

J

Jagad-guru — Evrenin manevi öğretmeni.

Jagannātha, Baladeva, ve Subhadrā — Rab Kṛṣṇa'nın Jagannātha ("Evrenin Rabb'i") olarak, erkek kardeşi Baladeva ve kız kardeşi Subhadrā ile beraber mūrtisidir.

Jagannātha Purī (Jagannātha-dhāma) — Hindistan'ın doğusunda bir eyalet olan Orissa'nın kıyısında bir; Rab Jagannātha tapınağının ve mūrtisinin kutsal şehri.

Jayadratha — Kurukṣetra savaşında Pāṇḍavaların baş düşmanı.

Jīva — Yüce Rabb'in ebedi küçük bir parçası olan bireysel canlı varlık.

Jīva Gosvāmī — Doğrudan Rab Caitanya Mahāprabhu'yu takip eden ve O'nun öğretilerini sistematik olarak sunan altı Vaiṣṇava manevi öğretmenlerinden biri.

Jñānī — Yüce Hakikat'e ampirik ve kuramsal bilgiyi geliştirerek ulaşmaya çalışan kişi.

K

Kālī — Bakınız: Durgā.

Kali-yuga — İlerledikçe spiritüel bilgide çöküş ve sonunda insan medeniyetinin dejenerasyonu ile karakterize edilen şimdiki tarihsel çağ (dördüncü ve son dördün döngüsünde ilerledikçe dejenere olan çağ).

Kalpa-taru — "Dilek ağacı"; spiritüel dünyada yetişen ve istenen herhangi bir meyveyi veren bir ağaç.

Kāma — Maddi arzu; şehvet.

Kaṁsa — Kṛṣṇa'yı öldürmek için birçok nafile iştiraklerde bulunan, fakat kendisi Kṛṣṇa tarafından öldürülen şeytani bir kral.

Karma — Kişiyi daima bazı iyi ya da kötü tepkiye bulaştıran, maddi dünyadaki aktivite.

Karma-kāṇḍa — Maddi çıkarlar ile ilgilenenler için *Vedalar*da tavsiye edilen dinsel törenler.

Karmī — Maddi hareketlerinin sonuçlarından keyif almaya çalışan kimse.

Karṇa — Kurukṣetra savaşında Pāṇḍavalara karşı savaşan Kuruların üvey kardeşi.

Kaṭha Upaniṣad — Bakınız: *Upaniṣadlar.*

Keśava Kāśmīrī — Bir şiir yarışmasında Rab Caitanya Mahāprabhu tarafından bozguna uğratılan ünlü bir alim.

Kīrtana — Yüce Rabb'in yüceliklerinin konuşulması ya da şarkı söylenmesi. Ayrıca bakınız: *saṅkīrtana.*

Kṛpa — Kurukṣetra savaşında Pāṇḍava kardeşlere karşı savaşan büyük bir savaşçı.

Kṛṣṇa — Tanrı'nın Yüce Şahsiyeti, Rabbin diğer tüm suretlerin ve enkarnasyonlarının kaynağı olan Kendi orijinal iki kollu suretindeki belirişi.

Kṛṣṇaloka — Bakınız: Goloka.

Kṛṣṇa-prasāda — Bakınız: *prasāda.*

Kṛṣṇa-prema — Bakınız: *prema.*

Kṣatriya — Bakınız: *varṇalar.*

Kuntī — Pāṇḍavaların annesi ve Rab Kṛṣṇa'nın teyzesi.

Kurukṣetra — Kurukṣetra savaşının olduğu ve *Bhagavad-gītā*'nın konuşulduğu, Yeni Delhi yakınlarında çok eski bir hac yeri. Ayrıca bakınız: Dhṛtarāṣṭra ve Pāṇḍavalar.

L

Lakṣmī — Şans tanrıçası ve Tanrı'nın Yüce Şahsiyeti Nārāyāṇa'nın ebedi eşi.

M

Madhvācārya — Rabb'in ve canlı varlıkların daima birbirlerinden farklı olduklarını söyleyen "saf ikilik" teistik felsefesini yaygınlaştıran on üçüncü yüzyıl *Vaiṣṇava* manevi öğretmeni.

Māhābhārata — Vyāsadeva'nın içerisine *Bhagavad-gītā*'yı da eklediği çok eski Hindistan'ın destansı tarihi.

Mahājanalar — Rabb'e adanma hizmetinin ilerleyişindeki baş otoriteler.

Mahā-mantra — Kurtuluş için büyük söylem:
Hare Kṛṣṇa, Hare Kṛṣṇa, Kṛṣṇa Kṛṣṇa, Hare Hare
Hare Rāma, Hare Rāma, Rāma Rāma, Hare Hare.

Mahārāja — Bir unvan. Belirli isimlere bakınız.

Mahātmā — "Büyük bir ruh"; Tanrı'nın adananı.

Māṇḍūkya Upaniṣad — Bakınız: *Upaniṣadlar.*

Mantra — Özel bir spiritüel güç ile veya spiritüel anlayış ve farkındalık için meditasyon yapmak için söylenen bir hece, kelime.

Manu-saṁhitā — İnsan toplumu için, çok eski bir Vedik kanun kitabı.

Martya-loka — "Ölüm dünyası»; dünya gezegeni.

Marut (Vāyu) — Rüzgârdan sorumlu yarı tanrı.

Māyā — Maddi enerji; Rabb'in canlı varlıkları aldatan, gerçek spiritüel doğasını unutturan, yanıltıcı enerjisi.

Māyāvāda — Tanrı ile canlı varlıklar arasında bir fark olmadığını söyleyen monistik felsefe. Ayrıca bakınız: *śaṅkarācārya.*

Mleccha — Vedik kültürünü takip etmeyen kimse.

Mṛdaṅga — Rabb'in müzikal yüceltilmesi için kullanılan kilden davul.

Mukti — Tekrarlanan doğum ölüm döngüsünden kurtuluş.

Muṇḍaka Upaniṣad — *Bakınız: Upaniṣadlar.*

N

Nanda Mahārāja — Vraja kralı ve Rab Kṛṣṇa'nın koruyucu babası.

Nārada-pañcarātra — Nārada Muni'nin Rabb'e adanma hizmeti uygulamalarını içeren kitabı.

Nārāyaṇa — "Tüm canlı varlıkların amacı ve kaynağı" anlamına gelen Tanrı'nın Yüce Şahsiyeti'nin ismi.

Navadvīpa — Batı Bengal'de Nadia eyaletinde bir şehir; Rab Caitanya Mahāprabhu'nun doğum yeri.

The Nectar of Devotion — Rūpa Gosvāmī'nın *Bhakti-rasāmṛta-sindhu* kitabı üzerine Śrī Śrīmad A.C. Bhaktivedanta Svāmī Prabhupāda'nın özet bir çalışması.

New Vrindavan — Batı Virginia'da yer alan, Uluslararası Krsna Bilinci Topluluğu'nun ilk çiftlik toplumu.

Nimāi Paṇḍita — Rab Caitanya Mahāprabhu'nun genç bir bilgin iken *līlā*larındaki (ruhsal meşgaleler) ismi.

Nityānanda Prabhu — Rabb'in bir başka enkernasyonu Rab Caitanya Mahāprabhu'nun baş arkadaşı olarak beliren, Rabb'in bir enkernasyonu.

O

Oṁkāra — Birçok Vedik *mantra*nın başlangıcı olan ve Yüce Rabb'i temsil eden, kutsal ses *oṁ*.

P

Padma Purāṇa — Bakınız: *Purāṇalar.*

Pāṇḍavalar — Yudhiṣṭhira, Bhīma, Arjuna, Nakula ve Sahadeva: Rab Kṛṣṇa'nın çok yakın arkadaşları olan ve Kurukṣetra savaşında Dhṛtarāṣṭra'nın oğullarından krallıklarını geri almak için savaşan, beş savaşçı kardeş.

Para-brahman — Gayrişahsi tarafı Brahman'a üstün olan, Tanrı'nın Yüce Şahsiyeti.

Paramātmā — Canlı varlıklar maddi dünyada bir bedenden bir diğerine göçerken, her canlının kalbinde bulunan Yüce Rabb'in formu.

Parāśara Muni — Vyāsadeva'nın babası ve çeşitli *Purāṇaların* orijinal öyküleyicisi.

Parīkṣit Mahārāja — *Śrīmad-Bhāgavatam*'ı Śukadeva Gosvāmī'den duyan ve böylece mükemmeliyete erişen, büyük bir Vedik kralı ve Rabb'in adananı.

Patañjali — orijinal yoga sisteminin yazarı.

Prahlāda Mahārāja — şeytani babası tarafından eziyet edilen fakat Rab tarafından korunan ve kurtarılan, Rabb'in bir adananı.

Prakāśānanda Sarasvatī — kutsal metin tartışmalarında Rab Caitanya Mahāprabhu tarafından bozguna uğratıldıktan sonra kırk bin takipçisi ile birlikte O'nun öğrenci olan gayri şahsiyetçi bir *sannyāsī*.

Prakṛti — Yüce'nin üstün enerjileri.

Praṇava — *Bakınız: oṁkāra.*

Prasāda — Önce Rabb'in zevki için O'na sunulan, kutsanmış yiyecek.

Prayāga — İki kutsal nehir Ganj ve Yamunā'nın birlikte aktığı, Allahabad yakınlarında bir hac yeri.

Prema — Herhangi bir bencil güdüden yoksun Tanrı sevgisi.

Purāṇalar — *Vedaların* tarihsel ve mecazi öykülerinin öğretilerini açıklayan on sekiz metin.

Puruṣa — *Prakṛtinin* yüce üstün olanı olarak Yüce Rab.

Pūtanā — Rab Kṛṣṇa'yı çocukluğu süresinde öldürmeyi isteyen fakat Rab tarafından öldürülen, şeytani bir cadı.

Purī — Bakınız: Jagannātha Purī.

R

Rādhā (Rādhārāṇī) — Rab Kṛṣṇa'nın spiritüel zevk gücünün şahıslanmış hali ve en yakın ebedi eşi.

Raghunātha Bhaṭṭa Gosvāmī ve Raghunāthā dāsa Gosvāmī — Śrī Caitanya Mahāprabhu'yu direkt olarak takip eden ve sistematik olarak O'nun öğretilerini sunan altı *Vaiṣṇava* manevi öğretmenden ikisi.

Rajalar — Materyalistik çaba ve duyu tatmini arzusu ile karakterize edilen hırsın maddi modu.

Rāma — "Tüm zevklerin kaynağı" anlamına gelen Tanrı'nın Yüce Şahsiyeti'nin bir ismi.

Rāmacandra — Mükemmel bir kralın davranışını tanıtan Rabb'in bir enkasyonu.

Rāmānanda Rāya — Rab Caitanya Mahāprabhu'nun gizli bir arkadaşı.

Rāmānujācārya — Śaṅkarācārya'nın monizm felsefesine karşı teistik bir saldırı başlatan, on birinci yüzyıl *Vaiṣṇava* manevi öğretmeni.

Rasa — Yüce Rab ile belirli bir şahsi ilişkinin belirli bir "tadı".

Ratha-yātrā — Rab Jagannātha'nın her yıl yapılan *Murti*'nin yük arabasında bir geçit töreni içerisinde taşındığı festival.

Ṛg Veda — Değişik yarı tanrılara ilahileri içeren, dört orijinal *Vedalar*dan birisi.

Rudra — Bakınız: Śiva.

Rūpa Gosvāmī — Direkt olarak Rab Caitanya Mahāprabhu'yu takip eden ve O'nun öğretilerini sistematik olarak sunan, altı *Vaiṣṇava* manevi öğretmenin başı.

S

Śabda-brahma — Sadece spiritüel ses titreşimi olarak düşünülen *Vedalar*.

Sac-cid-ānanda — Ebedi (*sat*), tümüyle bilgili (*cit*) ve tamamen mutlu (*ānanda*) olan, mükemmel spiritüel var oluş.

Śalya — Kurukṣetra savaşında Pāṇḍava'lara karşı savaşan, Pāṇḍava kardeşlerin bir amcası.

Samādhi — Rabb'in şahsi formu üzerinde, sabitlenmiş meditasyon.

Sāma Veda — Sunu duaları ve onların melodik ve ölçülü ayarlarını içeren, dört orijinal *Vedalar*dan biri.

Sanātana Gosvāmī — Śrī Caitanya Mahāprabhu'yu direkt olarak takip eden ve O'nun öğretilerini sistematik olarak sunan, altı *Vaiṣṇava* manevi öğretmenden birisi.

Śaṅkarācārya — Tanrı ile canlı varlık arasında bir fark olmadığını iddia eden dokuzuncu yüzyılda yaşamış monizm felsefesinin meşhur ve etkili öğretmeni.

Sāṅkhya — Maddi elementlerin analizi ile uğraşan, felsefenin bir kolu.

Saṅkīrtana — Tanrı'nın kutsal isimlerinin topluluk halinde söylenmesi.

Sannyāsa — Bakınız: *āśramalar.*

Śārīraka-bhāṣya — Śaṅkarācārya'nın *Vedānta-sūtra* üzerine içerisinde monizm felsefesini sunduğu ünlü bir yorumu.

Sārvabhauma Bhaṭṭācārya — Rab Caitanya Mahāprabhu tarafından bozguna uğratılan ve sonrasında Rabb'e bir öğrenci olarak teslim olan, büyük bir alim.

Śāstralar — Güvenilir kutsal metinler. *Ayrıca bakınız:* Vedik edebiyatı.

Sözlük

Satya-yuga — Spiritüel olarak ilerlemiş bir insan medeniyeti ile karakterize edilen, Vedik tarihsel çağ (son dördün döngüsünde ilerledikçe dejenere olan çağların ilki ve en iyisi). Ayrıca bakınız: *Kali-yuga.*

Śikṣāṣṭaka — Rab Caitanya Mahāprabhu tarafından yazılan sekiz öğretici dua.

Sindhu — Hindistan'ın batı sınırını şekillendiren nehir.

Śiva — Cehaletin maddi özelliğini ve maddi kozmosun nihai yıkımını idare eden yarı tanrı.

Śloka — Sanskrit kıtaların her biri.

Smṛti — *Purāṇalar, Bhagavad-gītā* ve *Mahābhārata* gibi *Vedalar*a ilave olan edebiyat.

Śraddhā — Uygun bir otoriteden itaatkâr bir şekilde dinlemek için gerekli inanç.

Śrī, Śrīla, Śrīmatī, Śrīpāda — Unvanlar. Unvanı takip eden belirli isimlere bakınız.

Śrī-kṣetra — Bakınız: Jagannātha Purī.

Śrīmad-Bhāgavatam (Bhāgavata Purāṇa) — Vyāsadeva'nın Yüce Rabb'e yalnızca saf adanma hizmeti ile ilgilenen "lekesiz *Purāṇa*'sı".

Śrīnivāsa Ācārya — Büyük bir *Vaiṣṇava* manevi öğretmeni ve Rūpa, Sanātana ve Jīva Gosvāmīlerin direkt takipçisi.

Śrīvāsa Ṭhākura — Rab Caitanya Mahāprabhu'nun önemli bir arkadaşı.

Śruti — orijinal dört *Vedalar.*

Subhadrā — *Bakınız: Jagannātha, Baladeva ve Subhadrā.*

Śūdra — *Bakınız: varṇalar.*

Śukadeva Gosvāmī — Kral Parīkṣit'in hemen ölümünden önce *Śrīmad-Bhāgavatam*'ı anlatan bilge.

Śvetāśvatara Upaniṣad — *Bakınız: Upaniṣadlar.*

Svāmī — Spiritüel gücüyle duyularının hâkimi olan kimse.

T

Tamalar — Cehalet, uyuşukluk ve çılgınlık ile karakterize edilen, cehaletin maddi modu.

Tapasya — Çile; manevi gerçekleşme arayışında kabul edilen maddi

Benlik İdraki Bilimi

rahatsızlık.

Teachings of Lord Caitanya — Śrī Śrīmad A.C. Bhaktivedanta Svāmī Prabhupāda'nın *Caitanya-caritāmṛta* kitabının özet bir çalışması.

Ṭhākura Bhaktivinoda — *Bakınız*: Bhaktivinoda Thākura.

U

Upaniṣadlar — Öğrenciyi Mutlak Gerçek'in kişisel doğasını anlamaya yaklaştırmayı ifade eden *Vedalar*ın felsefi bölümü.

V

Vaikuṇṭha — Maddi kozmosun ötesindeki ebedi, spiritüel dünya.

Vaiṣṇava — Kṛṣṇa'nın bir adananı ya da Tanrı'nın Yüce Şahsiyeti'nin diğer herhangi bir sureti.

Vaiśya — Bakınız: *varṇalar*.

Vālmīki Muni — Rab Rāmacandra'nın *lila*larının destanı, orijinal *Rāmāyaṇa*'nın yazarı.

Vānaprastha — Bakınız: *āśramalar*.

Varṇalar — Vedik toplumunun dört sosyal-mesleki bölümleri: *brāhmaṇalar* (rahipler, öğretmenler ve aydınlar), *kṣatriyalar* (askeri ve kamusal yöneticiler), *vaiśyalar* (çiftçiler ve ticaret adamları) ve *śudralar* (işçiler ve zanaatkârlar). Ayrıca *Varṇāśrama-dharma*'ya bakınız.

Varṇa-saṅkara — "Karışık sınıf", Vedik sosyal ve dini kuralları dikkate almadan dinsizce doğan çocuklar.

Varṇāśrama-dharma — Toplumun sosyal, ekonomik, politik ve spiritüel ilerleyişini sağlamak için dört sosyal-mesleki bölümleri (*varṇalar*) düzenleyen çok eski Vedik sistem ve dört spiritüel bölüm (*āśramalar*).

Vāyu — Havadan sorumlu yarı tanrı.

Vasudeva — Rab Kṛṣṇa'nın babası.

Vāsudeva — Tüm spiritüel ve maddi dünyaların Yüce Rabb'i olarak Tanrı'nın Yüce Şahsiyeti'nin bir ismi.

Vedānta-sūtra (Vedānta) — Vyāsadeva'nın Vedik edebiyatının dinsel felsefesinin özlü kodlar şeklinde yazılmış dinsel özeti.

Vedalar — Dört kutsal metin, *Ṛg, Yajur, Sāma* ve *Atharva Veda* ve

382

daha geniş anlamda *Upaniṣadlar* ve *Vedānta-sūtra*'yı da içeren kutsal metinler.

Vedik edebiyat — Dört *Vedalar, Upaniṣadlar, Vedānta-sūtra, Purāṇalar, Mahābhārata*, diğer tarihler ve ilaveler ve ayrıca Vedik sonuca varmaya çalışırken yazılan daha yeni çalışmalar.

Vikarṇa — Kurukṣetra savaşında Pāṇḍavalar'a karşı dövüşen bir savaşçı.

Viṣṇu — Maddi evrenlerin yaratıcısı ve devam ettiricisi olan Tanrı'nın Yüce Şahsiyeti'nin bir ismi.

Viṣṇu Purāṇa — Bakınız: *Purāṇalar*.

Viśvanātha Cakravartī Ṭhākura — *Śrīmad-Bhāgavatam* üzerine yorumları bulunan ve Rab Caitanya Mahāprabhu'nun akımından bir *Vaiṣṇava* manevi öğretmeni.

Viveka-cuḍāmaṇi — Śaṅkarācārya'nın sunduğu monizm felsefesini anlattığı bilinen en iyi çalışması.

Vraja (Vrajabhūmi) — Bakınız: Vṛndāvana.

Vṛndāvana — Rab Kṛṣṇa'nın adananları ile birlikte sevgi lilaları ile meşgul olduğu en özel ve şahsi mekânı.

Vyāsadeva — *Vedalar* ve *Purāṇalar*ın orijinal düzenleyicisi ve *Vedānta-sūtra* ve *Mahābhārata*'nın yazarı.

Vyāsa-pūjā — Vyāsadeva'nın ve Yüce Rabb'in direkt temsilcisi olarak onurlandırılan manevi öğretmenin beliriş günü.

Y

Yamarāja — Ölümden sonra günahkârı cezalandırmaktan sorumlu olan ve aynı zamanda Rab Kṛṣṇa'ya adanma hizmetindeki baş otoritelerden biri olarak tanınan yarı tanrı.

Yaśodā — Rab Kṛṣṇa'ya bakan koruyucu annesi ve Nanda Mahārāja'nın karısı.

Yavana — Bir barbar.

Yoga — Tümü nihai olarak Yüce'ye ulaşmayı ifade eden, spiritüel farkındalığın çeşitli yöntemleri.

Yogī — *Yoga* süreçlerinin birisinde gayret eden kimse.

Yudhiṣṭhira — Pāṇḍava kardeşlerin en büyüğü; Rab Kṛṣṇa Kurukṣetra savaşından sonra onu kral ilan etti.

Sanskrit Telaffuz Rehberi

Yüzyıllar boyunca Sanskrit dili çeşitli alfabelerle yazılmıştır. Hindistan'ın her tarafında en yaygın kullanılan yazı tarzına *devanāgarī* denir. Bunun anlamı harfi harfine "yarı tanrıların şehirlerinde" kullanılan yazıdır. *Devanāgarī* alfabesi kırk sekiz karakterden oluşur; on üç sesli harf ve otuz beş sessiz harf. Antik Sanskritçe gramerciler bu alfabeyi pratik dilbilim prensiplerine göre düzenlediler ve bu yöntem tüm Batı alimleri tarafından kabul gördü. Bu kitapta kullanılan harf çeviri sistemi, son elli yıldır alimlerin her bir Sanskrit sesin telaffuzunu göstermek için kabul ettikleri sisteme uyar.

Sesli harfler şöyle telaffuz edilir:
a – kısa ao – o
ā – iki misli uzatılan aṛ – r
ai – ay olarak okunur – iki misli uzatılan r au – au olarak okunuru – u
e – e olarak okunurū – iki misli uzatılan u i – i olarak okunur
ī – iki misli uzatılan I

Sessiz harfler söyle telaffuz edilir:

Gırtlaksıl Dudaksıl
(gırtlaktan telaffuz edilir) (dudaklarla telaffuz edilir)
k – kp – p
kh – tek haberph – ph g – gb – b
gh – lig haberibh – bh
ṅ – yutularak okunan nm – m

385

Serebral Palatal
(dilin ucu ağzın tavanında (dilin ortası damağa telaffuz edilir.)
dokunurken telaffuz edilir.)
ṭ – tc – ç
ṭh – thch – çh ḍ – dj – c
ḍh – dhjh – ch
ṇ – yutularak okunan nṅ – n

Dental Yarısesli
(serebral gibi telaffuz edilir, ama dil dişlere dokunarak)
t – ty – y
th – thr – r d – dl – l
dh – dh v – v – aynı hecede ondan n – nönce sessiz gelirse, w okunur.

Aspirate Islıklı ünsüz
h – hś - şı ṣ – ş
s – s

Anusvāra Visarga
ṁ – yutulan nḥ – son h sesi: aḥ aha, iḥ ihi olarak okunur.

Sanskrit hecelerde güçlü vurgulama veya satırdaki kelimeler arasında
duraklama yoktur, sadece kısa ve uzun (kısanın iki misli) heceler vardır.
Uzun hece seslisi uzun olan (ā, ai, au, e, ī, o, ṝ, ū) veya kısa seslisi (ḥ
ve ṁ dahil) bir- den fazla sessiz tarafından takip edilen hecedir. Aspirate
sessizler (h tarafından takip edilen sessizler) tek sessiz olarak sayılırlar.

BBT TÜRKİYE

Çağdaş Vedik Kütüphane Serisi

Bhagavad-gītā

Mahābhārata destanının on sekiz bölümünü oluşturan *Bhagavad-gītā* ("Tanrı'nın Ezgisi"), nispeten kısa denilebilecek yedi yüz kıtada Vedik felsefenin özünü sunar. Verdiği derin mesaj sayesinde bilinen ve saygı gören bu kitap, Vedik maneviyatının neredeyse bütün yollarından filozoflar, yogīler ve aşkıncıların başvurduğu tek kitaptır. Batı'da başlarda Amerikalı Aşkıncılar Emersonile Thoreau'ya ve diğerlerine ilham vermiş, kalıcı bilgeliği ne deniyle sonrasında da önemini korumuştur.

Tarihi *Kurukşetra* Savaşı tam başlayacakken savaşçı Arjuna cesaretini kaybeder. Hayatından vazgeçmeye hazır, tamamen perişan bir halde, akıl danışmak için savaş arabasını süren arkadaşı Kṛṣṇa'ya dönüp, "Ne yapmalıyım?" diye sorar. Sonrasında geçen konuşma, insanlığın kritik sorularını etkili bir şekilde ele alır: Hayatın amacı nedir? Öldüğümüzde ne olur? Zamana bağlı bu fiziksel düzlemin ötesinde bir gerçeklik var mı? Tüm sebeplerin nihai sebebi nedir? Kṛṣṇa, kapsamlı olarak tüm bunları (ve daha fazlasını) yanıtlar, sonra da kimliğini açıklar: Kendisi,

Tanrı'nın Yüce Şahsı'ndan başkası değildir ve dünyada yeni bir manevi anlayış çağını başlatmak için belirmiştir.

Gītā kitabının tümünde Kṛṣṇa, insan arayışının bütün erdemli çalışmaların, Tanrı'nın Yüce Şahsı'na sevgi dolu hizmet tutumu geliştirmek olduğunu öğretir. Kṛṣṇa'nın "Bana teslim ol," diyerek verdiği nihai talimat, Arjuna'ya ve *Bhagavad-gītā*'yı okuyan herkese din ve inancın ötesine geçip tek başına benliği tatmin edebilen *bhakti,* yani adanma hizmeti, alemine girme görevi verir. *Özgün Bhagavad-gītā,* yapılan *Gītā* açıklamaları arasında benzersiz bir yere sahiptir; kitabın yazarı Śrīla Prabhupāda, Kṛṣṇa'nın kendisinden başlayan öğretmen-öğrenci zincirinden gelen öğretmenleri temsil eder. Prabhupāda'nın açıklığı, ince zekası ve orijinal Sanskrit metne sadakati, *Gītā*'nın öğretilerinin Batılı okuyucuya kolayca erişmesini sağlamaktadır.

Özgün Bhagavad-gītā yayımlandığı 1970 yılından bu yana dünyada en yaygın okunan *Gītā* baskısı olmuştur

Śrīmad-Bhāgavatam

Vedik yazınında bulunan manevi öğreti koleksiyonları arasında *Śrīmad-Bhāgavatam*'ın en üst sırada geldiği düşünülür. Vedik yazının, arzulanan her neyse onu veren bir "dilek ağacı" olduğu, *Śrīmad-Bhāgavatam*'ın ise bu ağacın en olgun ve en lezzetli meyvesi olduğu söylenir. Bazen de, tüm varlıklar ile Mutlak arasındaki ilişki ve gerçekliğin doğası konularını daha derinlemesine ele aldığı için, *Śrīmad-Bhāgavatam*'ın *Bhagavad-gītā*'nın bittiği yerden başladığı söylenir.

Bhāgavatam'da geçen on sekiz bin kıta; eski dünyada yaşayan yogīler, bilgeler ve benlik idrakine erişmiş kralların, hayatın nihai mükemmelliğine nasıl ulaşılacağına dair yaptığı yüzlerce sohbetten meydana gelir.

Yaptıkları konuşmaların merkezinde genellikle Yüce Şahıs Kṛṣṇa'nın farklı enkarnasyonları ve adananlarıyla geçen meşgalelerine yönelik açıklamalar vardır. Eserin tümünü Vedalar'ı düzenleyen Vyāsadeva, tüm teistik bilginin özü olan Vedānta-sūtra üzerine yaptığı açıklamalar halinde derlemiştir.

Bhāgavatam, Vedik geleneğindeki on sekiz Purāṇa'dan (ek çalışmadan) biri olan *Bhāgavata Purāṇa* olarak da bilinir. Bu eser on iki kantodan, yani ciltten, oluşur ve her bir kanto, tüm nedenlerin orijinal yüce nedeni Mutlak Hakikat'in özel bir yönünü ele alır. Bhāgavatam'ın tamamında geçerli olan ana tema, Yüce Şahıs'a yapılan adanma hizmeti manasına gelen *bhakti-yoga* bilimi ve uygulamasıdır.

Belki de *Bhāgavatam*'ı en güzel, kitabın yazarı Śrīla Prabhupāda, yazdığı Önsöz'de özetler:

"*Śrīmad-Bhāgavatam* sadece her şeyin nihai kaynağını bilme konusunda değil, ayrıca O'nunla ilişkimizi ve kusursuz bilgi temelinde, insan toplumunun kusursuzlaştırılması konusundaki görevlerimizi bilme transandantal bilimidir. O, Sanskrit dilinde güçlü bir okuma materyalidir ve şimdi o, ayrıntılı bir şekilde İngilizceye çevrildi, böylece yalnızca dikkatli bir okumayla kişi Tanrı'yı kusursuzca bilebilir, öyle ki okuyucu, ateistlerin şiddetli saldırıları karşısında kendisini savunacak kadar eğitimli olacaktır. Bunun da ötesinde okuyucu Tanrı'yı somut bir prensip olarak başkalarına da kabul ettirebilecektir.

"*Śrīmad-Bhāgavatam* nihai kaynağın tanımıyla başlar. Aynı yazar, Śrīla Vyāsadeva tarafından Vedānta-sūtra'nın gerçek yorumudur ve giderek dokuz kantoda Tanrı farkındalığının en üst aşamalarına kadar gelişir. Bu büyük transandantal bilgi kitabını okumak için gerekli tek nitelik tedbirli bir şekilde adım adım ilerlemek ve sıradan bir kitapta yapıldığı gibi rastgele ileri atlamamaktır. Kişi, birbiri ardına konu konu ilerlemelidir. Okuma materyali, Sanskrit orijinaller, İngilizce harf çevirisi, eş anlamlar, tercüme ve açıklamalar olarak düzenlenmiştir, öyle ki ilk dokuz kantoyu bitirince kişi Tanrı idrakine varmış olacaktır.

"Onuncu Kanto, ilk dokuz kantodan farklıdır, çünkü o, direkt olarak Tanrı'nın Şahsı Śrī Kṛṣṇa'nın transandantal faaliyetleriyle ilgilidir. İlk dokuz kantoyu okumadan kişi onuncu kantonun etkilerini yakalayamaz. Kitap tümüyle bağımsız on iki kantoda tamamlanır, ama kişi birbiri ardına küçük bölümler okumalıdır."

Krşna: Tanrı'nın Yüce Şahsı

Krşņa (okunuşu "Krişna"), *Tanrı'nın Yüce Şahsı, Śrīmad-Bhāgavatam* eserinin onuncu kantosu üzerine bir özet çalışmadır. *Bhāgavatam*, 18.000 kıtadan oluşan ansiklopedik bir metindir ve on iki kantoya bölünmüştür. Bu kantolarda Krşņa'nın milenyum boyunca beliren çeşitli enkarnasyonlarının çoğu, kronolojik olarak yer alır. *Bhāgavatam*'da maddi evrenlerin yaratılışı ve kozmografyasının yanı sıra pek çok saf adananın hayatı ve nasıl mükemmele ulaştıkları anlatılır.

Bhāgavatam'ın onuncu kantosu, Krşņa'nın kendisine ve beş bin yıl önce dünyada belirdiğinde sergilediği aktivitelere odaklanır. *"Krşņa Kitabı"* olarak da bilinen *"Krşņa Tanrı'nın Yüce Şahsı"* kitabında, Yüce Şahıs'ın özel hayatını görürüz. Tüm kadrinin ve görkeminin ardında Krşņa tamamıyla çekici, eğlenmeyi seven mükemmel birisidir. Adananlarıyla arasındaki sınırsız çeşitliliğe sahip sevgi dolu ilişkilere ebediyen karşılık verir.

A.C. Bhaktivedanta Svāmī Prabhupāda, *"Krşņa Kitabı"*nı *Bhāgavatam* çevirisini ve açıklamalarını tamamlamadan önce yazmıştır. Prabhupāda, Krşņa'nın ve sergilediği aktivitelerin *Krşņa-bhakti* geleneğinden gelen yetkili bir temsilciden duyulmasını istedi. Giriş bölümünde belirttiği üzere, bunun amacı Krşņa'nın sıradan bir insanla, meşgalelerinin de dünyevi macera/aşk hikayeleriyle karıştırılmamasını sağlamaktı.

Şunu da belirtelim; macera ve aşk hikayelerini sevenler, Krşņa'nın aktivitelerinin günümüze uygun anlatıldığı bu kitapta, aradıkları her şeyi bulacaklar.

Hindistan'ın Saklı Hazinesi

Vaiṣṇavizm, diğer deyişle Hindistan'ın saklı hazinesi *bhakti-yoga*, felsefesi ve kültürüne dair eksiksiz, rengarenk bir genel bakış sunuyor. "Hinduizm"e yönelik popüler fikirlerin aksine, *Vaiṣṇavizm* (Viṣṇu'ya veya Kṛṣṇa'ya ibadet) hem tek tanrılıdır hem de Tanrı'ya yaklaşımı hayli kişiseldir. Kṛṣṇa'nın birçok yayılımları ve *avatārları* (enkarnasyonları) vardır. Buna rağmen; tek Yüce Tanrı, tüm canlıların Babası ve kozmozun Yaratıcısı olarak görülür.

Hindistan'ın ya da Doğu'nun maneviyatını keşfetmeyi amaçlayan pek çok kitaptan farklı olarak bu eser, *Vaiṣṇavizm*'in nasıl Hindistan'ın en zengin ve en önemli dini geleneği olduğuna odaklanıyor. Kṛṣṇa, Śiva, Gaṇeśa ve Brahmā isimlerine aşina olanlar, her birine yönelik bütün kültürel bağlamı ve kutsal metinlerdeki yerlerini bu kitapta bulabilecekler.

Otuz yıllık araştırmasının ardından Steven J. Rosen (*Satyarāja Dāsa*), manevi yolun temel prensiplerinden *mahā-mantra*'nın tekrarlanmasıyla yapılan ileri seviye tekniklere kadar *Gauḍīya Vaiṣṇavizm*'in gizemini çözüyor.

Hindistan'ın Saklı Hazinesi, tamamen renkli bir içerik sunması bakımından Kṛṣṇa bilincine yönelik tanıtıcı eserler arasında dünyada bir ilk niteliğindedir. Kitapta; Kṛṣṇa ile enkarnasyonları, Rādhā ile gopī'ler, *oṃ*'un önemi, *mantra*'ların manası, yarı tanrıların doğası, Kṛṣṇa bilincinin kadınlara, müziğe, dansa ve sanata bakışı ve tüm bunların günümüz Hinduizm'i ile ilişkisi gibi konular üzerine kolay okunur bölümler yer alıyor. Aile fertleriniz ve arkadaşlarınız için çok güzel bir hediye olabilecek *Hindistan'ın Saklı Hazinesi*, hem felsefe ve bilgelik bakımından çok zengin hem de sayfalarına bakması çok güzel.

Reenkarnasyon Bilimi

Hayat doğumla başlayıp ölümle son bulmaz. İçinde bulunduğu bedeni terk ettikten sonra benliğe ne olur? Başka bir bedene mi girer? Sonsuza kadar reenkarne olması mı gerekir? Reenkarnasyon gerçekte nasıl oluyor? Gelecek enkarnasyonlarımızı kontrol edebilir miyiz? Reenkarnasyon Bilimi bu derin ve gizemli soruları, ölümden sonraki hayat konusunda dünyanın en özgün, zamanla değişmeyen kaynaklarına dayanarak yaptığı açık ve eksiksiz açıklamalarla yanıtlıyor.

Bu kitap sayesinde şu anınızı kontrol etmeniz, geleceğinizi belirlemeniz ve hayatınızı büyük oranda değiştirmeniz için gereken bilimi öğreneceksiniz!

Doğa Yasaları

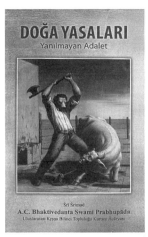

Neden bir insan zengin iken diğeri fakir, biri sömürürken bir diğeri sömürülen ya da biri kurban iken bir diğeri kötülükleriyle kurban edendir? *Doğa Yasaları: Yanılmavan Adalet* isimli kitapta iplerin neden ve kimin elinde olduğunu öğreniyoruz. İki eski Vedik bilgelik klasiği olan *Īsopanişad* ve *Śrīmad-Bhāgavatam*'dan alıntılar ile *Doğa Yasaları*, karma ve reenkarnasyon, özgür irade ve kader, aydınlanma ve özgürlükle çevrelenmiş bilinmeyenleri ortaya çıkarır. Dahası karma bağlarını kopararak tam özgürlük, mutluluk ve spritüel mükemmeliyete ulaşmak için uygulayabileceğimiz yoga ve meditasyon tekniklerini bize gösterir.